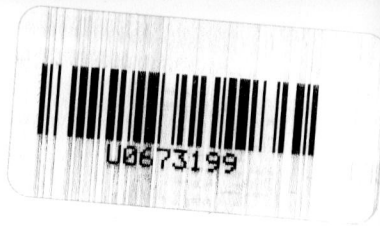

　　中央高校基本科研业务费专项资金资助项目
"社会养老保险关系转续机制研究——基于既得受
益权理论"(buctrc201805)最终成果

　　教育部人文社会科学重点研究基地重大项目
"城乡社会养老保险转续机制研究"(10JJD630010)
最终成果

　　教育部人文社会科学研究规划基金项目"基础
养老金全国统筹的实施路径及影响研究——基于购
买力平价指数的养老金精算平衡"(17YJA630054)
阶段性成果

养老金研究系列丛书

YANGLAOJIN YANJIU XILIE CONGSHU

社会养老保险关系转续机制研究

刘昌平 殷宝明◎著

人民出版社

总　前　言

　　养老保障问题的实质就是寻找一个合适的"储钱罐"。自古以来,理性的人们就依据当时当地的经济社会条件,不断地寻找合适的"储钱罐",以防老无所养。因此,养老保障的方式也经历了从自我保障到家庭保障,再从家庭保障到社会保障的历史演进过程。特别地,自工业革命时期社会保障替代家庭保障以来,正式的养老保障制度安排——养老金制度历经百余年的不断改革与完善,已经形成了一个涉及国家、社会、企业、个人的多主体参与,财政资金、企业资金、个人资金、金融资本的多渠道筹集,公共管理、私人管理、企业与个人决策的多元化管理,资本市场、货币市场、保险市场、风险资本市场的多领域投资,包括公共养老金(国家养老金)、补充养老金(企业年金、公务员年金、职业年金)、个人养老金(养老保险产品、零售金融契约、个人储蓄)等在内的多支柱模式。

　　自 20 世纪 70 年代以来的世界性养老金革命的意义非常深远:影响范围从"福利国家"扩展到新兴市场经济国家、转制经济国家和社会主义国家,甚至非洲欠发达国家;影响领域从单纯的公共管理部门扩展到经济社会的各个部门;影响程度从单一的社会政策目标转变为经济政策目标和社会系统工程。综观养老金制度的百年发展史,不难看出养老金制度的历次变迁都围绕着四个方面的关系展开:

　　其一,养老金制度与经济增长的关系。养老金制度安排对经济增长的影响,可以分为两种研究思路:一种以储蓄作为中间变量,通过考察现收现付制和基金积累制对储蓄的影响进而影响到经济增长;另一种思路则不考虑储蓄这一变量,而是基于经济增长的"黄金律"(Golden Rule)理论。对于前一研究思路,Martin

Feldstein、Barro、Darby、Dean R. Leimer、Selig D. Lesnoy、Modigliani、Brumberg、Ando、Kotlikoff、Auerbach、Liemer、Richardson、Slate、Davis、Munnell、Dicks-Mireaux、King、Bernheim、Scholz、Venti、Wise、Samwick 等经济学家之间展开了激烈的争论，虽然有关现收现付制的储蓄效应至今仍然没有取得一致的结果，但对基金积累制的储蓄效应的研究已经证明在发展中国家强制性基金积累制养老金制度的建立将有效地增加储蓄。对于后一研究思路，P. A. Samuelson、Sheng Cheng Hu、Rome、Arrau、Schmidt-Hebbel、Valdés-Prieto、Cifuentes、Corsetti、Holzmann 等学者分别对现收现付制和基金积累制的增长效应以及从现收现付制向基金积累制转轨的增长效应进行了研究，研究结果显示，如果经济最初是动态无效率的，引入现收现付制将使平衡增长路径收敛到黄金律水平，提高未来若干代人的消费水平，而基金积累制不影响未来各期资本存量间的关系；从现收现付制向基金积累制养老金制度转轨将减少扭曲现象，产生增长效应。

其二，养老金制度与政府的关系。对于养老金制度，现代公共品理论普遍认为，政府应提供公共养老金制度以致力于解决社会公平问题，实现收入再分配，因为公平也是一种公共品；而非政府提供的私营养老金制度能更好地增进制度供给效率，即提高管理效率。在市场机制与非市场机制并存的混合经济中，国家必不可少，因为需要国家来组织经济；市场也不可或缺，因为当人们进行决策时市场是很有价值的工具。因此，通过多支柱养老金体系，既能实现再分配效率，又能提高管理效率，促进养老保障资源的合理配置，增进个人福利和社会福利。

其三，养老金制度与资本市场的关系。"养老金计划就是资本市场"，尽管这个说法比较绝对，但是养老金与资本市场确实是休戚相关。养老基金从本质上讲是一种延迟的支付承诺，具有定期预缴、延期给付和长期储蓄三个基本特点，而人口老龄化及退休费用的急剧增长，使得养老金制度又不得不对安全性、流动性和收益性做出重新调整，这决定了养老基金必须进入资本市场；养老基金本身所具有的长期协调性、稳定性和规模性，以及追求长期稳定投资回报的特点，对资本市场的制度、结构和效率以及稳定性将产生极其重要而又复杂的影响，而养老金的社会保障属性反过来又要求养老基金投资建立在资本市场比较规范、成熟的基础之上。从而在养老金与资本市场共同生长、相互促进的过程中,实现共赢以增进社会福利。

其四,养老金制度与人力资本发展战略的关系。养老金计划源于雇主责任,因为作为雇主基于激励与约束员工而建立的员工福利计划起到了养老保障的作用,自 20 世纪 90 年代以来,多数国家将雇主养老金计划纳入多支柱养老金体系中来。由于养老金计划的分配方案可以多样化、差异化,而且它往往与工资、奖励、补贴、其他非货币化的福利制度配合使用,从而直接成为雇主在产品和要素市场上竞争的重要手段。而从雇主人力资本发展战略的角度来设计养老金计划,可以促进企业薪酬福利制度改革,建立现代企业制度下的人力资源管理模式。因此,养老金计划可以设计为两大类:激励性制度安排和补偿性制度安排,前者通过合约的形式,分配给企业经营管理者和普通雇员一定的剩余索取权与剩余控制权,构成对他们的激励,以实现"持恒产者有恒心"的目的,如虚拟股票计划(Phantom Stock Plan)、业绩期权(Performance Stock Option)、管理人员股票期权(Executive Stock Option, ESO)、雇员持股计划(Employee Stock Ownership Plan, ESOP)等;后者主要是对雇员为企业所作的贡献给予回报,对雇员过去的学历、技能、经验等给予补偿,对雇员及其家庭未来的生活、学习、发展等进行保障。

养老保障制度是我国社会保障最重要的制度,也是我国经济社会发展的主要支柱之一。改革开放以来,我国养老保障制度改革不断深入,制度设计不断完善,管理服务不断细化,对保障离退休人员基本生活,促进经济发展、维护社会稳定发挥了积极作用。目前,我国养老保障制度主要包括城镇企业职工基本养老保险与企业年金、机关事业单位工作人员养老保险与职业年金和城乡居民基本养老保险三个组成部分,形成了包括基本养老保险制度、年金制度和个税递延型商业养老保险在内的多层次体系。城镇基本养老保险制度建于 20 世纪 50 年代,80 年代中期开始改革,目前已初步建立了社会统筹与个人账户相结合的基本模式;在经历了 2008 年五省市试点后,2015 年国务院对历时 50 多年的机关事业单位退休保障制度进行改革,建立起社会统筹与个人账户相结合的机关事业单位工作人员养老保险制度;为解决城镇非就业居民和广大农村居民的养老保障问题,国务院于 2009 年和 2011 年分别创建了新型农村社会养老保险制度和城镇居民社会养老保险制度,并于 2014 年将两项制度统一为城乡居民基本养老保险制度,在基本养老保险领域创新性地引入了非缴费型制度模式。

"中国特色社会主义进入新时代,我国社会主要矛盾已经转化为人民日益增长的美好生活需要和不平衡不充分的发展之间的矛盾。"但是,我们必须清醒地看到,"民生领域还有不少短板,脱贫攻坚任务艰巨,城乡区域发展和收入分配差距依然较大,群众在就业、教育、医疗、居住、养老等方面面临不少难题"。因此,进入新时代的养老社会保障体系建设仍然需要牢牢把握社会主义初级阶段这个基本国情,遵循公平与效率兼顾的基本原则,不断建立与完善多层次养老社会保障制度体系;统筹城乡社会养老保险制度,实现养老保险全国统筹;实行结构性改革,建立统一的多层次养老社会保障体系。

第一,遵循公平与效率兼顾的基本原则,不断建立和完善多层次养老社会保障制度体系。党的十九大报告《决胜全面建成小康社会 夺取新时代中国特色社会主义伟大胜利》明确提出"按照兜底线、织密网、建机制的要求,全面建成覆盖全民、城乡统筹、权责清晰、保障适度、可持续的多层次社会保障体系"。按照建立与经济社会发展水平相适应的社会保障制度的要求,应加快推进机关事业单位社会养老保险制度改革进程;进一步规范国有股减持政策,做大全国社会保障基金规模,增强社会保障战略储备基金对养老社会保险的托底保障能力;在进一步完善基本社会养老保险制度的同时,大力发展包括企业年金、职业年金以及个人储蓄性养老保险和商业养老保险的多层次养老社会保障体系,增强社会保障制度对老年人的经济保障能力。

第二,统筹城乡社会养老保险制度,实现养老保险全国统筹。党的十九报告明确提出"完善城镇职工基本养老保险和城乡居民基本养老保险制度,尽快实现养老保险全国统筹"。当前已经建立起覆盖城乡居民的养老社会保障制度体系,但城乡社会养老保险制度仍然存在待遇水平悬殊,养老保险关系转移接续困难。因此,实现社会保障体系城乡统筹应重点关注:一是设计各类社会养老保险制度的基础养老金待遇正常调整机制,相对缩小城乡基本养老保险制度的基础养老金待遇差距;二是合理设计个人账户缴费档次和财政补贴激励机制,鼓励参保农民选择较高的缴费档次,同时结合地区间经济社会发展水平不均衡现状,着力加强对农村贫困地区基础养老金的财政补贴力度;三是通过赋予基础养老金"既得受益权"的方式,建立城乡养老保险关系衔接机制,并推进经办管理服务的规范化、信息化、专业化建设,实现城镇职工基本养老保险制度与城乡居民基本养老保险制度的统筹账户受益权和个人账户基金结余顺利转移;四是在加快推进省级统筹的基础上,应通过进一步加大中央调剂金调剂比例和完善相应的配套政策,尽快实现养老保险全国统筹。

第三,实行结构性改革,建立统一的多层次养老社会保障体系。"统账结合"的制度模式历经职保、新农保、城居保、城乡居保和机关事业单位养老保险20多年的改革探索,已经成为我国社会养老保险制度的基础模式。但是,城乡居保所实行的"统账结合"模式与职保和机关事业单位养老保险所实行的"统账结合"模式有很大区别。同时,以现收现付制为基础的社会统筹账户与以基金积累制为基础的个人账户在财务模式、账户属性、计发公式、财政责任、管理方式等方面存在本质性差别。因此,应通过结构性调整,还原社会统筹账户作为国民养老金的制度属性,将"统账结合"模式拆分为"国民养老金制度(基础养老金)+强制性个人账户养老金制度(个人账户养老金)"的统一的多层养老社会保障体系。

《社会养老保险关系转续机制研究》和《城乡居民基本养老保险制度可持续性研究》是本人"养老金系列"的两本新著,也是过去十年致力于养老金研究的总结和阐释。倍感欣慰的是,本人时时得到自己的导师——教育部社会科学学部委员、原武汉大学社会保障研究中心主任邓大松教授的悉心指导,得到吴俊培教授、刘尚希院长、郑秉文教授、卢海元博士、赵曼教授、李珍教授、李晓林教授、何文炯教授、丁建定教授、林闽刚教授、席恒教授、杨翠迎教授、林毓铭教授、向运华教授、边恕教授、杨长汉教授等师长的教诲与指导!

在此还要感谢我最好的朋友卢小波博士、陈泰昌副研究员、张义波博士、刘威博士,以及亲爱的学生王誉霖博士、殷宝明博士、薛惠元副教授、汪连杰博士、刘光辉博士、赵洁博士和毛婷博士生等。我曾一度放弃两本著作的写作,正是你们的关心与支持让我重新拾起。还有许许多多曾给予本人支持与帮助的朋友们，在此一并感谢！

最后感谢人民出版社的陈登老师为本系列著作出版付出的辛勤劳动！

刘昌平

2019 年夏于北京

目　　录

目　录

1 研究源起:迁移人口的 社会保障问题

1.1 人口迁移与社会保障

1.1.1 人口从迁徙到迁移

从人类诞生之日起,就有了人口的迁移现象。人类是在征服和改造大自然的过程中逐渐遍布全球,人类的发展和迁移活动是同步的。联合国《多种语言人口学辞典》(*Multilingual Demographic Dictionary*)对人口迁移(Migration)所下的定义是①:人口在两个地区之间的地理流动(Geographical Mobility)或者空间流动(Spatial Mobility),这种流动通常会涉及永久性居住地(Resident)由迁出地(Place of Origin or Place of Departure)到迁入地(Place of Destination or Place of Arrival)的变化,而这种迁移被称为永久性迁移(Permanent Migration),它不同于其他形式的不涉及居住地永久性变化的人口移动。在 1982 年第二版《多种语言人口学辞典》中,人口迁移与空间流动的区别得到进一步明确,即人口迁移涉及常住地的变化和跨行政区的移动②。我国实行户籍管理制度,对于人口迁移活

① UN,1958,*Multilingual Demographic Dictionary*,United Nations;Department of Economic and Social Affairs,Section 80,No. 1.

② 参见联合国人口司(Population Division)人口统计学词条网上数据库(http://en-ii. demopaedia. org/wiki/80)。

动,一般把户口所在地和经常居住地同时发生变化的迁移称为"人口迁移",而把那些只改变经常居住地而不改变户口所在地的迁移称为"人口流动"。① 然而,这些现代意义上的定义难以反映人口迁移的历史变化。

在各个历史时期,受不同生产方式和社会性质的制约,人口迁移具有不同的规律。在史前时代,人们依靠采集野生食物和渔猎为生,过着终生漂泊不定的流动生活,在这一过程中,为了追逐生活资料的来源,人类进行了从最早的起源地向各大洲的迁移扩散。② 这一时期,由于受气候和地域等自然条件的限制,人类经常被迫进行"逐水草而居"式的长距离周期性迁徙。从使用火和以兽皮御寒开始,人们便不受气候和地域的限制,并由采集经济过渡到原始农业,刀耕火种式的农业经营和游牧式的畜群放牧,使人口不断迁移和扩展。③ 由于生产力水平低下,人口迁移是调节一个地区人口数量同生活资料来源相互关系的重要杠杆之一。马克思在《强迫移民》一文中曾指出:"也就是这种人口对生产力的压力,迫使野蛮人从亚洲高原侵入旧大陆"。④ 农业生产的出现,使大部分人类过上了定居的生活,他们的生活领域被固定在一个很小的空间里。

进入资本主义时代,生产力有了飞跃式发展,劳动生产率得到空前提高,这又从根本上改变了过去那种把绝大多数人牢牢固定在一小块土地上的状况。⑤ 这一时期人口迁移最重要的变化就是大量的农村人口向城市迁移。

如图 1-1 所示,根据联合国人口司的统计与预测,1950 年,全世界城市人口有 7.46 亿,占总人口的 30%;2014 年城市人口达到 39 亿,城市化率上升到 54%;2050 年城市化率将继续攀升到 66%。而农村人口增速不断放缓,并将在 2020 年左右达到顶点,然后呈现负增长并在 2050 年下降到 32 亿。发展经济学理论认为,发展中国家通常存在以农业为代表的传统部门和以工业为代表的现

---

① 张桂蓉:《人口社会学》,武汉大学出版社 2009 年版,第 113 页。
② 胡焕庸、张善余:《世界人口地理》,华东师范大学出版社 1982 年版,第 172 页。
③ 沈益民、童乘珠:《中国人口迁移》,中国统计出版社 1992 年版,第 32~33 页。
④ 《马克思恩格斯全集》第 11 卷,人民出版社 1995 年版,第 661 页。
⑤ 胡焕庸、张善余:《世界人口地理》,华东师范大学出版社 1982 年版,第 173 页。

代部门的二元经济结构。① 发展中国家整个工业化和现代化的过程事实上是现代工业部门将传统农业部门的隐蔽失业状态的富余劳动力不停地吸出来,由此产生的利润不断再投资到现代部门的过程。② 现代大工业生产方式首先在城市产生并得到充分发展,在创造大量工作机会的同时拉开了与农业部门劳动生产率的差距,收入水平的差距促使大量农村劳动力向城市迁移,进入工业生产部门。表 1-1 显示了在工业化的过程中,部分国家表现出从事农业职业的人口在总人口中占比不断下降的趋势。

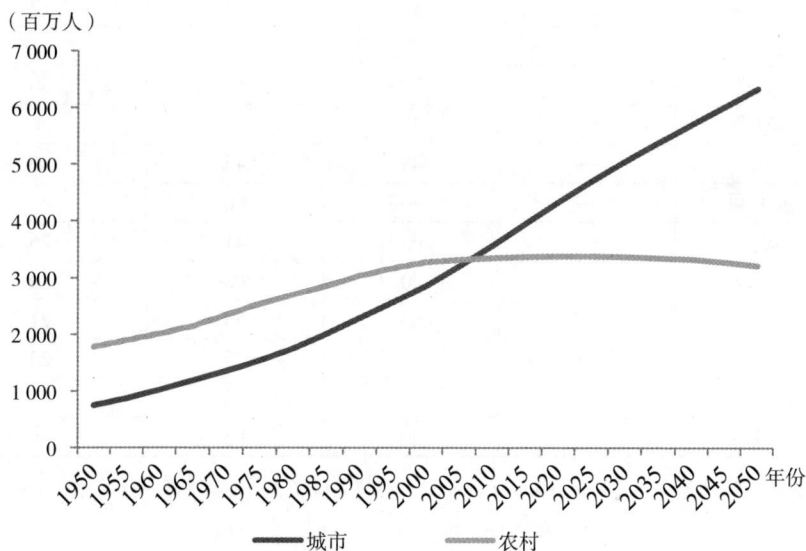

图 1-1　1950—2050 年全世界的城市和农村人口③

---

① Bardhan,P.and C.Udry,1999,*Development Microeconomics*,Oxford:Oxford University Press,p. 235.

② Lewis,W.A.,1954,"Economic Development with Unlimited Supplies of Labor",*Manchester School of Economic and Social Studies*,22(2),pp.139-191.

③ Population Division of United Nations,2014,"World Urbanization Prospects,the 2014 revision-Urban Population at Mid-Year by Major Area,Region and Country,1950-2050",http://esa.un.org/unpd/wup/CD-ROM/,POP/DB/WUP/Rev. 2014/1/F03.

Population Division of United Nations,2014,"World Urbanization Prospects,the 2014 revision-Rural Population at Mid-Year by Major Area,Region and Country,1950-2050",http://esa.un.org/unpd/wup/CD-ROM/,POP/DB/WUP/Rev. 2014/1/F04.

表1-1　1750年、1850年、1900年和1950年部分国家从事农业职业人口所占比重

单位:%

国家	1750年左右	1850年左右	1900年左右	1950年左右
埃及	—	—	70	65
南非	—	—	60	33
加拿大	—	—	43	20
墨西哥	—	—	70	61
美国	—	65	38	13
日本	—	—	71	48
奥地利	—	—	60	33
比利时	—	50	27	12
丹麦	—	49	47	25
法国	76	52	42	30
英国	65	22	9	5
爱尔兰	—	48	45	40
意大利	—	—	60	42
挪威	—	65	41	26
西班牙	—	70	68	50
瑞典	75	65	54	21
澳大利亚	—	—	25	22
新西兰	—	—	30	18
苏联	—	90	85	56

资料来源:[意]卡洛·M.奇波拉(Carlo M.Cipolla):《世界人口经济》,黄朝华译,商务印书馆1993年版,第16页。

　　总结世界人口迁移的规律,不难发现,随着生产力水平的提高,人口迁移在从原始型的、强迫式的被动迁徙,向推动型、自由式的主动迁移转变。

1.1.2　从家庭保障到社会保障

　　在人类从原始型的、强迫式的被动迁徙,向推动型、自由式的主动迁移转变的过程中,一直伴随着风险管理工具从原始到非正式、再向正式的演进。人口迁移不仅是人类社会发展的重要内容,也是人类最古老、最常见和最重要的风险管理工具。在人类社会早期,迁移是最重要的(可能也是唯一的)风险应对手段,

为了追逐生活资料的来源,人们被迫过着居无定所的长途迁徙生活。进入农业社会以后,人们开始拥有最重要的生产资料——土地,风险管理工具也从原始的迁移过渡到土地保障。尽管土地保障只是非正式保障制度的开端,但却提供了人们赖以生存和发展的基础,并且在此基础上形成了非正式保障制度的核心——家庭保障模式。家庭充当了为人们提供生老病死保障的主要社会组织。在传统农业社会,在货币出现之前,财富是以实物的形态存在与进行交换的,物质形态的财富,包括衣服、食品等生活资料在当时是不可能储存几十年的,与此同时,交换也是不方便的。因此,在代内横向交换和个人跨时的纵向交换不成立的情况下,代际交换成为唯一选择,因此家庭也成为养老保障的主要载体。[①]

　　资本主义的发展,冲击了家庭保障赖以存在的基础,尤其是工业革命所带来的大机器生产使得家庭的生产职能不断衰落,大量的农村人口向城市迁移,农民变成产业工人,土地不再是获取生活资料、赖以生存和发展的源泉,家庭保障也失去了赖以存在的物质基础。Zelinsky(1971)在分析人口迁移强度与经济社会发展水平的关系的基础上,提出了"流动转变假说"(Hypothesis of the Mobility Transition),他认为人口的迁移和流动与经济发展水平和城市化进程存在着紧密的联系。[②] 工业化和城镇化的发展使人口迁移流动更加频繁,改变了人们的生产方式和生活方式,造成传统扩展家庭(Extended Family)的动荡和解体,家庭结构逐渐趋向小型化,形成了大量核心家庭(Nuclear Family)。

表1-2　日本同期群已婚妇女平均生育的子女数

孩子出生年份	已婚妇女所占比重(%)					平均孩子数(个)
	0个	1个	2个	3个	4个及以上	
1890年前	11.8	6.8	6.6	8.0	66.8	4.96
1891—1895年	10.1	7.3	6.8	7.6	68.1	5.07
1896—1900年	9.4	7.6	6.9	8.3	67.9	5.03
1901—1905年	8.6	7.5	7.4	9.0	67.4	4.99

①　刘昌平:《可持续发展的中国城镇基本养老保险制度研究》,中国社会科学出版社2008年版,第17页。
②　Zelinsky,W.,"The Hypothesis of the Mobility Transition",*Geographical Review*,61,pp.219-249.

续表

孩子出生年份	已婚妇女所占比重(%)					平均孩子数(个)
	0个	1个	2个	3个	4个及以上	
1911—1915 年	7.1	7.9	9.4	13.8	61.8	4.18
1921—1925 年	6.9	9.2	24.5	29.7	29.6	2.86
1928—1932 年	3.6	11.0	47.0	29.0	9.4	2.33

注:同期群是指给定时期里经历了相同的生活事件的一群人。

资料来源:Ochia W.,1997,*The Japanese Family System in Transition:a Sociological Analysis of Family Change in Postwar Japan*,Tokyo:the Simul Press,Inc.,p.41.

如表 1-2 所示,日本已婚妇女平均生育的子女数呈现出明显的下降趋势。家庭规模的小型化、代际交换距离与空间的加大,导致家庭保障模式所需要的人力成本和社会成本不断增加,难以适应现代社会家庭内部成员的分工形式。家庭保障模式的特点也难以适应现代大工业生产方式,这种非正式的保障形式逐渐让位于正式的社会保障模式。现代大工业生产方式一方面将劳动力与资本剥离,产生了无产阶级与资产阶级的对立;另一方面又创造了大量的剩余价值,为建立社会保障制度实现再分配创造了物质条件,其广泛应用是现代社会保障制度诞生的基础条件。

社会保障这种正式的风险应对方式降低了迁移作为风险管理工具的重要性,但是迁移的角色依然不可忽视,例如,人们通过迁移寻找工作机会。尽管迁移和社会保障分属于原始的和正式的风险管理工具,但二者仍然是紧密联系在一起的。[①] 从欠发达国家向发达国家和从落后的农村地区向发达的城市迁移的人口,其目的是应对失业和贫穷等风险,但是可能无法得到迁入地正式的社会保障制度的保护,从而暴露在新的风险下,因此社会保障权益的便携性(Portability)对于迁移人口在迁出地和迁入地应对风险就变得尤为重要。[②] 迁移

---

① Holzmann,R.and Johannes,K.,"Portability of Pension,Health,and Other Social Benefits:Facts,Concepts,Issues",Discussion Paper No.5715,The Institute for the Study of Labor,May,9.

② 便携性是指迁移劳动者保留、维持和转移所获得的社会保障权益而不受其国籍和居住地影响的能力,参见:Cruz,A.T.,2004,"Portability of Benefit Rights in Response to External andInternal Labor Mobility:The Philippine Experience",Paper presented at theInternational Social Security Association(ISSA),Thirteenth Regional Conferencefor Asia and the Pacific in Kuwait, March 8 - 10, https://www.issa.int/html/pdf/kuwait04/2cruz.pdf,1。

人口能否获得迁入地社会保障制度体系的保护和社会保障权益能否转移将影响迁移人口的规模和构成。[①] 城市作为社会保障制度的主要载体和迁移人口的主要接纳地,迁移人口的社会保障问题必将随着城市化的发展而不断凸显。图1-2 显示了,世界上不同人口规模的城市数量还将保持继续增长,如何应对迁移人口的社会保障问题也将成为其社会风险管理的重要议题。

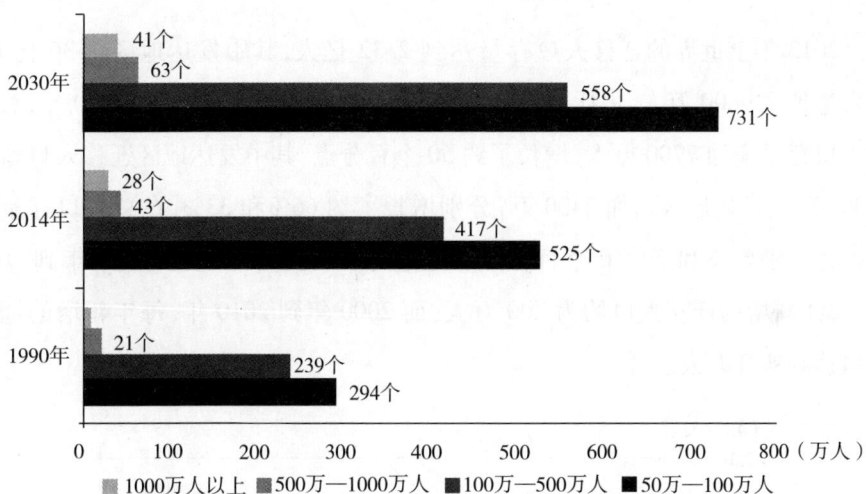

图1-2 不同年份世界上不同人口规模城市的数量

资料来源:Population Division of United Nations,2014,"World Urbanization Prospects,the 2014 revision(highlights)",http://esa.un.org/unpd/wup/Highlights/WUP2014-Highlights.pdf.

人口迁移是人类规避风险的重要工具,同时也推动了社会风险管理工具从非正式向正式演进。反过来,土地保障和家庭保障向社会保障的过渡又对迁移人口的风险环境和风险应对方式产生了重要影响。迁移人口的社会保障问题成为社会保障实践发展面临的重要挑战。

[①] Avato,J.,Johannes,K.and Rachel,S.W.,2010,"Social Security Regimes,Global Estimates,and Good Practices:The Status of Social Protection for International Migrants",*World Development*,38(4),pp.455-466.

1.2 迁移人口的社会保障

1.2.1 世界范围内的迁移人口

2013 年全世界的迁移人口存量达到 2.32 亿人,其中发达地区 1.36 亿人,欠发达地区 9600 万人,占比分别为 59%和 41%(见图 1-3)。相比 1990 年,总迁移人口存量增加 7700 万人,增长了约 50 个百分点,其中发达地区迁移人口增加 5300 万,欠发达地区增加 2400 万,分别增长了约 66%和 33%,在总人口存量中的占比分别增长和下降 6 个百分点。通过计算对比可以发现,1990 年到 2000年,每年新增的迁移人口约为 200 万人,而 2000 年到 2010 年,每年新增的迁移人口达到 460 万人。

(百万人)

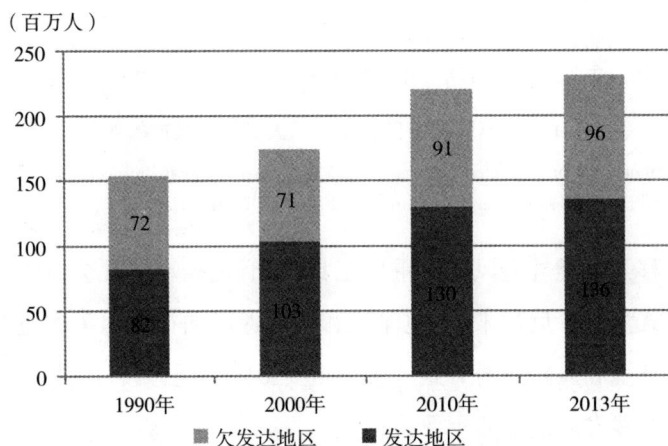

图 1-3 发达地区和欠发达地区迁移人口存量

资料来源:Population Division of United Nations,2013,"Trends in International Migrant Stock:The 2013 Revision-International Migrant Stock at Mid-year by Sex and by MajorArea, Region, Countryor Area, 1990-2013",http://www.un.org/en/development/desa/population/migration/data/estimates2/estimatestotal.shtml,POP/DB/MIG/Stock/Rev. 2013-Table 1.

此外,按照迁入地和迁出地划分,2013 年的迁移人口中,有约 1.64 亿人来自欠发达地区,其中 8180 万人迁往发达地区,8230 万人迁往欠发达地区;有约

6750万人来自发达地区,其中5380万人迁往发达地区,1370万人迁往欠发达地区,也就意味着迁入地为发达地区的有约1.36亿人,迁入地为欠发达地区的约有9590万人。因此,世界范围内的迁移人口总体上呈现迁移规模越来越大和从欠发达地区向发达地区净流入的特点。

如果进一步统计迁移人口存量的地理区域特征(见图1-4),可以发现2013年迁移人口存量最大的地区是欧洲,约为7240万人,其次是亚洲,约为7080万人,二者合计占比约为总迁移人口存量的2/3。从1990年到2013年,北美地区的新增迁移人口最多,增加了约2500万人,平均每年110万人;其次是欧洲地区,增加了约2300万人,平均每年100万人。与其他地区所不同的是,欧洲的新增迁移人口中来自本地区的人口占比最大,达到了43%,即1990年到2013年之间,欧洲最主要的人口迁移是区域内的。①

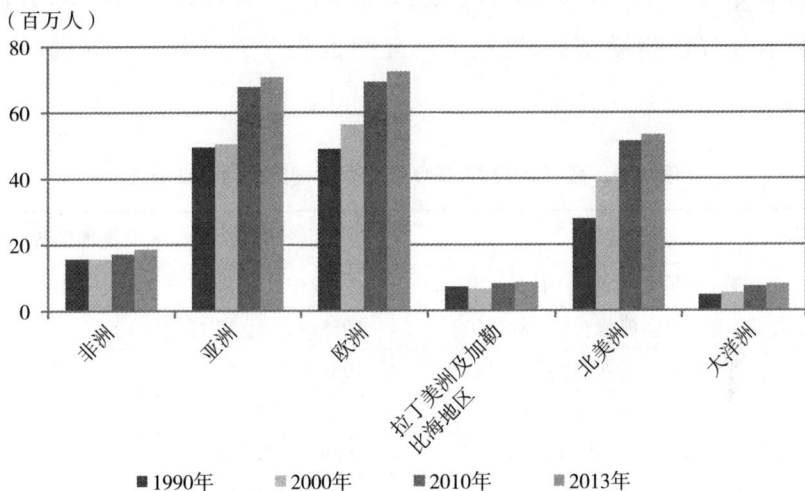

图 1-4　不同地理区域迁移人口存量

资料来源:Population Division of United Nations,2013,"Trends in International Migrant Stock:The 2013 Revision-International Migrant Stock at Mid-year by Sex and by MajorArea, Region, Countryor Area, 1990-2013", http://www.un.org/en/development/desa/population/migration/data/estimates2/estimatestotal.shtml,POP/DB/MIG/Stock/Rev.2013-Table 1.

---

① United Nations,2013,"Department of Economic and Social Affairs, Population Division. International Migration Report 2013", http://www.un.org/en/development/desa/population/migration/publications/migrationreport/migreport.shtml.

1.2.2 迁移人口的社会保障困境

迁移人口的社会保障涉及迁出地和迁入地对于社会保障制度的认同和衔接,其实质是对迁移人口的社会保护。迁移人口社会保障的保护形式主要体现为三种:其一,国家之间签署关于社会保障的双边合作协议,例如早在 1904年,法国与意大利签署了关于工伤补偿的跨国合作协议,这是针对迁移人口最早的社会保障合作协议①;其二,地区内部签署关于社会保障的多边合作协议,例如欧盟(European Union)早在 1958 年欧共体(European Communities)成立之初就开始进行社会保障区域内的多边合作②;其三,国际层面的社会保障合作框架,自 20 世纪 20 年代开始,国际劳工组织(International Labor Organization,ILO)从国际合作层面对迁移人口的社会保障进行倡导,并以公约的形式对社会保障国际合作提供指导意见,这些国际公约也获得了很多国家的批准(见表1-3)。

表 1-3 截至 2013 年 ILO 社会保障国际公约批准情况

公约名称	生效时间	批准国家数量
(事故赔偿)同等待遇公约(No. 19)	1926 年 9 月 8 日	121
(最低标准)社会保障公约(No. 102)	1955 年 4 月 27 日	48
(社会保障)同等待遇公约(No. 118)	1964 年 4 月 25 日	38
工伤待遇公约(No. 157)	1967 年 7 月 28 日	24
伤残、老年和遗属待遇公约(No. 157)	1969 年 11 月 1 日	16
社会保障权益维持公约(No. 157)	1986 年 9 月 11 日	4

资料来源:根据国际劳工组织官方网站(http://www.ilo.org)的相关资料整理得到。

然而迁移人口的社会保障覆盖面和保护程度依然有限。Holzmann 等

① Roberts S.,2010,"A short history of social security coordination",In Jorens Yves ed.,50 *Years of Social Security Coordination;Past-Present-Future*,Report of the Conference Celebrating the 50th Anniversary of the European Coordination of Social Security,Luxembourg;Publications Office of the European Union,pp. 8-28.
② 后文国际经验借鉴部分将对此进行详细介绍。

（2005）最先将迁移人口的社会保障保护由高到低划分为四种类型：①

（1）借助于移民迁出国与迁入国之间的双边协议，迁移人口能够享受社会保障待遇和转移社会保障权益；

（2）没有社会保障双边协议但能够享受社会保障待遇；

（3）不能享受可携带的社会保障待遇；

（4）在非正规部门工作且几乎不被社会保障制度覆盖的无证移民。

从表1-4可以看出，不同迁出国的移民的社会保障保护程度与收入水平之间存在正相关关系。高收入国家，尤其是经济合作与发展组织（Organization for Economic Cooperation and Development，OECD）中的高收入国家，其移民的86%享受第一种类型的社会保障，而在迁移总人口中分别占到29%和41%的低收入国家和中低收入国家移民，享受第一种类型社会保障的分别只有2%和15%，且享受第四种类型社会保障的总人数在此类型下总迁移人口的占比超过77%。总体来看，超过一半的迁移人口的社会保障类型属于第二类，这也说明了绝大部分迁移人口虽然享受了社会保障待遇，但是社会保障权益却不具便携性。

表1-4　按收入划分的迁出国迁移人口在不同保护类型下的存量情况（2000年）

来源国家		第一种	第二种	第三种	第四种	合计	总占比
低收入国家	人数	850985	36720832	5293338	10757086	53622241	29%
	占比	2%	68%	10%	20%	100%	
中低收入国家	人数	11312511	47224671	3476163	14473805	76487150	41%
	占比	15%	62%	5%	19%	100%	
中高收入国家	人数	3521212	10724671	189357	7203975	53622241	12%
	占比	16%	50%	1%	33%	100%	

① Holzmann，R.，Johannes，K.and Taras，C.，2005，"Portability Regimes of Pension and Health Care Benefits for International Migrants：An Analysis of Issues and Good Practices"，World Bank：Special Protection Discussion Papers NO. 0519，May，p. 7.

续表

来源国家		第一种	第二种	第三种	第四种	合计	总占比
非OECD高收入国家	人数	2063914	3534415	192987	57809	5849125	3%
	占比	35%	60%	3%	1%	100%	
OECD高收入国家	人数	24778310	3658850	291007	189802	28917969	29%
	占比	86%	13%	1%	1%	100%	
合计	人数	42526932	101863439	9442852	32682476	186515699	100%
	占比	23%	55%	5%	18%	100%	

注：OECD国家是由34个市场经济国家组成的政府间国际经济组织，其中绝大部分国家都为经济发达国家。

资料来源：Avato,J.,Johannes,K.and Rachel,S.W.,2010,"Social Security Regimes,Global Estimates,and Good Practices:The Status of Social Protection for International Migrants", *World Development*, 38（4）, pp. 455-466.

表1-5单独统计了第四种保护类型下不同收入水平的迁入国和迁出国移民的数量。可以发现，低收入国家迁入移民总数中超过80%同样来自低收入国家，且基本上享受不到任何社会保障保护，而这部分移民只占低收入国家迁出移民总数的35%，这就意味着低收入国家自身社会保障体系发展落后可能是主要原因。虽然中高收入及以上的国家的迁出人口总体上享受了较高水平的社会保障保护，但是从表1-5的数据可以发现，从中高收入国家迁往OECD中高收入国家的移民中也有超过80%的人口享受不到社会保障保护，这意味着社会保障双边协议的缺失所造成的社会保障便携性问题可能是其中的主要原因。这一现象也体现在OECD高收入国家之间的移民上，超过66%的迁出人口难以享受本国国民所应该享受的高水平的社会保障保护。

表1-5 第四种保护类型下迁移人口按迁出国和迁入国划分的存量情况（2000年）

迁出国	迁入国					合计
	低收入国家	中低收入国家	中高收入国家	非OECD高收入国家	OECD高收入国家	
低收入国家	3775249	3681516	781597	561591	1957132	10757086
中低收入国家	779250	6156610	1471782	970669	5095494	14473805
中高收入国家	111890	531205	234206	288799	6037875	7203975

续表

迁出国	迁入国					合计
	低收入国家	中低收入国家	中高收入国家	非 OECD 高收入国家	OECD 高收入国家	
非 OECD 高收入国家	1949	12663	3319	2052	37825	57809
OECD 高收入国家	11442	26805	17160	8563	125833	189802
合计	4679780	10408798	2508064	1831674	13254160	32682476

资料来源:Avato,J.,Johannes,K.and Rachel,S.W.,2010,"Social Security Regimes,Global Estimates,and Good Practices:The Status of Social Protection for International Migrants",*World Development*,38(4),pp. 455-466.

1.2.3 中国迁移人口的社会保障

一、大规模的城乡劳动力流动

人口从农村向城市的迁移是一个国家向工业化、城市化发展的必经过程,无论是发达国家以往的历史经验,还是发展中国家当前正在经历的现实,都验证了或正在验证这样一个发展过程。在制度变迁和经济转型的双重作用下,改革开放以来中国出现了大规模的城乡人口迁移。[①] 特别是自 20 世纪 90 年代以来,随着社会主义市场经济体制改革的不断深入,各种限制人口流动的政策和制度障碍得以不断消除,人口迁移的自主性和流动性不断增强、迁移规模逐渐增大,基本进入一个持续稳定的发展过程。杨云彦(2003)利用 1987 年人口抽样调查数据和 2000 年第五次人口普查数据建立人口漏报率估算的计量经济和线性拟合模型,通过对比得出改革开放以来中国人口迁移的活跃度明显提高,人口的年度迁移率从 1978 年的 2.26% 提升到 2000 年的 4.99%,人口迁移数量也从 2100 万上升到 6300 万。[②] 2000 年中国流动人口达到 1.21 亿,占总人口的比例达到

---

① 蔡昉:《作为市场化的人口流动——第五次人口普查数据分析》,《中国人口科学》2003 年第 5 期,第 11—19 页。

② 杨云彦:《中国人口迁移的强度测算与规模分析》,《中国社会科学》2003 年第 6 期,第 97—107 页。

9.55%;到 2013 年,流动人口增加到 2.45 亿,是 2000 年的两倍多,占总人口的比例也增加到 18.01%(见图 1-5)。

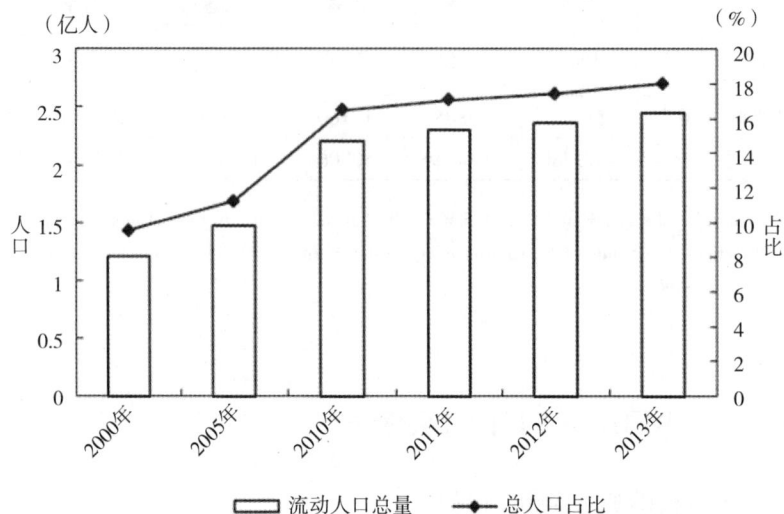

图 1-5 中国流动人口总量及在总人口中的比例

资料来源:《中国统计年鉴 2014》,国家统计局网站,http://www.stats.gov.cn/tjsj/ndsj/2014/indexch.htm,同时参见表 2—3 流动人口数。

胡英(2003)利用分城乡的人口估算预测模型得出我国 1990—2000 年从农村向城镇转移的人口为 1.25 亿—1.29 亿人,而 2001—2020 年转移的人口总量将可能达到 3.2 亿。[①] 同时,由于城乡收入差距大,高昂的城镇生活成本使农村迁移人口更倾向于短期流动,而不是长期迁移,农村迁移人口呈现出明显的返迁移民特征。[②] 2010 年中国第六次人口普查数据显示[③],在过去的 10 年间中国流动人口增加了 11700 万人,增长了 81.03 个百分点,达到 26139 万人,其中占 84.71% 的流动人口属于不包括市辖区内人户分离的人口。2008 年 3 月 5 日,温总理在第十一届全国人民代表大会第一次会议上所作的政府工作报告指出,过去 5 年平均每年农村劳动力转移就业 800 万人;未来 20—30 年间,农村劳动力

[①] 胡英:《城镇化进程中农村向城镇转移人口数量分析》,《统计研究》2003 年第 7 期,第 20—24 页。

[②] 卢向虎、朱淑芳、张正河:《中国农村人口城乡迁移规模的实证分析》,《中国农村经济》2006 年第 1 期,第 35—41 页。

[③] 数据来源于 2010 年第六次全国人口普查统计数据公报。

向城镇转移就业规模仍然维持在年均 600 万—700 万人之间。毋庸置疑,中国正在进行人类历史上最大规模的人口迁徙。

二、城乡社会养老保险制度改革伴随着城乡人口迁移

自 20 世纪 90 年代以来,中国人口迁移尤其是城乡人口迁移规模不断增大,而与此同时,这一时期也是中国城乡社会养老保险制度改革最为活跃的阶段。1991 年 6 月,国务院发布《关于企业职工养老保险制度改革的决定》,确定了建立多层次的社会养老保障制度和国家、企业和个人三方共同筹资的原则。1992年,民政部在全国范围内下发了《县级农村社会养老保险基本方案(试行)》,我国开始了真正意义上的建立农村社会养老保险制度的探索。同年,人事部《关于机关、事业单位养老保险制度改革有关问题的通知》(人退发〔1992〕2 号)提出了改革建立机关事业单位社会养老保险制度。1997 年《国务院关于建立统一的企业职工基本养老保险制度的决定》(国发〔1997〕26 号)的颁布,正式确定了我国城镇企业职工基本养老保险制度(以下简称"职保")的基本框架,统一了具体实施方案。2000 年国务院发布了《关于城镇社会保障体系改革的试点意见》(国发〔2000〕42 号),试点的主要任务之一就是做实职保个人账户。2005 年 12月 3 日国务院颁布了《国务院关于完善企业职工基本养老保险制度的决定》(国发〔2005〕38 号),职保的制度模式和框架最终确定。

2008 年 2 月,国务院常务会议讨论并原则通过了《事业单位工作人员养老保险制度改革试点方案》,确定在山东、浙江、上海、广东、重庆 5 省市先期开展事业单位养老保险试点工作,与事业单位分类改革配套推进。2009 年 9 月 1 日发布了《国务院关于开展新型农村社会养老保险试点的指导意见》(国发〔2009〕32 号),新型农村社会养老保险(以下简称"新农保")开始在全国范围内试点并于 2012 年年底最终实现了全覆盖。2011 年国务院发布《关于开展城镇居民社会养老保险试点的指导意见》(国发〔2011〕18 号),并于 2011 年 7 月 1 日启动试点工作,实施范围与新农保试点基本一致。2014 年 2 月 21 日国务院发布《关于建立统一的城乡居民基本养老保险制度的意见》(国发〔2014〕8 号),在总结新农保和城镇居民社会养老保险(以下简称"城居保")试点经验的基础上,将新农

保和城居保两项制度合并实施,在全国范围内建立统一的城乡居民基本养老保险制度(以下简称"城乡居保")。随着城乡居保的全面铺开,中国社会养老保险制度在全国范围内最终实现了制度全覆盖和人员全覆盖。

然而,在大规模的城乡人口流迁的现实下,在制度模式、筹资机制、待遇标准、待遇给付等方面存在很大区别的职保和城乡居保面临缴费年限认同、待遇标准差距大、资金转移和办理社会养老保险关系在城镇内部和城乡之间转移接续手续的难题。

三、城镇化和经济发展产生大量被征地农民

城镇化的发展通常都存在着城镇地域面积的扩张和农村耕地面积的减少,从而伴随着失地农民的增加。改革开放以来,中国城镇化的快速发展和经济的高速增长产生了大量被征地农民。1978—1998 年 20 年间我国已累积形成 3785 万被征地农民,年均增加约 190 万;而 1999—2008 年 10 年间产生了 4495 万被征地农民,近 10 年每年新增超过 400 万,增速明显加快;到 2009 年我国已累计形成 8700 多万被征地农民,而未来 10 年每年还将产生超过 400 万的新增被征地农民。2009 年底,约有 2500 多万被征地农民逐步纳入了被征地农民基本生活保障制度或养老保障制度,然而目前依然有超过 5000 万被征地农民的社会保障问题亟待解决。[1] 2013 年中国城镇化率为 53.73%,[2]而中国城镇化水平的饱和值约为 80% 左右。[3] 随着城镇化水平进一步提高,被征地农民的数量还将持续增长。被征地农民成为人口城市化的一种被动形式,推动了大面积的城乡接合部的出现,一定程度上模糊了城乡的边界。

四、城镇企业职工基本养老保险制度"扩面"与农民工"退保"并存

在城乡间候鸟式迁移的农民工成为联结城乡的另外一个特殊群体,亦工亦

---

① 卢海元:《和谐社会的基石:中国特色新型养老保险制度研究》,群众出版社 2009 年版。

② 国家统计局:《2013 年国民经济和社会发展统计公报》,国家统计局网站,http://www.stats.gov.cn/tjsj/zxfb/201402/t20140224_514970.html,2014-02-24。

③ 陈彦光、罗艳:《城市化水平与城市化速度的关系探讨——中国城市化速度和城市化水平饱和值的初步推断》,《地理研究》2006 年第 6 期,第 1063—1072 页。

农的身份使得他们极易受城乡社会政策变动的影响。在职保扩面征缴政策的推动下,农民工参保人数不断增多。自 2006 年开始统计农民工参加职保数据以来,农民工参保人数从 2006 年的 1417 万人增加到 2009 年的 2647 万人,3 年间增加了 1230 万人。[①] 然而,一方面由于大量的迁移人口从事非正规就业,[②]难以参加我国基于正规就业设计的社会保障制度;另一方面,又由于我国社会保障体制在城乡之间、地区之间和不同职业之间存在差别,迁移人口社会保障权益存在便携性问题。以最具典型性的农民工为例,根据人力资源和社会保障部的统计,农民工参加职保的人数从 2006 年的 1417 万人增加到 2013 年的 4895 万人,7 年间增加了 3478 万人,增长 3 倍多。[③] 然而相比于已经超过 2 亿的农民工总人数,参保比例仍然很低。[④] 同时,由于社会养老保险制度在城乡之间、统筹地区之间不能有效对接,出现了农民工"退保潮",在珠三角,有的地区农民工退保率高达95%以上。[⑤] 2008 年爆发的金融危机使东南沿海大批企业破产倒闭,大量返乡农民工由于难以在城乡间转续社会养老保险关系而只能选择退保。另外,在 2010 年 1 月 1 日《城镇企业职工基本养老保险关系转移接续暂行办法》开始实施之前出现了大量农民工突击"退保",其中很重要的原因也是候鸟式迁移的农民工难以在城乡之间转续社会养老保险关系。

五、城乡社会养老保险制度体系呈现"碎片化"

自 20 世纪 90 年代初我国城乡社会养老保险制度开始分开单独改革试点以来,不仅两类制度本身存在很大区别,各自内部也呈现"碎片化"特征。在城镇社会养老保险制度体系内部,存在着机关事业单位退休保障制度、职保和城居保等若干个"大碎片",同时针对农民工,各地又出台了五花八门的规定,从而形成

---

① 数据来源于 2006 年度和 2010 年度《人力资源和社会保障事业发展统计公报》。

② 例如,吴要武根据 2005 年全国 1%人口抽样数据计算得出城镇中本地人的非正规就业比例为49.9%,农村迁移者非正规就业的比例为 68.7%。参见吴要武:《非正规就业者的未来》,《经济研究》2009 年第 7 期,第 98—113 页。

③ 人力资源和社会保障部:《人力资源和社会保障事业发展统计公报》(2006 年、2013 年),人力资源和社会保障部网站,http://www.mohrss.gov.cn/SYrlzyhshbzb/zwgk/szrs/ndtjsj/tjgb/。

④ 陈圣莉:《养老保险转续新办法即将实施》,《经济参考报》2009 年 12 月 24 日。

⑤ 吴兵:《农民工"退保潮"因何而起》,《人民日报》2008 年 1 月 8 日。

不计其数的"小碎片"。

　　农村社会养老保障制度体系内部各种不同的制度安排纵横交错、条块分割，大制度不统一，小制度打补丁，从某种程度上来说，农村社会养老保障制度体系的"碎片化"程度丝毫不亚于城镇地区。农村社会养老保障制度体系的"碎片化"主要体现在两个层面：其一，在党的十六大报告提出的"在有条件的地方探索建立农村养老保险制度"的要求下，许多地方积极探索建立与经济发展水平相适应的新农保，但由于缺乏统一的指导性文件，各个地方制度模式与参保政策存在很大不同。全国 31 个省（区、市）的新农保共有 1900 多个县级统筹单位，标准大多是"一地一策"甚至"一地多策"。[①] 其二，针对农村计划生育户、失地农民、村组干部等部分特殊群体，国家人口计生委、国土资源部、中组部联合财政部、人力资源和社会保障部以及地方政府相关部门，分别出台了养老保障政策相关扶助措施，且无论补贴标准还是参保政策各不相同。不仅如此，在各地农村养老保障制度体系内部还包括传统农村社会养老保险制度，民政部门负责实施的五保供养制度和最低生活保障制度以及部分返乡农民工参加的职保。

---

① 陈圣莉、王汝堂：《农村养老保障改革"碎片化"日趋严重》，《山东劳动保障》2009 年第 1 期，第 46 页。

2 养老保险关系转续研究综述

2.1 国外研究述评

从世界范围社会保障制度的发展历程来看,有一个共同的特点就是社会保障制度从工业部门延伸到农业部门,从城市延展到乡村,且一般都经历了漫长的过程,存在一个很长的时间差。现代生产方式首先在城市产生并得到充分发展,这也是社会保障制度之所以在城市产生的根本原因。农村养老保险制度相对城市养老保险制度滞后是现代资本主义经济发展规律作用下的一种普遍现象。德国 1883 年就颁布了《疾病保险法》,然而直到 1957 年才建立针对农场主的社会养老保险制度,其间相隔了 68 年;日本 1941 年开办厚生年金制度,到 1977 年才建立覆盖全民的国民年金制度,其农村社会养老保险制度建立的时间也比城市晚了 30 年。从 162 个国家和地区看,其中 70 个国家和地区的社会养老保险制度包含农村,其保障对象为全部农村人口或农民。① 因此,国外也存在城乡社会养老保险制度整合问题。国际社会保障协会(ISSA)顾问詹金斯(Jenkins, Michel)曾指出,"最难解决的问题就是非工薪职员群体的社会保障问题,在此之前农村的农业从业人员以及其他非正规行业的劳动者不能得到社会保障的有效保护事例有很多,尤其是发展中国家"。②

---

① 刘书鹤:《农村社会保障的若干问题》,《人口研究》2001 年第 5 期,第 35 页。
② Jenkins, M., 1993, "Extending Social Security Protection to Theentire Population: Problems and Isues", *International Social Security Review*, 46(2).

然而,与中国不同的是,发达国家在建立农村社会养老保险制度的过程中呈现出两个显著特点:一是大多数国家在建立农村社会养老保险制度的时候人均 GDP 水平都很高,例如日本为 3802 美元(1971 年)、美国为 21696 美元(1990 年)、丹麦为 12958 美元(1977 年)、加拿大为 21842 美元(1990 年),按照农村社会养老保险制度建立当年的美元汇率来算,这些国家均已步入了发达国家的行列。[①] 二是农业部门的发展都面临困境。大部分国家建立农村社会养老保险制度时农业部门产值对 GDP 的贡献已经相当低,一般位于 10%以下,尤其是在发达国家,这一特征非常明显。如日本和美国,建立农村社会养老保险制度时,农业部门产值占 GDP 的份额分别为 6.0%和 2.0%。同时,农业部门中的劳动力占整个全国的比重也很低,丹麦是一个传统的农业大国,然而在 1997 年建立农村社会养老保险制度时,丹麦农业部门劳动力份额已下降到 8.2%。[②] 在发达国家,经过大规模的工业化和城市化后,伴随着大量农村劳动力向城镇迁移,农业生产部门开始出现劳动力短缺、生产效率难以提高、增产增收难度加大等困境。然而农业部门在国民经济体系中的基础地位和巨大的外部收益所产生的效益外溢性决定了其必须长期存在并平稳发展。因此,必需通过调整政策以维持和保护农业生产能力,建立农村社会养老保险制度,尽量消除农村和城市在社会保障方面的差距成为其中的一项重要措施。

从各国建立农村社会养老保险制度的进程看,较高的整体经济发展水平对于农村社会养老保险制度的建立是决定性的。也正是因为较高的经济发展水平和农业人口的小规模化,使得在发达国家城乡社会养老保险制度整合并不是一个值得关注的问题。

首先,建立覆盖农村的社会养老保险制度的财政负担并不高,所以部分国家直接将城市的社会养老保险制度推广并覆盖到农村地区,建立全国统一的社会养老保险制度,例如瑞典等福利国家。

其次,农业生产产业化和生产组织农场化,从而出现了农场工人和农场主,但因为人数规模小,部分国家建立单独的农场工人和农场主社会养老保险制度,

---

① 吕学静:《社会保障国际比较》,首都经济贸易大学出版社 2007 年版,第 277 页。

② 杨翠迎:《中国农村社会保障制度研究》,中国农业出版社 2003 年版,第 68 页。

例如德国 1957 年颁布《农村老年救济法》。

最后,城乡经济发展尤其是收入水平差距已经不大,因此直接建立面向全民的社会养老保险制度,例如美国的 OASDI (Old-Age Old Age, Survivorsand Disability Insurance, OASDI) 和英国的 NI(National Insurance)。

因此,国外对社会养老保险制度整合方面的研究主要集中在养老金受益的便携性和可流动性以及由此带来的对劳动力市场的影响等方面,而对社会养老保险制度一体化方面的研究则延伸到对普惠型社会福利及其水平的适度性以及对低收入国家非缴费型养老金的关注。

2.1.1 养老金受益的流动性和便携性研究

为实现参保职工在不同的受益基准制①(Defined-Benefit, DB) 养老金计划之间顺利转续,参保职工的养老金受益必须具有便携性。美国劳动统计局(The US Bureau of Labor Statistics)将 DB 养老金计划的养老金权益便携性定义为:一个养老金计划参与者在转换工作时维持和转移累积的养老金受益的能力。② 一项缺乏完全便携性的养老金计划将会导致变换工作的职工的便携性损失(portability loss),也即由于变换工作后的养老金受益相对于没有变换工作时应付的养老金权益的减少(Andrietti, 2001;Blake 和 Orszag, 1997)。③

一、从养老金既得受益权的角度

主要研究既得受益权(Vesting)对养老金权益流动性的影响,从而影响雇员

---

① 在养老金制度的实施中,由经办机构依据特定计算公式,预先确定每位参保者的养老金受益额,向参保者提供养老金给付承诺,这就是受益基准制。在受益基准制养老金制度中,退休人员的福利水平取决于他们工作的年限长短和退休前工资水平。参见刘昌平:《可持续发展的中国城镇基本养老保险制度研究》,中国社会科学出版社 2008 年版,第 15 页。

② U.S., Department of Labor, Bureau of Labor Statistics, 1997, "Employee Benefits in Medium and Large Private Establishments", Bulletin 2517.

③ Andrietti and Vincenzo, 2001, "Portability of Supplementary Pension Rights in the European Union", *International Social Security Review*, 54, pp. 59–83.

Black, D. and M. Orszag, 1997, "Portability and Preservation of Pension Rights in the United Kingdom", Office of Fair Trading, 121.

对变换工作的决策,进而对劳动力流动性产生影响。既得受益权一般是指养老金计划的参与者即使变换工作也依然享有受法律保护的基于工作年限和工资收入并在未来实现的养老金受益(Clark 和 McDermed,1988)。[1] 既得受益权来源于养老金计划的待遇计算公式和受益资格条件。大部分养老金计划往往将一定的工作年限作为计划参与者获得养老金权益的前提条件,即既得受益权期限。既得受益权意味着参保职工在养老金计划中拥有的未来养老金受益的不可撤销的权利(John,2003)。[2] 而既得受益权期限则是获得完全既得受益权必须履行的最低参保缴费时间。缩短既得受益权期限对养老金权益的流动性具有促进作用(Turner,1993;Palacios 和 Whitehouse,2006),[3]而养老金权益的流动性与劳动力市场的有效性存在正相关关系(Dorsey,1995)。[4] Allen、Clark 和 McDermed(1988)指出养老金计划的便携性损失阻碍了劳动力的流动性,养老金资产损失、既得受益权规则限制和补偿标准是重要影响因素。[5] 部分国外学者从不同的养老金计划类型对养老金权益的流动性进行了研究。在养老金权益能够流动的条件下,DB 型养老金计划的参与者比供款基准制[6](Defined-Contribution,DC)养老金计划的参与者更具流动性(Gustman 和 Steinmeier,1993;Andrietti 和 Hil-

---

① Clark,R. and McDermed,A.,1988,"Pension Wealth and Job Changes: The Effects of Vesting, Probability and Lump-Sum Distributions",*The Gerontological Society of America*,28(4).

② John,T.,2003,"Pension Portability-Is this Europe's Future? An Analysis of the United States as a Test Case",The AARP Public Policy Institute,http://www.aarp.org/ppi.

③ John,T.,1993,"Pension Policy for a Mobile Labor Force",Kalamazoo,Mich.: W.E.Upjohn Institute for Employment Research.

Palacios,R.and Whitehouse,E.,2006,"Civil-service Pension Schemes around the World",SP Discussion Paper No.0602,May.

④ Dorsey,S.,1995,"Pension Portability and Labor Market Efficiency: A Survey of the literature",*Industrial and Labor Relations Reviews*,48(2).

⑤ Allen,S.G.,Clark,R.L.and Clark,A.A.,1988,"Why do Pensions Reduce Mobility",NBER Working Paper No.2509,February.

⑥ 与受益基准制相对应的是供款基准制。养老金制度的实施方式是按照一定的公式确定每名参与者的缴费水平(通常是统一的供款率),并为每位参保者设立个人账户,其缴费积累于个人账户之中,待其退休后,按照个人账户上缴费积累和基金投资回报额向退休人员计发养老金待遇,这就是供款基准制。在供款基准制养老金制度中,退休人员得到的养老金受益取决于他们个人账户上的积累水平。参见刘昌平:《可持续发展的中国城镇基本养老保险制度研究》,中国社会科学出版社 2008 年版,第 19 页。

debrand,2001)。① 劳动力流动性增加和工作变动的增多,使 DC 型养老金计划与 DB 型养老金计划相比更具吸引力(Schrager,2008)。② Luchak、Fang 和 Gunderson (2004)对既得受益权在 DB 型养老金计划中的作用进行了研究,通过对加拿大的实证研究发现既得受益权对于提高 DB 型养老金制度的覆盖面有积极作用,受益权期限每缩短 1 年,覆盖率提高 1.6 个百分点。③

二、从对劳动力市场影响的角度

由于存在雇佣成本和培训成本,企业倾向于通过延迟收入补偿以减少员工的流动性而建立长期稳定的劳动关系(Gustman、Mitchell 和 Steinmeier,1988)。④ 养老金流动性障碍所带来的便携性损失干扰了劳动者变换工作的决策,形成了劳动力刚性(labor rigidity),从而对劳动力的流动性产生负面影响。Ross(1958) 最早注意到了这种影响,认为覆盖面不断扩大的养老金计划创造了一种"新工业圈地运动"(New Industry Feudalism),劳动者被牵制在现有的工作中而丧失了抓住新机遇的机会。⑤ Oi(1962)则提出了不同的看法,通过建立企业匹配人力资本理论(the theory of firm-specific human capital)对员工流动性的降低进行了解释:当劳动者边际生产率大于在其他企业中工作所能达到的边际生产率时,由于固定的雇佣成本或培训成本难以转移,长期的劳动关系是有效率的且小而暂时的冲击不会导致劳动者离职。⑥ 因此,关于养老金流动性对劳动力市场的影

---

① Gustman, A.L. and Steinmeier, T.L., 1993, "What People don't Know about Their Pensions and Social Security: An Analysis Using Linked Data from the Health and Retirement Study", NBER Working Paper No.W7368.

Andrietti, V. and Hildebrand, V., 2001, "Pension portability and labor mobility in the United States: new evidence from SIPP data", Center for Research on Pensions and Welfare Policies Working Paper No. 10, January.

② Schrager, A., 2009, "The Decline of Defined Benefit Plans and Job Tenure", *Journal of Pension Economic and Finance*, 8(3), pp. 259-290.

③ Luchak, A.A., Fang, T. and Gunderson M., 2004, "How Has Public Policy Shaped Defined-Benefit Pension Coverage in Canada", *Journal of Labor Research*, 25(3).

④ Gustman, A.L., Olivia, S.M. and Thomas, L.S., 1988, "The Role of Pensions in the Labor Market: A Survey of the Literature", *Industrial and Labor Relations Review*, 47(3).

⑤ Ross, A., 1958, "Do We Have a New Industrial Feudalism", *American Economic Review*, 48(5), pp. 918-922.

⑥ Walter, O., 1962, "Labor as a Quasi-fixed Factor", *Journal of Political Economy*, 70(6).

响出现了两种截然相反的观点:其一,认为养老金流动性障碍制约了劳动力流动,阻碍了劳动力资源的优化配置,从而降低了劳动力市场的效率;其二,认为不可流动性的养老金所带来的长期稳定的劳动关系能够促进工作匹配,刺激企业人力资本投资和增进劳动者对企业的忠诚度,从而提高了劳动力市场的效率。

美国劳工部 1964 年的公报中显示养老金计划覆盖下劳动者的离职率要明显低于未覆盖的劳动者(U.S.Department of Labor,1964),[①]其后的一系列研究成果给予了佐证(Mitchell,1982;Ippolito,1987;Gustmen 和 Steinmeier,1993)。[②] Choate 和 Linger(1986)针对 20 世纪 80 年代美国经济所出现的生产率下滑和竞争力下降的现象,指出养老金流动性障碍所带来的劳动力流动性差是导致美国经济缺乏活力的重要影响因素。[③] Allen、Clark 和 McDermed(1993)通过建立评估模型精确地测算了养老金便携性损失大小与劳动力流动性的负向关系,并指出 Ross 的观点在劳动力市场结构转变和劳动力需求转移时尤为重要。[④] 与上述研究同时,Becker(1964)认为企业之所以设置养老金的便携性负担是为了留住员工从而刺激企业进行人力资本投资和员工更加努力地工作。[⑤] Jovanovic(1979)则指出异质性技能和工作需求使工作匹配产生额外的收益。[⑥] 基于企业匹配人力资本理论和隐性合约理论(implicit contract theory),双边优势和信息不对称所导致的工资即期协商成本过高而要求企业和员工提前确定工资标准和补偿计划(Flanagan,1984),[⑦]过多的员工流动反而产生无效率(Hall 和 Lazear,1984)。[⑧]

[①] U.S.Department of Labor,Bureau of Labor statistics,1964,"Labor Mobility and Private Pension Plans",Bulletin No. 1407.

[②] Michell,O.S.,1982,"Fringe Benefit and Labor Mobility",*Journal of Human Resources*,17(2).
Gustman,A.L.,and Thomas,L.S.,1985,"The Effects of Partial Retirement on Wage Profiles of Older Workers",*Industrial Relations*,24(2).

[③] Choate,P.,and Linger,J.K.,1986,"The Hi-Llex Society",New York:Alfred A.Knopf.

[④] Allen,S.G.,and Robert,L.C. and McDermed,A.A.,1993,"Pension Bonding and Lifetime Jobs",*Journal of Human Resources*,28(3).

[⑤] Becker,G.,1964,"Human Capital:A Theoretical and Empirical Analysis",National Bureau of Economic Research,New York:Columbia University Press.

[⑥] Jovanovic,B. 1979,"Job Matching and the Theory of Turnover",*Journal of Political Economy*,87(5).

[⑦] Flanagan,R.,1984,"Implicit Contracts,Explicit Contracts,and Wages",*American Economic Review*,74(2).

[⑧] Hall,R,and Edward P.L. 1984,"The Excess Sensitivity of Layoffs and Quits to Demand",*Journal of Labor Economics*,2(2).

Ippolito(1994)研究发现流动性差的养老金计划有助于补偿这种人力资本外溢的状况,维护工作团队稳定,从而实现生产效率高的工作的劳动力匹配。[1]

三、从提高养老金便携性的角度

养老金便携性缺乏已经引起了各国政府和理论界的广泛关注,不仅是因为变换工作的职工将遭受养老金便携性损失,而且因为便携性缺乏对劳动力市场产生负效应。考虑到养老金便携性损失,职工将选择降低工作变换频率,结果是减少了劳动力市场的流动性(Alvaro,2008)。[2] 为提高养老金受益便携性,当前一些共同体组织和国家采取了许多建设性改革措施:

一是通过缩短养老金既得受益权期限,增强养老金权益的便携性。1974 年美国的《雇员退休收入保障法》(Employees'Retirement Income Security Act,ERISA)出台之前,美国无法律明文规定养老金计划必须具有既得受益权条款(Osgood,1979),[3]近 40% 的养老金计划没有既得受益权规定(Dorsey,1995)。[4] 1981 年美国总统负责调查养老金政策的事务委员会提出建立强制性国家养老基金以确保养老金权益的流动性。1986 年美国《税收改革法》(the Tax Reform Act)将养老金计划参与者的最大既得受益权期限从 10 年减少到 5 年(Vincenzo,2004)。[5] Mitchell(2000)研究美国劳工部的调查数据后发现,自 1980 年以来的 20 年中美国 DB 型养老金计划的既得受益权期限限制不断放松。[6] 2003 年,巴巴多斯

① Ippolito,R.,1994,"Pensions,Sorting,and Indenture Premia",*Journal of Human Resources*,29(3).

② Alvaro,F.,2008,"The Portability of Pension Rights:General Principals and the Caribbean Case",SP discussion paper NO.0825,The World Bank.

③ Osgood,R.K.,1979,"Qualified Pension and Profit-Sharing Plan Vesting:Revolution Not Reform",*Boston University Law Review*,59,p.452.

④ Dorsey,S.,1995,"Pension Portability and Labor Market Efficiency:A Survey of the Literature",*Industrial and Labor Relations Reviews*,48(2).

⑤ Vincenzo,A.and Vincent,H.,2004,"Evaluating Pension Portability Reforms:The Tax Reform Act OF 1986 As A Natural Experiment",Working Paper 04-52,Economics Series 20,Departamento de Economía Universidad Carlos III de Madrid.

⑥ Mitchell,O.S.2000,"New Trends in Pension Benefit and Retirement Provisions",PRC WP 2000-1,February.

（Barbados）为增加职业养老金计划的便携性,通过改革法案将其既得受益权期限减少到 3 年,而此前的养老金计划的既得受益权期限为 10—13 年(Alvaro,2008)。[1] 2001 年的一项研究显示,如果德国将既得受益权期限从 10 年减少到 5 年,劳动力市场流动性将大大增强,研究样本的流动性将增加 8%(Rabe,2006)。[2] 养老金制度实行省份自治的加拿大在 1994 年的养老金制度改革中,绝大部分省份将受益权期限由 10 年缩短为 2 年(Luchak、Fang 和 Gunderson,2004)。[3]

二是移民输出国和接收国通过签署社会保障双边或多边协议,以提高国家间社会保障管理机构之间的合作,确保迁移劳动力及其家庭养老金供款具有充分的便携性和受益资格(Cruz,2004;Robert、Johannes 和 Taras,2005)。[4] 早在 1996 年,加勒比共同体(Caribbean Community,CARICOM)成员国就签署了一份关于养老金权益便携性的协议,协议在没有完全既得受益权期限的国家有效(Alvaro,2008)。有研究显示,部分 OECD 成员国间签订的公共养老金计划协议已经有效地防范迁移职工遭受较大的养老金权益损失(Schmahl,1993)。[5]

2.1.2　普惠型社会福利研究

一、研究普惠型社会福利的模式与政策效果

在福利国家诞生的普惠型社会福利理论正在被越来越多的发展中国家和中

---

① Alvaro,F.,2008,"The Portability of Pension Rights:General Principals and the Caribbean Case",SP discussion paper NO.0825,The World Bank.

② Rabe and Birgitta,2006,"Occupational Pensions,Wages,and Job Mobility in Germany",ISER Working Paper No.4,Colchester:University of Essex,http://www.iser.essex.ac.uk/pubs/workpaps.

③ Luchak,A.A.,Fang,T.and Gunderson,M.,2004,"How has Public Policy shaped Defined-Benefit Pension Coverage in Canada",*Journal of Labor Research*,25(3).

④ Cruz,A.T.,2004,"Portability of Benefit Rights in Response to External and Internal Labor Mobility:The Philippine Experience",Paper presented at the International Social Security Association(ISSA),Thirteenth Regional Conference for Asia and the Pacific in Kuwait,March 8-10,http://www.issa.int/pdf/ kuwait04/2cruz.pdf.

Robert,H.,Johannes K.and Taras C.,2005,"Portability Regimes of Pension and Health Care Benefits for International Migrants:An Analysis of Issues and Good Practices",Social Protection Discussion Paper Series No.0519,The World Bank.

⑤ Schmahl,W.,1993,*Harmonization of Pension Schemes in Europe? A Controversial Issue in the Light of Economics,Age,Work and Social Security*,A.B.Atkinson and M.Rein,St.Martin's Press,pp.308-340.

低收入国家所借鉴并应用于社会福利体系的构建。目前,非缴费普惠型基础养老金制度已在大约 30 多个发展中国家实施,不仅防止了老年弱势群体陷入长期贫困,而且有效地缓解了整体贫困的严重性(ILO,2010)。[①] 国际助老会(HelpAge International,2003)指出,如果没有普惠型养老金制度,南非的贫富差距将扩大 2/3[②];Barrientos(2003)的研究发现,在没有非缴费养老金制度的情况下,巴西和南非的贫困人口将分别增加 4% 和 3%[③];Johnson 和 Williamson(2006)认为非缴费普惠型养老金制度在低收入国家农村地区更具有可行性[④]。普惠型养老金受益者利用养老金帮助后代的生活、看病和教育,使农村地区儿童的健康和营养水平提高,增进了家庭内部的和睦关系(Duflo,2000;Barrientos 和 Lloyd-Sherlock,2003;Gorman,2004)。[⑤]

二、研究社会福利水平的适度性

福利国家危机迫使瑞典、挪威、芬兰和丹麦等北欧四国不同程度地压缩福利项目开支,通过降低替代率和延长享受待遇的等待时间等措施控制社会福利体系的财政风险(Stephens,1995)。[⑥] 福利国家的制度改革面临很大的阻力,在福利刚性的作用下,难以控制福利开支的持续增加,尤其是普惠型的福利项目,面

---

① International Labour Office(ILO),2010,"Extending Social Security to All:A Guide through Challenges and Options?",International Labour Organization Publications,Geneva.

② Help Age International,2003,"Non-Contributory Pensions and Poverty Prevention:A Comparative Study of Brazil and South Africa",Manchester,Institute for Development Policy and Management/HelpAge.

③ Barrientos,A.,2003,"What is the Impact of Non-Contributory Pensions on Poverty",Estimates from Brazil and South Africa,Manchester,Institute for Development Policy and Management.

④ Johnson,J.K. and Williamson,J.B.,2006,"Do Universal Non-Contributory Old-Age Pensions Make Sense for Rural Areas in Low-Income Countries",*International Social Security Review*,59(4).

⑤ Duflo,E.,2000,"Child Health and House Hold Resources in South Africa:Evidence from the Old Age Pension Program",*Child Outcomes in Africa*,90(2).

Barrientos,A.,Lloyd,S.P.,2003,"Non-Contributory Pension Schemes:A New Model for Social Security in the South",International Social Security Association,Geneva.

Gorman,M.,2004,"Age and Security:How Social Pensions Can Deliver Effective Aid to Poor Older People and Their Families",London,HelpAge International.

⑥ Stephens,J.D.,1995,"The Scandinavian Welfare States:Achievements,Crisis and Prospects",United Nations Research Institute for Social Development,Discussion Papers,No. 67.

临很大的阻力(Pierson,1994;Stephens,Huber 和 Ray,1994)。[1] Castles(2005)分析了福利国家的福利危机,认为单纯的制度型社会福利模式难以应对经济的波动,福利国家应该调整现有的社会福利体系结构,增加制度的灵活性并保持社会福利水平的适度发展[2];Madison(1968)总结苏联在社会福利制度构建过程中的经验教训后指出,发展中国家在工业化进程中,既要为国民提供适度的社会保护以应对经济社会转型所带来的社会风险,同时又要警惕社会福利政策为迎合政治目标的需要而不断承诺更高的社会福利水平,从而陷入超越经济社会发展阶段的"福利陷阱"[3]。

2.1.3　非缴费型养老金制度研究

对低收入国家非缴费型养老金的研究主要集中在评估制度的财务可持续性。可支付性(affordability)是实施非缴费型养老金制度前需要考虑的两个重要问题之一(Gorman,2005)[4],其成本取决于制度覆盖范围及养老金待遇水平(Bertranou 等,2004)[5]。由于普惠型养老金制度的总成本可能低于家计调查型(Means-test)养老金制度,因此低收入国家更适合引入普惠型养老金(Gorman,2005;Willmore,2007;Johnson 和 Williamson,2008)。[6] 有研究表明,非缴费普惠

① Pierson,P.,1994,"The New Politics of the Welfare State",paper delivered ant The Tenth International Conference of Europeanists,March,Chicago.

Stephens,J.D.,Evelyne,H.and Leonard,R.,1994,"The Welfare State in Hard Times",paper delivered at the Conference on the Politics and Political Economy of Contemporary Capitalism,University of North Carolina,Chapel Hill,September 9-11.

② Castles,F.G.,2005,*The Future of The Welfare State:Crisis Myths and Crisis Realities*,New York:Oxford University Press Inc.

③ Madison,B.Q.,1968,*Social Welfare in the Soviet Union*,Stanford University Press,California.

④ Gorman,M.,2005,"Securing Old Age:The Case for 'Social' Pensions in Developing Countries",*Public Finance and Management*,5(2),pp.310-330.

⑤ Bertranou,V.and Solorio,2004,"The Impact of Tax-Financed Pensions on Poverty Reduction in Latin America",*International Social Security Review*,57(4),pp.3-18.

⑥ Willmore,L.,2007,"Universal Pensions for Developing Countries",*World Development*,35(1),pp.24-51.

Johnson,J.K.and Williamson,J.B.,2008,"Universal Non-Contributory Pension Schemes for Low-Income Countries:An Assessment",*Social Protection in an Ageing World*,*International Studies on Social Security*,13,pp.195-209.

型养老金制度在低收入国家的农村地区具有可行性(Johnson 和 Williamson, 2006)。① 也有国外学者指出,大部分低收入发展中国家难以承受在广大农村地区推行非缴费普惠型养老金制度的财政负担(James,2000;Kakwani 和 Subbarao, 2005)。② ILO 社会保障部的模拟测算显示,在部分撒哈拉以南非洲国家一项基本的非缴费型养老金制度的财务成本的 GDP 占比约为 1%(Pal 等,2005)。③ 也有研究以 50 个中低收入国家为例,测算结果显示在 60 岁退休方案下 2010 年大部分国家非缴费型养老金的财务成本的 GDP 占比小于 1.5%,而在 65 岁退休方案下所有国家该指标将低于 1.8%(Knox-Vydmanov,2011)。④ 在以上两种退休年龄方案下,以人均 GDP 的 15%为标准的普惠型养老金在 2040 年的财务成本占 GDP 的比重最高的地区为 OECD 成员国,分别为 4.8%和 3.8%,最低的为撒哈拉以南非洲国家,分别为 1.0%和 0.7%(Palacios 和 Sluchynsky,2006)。⑤

综上所述,由于国外尤其是发达国家在实现社会养老保险制度全覆盖时的社会经济条件与我国当前的现实状况存在很大差异,关于社会养老保险制度整合的研究重点也并不在于城乡社会养老保险制度之间,因此其理论和实践指导意义有限。然而,国外研究成果所提出来的将养老金既得受益权应用于提高养老金受益的便携性、普惠型社会福利模式和水平的适度性以及在低收入国家建立非缴费型养老金制度的构想和挑战等对于我国社会养老保险制度城乡整合过程中所出现的社会养老保险关系转移接续、社会养老保险关系城乡转移接续和城乡居保制度的发展都具有重要的借鉴意义。

---

① Johnson,J. K. and Williamson,J. B.,2006,"Do Universal Non-Contributory Old-Age Pensions Make Sense for Rural Areas in Low-Income Countries",*International Social Security Review*,59(4),pp.47-65.

② James,E.,2000,"Coverage under Od Age Security Programs and Protection for the Uninsured:What are the Issues",N.C.Lusting(ed.),*Shielding the Poor*,Washington DC:Brookings Institution Press.

Kakwani,N.and Subbarao,K.,2005,"Ageing and Poverty in Africa and the Role of Social Pensions",United Nations Development Program Working Paper No. 8,Brasilia:International Poverty Centre.

③ Pal,K.,et al.,2005,"Can Low Income Countries Afford Basic Social Protection? First Results of a Modeling Exercise",Discussion Paper No. 13,International Labour Office,Geneva.

④ Knox-Vydmanov,C.,"The Price of Income Security in Older Age:Cost of a Universal Pension in 50 Low-and Middle Income Countries",Pension Watch briefings on social protection in older age No. 2,London:HelpAge International,2011.

⑤ Palacios,R.and Sluchynsky,O.,2006,"Social Pensions Part I:Their Role in the Overall Pension System"Social Protection Discussion Paper No. 0601,Washington DC,The World Bank.

2.2　国内研究进展

改革开放40年来,中国的社会结构发生了巨大变化:城乡二元结构逐步打破,大量农民工进入城镇务工;劳动力市场的流动性大大增强,跨地区流动就业成为常态;城乡融合不断加深,地区联系更加紧密。由于历史原因,城乡社会养老保险制度的改革进程在城乡之间和地区之间不一致,制度模式和政策规定存在很大差异,从而产生了社会养老保险制度体系如何适应劳动力流动和城乡融合的现实难题。作为我国城乡统筹发展规划和城乡一体化发展的重要内容,社会养老保险制度城乡整合问题越来越受到国内学者的关注,成为社会保障、公共管理、社会学等多个学科研究的重点和热点问题。学者们分别从多学科视角对社会养老保险关系转移接续和社会养老保险制度城乡统筹等社会养老保险制度城乡整合的核心问题进行研究,积累了大量的研究成果。从研究视角和研究内容上来看,关于社会养老保险制度城乡整合的研究主要集中在社会养老保险关系转移接续、制度整合的必要性或重要性、制度整合的障碍因素、制度设计或路径选择、国外经验启示和立法规范以及农民工等特殊群体的养老保险问题等几个方面。

2.2.1　社会养老保险关系转移接续研究

我国职保制度是在县级统筹的基础上发展起来的,并以城镇企业职工为重点,难以完全适应这种大规模劳动力流动状态,出现了一些劳动者特别是农民工因跨地区就业而养老保险权益得不到有效维护的问题。自国发〔2005〕38号文件颁布施行以来,国内学者就社会养老保险关系转续问题进行了广泛而深入的研究,主要围绕以下四个方面展开:

其一,强调社会养老保险关系转续的必要性。普遍的观点认为社会养老保险关系转续难已经成为制约劳动者自由流动的壁垒,阻碍了人才流动和城乡一体化劳动力市场的形成,不利于劳动力资源的合理配置(邓大松,2005;赵建国、杨燕绥,2007;杨宜勇、谭永生,2008)。① 转续难还形成社会保障体系地区分化,利益格局僵化,城乡整体社会保障效应弱化,导致灵活就业被排斥在社会养老保险制度之外(赵建国、杨燕绥,2007)。②

其二,分析社会养老保险关系转续难的原因。可以归纳为四个层面:一是制度设计不合理,基础养老金受益权不具便携性(唐钧,2007;刘传江、程建林,2008;郑秉文,2008)③;二是管理太分散,统筹层次低(何平,2008;崔莎莎,2008)④;三是"分灶吃饭"的财政体制下地方政府利益博弈(何文炯,2008;刘彦忠等,2008;徐秋华,2008;杨凤寿,2010)⑤;四是城乡二元经济结构矛盾和地区经济发展不平衡(尹庆双,2007;郑功成,2007;李顺明、杨清源,2008)⑥。

---

① 邓大松:《社会保险关系顺利接续事关重大》,《中国劳动保障》2005 年第 10 期,第 49 页。

赵建国、杨燕绥:《中国社会保障体系的整合发展与重构——基于就业方式变革趋势下的分析》,载《第二届中国社会保障论坛文集——建立覆盖城乡社会保障体系》(上册),中国劳动社会保障出版社 2010 年版。

杨宜勇、谭永生:《全国统一社会保险关系接续研究》,《宏观经济研究》2008 年第 4 期,第 11—13 页。

② 赵建国、杨燕绥:《中国社会保障体系的整合发展与重构——基于就业方式变革趋势下的分析》,载《第二届中国社会保障论坛文集——建立覆盖城乡社会保障体系》(上册),中国劳动社会保障出版社 2010 年版。

唐钧:《让农民工社保异地转移接续》,《瞭望》2007 年第 36 期,第 64 页。

刘传江、程建林:《养老保险"便携性损失"与农民工养老保障制度研究》,《中国人口科学》2008 年第 4 期,第 61—67 页。

郑秉文:《改革开放 30 年中国流动人口社会保障的发展与挑战》,《中国人口科学》2008 年第 5 期,第 2—17 页。

③ 唐钧:《让农民工社保异地转移接续》,《瞭望》2007 年第 36 期,第 64 页。

刘传江、程建林:《养老保险"便携性损失"与农民工养老保障制度研究》,《中国人口科学》2008 年第 4 期,第 61—67 页。

郑秉文:《改革开放 30 年中国流动人口社会保障的发展与挑战》,《中国人口科学》2008 年第 5 期,第 2—17 页。

④ 何平:《让农民工"退保"成为历史》,《中国报道》2008 年第 3 期,第 26—27 页。

崔沙沙:《城镇职工基本养老保险关系转移接续问题探讨》,《社会保障研究》2008 年第 1 期,第 36—38 页。

⑤ 何文炯:《养老保险转移,平衡利益是关键》,《中国社会保障》2008 年第 5 期,第 13—15 页。

刘彦忠等:《社会保险关系转续接续问题研究》,《社会保障研究》2008 年第 1 期,第 23—28 页。

徐秋花、侯仲华:《养老保险关系转移难点与对策》,《中国社会保障》2008 年第 9 期,第 42—43 页。

杨凤寿:《我国社会保险关系转移和接续问题研究》,《中国人口资源与环境》2010 年第 1 期,第 50—54 页。

⑥ 尹庆双、杨英强:《农民工养老保险关系转移接续机制问题探讨》,《农村经济》2007 年第 12 期,第 68—70 页。

郑功成:《中国社会保障制度改革的新思考》,《山东社会科学》2007 年第 6 期,第 5—10 页。

李顺明、杨清源:《构建和谐社会进程中社会保险关系接续转移问题研究》,《社会保障研究》2008 年第 1 期,第 87—90 页。

其三,提出社会养老保险关系转续的政策建议。主要包括:全面改革现行社会养老保险制度(杨燕绥,2007;郑秉文,2008)①;尽快实现全国统筹(郑功成,2008)②;赋予基础养老金受益便携性(岳宗福,2009;刘昌平、殷宝明,2009)③;采取"分段计算、权益累加"的办法(戴由武,2008;郦先春等,2008;董克用、王丹,2008;章书平,2009)④;推进经办管理服务的规范化、信息化、专业化建设(李顺明、杨清源,2008;刘昌平,2009)⑤。这些理论观点和创新性政策建议,也直接或间接地推动了国办发〔2009〕66 号文件的出台。

其四,评价新的社会养老保险关系转续政策。国办发〔2009〕66 号文件颁布施行以后部分学者进行了正反两个方面的评价,有人认为新政缓和了社会养老保险地区利益争端,但可能带来转移资金压力(罗静、匡敏,2011)。⑥ 新政有利于参保人流动后权益的保障和维护统筹地区为消化历史债务而形成的利益格局与筹资机制(陈仰东,2009)。⑦ 转续办法为农民工和城镇灵活就业人员参保打开了一个横向通道,为实现 2020 年全覆盖的目标克服了一个制度难点(郑秉文,2009)。⑧ 但是,跨区转续办法依然存在许多问题:一是立法层次低、政府责任缺

① 郑秉文:《法国高度碎片化的社保制度及对我国的启示》,《天津社会保险》2008 年第 4 期,第 41—44 页。
② 郑功成:《实现全国统筹是基本养老保险制度刻不容缓的既定目标》,《理论前言》2008 年第 18 期,第 12—15 页。
③ 岳宗福:《全国统一基本养老关系转续的制度构建——兼论我国基本养老保险关系转续不宜借鉴欧盟经验》,《中国劳动》2009 年第 4 期,第 20—22 页。
刘昌平、殷宝明:《基于既得受益权的养老保险关系转续政策研究》,《中国人口科学》2009 年第 5 期,第 28—35 页。
④ 戴由武:《分段计算:破解养老保险转移难》,《中国社会保障》2008 年第 5 期,第 16—18 页。
郦先春、陈丹琪、涂婉姝:《加大资金转出,实现跨区转移》,《中国社会保障》2008 年第 5 期,第 11—12 页。
董克用、王丹:《欧盟社会保障制度国家间协调机制及其启示》,《社会经济体制比较》2008 年第 4 期,第 118—124 页。
章书平、黄健元、刘洋:《基本养老保险关系转移接续困难的对策探究》,《理论与改革》2009 年第 5 期,第 47—49 页。
⑤ 刘昌平:《社会养老保险制度城乡统筹之路探索》,《社会保障研究》2009 年第 2 期,第 14—17 页。
⑥ 罗静、匡敏:《国内外养老保险关系转移接续经验借鉴》,《社会保障研究》2011 年第 4 期,第 43—49 页。
⑦ 陈仰东:《保障合法权益,兼顾各方利益——评"养老保险关系转移接续办法"》,《中国社会保障》2009 年第 3 期,第 24—26 页。
⑧ 郑秉文:《养老保险关系转续的深远意义与深层思考》,《中国劳动保障报》2009 年 1 月 19 日。

失(陈仰东,2009)①;二是没有统一的 IT 平台、社会保障卡至今未全面推开(朗朗,2010)②;养老金待遇计算与发放复杂,参保人员不易理解;户籍制度制约了转续设计,使得转续办法难以根本解决"社保漫游"问题(郑秉文,2010)③。新政还存在财务不平衡风险(刘昌平、殷宝明,2009)。④ 参保地和退休地不一导致养老金待遇享受不公平问题(邢瑞莱,2010)。⑤ 还有学者从实际部门的角度指出社会养老保险关系接续不顺畅、统筹协调难度大,并举例新政实施两年来江苏省太仓市基金转移率不到 40%(陆俊,2012)。⑥

随着新农保政策的出台,有关职保与新农保养老保险关系转续问题就凸显出来:一方面涉及待遇计发公式的公平与效率问题(郑秉文,2010)⑦,即不能使农民工由于回乡不能进行社会保险关系转移接续,而使在异地缴纳的养老保险待遇立刻归零(金奇志,2009)⑧;另一方面城乡社会养老保险关系转续便利将有利于劳动力流动和人口流动(杨宜勇,2007)⑨。实现社会养老保险关系城乡转续,只有从制度层面上改革城乡社会养老保险制度,才能彻底解决城乡劳动者社会养老保险关系转移接续难的问题(韦樟清,2009)。⑩

2.2.2　社会养老保险制度城乡整合的必要性研究

加快构建覆盖城乡居民的社会养老保险制度体系,是应对我国人口老龄化,实现基本公共服务均等化,促进经济持续稳定发展的必然要求。朱嵩松(2009)

---

　　① 陈仰东:《保障合法权益,兼顾各方利益——评"养老保险关系转移接续办法"》,《中国社会保障》2009 年第 3 期,第 24—26 页。

　　② 朗朗:《转续办法的实施需要持续的努力》,《中国劳动保障报》2010 年 1 月 26 日。

　　③ 郑秉文:《养老保险转续办法带来新挑战与新思考》,《上海证券报》2010 年 1 月 30 日。

　　④ 刘昌平、殷宝明:《基本养老保险关系城乡转续方案研究及政策选择》,《中国人口科学》2010 年第 6 期,第 40—48 页。

　　⑤ 邢瑞莱:《养老保险关系异地转移几个亟待解决的问题》,《中国劳动》2010 年第 5 期,第 26—27 页。

　　⑥ 陆俊:《落实好养老保险关系转移接续的几点建议》,《中国劳动》2012 年第 5 期,第 17—18 页。

　　⑦ 郑秉文:《职工养老保险跨区转续意义重大》,《经济日报》2010 年 1 月 14 日。

　　⑧ 金志奇:《农民工社保关系跨地区转移接续难在何处》,《领导之友》2009 年第 5 期。

　　⑨ 杨宜勇:《社保制度应实现城乡"联网"》,《中国经济导报》2007 年 12 月 18 日。

　　⑩ 韦樟清:《养老保险关系城乡转移接续问题研究》,《台湾农业探索》2009 年第 5 期。

在城乡统筹的视角下,通过对城乡统筹概念的界定和内涵阐述,提供了构建城乡统筹社会养老保险制度的理论依据和实践依据,论证了在我国构建城乡统筹社会养老保险制度十分必要且具有可行性。[①] 黄英君和郑军(2013)在对我国城乡二元化社会保障体系进行分析和绩效评价的基础上,反思了我国城乡二元社会保障体系重构的必要性。[②] 袁涛(2012)以科学发展观和中国特色社会保障理论为指导,结合我国已有的城乡社会养老保险政策,从理论上和宏观的角度对我国城乡社会养老保险制度衔接的必要性和重要性进行了分析。[③] 通过文献综述的研究方法和形式,结合对当前城乡社会养老保险制度衔接的文献资料和研究成果的整理、归纳,黄海良和袁璐雯(2013)对城乡社会养老保险制度衔接的必要性和重要性进行了介绍和说明[④];而杨文明和韩燕(2013)从理论研究和实践需要的角度出发,总结并评价了我国统筹城乡社会养老保险制度的必要性[⑤]。张园(2013)立足于我国目前碎片化的社会养老保险制度现状,从应对人口结构变动、实现社会保障公共服务均衡化、破除城乡经济二元结构、国家经济社会发展等现实需要出发,从实证的角度论述了社会养老保险制度城乡一体化的必要性。[⑥]

2.2.3　社会养老保险制度城乡整合的障碍因素

封铁英和贾继开(2008)从障碍性因素分析入手,对社会养老保险城乡统筹发展制度设计的总体思路、具体对策及相关问题进行了研究综述。[⑦] 赵曼和刘

---

① 朱嵩松:《城乡统筹视角下的社会养老保险制度研究》,上海交通大学硕士学位论文,2009 年。

② 黄英君、郑军:《我国二元化城乡社会保障体系反思与重构:基于城乡统筹的视角分析》,《保险研究》2010 年第 4 期,第 52—60 页。

③ 袁涛:《城乡基本养老保险制度衔接研究》,中国社会科学院硕士学位论文,2012 年。

④ 黄海良、袁璐雯:《城乡养老保险制度衔接文献综述——兼评《城乡养老保险制度衔接暂行办法(征求意见稿)》,《社会保障研究》2013 年第 3 期,第 36—41 页。

⑤ 杨文明、韩燕:《我国统筹城乡养老保险制度研究评述》,《天津大学学报(社会科学版)》2013 年第 5 期,第 417—421 页。

⑥ 张园:《城乡一体化社会养老保险发展阶段及实现路径研究》,《西北人口》2013 年第 4 期,第 71—77 页。

⑦ 封铁英、贾继开:《社会养老保险城乡统筹发展问题研究综述》,《生产力研究》2008 年第 1 期,第 148—150 页。

鑫宏(2009)从问题的实质出发,提出农民工社会养老保险的转移要处理保险关系与保险基金的转、接、并、续四环节中存在的制度性障碍和技术性难题。① 马兰兰(2010)在已有研究的基础之上,将福利刚性的概念引入到社会养老保险关系转移困境的研究中,认为由于福利刚性的存在,地方政府会出于对地方利益的保护而制定一系列社会养老保险转移限制条件,而正是这些限制条件致使社会养老保险转移困境产生。② 孟研和李超(2011)从社会保障体系内部和外部环境两个方面分析了河北省统筹城乡社会养老保险制度工作存在的困境和障碍,认为户籍制度、传统养老方式保障功能的弱化及城乡、地区间经济发展的不均衡,是统筹城乡社会养老保险制度的体系外困境。③ 孔光和邢振航(2011)认为城乡二元体制是我国农村社会养老保险制度推广与发展和统筹城乡社会养老保险制度的体制性障碍。④ 王晓东(2013)对我国西部地区社会养老保险制度城乡统筹所面临的困境进行了分析。⑤ 李春根和包叠(2013)从理论和实践的角度对我国社会养老保险制度的现状与问题进行研究,并通过分析国内社会养老保险模式的典型代表,总结了我国社会养老保险制度并轨的困境所在。⑥ 而杨俊(2013)则认为导致统筹社会养老保险制度面临诸多困境的根本原因是社会养老保险制度分散统筹。⑦

2.2.4 社会养老保险制度城乡整合的制度设计或路径选择

刘昌平(2009)提出了统筹城乡社会养老保险制度的有效衔接与合并的"两

① 赵曼、刘鑫宏:《中国农民工养老保险转移的制度安排》,《经济管理》,2009年第8期,第163—168页。
② 马兰兰:《我国基本养老保险关系转移困境研究》,北京交通大学硕士学位论文,2010年。
③ 孟研、李超:《统筹城乡养老保险制度的困境及对策分析》,《商业时代》2011年第15期,第80—81页。
④ 孔光、邢振航:《城乡二元体制下农村社会养老保险的重构》,《中国集体经济》2011年第9期,第11—12页。
⑤ 王晓东:《西部地区社会养老保险制度城乡统筹:可能与可为》,《理论探索》2013年第2期,第77—81页。
⑥ 李春根、包叠:《新形势下基本养老保险城乡一体化路径初探》,《社会保障研究》2013年第3期,第29—35页。
⑦ 杨俊:《社会统筹养老保险制度的困境与出路:从分散统筹到全国统筹的转变》,《教学与研究》2013年第12期,第23—30页。

步走"发展战略。① 在城乡社会养老保险制度一体化的制度设计上,岳宗福
(2009)从解决养老金的便携性问题出发,提出了建立社会养老保险"一卡通"制
度的政策建议和设想。② 何昊城(2012)将城乡协同发展分为三个阶段:建立农
民工社会养老保险制度作为城乡衔接的突破口,实现社会养老保险制度全覆盖;
统筹城乡各类社会养老保险制度;城乡社会养老保险制度统一在城乡居民养老
保险体系下。并提出通过"统筹规划、梯次推进"分阶段实现我国城乡社会养老
保险制度的协同发展。③ 夏艳玲(2013)针对职保、城居保、新农保三大社会养老
保险关系转移接续问题,从公平的视角提出在顶层设计上引入可转移的名义账
户制度的建议。④ 任恒娜(2014)通过对国内社会养老保险制度城乡一体化的三大
经典发展模式:城乡并轨模式、城乡阶梯模式、城乡统一模式的比较研究,从系统性
角度出发,提出通过顶层设计,建构以基础养老金全国统筹、区域统筹、地方统筹三
支柱为主、个人与企业附加养老金为辅的多层次、梯度式社会养老保险制度平台的
实现路径,体现了"一致性"与"差异性"相结合的理念。还有一些学者采用案例分
析,以小见大,结合特定地区的具体经验进行分析。如应苗红(2012)从经济环境、
制度依据及统筹现状等层面,介绍并分析了我国西部典型大都市区西安、成都和重
庆的社会养老保险制度城乡统筹模式,同时借鉴日本建立国民统一养老保险制度
的经验,提炼出适合我国西部大都市区的城乡社会养老保险制度一体化政策建
议。⑤ 金艳(2013)以上海为研究对象,从经济和非经济层面对其社会养老保险
制度城乡一体化的制约因素进行定量分析,指出影响各因素的相关变量,并根据
制约因素的分析,提出制度完善、制度并轨、制度一体的社会养老保险制度城乡

---

① 刘昌平:《社会养老保险制度城乡统筹之路探索》,《社会保障研究》2009 年第 2 期,第 14—17 页。
② 岳宗福:《城乡养老保险一体化的制度设计与路径选择》,《山东工商学院学报》2009 年第 3 期,第 63—68 页。
③ 何昊城:《城乡基本养老保险协同发展研究》,湖南大学硕士学位论文,2012 年。
④ 夏艳玲:《三大社会养老保险关系转移接续问题的思考:基于公平的视角》,《金融与经济》2013 年第 9 期,第 77—80 页。
⑤ 应苗红:《西部大都市区社会养老保险城乡统筹模式比较研究》,陕西师范大学硕士学位论文,2012 年。

一体化的"渐进统一模式"。[①] 李春根和包叠(2013)结合各地区社会养老保险制度特色,提出社会养老保险制度并轨的个人负担指数计算公式。[②]

2.2.5 国外经验启示性研究

现代意义的社会保险制度最先发源于西方国家,经过上百年的发展和实践,已经形成了完整的制度体系,积累了丰富的经验。高宝霖和陈军清(2010)通过介绍日本年金结构互补与公共养老保险制度多位一体的经验,从我国实际状况出发,提出了构建我国社会养老保险年金结构互补要素和建立我国社会养老保险城乡一体化制度。[③] 罗静和匡敏(2011)基于国内外社会养老保险关系转移接续的典型,分别对美国公务员养老保险制度、欧盟流动人口养老保险制度和我国职保、成都市城乡居民社会养老保险制度的转移接续经验进行介绍,为过渡时期我国社会养老保险关系的转移接续和社会养老保险制度体系的整合提供借鉴。[④] 吕惠娟和赵肖萌(2011)通过介绍欧盟公共养老保险制度区域一体化经验,提炼了对我国社会养老保险关系转移接续机制设计、思路、原则的启示和借鉴。[⑤] 王晓东(2013)从途径、方式、条件三个方面分析西方发达国家社会养老保险制度城乡一体化的制度实践和政策变革,在此基础上,提出我国社会养老保险制度城乡统筹的推进策略,即以政府为主导,自上而下、城乡双向推动、制度统分结合、时间序列上分步渐进和空间层次上梯度递进。[⑥] 梁宏志(2014)基于对日

① 金艳:《上海养老保险城乡一体化制约因素及突破路径研究》,上海工程技术大学硕士学位论文,2013年。

② 李春根、包叠:《新形势下基本养老保险城乡一体化路径初探》,《社会保障研究》2013年第3期,第29—35页。

③ 高宝霖、陈军清:《年金结构互补与养老保险的多位一体——日本经验及其对中国的借鉴》,《求索》2010年第3期,第5—8页。

④ 罗静、匡敏:《国内外养老保险关系转移接续经验借鉴》,《社会保障研究》2011年第4期,第43—49页。

⑤ 吕惠娟、赵肖萌:《我国养老保险关系转移接续机制研究——基于欧盟的经验和启示》,《特区经济》2011年第10期,第88—90页。

⑥ 王晓东:《国外城乡养老保险一体化:途径、方式、条件及启示》,《社会保障研究》2013年第5期,第98—103页。

本社会福利模式、公共养老保险制度长期规划、公共养老保险制度与劳动力市场互动等方面的经验的介绍,研究了对我国社会养老保险制度城乡一体化的借鉴意义。①

2.2.6　立法规范研究

社会养老保险制度的城乡统筹与整合的顺利实施离不开法律制度的规范和保障。特别是在我国法制化进程加快,而社会保障制度立法仍存在诸多不足的现实状况下,越来越多的学者开始关注社会保障制度的立法问题。张娜(2011)基于城乡统筹的背景,从立法的角度对我国农民工社会养老保险制度的立法进行了分析,认为目前农民工社会养老保险制度相关立法的不足是导致农民工参保率低、退保率高的重要原因,并提出提高立法层次、颁布《农民工养老保险法》等建议,为农民工社会养老保险关系城乡转移接续的顺利实施提供法律保障。②罗静和匡敏(2011)从国内外社会养老保险转移接续的经典案例入手,认为在权威法律的基础上成立专门组织和明确具体标准等措施,有利于更好地实现转移接续目标,为社会养老保险的全国统筹奠定了基础。③ 汪云(2012)从社会保险价值的基础和功能入手,对我国事业单位员工社会养老保险转移接续的立法进行分析,并综合国内外立法经验与我国实际国情,提出我国事业单位员工社会养老保险转移接续的立法建议。④ 林俏(2013)运用横向比较的方法,对国外社会保障法律制度的发展和变迁进行分析,探讨社会保障法律制度发展运行的一般规律,为我国统筹城乡的社会保障法律制度建设提供借鉴,同时从纵向发展的角

---

① 梁宏志:《中国社会养老制度城乡一体化研究——基于日本的经验与启示》,《云南行政学院学报》2014 年第 1 期,第 107—110 页。

② 张娜:《城乡统筹背景下的农民工养老保险法律制度探析》,《华北水利水电学院学报(社科版)》2011 年第 6 期,第 125—127 页。

③ 罗静、匡敏:《国内外养老保险关系转移接续经验借鉴》,《社会保障研究》2011 年第 4 期,第 43—49 页。

④ 汪云:《事业单位员工养老保险转移与接续的问题及立法思考》,《行政与法》2012 年第 12 期,第 104—108 页。

度,梳理我国社会保障立法的发展历程,分析中国城乡二元社会保障法律制度的缺陷。[①] 王阿洁(2013)在对法学、经济学和社会学三个学科相关理论分析的基础上,探讨了对现阶段农民工社会养老保险关系转移接续法律制度建设的必要性,并通过对温州、鄂州两个典型地区的农民工社会养老保险关系转移接续法律制度及运行现状进行实证研究,指出在法律制度层面和法律实践运行中存在的主要问题。[②]

2.2.7　农民工社会养老保险问题研究

农民工的出现是我国城镇化发展和市场经济改革过程中出现的必然现象,是城市化、现代化和经济体制市场化与传统城乡分割的社会管理制度相互冲突的结果,其产生和存在具有特殊的时代性、历史性、阶段性和过渡性特征。由于身份的特殊性,农民工社会养老保险问题也成为近年来学者们研究的焦点。尤其是在城乡社会养老保险关系转移接续和统筹城乡社会养老保险制度的研究中,农民工社会养老保险问题是无法规避的,并且也引起学者们的普遍关注。尹庆双和杨英强(2007)从社会养老保险制度权利与义务对等的内在要求、维护农民工合法权益和完善社会保障制度三个方面论述了建立农民工社会养老保险关系转移接续机制的必要性和重要性。[③] 薛惠元和王翠琴(2008)以社会保障制度城乡统筹为视角,认为理想状态下,农民工社会养老保险制度的设计须实现与城镇、农村社会养老保险制度的统筹对接,但受制于现实条件,农民工社会养老保险制度的设计只能以农民工自身的特点和现实需要为依据,因地制宜、逐步推进。[④] 李长春(2008)通过1082名重庆农民工社会养老保险现状的实地调研和

---

① 林俏:《基于法律视角的中国城乡统筹社会保障研究》,东北财经大学博士学位论文,2013年。

② 王阿洁:《我国农民工基本养老保险关系转移接续法律问题研究》,华中农业大学硕士学位论文,2013年。

③ 尹庆双、杨英强:《农民工养老保险关系转移接续机制问题探讨》,《农村经济》2007年第12期,第68—70页。

④ 薛惠元、王翠琴:《城乡统筹视角下的农民工养老保险制度设计》,《贵州财经学院学报》2008年第6期,第58—62页。

深入分析,以城乡统筹为视角,从政策层面上提出建立农民工社会养老保险制度的建议。① 在制度障碍分析上,吴宾和王松兴(2014)认为在城镇化背景下阻碍农民工社会养老保险关系转移接续的主要原因是"统筹层次低、地方政府的利益博弈、户籍制度壁垒以及信息技术平台不统一"②。

也有学者运用计量的方法,借鉴经济统计模型进行分析。赵坤(2010)利用SIC-GE 模型对农民工社会养老保险关系转移接续政策进行模拟并对该政策在促进农村劳动力转移方面的效果进行了评估,认为缴费比例、地区收入差距大等因素导致政策作用和效果比较局限。③ 李友根和朱晓菱(2010)通过对现有农民工社会养老保险模式进行精算分析,从缴费基数与缴费率、缴费方式、缴费年限和退休年龄三个方面对农民工社会养老保险模式进行了设计。④

还有学者引入国内外的成功经验作为借鉴或分析的切入点。孙敏燕(2010)从我国农民工社会养老保险关系省际转移接续的现状切入,借鉴欧盟在解决社会养老保险关系转移和养老金便携性问题上的经验,以"工作地缴费、参保期累计、退休地发放、全国结算"为思路,探索我国农民工社会养老保险关系的省际转移接续机制。⑤ 殷志芳(2013)则以宿迁市为例,分析在城乡居保与职保转移接续过程中,农民工社会养老保险关系的转移接续问题。⑥ 沙治慧和罗静(2012)则从机制设计的角度,认为在当前转移接续需求迫切的情况下,设计出"以新型农村社会养老保险制度为平台,以要素为核心和流程再造为路径"的农民工社会养老保险关系转移接续机制。⑦

---

① 李长春:《基于城乡统筹的农民工社会养老保险制度研究》,《农村经济》2008 年第 9 期,第 81—83 页。

② 吴宾、王松兴:《城镇化背景下农民工养老保险转移接续影响因素与对策研究》,《安徽农业大学学报(社会科学版)》2014 年第 2 期,第 94—99 页。

③ 赵坤:《农民工养老保险转移接续态势与政策效果评估》,《改革》2010 年第 5 期,第 77—84 页。

④ 李友根、朱晓菱:《城乡统筹背景下的农民工养老保险模式设计》,《生态经济》2010 年第 10 期,第 70—74 页。

⑤ 孙敏燕:《农民工养老保险关系省际转移接续机制探索——来自欧盟经验的启示》,《经营管理者》2010 年第 23 期,第 313 页。

⑥ 殷志芳:《城乡统筹背景下的农民工养老保险关系转移接续研究——以宿迁市为例》,《中共珠海市委党校珠海市行政学院学报》2013 年第 5 期,第 39—43 页。

⑦ 沙治慧、罗静:《农民工基本养老保险关系转移接续机制研究》,《经济体制改革》2012 年第 2 期,第 81—85 页。

党的十六届六中全会通过的《中共中央关于构建社会主义和谐社会若干重大问题的决定》明确提出到 2020 年要基本建立覆盖城乡居民的社会保障体系；党的十七大报告首次明确提出要"制定全国统一的社会保险关系转续办法"；党的十七届三中全会通过的《中共中央关于推进农村改革发展若干重大问题的决定》又进一步提出"创造条件探索城乡养老保险制度有效衔接办法"；党的十九大报告提出"全面实施全民参保计划""完善城镇职工基本养老保险和城乡居民基本养老保险制度,尽快实现养老保险全国统筹"；党的十九届四中全会进一步明确,要"完善覆盖全民的社会保障体系""坚持应保尽保原则,健全统筹城乡、可持续的基本养老保险制度""加快建立基本养老保险全国统筹制度""加快落实社保转移接续"。当前,我国正处于统筹城乡经济社会发展的关键时期,而日趋严重的社会人口老龄化以及规模逐渐增大的城乡人口迁移正在改变着城乡居民的传统养老保障方式,影响到社会养老保险制度的长期可持续发展。从实现社会养老保险制度的人员全覆盖到实现覆盖不同人群的社会养老保险制度之间的有效转续,到最终整合社会养老保险制度体系是实现社会养老保险制度大一统的必由之路。

3　社会养老保险关系转续中的养老金便携性问题

3.1　养老金便携性界定

3.1.1　养老金便携性的定义

养老金计划参与者在退休前变换工作时一般都会出现原计划中累积的或已经获得的养老金权益如何转移到新工作下的养老金计划中,从而产生养老金携带问题。养老金便携性(Pension Portability)是指将已获得的养老金权益的精算公平值从一个工作转移到另外一个工作的能力(Turner,1993)。[①] 职业养老金的便携性可以被界定为一项职业养老金计划的参与者在离职并到一个不同的雇主单位工作和参加不同的养老金计划时保留其同等的养老金权益的能力。当一个变换工作的养老金计划参与者无论在新计划还是原计划都不能获得其完全保留的养老金权益的实际价值时,养老金就不具便携性且便携性损失就会产生(Andrietti,2001)。[②] 便携性损失是指由于劳动者在工作期变换工作而导致的实际所获得的养老金受益相比于保留在原养老金计划中所能获得的养老金受益的减

---

① Turner,J.A.,1993,"Pension Policy for a Mobile Labour Force",Kalamazoo,Michigan:W.E.Upjohn Institute for Employment Research,6.

② Andrietti,V.,2001,"Portability of Supplementary Pension Rights in the European Union",*International Social Security Review*,54(1),p.60.

少值(Ippolito,1986)。① 国内一般是以社会养老保险关系转续来界定养老金便携性,例如,养老保险可携性是指转换工作地时可以随工作地转换而保留养老保险关系及所积累的养老保险受益值,以避免便携性损失(即参保人在不同的养老保险制度之间或统筹区域之间由于流动性进出所损失的养老保险权益)(席恒、翟少果,2013)。②

这里所界定的养老金并不是现实中货币化的退休待遇,而是指养老金权益。首先,养老金便携性问题产生在参保者退休前,也就是参保者还没有获得受益资格,因此,养老金还只是表现为受益承诺或约定权益;其次,形成养老金待遇的各种参数还处于变化中,养老金的最终受益额还是未知数,尤其是 DB型养老金计划,决定待遇水平的两个重要参数(工作年限和工资水平)还处于不断变化中;最后,货币化的养老金待遇一般不存在权益转移问题,便携性也比养老金权益高得多。便携性可以被界定为保留、维持和转移已经获得或正在获得的社会保障权益的能力,且不受职业、国籍和居住地的影响(Holzmann 等,2011)。③ 便携性包含两个重要要素:一是在任何被选择的居住地完全获得通过累积缴费或基于居住地标准所获得的社会保障制度的既得受益权和私人部门保障计划的既得受益权;二是在受益资格完全确定之前的赋权阶段能够完全转移这些既得受益权。

3.1.2　养老金便携性的影响因素

一、养老金计划类型

养老金计划类型有很多种,主要有三种划分方法。其一,按照财务平衡模式,养老金计划可以分为现收现付制(Pay-As-You-Go,PAYG)和基金积累制

---

① Ippolito,R.,1986,*Pensions*,*Economics and Public Policy*,Homewood III:Dow Jones Irwin.

② 席恒、翟少果:《养老金可携带性研究:现状、问题与趋势》,《社会保障研究》2013 年第 1 期,第76 页。

③ Holzmann,R.and Johannes,K.,2011,"Portability of Pension,Health,and Other Social Benefits:Facts,Concepts,Issues",Discussion Paper No.5715,The Institute for the Study of Labor,May,16.

(Fully Fund,FF)①;其二,按照待遇确定方式,养老金计划可以分为 DB 型和 DC 型;其三,按照计划发起人的性质,养老金计划可以分为公共养老金计划和私人养老金计划。不同养老金计划的便携性存在区别。

其一,现收现付制与基金积累制的比较。在现收现付制筹资模式下,在职者当期供款用于退休者的养老金待遇发放,不存在基金积累,注重代际再分配效应。在基金积累制筹资模式下,在职者当期供款划入具有私有产权的专属账户,形成计划参与者的实际资产,注重代内再分配效应。筹资模式上的区别意味着现收现付制养老金计划基于受益承诺,基金积累制养老金计划则以实际的养老金资产作为保证。因此,当参保者在变化工作时,现收现付制计划下只能转移养老金既得受益权,基金积累制计划下则可以转移累积的养老金资产。

其二,DB 与 DC 的比较。根据待遇确定方式,参保者的工作年限、工作期间或退休时的工资水平和工资替代率系数共同形成 DB 型计划的待遇计算公式,而 DC 型计划一般采取对专属账户累积的养老基金及其收益在参保者退休时进行一次性给付或定期给付。待遇确定方式的不同决定了参保者离职对不同养老金计划待遇的影响存在差别。当参保者变换工作时,DB 型计划待遇计算公式中的工作年限、工资水平和工资替代率系数都发生了变化,确切地说,与不变换工作相比较,这些参数都变小了,从而产生养老金受益损失。此外,由于 DB 型计划养老金的计发基数受参保者离职时的工资水平影响很大,因此不可避免将承担原工作单位工资水平上涨和通货膨胀所造成的贬值风险。而 DC 型计划的养老金资产是明确的且具有私有产权,即使在不能转移的情况下,其仍然可以通

---

① 现收现付制是一种以近期横向收支平衡为指导原则的基金筹资方式,由社会保险经办机构按所需支付的待遇总额进行社会筹资,一般由用人单位和劳动者个人(或全部由用人单位)按工资总额的一定比例缴纳社会保险税(费)。这种筹资模式要求先做出当年或近几年内养老金制度所需支付的费用预算,然后按照一定比例分摊到参加养老保险的用人单位与个人,保证精算期内收支平衡。参见刘昌平:《养老金制度变迁的经济学分析》,中国社会科学出版社 2008 年版,第 38 页。基金积累制是以远期纵向平衡为原则的养老金筹资方式,其实质是个体一生中的跨时性收入再分配制度(intertemporal redistribution)。一般要求劳动者从参加工作开始,按工资总额的一定比例由用人单位和劳动者个人或只有一方定期缴纳保险税(费),记入其个人账户,作为长期储蓄积累及保值增值的基金,所有权归个人,参保职工达到规定领取条件时可以一次性领取或按月领取。基金积累制要求对未来较长时期的社会经济发展状况和个人资料进行宏观分析,预测参保者在参保期内所需享受的养老金待遇总额,将其按一定比例分摊到参保者的整个参保期间。参见:刘昌平:《养老金制度变迁的经济学分析》,中国社会科学出版社 2008 年版,第 39 页。

过投资获得增值收益,因而不存在养老金受益损失。即使在养老金权益能够流动的条件下,DB 型养老金计划的参与者比 DC 型养老金计划的参与者更具流动性(Gustman 和 Steinmeier,1993)。[1] 劳动力流动增加和工作变动的增多,也使 DC 型养老金计划与 DB 型养老金计划相比更具吸引力(Schrager,2008)。[2]

其三,公共养老金计划与私人养老金计划的比较。公共养老金计划由于计划发起人一般为政府且通常以法定的形式建立,因此其主要目的是保障最普遍的覆盖对象的养老保障权益,养老金权益的便携性是其基本标准之一。而且公共养老金不能有选择性地对特定人群设置便携性障碍,因此其便携性也是普遍而广泛的。而私人养老金计划由于计划发起人一般为企业,一方面为企业的人力资源管理战略服务,另一方面根据企业自身的特点设立,因此在养老金权益的实现条件上更苛刻,在外部转移时也更难以实现统一的机制和框架。

二、既得受益权规则

既得受益权规则限制是养老金计划便携性的重要影响因素(Allen,1988)。[3] 养老金既得受益权规则包括既得受益权期限(Vesting Period)和权益计算公式,二者共同影响养老金既得受益权,进而决定参保者在变化工作时可转移的养老金权益的大小。

其一,既得受益权期限。大部分养老金计划往往将一定的工作年限作为计划参与者获得养老金权益的前提条件,即既得受益权期限。从既得受益权期限的角度,可以将既得受益权规则主要分为四种类型:累积获取型(Graded Vesting)、递增获取型、梯度获取型和一次性获取型(Cliff Vesting)。

图 3-1 中四种典型的既得受益权期限的特点可以描述为:

---

[1] Gustman, A. L. and Steinmeier, T. L. , 1993, "What People don't Know about Their Pensions and Social Security: an Analysis using Linked Data from the Health and Retirement Study", NBER Working Paper No. W7368.

[2] Schrager, A. , 2009, "The Decline of Defined Benefit Plans and Job Tenure", *Journal of Pension Economic and Finance*, 8(3), pp. 259-290.

[3] Allen, S. G. , Clark, R. L. and Clark, A. A. , 1988, "Why do Pensions Reduce Mobility", NBER Working Paper No. 2509, February.

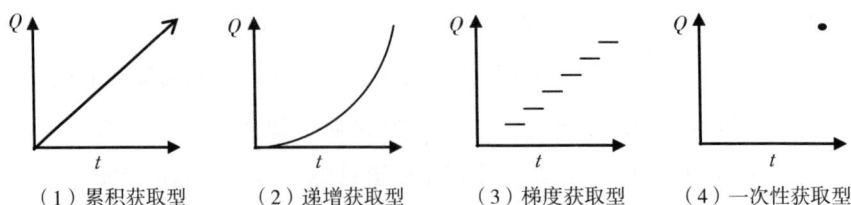

（1）累积获取型　　（2）递增获取型　　（3）梯度获取型　　（4）一次性获取型

图 3-1　四种不同的既得受益权规则

资料来源:笔者根据国内外的养老金计划类型整理和总结得到。例如美国 1974 年《雇员退休收入保障法》确定的三种既得受益权规则中,第一种是一次性获取型,后面两种是一次性获取型与累积获取型的组合。参见 Sahin and Balcer,1979,"Qualifying Service under ERISA Vesting Standards:A Comparative Analysis",*The Journal of Risk and Insurance*,46(3),pp.483-496。

（1）累积获取型:$Q = f(t) = \varepsilon t$,其中 Q 表示养老金既得受益权,ε 表示固定关联系数,t 表示时间;

（2）递增获取型:$Q = f(t)$,$f'(t) > 0$ 且 $f''(t) > 0$;

（3）梯度获取型:当 $a \leqslant t < b$,$f(t) = \alpha Q$;$b \leqslant t < c$,$f(t) = \beta Q$;依次类推,直至 $f(t) = Q$;

（4）一次性获取型:当 $t \geqslant d$,$f(t) = Q$ 。

在不考虑其他因素的情况下,图 1-6 所示的四种既得受益权期限对养老金权益的流动性约束满足:（1）<（2）<（3）<（4）。

其二,权益计算公式。既得受益权期限决定了养老金权益开始获得的时间和方式,而权益计算公式则决定了既得权益的大小。一般情况下,参保者的养老金待遇受参保者的工作年限、工资水平、待遇形成方式等因素影响。以 DB 型养老金计划为例,参保者的权益计算公式一般以离职或退休前的最后工资为计算基数,以工作年限形成待遇计发系数,这就意味着工作时间越长的参保者待遇计发基数和计发系数都越大,从而待遇水平更高。因此,提前离职者的养老金权益将会遭受最后工资损失（Final Wage Losses）和后期累积损失（Backloading Losses）。[①] 在此情形

---

　　① 最后工资损失是指当离职者的养老金权益是按照他离职时的工资的一定比例计算时所产生的损失,是因为这时的工资要比退休前的工资低,如果工资随着年资的增长而增长或根据物价因素而调整。后期累积损失是当离职者原养老金计划具有待遇累积特点时产生的损失。例如养老金权益在开始几年增长较慢,在后期增长加快,因此早期离职者的养老金权益就比较低。参见:Alvaro,F.,2008,"The Portability of Pension Rights:General Principals and the Caribbean Case",Special Protection Discussion Paper No.0825,the World Bank,31。

下,工作时间越长的参保者潜在的养老金便携性损失越大。

三、既得受益权认同与转移

既得受益权规则决定了养老金权益的获得,但养老金便携性的实现还依赖于养老金既得受益权的认同与转移机制。养老保险可携带性受到制度分割的政策壁垒、雇主约束的企业壁垒、地域限制的区域壁垒等阻碍因素的影响(席恒、翟少果,2013)。[1] 一些养老金计划为离职者设置惩罚性条款,减少转移到另外的养老金计划的权益,从而产生养老金便携性的惩罚性损失(Penalties Losses)(Alvora,2008)。[2] 这种既得受益权的认同和转移主要产生于不同养老金计划和不同地域之间。

其一,不同养老金计划之间。养老金计划的不同主要存在两种形式:一是不同的养老金计划类型;二是相同的计划类型但不同的计划发起人。在不同的养老金计划类型下,例如 DB 型计划与 DC 型计划,由于在既得受益权规则上存在显著差异,因此实现养老金便携性的难度很大。即使在计划类型相同的情况下,由于计划发起人基于自身的考虑,人为设置养老金既得受益权便携性障碍,也会导致养老金便携性问题。例如,私人养老金计划下不同的企业之间基于竞争关系互相设置养老金权益转移门槛,公共养老金计划下不同地方政府基于计划财务平衡和管理成本考虑不愿意本区域内参保者转移养老保险关系。

其二,不同地域之间。既得受益权在不同地域之间转移一般涉及权益认同和法制与金融合作以及信息交换和行政监管等成本。因此,通常情况下,养老金既得受益权在不同地域,尤其是不同国家之间转移时,容易产生便携性障碍。例如,如果移民迁入国与德国之间不存在社会保障协议,德国将移民到国外的非本国公民的养老金待遇降低 30%;美国对于定居在某些国家的美国公民不发放养老金;在英国,如果养老金需要在国外计发,待遇标准将不会得到基于通货膨胀

---

[1]　席恒、翟少果:《养老金可携带性研究:现状、问题与趋势》,《社会保障研究》2013 年第 1 期,第77 页。

[2]　Alvaro,F.,2008,"The Portability of Pension Rights:General Principals and the Caribbean Case",Special Protection Discussion Paper No. 0825,the World Bank,31.

的指数化调整(Holzmann 等,2005)[1];在中国,现行的社会养老保险体系是多个统筹区域的"块块分割",参保者的社会养老保险关系在跨区域转移接续方面存在着严重区域壁垒(席恒、翟少果,2013)。[2]

3.1.3 养老金便携性问题研究的开始

现代社会保障制度于 19 世纪 80 年代在德国诞生,以 1883 年《疾病保险法》(*Sickness Insurance Law*)颁布为标志。现代养老保险制度也以 1889 年德国颁布的《老年与残障保险法》(*Old-Age and Disability Insurance Law*)为开端。最早开始关注养老金便携性问题的是美国经济学罗斯(Ross Arthur),他于 1958 年撰文探讨了覆盖面不断扩大的养老金计划创造了一种"新工业圈地运动",认为劳动者被牵制在现有的工作中而丧失了抓住新机遇的机会,从而牺牲了劳动力的适应性和灵活性,对劳动力市场产生了负面影响。[3] 自此,养老金便携性问题引起了持续的关注。从现代养老保障制度诞生到养老金便携性问题引起关注之间存在着较长的时间差,其主要原因是在 20 世纪上半叶养老金便携性问题出现的两个条件尚未满足:大量的人口迁移和广覆盖的养老金制度。

一、20 世纪 50 年代之前

20 世纪上半叶发生的最重要的世界性大事是两次世界大战。而这两次世界大战又恰恰发生在社会保障发展走在前列的欧洲地区。这一时期的大部分时间里,欧洲地区处于争夺海外殖民地的紧张对抗局势下,人口迁移强度和广度必然较低。在现代社会保障制度诞生之初,其主要目的是安抚工人群众,调和劳资矛盾和维护资产阶级统治的工具。这种定位也决定了养老保障制度的发展是被动式的,而发生在两

---

① Holzmann,R.,Johannes,K.and Taras,C.,2005,"Portability Regimes of Pension and Health Care Benefits for International Migrants:An Analysis of Issues and Good Practices",World Bank:Special Protection Discussion Papers No. 0519,May.

② 席恒、翟少果:《养老金可携带性研究:现状、问题与趋势》,《社会保障研究》2013 年第 1 期,第 77 页。

③ Ross,A. 1958,"Do We Have a New Industrial Feudalism",*American Economic Review*,48(5),pp. 918-922.

次世界大战之间的大萧条(The Great Depression)重创了各资本主义国家,养老保障制度的覆盖面扩大也必然是缓慢的。事实上,养老金计划的避税优势被认为是其存在和发展的主要原因(Blinder,1981;Munnell,1982)。[①] 尽管针对养老金计划的基本税收政策在20世纪20年代就已经开始实施,但养老金制度的发展主要是在第二次世界大战后,这些税收政策只有当边际收入税率在20世纪40年代猛增之后才开始显得重要,在其后的20世纪50年代,养老金制度变得更加普遍(Ippolito,1987)。[②]

二、20 世纪 50 年代之后

第二次世界大战结束后,欧洲实现了和解并走上了一体化道路。1957年欧洲经济共同体(European Economic Community)成立的目的就是建立一个和平而稳定的欧洲,而建立统一的市场被认为是实现这一目标的核心,实现劳动力自由流动则是其中的重要组成部分(Meyer 等,2013)。[③] 从第二次世界大战结束后到20世纪70年代,发达国家进入了发展的"黄金时代"。这一时期经济稳定且高速增长、人口增长率迅速升高、工资收入水平也不断提高,这些经济和人口变化所产生的"人口红利"为现收现付制养老金制度的繁荣创造了前提条件,同时也创造了福利国家发展的"黄金时代"。《贝弗里奇报告》提供了国家把社会保险作为一个统一的战略来实施和必须普遍覆盖的理念(Barr,1998)。[④] 自英国开始,福利国家的浪潮迅速波及欧洲其他国家和日本、美国等。几乎所有的现收现付制公共养老制度都在扩大覆盖范围,给予慷慨的养老金给付。1949年全世界设置养老保险项目的国家有44个,而到了1977年增长到114个,增长了159.1%(香港社会工作者总工会等,1986)。[⑤] 1950年,美国社会保障(Old Age,

---

① Blinder,A.S.,1982,"Private Pensions and Public Pensions:Theory and Fact",NBER Working Paper No. 902,June.

Munnell,A.,1982,"The Economics of Private Pensions",Washington DC:Brookings Institution.

② Ippolito,R.A.,1987,"The Implicit Pension Contract:Developments and New Directions",*The Journal of Human Resources*,22(3),p. 443.

③ Meyer,T.,Paul,B.and Caroline,A.,2013,"Free Movement? The Impact of Legislation,Benefit Generosity and Wages on the Pensions of European Migrants",*Population*,*Space and Place*,19,p. 714.

④ Barr,N.,1998,*The Economics of the Welfare State*,London:Oxford University Press,p. 33.

⑤ 香港社会工作者总工会等:《社会保障与香港工人》,香港,1986年,第16页。

Survivors，Disability and Health Insurance，OASDHI）覆盖了 59% 的劳动人口，而私人养老金计划、联邦政府养老金计划和地方政府养老金计划只覆盖了 19.93% 的美国劳动人口；而到了 1975 年，社会保障覆盖面扩大到 84%，相应的私人养老金计划和政府部门养老金计划覆盖范围扩大到 1979 年的 45.28%。此外，私人部门工薪劳动者的养老金计划覆盖率翻番，在同一时期从 23.79% 上升到接近 50%，政府部门雇员的养老金计划覆盖率从 60% 增长到约 90%（Kotlikoff 和 Smith，1984）。[1] 这一时期，劳动力市场也获得极大发展，其中一个与养老金便携性相关的现象是非正规就业（Non-standard Employment）的发展。[2] 20 世纪 50 年代和 60 年代的经济繁荣极大促进了灵活性就业形式的广泛应用，对于非标准化雇佣的需求也获得了极大的发展（Bielenski 等，2002）。[3] 从 20 世纪 70 年代开始，传统的标准化的雇佣关系开始松动（Rubin，1995），[4]尤其是在欧洲（Klau 和 Mittelstädt，1986）。[5] 在养老金制度的覆盖面不断扩大的情况下，大量的迁移就业人口必然产生养老金便携性问题。

3.2　养老金便携性问题理论探源

3.2.1　生命周期假说

生命周期假说（"Life Cycle" Hypothesis）是研究养老金问题的重要理论之一，通常用来分析个人养老金决策问题。生命周期假说假设个人是理性的，拥有

---

[1]　Kotlikoff，L.J.and Daniel，E.S.，1984，*Pensions in the American Economy*，Chicago：University of Chicago Press，pp. 28−30.

[2]　非标准雇佣（Non-standard Employment）是与传统的完全雇佣（Full Employment）相对应的雇佣形式，主要是指非固定劳动期限、自雇、兼职、流动就业等灵活就业形式。参见：ILO，1993，"International Classification by Status in Employment"，International Labour Organisation，Geneva。

[3]　Bielenski，H.，Bosch，G.and Wagner，A.，2002，"Working Time Preferences in SixteenEuropean Countries"，Dublin：European Foundation for the improvement of Living andWorking Conditions.

[4]　Rubin，B.A.，1995，"Flexible Accumulation，the Decline of Contract，and Social Transformation"，*Research in Social Stratification and Mobility*，14，pp. 297−323.

[5]　Klau，F.and Mittelstädt，A.，1986，"Labour Market Flexibility"，*OECD Economic Studies*，Spring.

足够的信息,可以预测自己一生的收入并计划一生的消费(Ando 和 Modigliani, 1963)。[1] 个人的生命周期可以分为两期:年轻和工作期、年老和退休期。理性人为了保证退休后生活水平不会下降,会将工作期劳动收入的一部分储蓄起来用于退休后的消费,从而使生命周期内的消费水平维持平稳均衡。图 3-2 给出了个人储蓄的驼峰形分布。C 表示一生相对稳定的消费水平,YL 表示工作期的收入水平,WR_{max} 表示个人在工作末期 WL 储蓄达到最高点 A 时的储蓄水平,其描述了个人储蓄水平在工作期不断积累到最高点后在退休期不断下降至 0 的过程。对于工作的人来说,储蓄是正的(S),对于退休的人来说,储蓄是负的$(-S)$(Modigliani,1986)。[2]

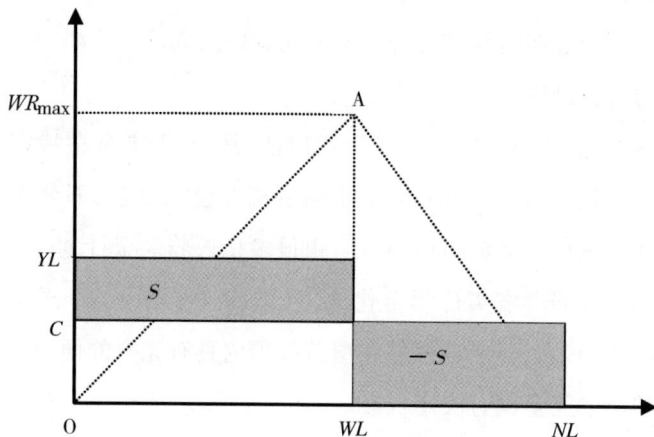

图 3-2　个人储蓄的驼峰形分布

资料来源:刘昌平:《养老金制度变迁的经济学分析》,中国社会科学出版社 2008 年版,第 16 页。

养老金制度是实现个人收入生命周期内再分配的重要工具和有效手段。[3] 正是基于这种生命周期内的收入转移,导致养老金权益的获得和实现之间存在

---

① Albert,A.and Modigliani,F.,1963,"The 'Life Cycle' Hypothesis of Saving:Aggregate Implications and Tests",*The American Economic Review*,53(1),pp.55-84.

② Modigliani,F.,1986,"Life Cycle,Individual Thrift,and the Wealth of Nations",*The American Economic Review*,76(3),pp.297-313.

③ 许多经济学家认为养老金的避税优势是其存在的主要原因(例如 Alan Blinder,1981;AliciaMunnell,1982),还有经济学家认为退休收入保险是雇主养老金计划存在的重要原因(Bodie Zvi,1990)。

一个很长的时间差(通常是几十年)。而且与一般储蓄所不同的是,养老金计划参与者通常难以完全决定养老金权益的大小和如何实现。Blinder(1982)对养老金计划的特点进行了总结,他认为养老金计划好比一个存在很多特点的银行账户。[①]

对于私人养老金计划来说,这些特点包括:其一,计划参与者通常无法在达到特定年龄之前从养老金账户取钱;其二,参与者必须离开他所在的公司才能开始从养老金账户取钱;其三,取钱的额度不仅取决于"存"了多少钱,还受生命周期内工资和工作时间的影响;其四,养老金账户余额中只有很小的一部分(通常为0)在退休时采取一次性给付的方式发放,绝大部分都采取生存年金方式给付;其五,离开公司太快的员工可能失去养老金账户的所有余额;其六,养老金积累通常难以从一个公司转移到另外一个公司;其七,向养老金账户中存钱的额度通常不由参与者自己决定。

对于公共养老金计划来说,这些特点包括:其一,养老金在特定年龄之前无法给付;其二,计划参与者获得养老金不需要离开公司,但大部分人需要极大地增加工作时间来获得养老金给付;其三,跟很多私人养老金计划一样是 DB 型计划;其四,养老金待遇严格实行年金化给付(即隐性生存年金);其五,设置有最低缴费年限限制;其六,养老金权益在覆盖范围内具有完全的便携性;其七,计划参与者对缴费水平完全没有决定权。

总结来看,养老金具有延迟收入的重要属性,而且养老金权益的实现通常存在很多限制性条件。这些特性导致了在养老金权益获得与实现之间容易因为养老金待遇影响因素和实现条件的变化而产生便携性问题。

3.2.2　隐性合约理论

隐性合约理论(Implicit Contract Theory)是针对竞争劳动力市场范式(Auction Labor Market Paradigm)对于现实世界中关于劳动力市场均衡解释的不

---

① Blinder,A.S.,1982,"Private Pensions and Public Pensions:Theory and Fact",NBER Working Paper No. 902,June.

足所产生的,其中一个难以解释的重要现象就是劳动者的工资并不是总是等于其劳动边际产品价值。这种隐性合约指的是风险中性的雇主与厌恶风险的雇员之间存在着的某种稳定收入的非正式的长期保险合约(Azariadis,1975)。[1] 在该合约下,企业提供给工人的工资不再等于劳动的边际产出,而是工资与保险补偿之和等于职业生涯的边际产品的总价值。Treynor(1977)明确提出了养老金也属于隐性合约[2];Burkhauser(1979)提出了将养老金作为复杂劳动合同的概念[3];Ippolito(1987)系统地研究了养老金的隐性合约理论[4]。

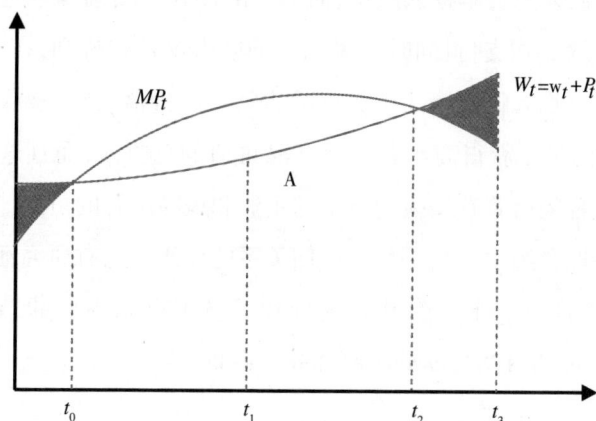

图3-3　员工总收入与边际劳动产品价值关系图

资料来源:Blinder,A.S.,1982,"Private Pensions and Public Pensions:Theory and Fact",NBER Working Paper No. 902,June.

图3-3给出了企业与员工为维持长期稳定的劳动关系而形成的隐性合约中员工总收入与其边际劳动产品价值的关系。由于雇佣成本和培训成本难以转移,雇主需要维持一个长期稳定的雇佣关系以收回对员工的教育培训等人力资

---

① Azariadis C.,1975," Implicit Contracts and Underemployment Equilibria ",*Journal of Political Economy*,83(6),pp. 1183-1202.

② Treynor,J. L.,1977,"The Principles of Corporate Pension Finance",*Journal of Finance*,32(2),pp. 627-638.

③ Burkhauser,R.V.,"The Pension Acceptance Decision of Older Workers",*Journal of Human Resources*,14(1),pp. 63-75.

④ Ippolito R.A.,1987,"The Implicit Pension Contract:Developments and New Directions".*The Journal of Human Resources*,22(3),pp. 441-467.

本投资。另外,雇主难以获知企业外的工人的能力,因此倾向于留住本企业员工以节约信息不对称可能带来的成本。这就意味着每一位员工代表着企业人力资本的一部分,因此雇主希望提供收入补偿来减少离职,而养老金计划就是一种方便的形式(Blinder,1982)。[①] 而且对于在某些重要工作岗位的员工,将其工资的一部分放入养老金计划有助于提高忠诚度和减少怠工。在企业与员工所形成的隐性合约中,企业首先在 t_0 之前提供高于员工边际产品价值(MP_t)的总收入(W_t)以吸引人才;而在 t_0 与 t_1 之间,企业付给员工的总收入将低于员工的边际产品价值从而收回人力资本投入成本;而为了留着员工,企业会将总收入的一部分以养老金(P_t)的形式支付,同时设置相应的既得受益权规则;在 t_1 与 t_2 之间,企业付给员工的总收入将继续低于员工的边际产品价值,员工接收的条件是在 t_2 与退休(t_3)之间员工获得高于其边际产品价值的总收入,而且这种雇佣关系的继续维持对于希望留着有经验的员工的企业和风险厌恶的员工二者都有利。养老金在这种隐性合约中充当了稳定雇佣关系的作用。已有研究证明并提供更多的证据支持了养老金作为隐性合约导致了员工离职率低的结论(Schiller 和 Weiss,1980;Michell,1982;Lazear 和 Moore,1985)。[②]

3.3　养老金便携性选择的两种争论

3.3.1　争论前提:养老金抑制员工离职

从劳动经济学的角度看,养老金是延迟补偿收入,其作用就是实现长期的劳

① Blinder, A.S., 1982, "Private Pensions and Public Pensions: Theory and Fact", NBER Working Paper No. 902, June.

② Schiller, B.R. and Randall D.W., 1980, "The Impact of PrivatePensions on FirmAttachments". *Review of Economics and Statistics*, 61(3), pp. 369-380.

Michell, O.S., 1982, "Fringe Benefit and Labor Mobility", *Journal of Human Resources*, 17(2), pp. 286-298.

Lazear, E.P.and Robert L., 1988, "Moore.Pensions and Turnover", In Zvi Bodie, John B.Shoven, and David A.Wise, eds., *Pensions in the U.S.Economy*, Chicago: University of Chicago, Mimeo, pp. 163-190.

动雇佣关系的效率最大化。由 Oi(1962)[①]和 Becker(1964)[②]开创的企业人力资本专用性理论(the theory of firm-specific human capital)最先解释了雇主与雇员之间维持雇佣关系的动机和做法。由于企业的雇佣培训等成本难以转移给员工,当员工的边际产出高于在其他企业中工作时的边际产出时,长期的雇佣关系是有效率的,而为了维持这种雇佣关系,企业与员工需要建立一种利益分享机制,即企业与员工共同分享员工在本企业工作的边际产出价值与在其他企业工作的边际产出价值之间的差额。但由于双边垄断和信息不对称,导致工资的即期协商成本过高而要求企业和员工提前确定工资标准(Flanagan,1984;Hall 和 Lazear,1984)[③]。然而,确定下来的工资并不能保证长期内的利益分享和有效率分配。如果员工在其他企业工作的边际产出价值高于本企业所支付的工资时,尽管可能该员工在其他企业的劳动生产率低于在本企业工作的劳动生产率,但这种无效率的流动还是会产生,而一个有效的解决方案就是遣散"税"(Severance"Tax")(Dorsey,1995)。[④] 正如同隐性合约理论所解释的一样,养老金发挥了抑制员工离职的作用。

美国劳工部在 1964 年的公报中显示:养老金制度覆盖下劳动者的离职率要明显低于未被覆盖的劳动者(U.S.Department of Labor,1964)。[⑤] 私人养老金计划存在的两个重要原因之一就是私人养老金计划是减少员工流动性的有用工具(Blinder,1982)。[⑥] Gustman 和 Steinmeier(1989)通过研究发现,那些没有提供养老金计划的公司的员工离职率是提供养老金计划的公司的员工离职

---

① Oi,W.,1962,"Labor as a Quasi-fixed Factor",*Journal of Political Economy*,70(6),pp. 538-555.

② Becker,G.,1964,*Human Capital:a Theoretical and Empirical Analysis*,New York:Columbia University Press.

③ Robert,F.,1984,"Implicit Contracts, Explicit Contracts, and Wages",*American Economic Review*,74(2),pp. 345-349.

Robert,H.and Edward P.L.,1984,"The Excess Sensitivity of Layoffs and Quits to Demand",*Journal of Labor Economics*,2(2),pp. 233-257.

④ Stuart,D.,1995,"Pension Portability and Labor Market Efficiency:A Survey of the Literature",*Industrial and Labor Relations Reviews*,48(2),pp. 276-292.

⑤ U.S.Department of Labor,Bureau of Labor statistics,1964,"Labor Mobility and Private Pension Plans",Bulletin No. 1407.

⑥ Blinder,A.S.,1982,"Private Pensions and Public Pensions:Theory and Fact",NBER Working Paper No. 902,June.

率的 3 倍。① 通常情况下,拥有养老金计划的工作能够提供雇员在其他地方得不到的更高水平的补偿收入,从而导致养老金计划覆盖下的雇员流动性低(Gustman 和 Steinmeier,1990)。② Lazear 和 Moore(1988)从养老金选择价值(Option Value)的角度,利用 6 种不同养老金计划的参与者的微观数据分析了养老金计划对员工流动性的影响。研究结果表明,养老金既得受益权对于雇佣时年龄大的员工的影响大于雇佣时年龄小的员工,且这种养老金选择价值每增加10 个百分点,年老员工的离职概率将下降 22%;此外,没有养老金计划的员工的离职率是拥有养老金计划的平均水平的员工的离职率的 2 倍。③

养老金计划一般具有养老金权益的后期累积(Backlording)特点,即计划参与者雇佣后期所获得的养老金新增收益的现值要远远大于雇佣前期所获得的养老金收益(Bodie,1990)。④ Gustmen 和 Steinmeier(1993)根据养老金权益后期累积的特点,利用健康与退休调查数据研究发现,一个在快要退休的时候离职的员工将损失超过半年薪水的养老金损失。⑤ 养老金权益的后期累积导致了离职的员工的养老金资产损失(Pension Capital Loss),从而导致提供此种养老金计划的工作的低流动性(Ippolito,1986)。⑥ 表 3-1 给出的一个参保者养老金受益的工资占比数据显示,在雇佣期的第 10 年,养老金新增收益的现值只有工资的0.98%,累积的收益现值也只有工资的 6.88%;而雇佣期的最后一年,养老金新增收益的现值最高,达到工资的 26.08%,累积的收益现值也超过了工资的3.5 倍。

---

① Gustman,A.and Thomas,S.,1988,"An Analysis of Pension Benefit Formulas,Pension Wealth andIncentives from Pensions",National Bureau of Economic Research Working Papers,No. 2535.

② Gustman,A.and Thomas,S.,1990,"Pension Portability and Labor Mobility:Evidence from the Survey of Income and Program Participation",NBER Working Papers SeriesNo. 3525.

③ Lazear,E.P.and Robert,L.M.,1988,"Pensions and Turnover",In Zvi Bodie,John B.Shoven,and David,A.Wise,eds.,*Pensions in the U.S.Economy*,Chicago:University of Chicago.Mimeo,pp. 163-190.

④ Zvi,B.,1990,"Pensions as Retirement Income Insurance",*Journal of Economic Literature*,28(1),pp. 28-49.

⑤ Gustman,A.and Thomas,S.,1993,"Pension Portability and Labor Mobility:Evidence from the SIPP",*Journal of Public Economics*,50(3),pp. 299-323.

⑥ Ippolito,R.A.,1986,*Pensions.Economics and Public Policy*,Pension,Research Council,Homewood,Illinois:Dow Jones-Irwin.

表 3-1　养老金收益的工资占比

雇佣时间(年)	养老金新增收益的现值(%)	养老金累积收益的现值(%)
1	0.32	0.32
10	0.98	6.88
20	3.10	32.58
30	9.18	115.68
40	26.08	365.14

资料来源:Zvi,B.,1990,"Pensions as Retirement Income Insurance",*Journal of Economic Literature*,28(1), p.33.

大量的经验研究也表明,养老金计划覆盖下的劳动者具有低流动性(Bartel 和 Borjas,1977;Mitchell,1982;McCormick 和 Gordon,1984)。[1] Ippolito(1991)通过 109 个公司的实证数据研究发现 DB 型养老金计划使年龄较大的员工的离职概率下降了 20%。[2] 还有研究者利用国别研究数据证明了养老金计划抑制员工流动的效应。McCormick 和 Gordon(1984)通过构建一个具有公司特性的养老金便携性损失函数,利用英国个人求职数据,证明了养老金计划显著地降低了工作流动性。[3] Mealli 和 Pudney(1996)基于 1988—1989 年英国社会保障部人口普查和调查办公室实施的退休调查所获得的数据,利用计量经济学方法证明了工作期限与是否拥有养老金计划之间存在强烈的正相关关系。[4] Luchak 和 Gellatly(2001)研究了 DB 型养老金计划对加拿大一个大型联合企业 427 名雇员

---

[1]　Bartel,A.P.and Borjas,G.J.,1977,*Middle-Age Job Mobility:Its Determinants and Consequences*,Philadelphia:Temple University.

　　Michell,O.S.,1982,"Fringe Benefit and Labor Mobility",*Journal of Human Resources*,17(2),pp.286-298.

　　McCormick,B.and Hughes,G.,1984,"The Influence of Pensions on Job Mobility",*Journal of Public Economics*,23(1-2),pp.183-206.

[2]　Ippolito,R.A.,1991,"Encouraging Long-term Tenure:Wage Tilt or Pensions",*Industrial andLabor Relations Review*,44(3),pp.520-576.

[3]　McCormick,B.,1984,"The Influence of Pensions on Job Mobility",*Journal of Public Economics*,23(1-2),pp.183-206.

[4]　Mealli,F.and Stephen,P.,1996,"Occupational Pensions and Job Mobility in Britain:Esimation of a Random-Effects Competing Risk Model-Effects Competing Risks Model",*Journal of Applied Econometrics*,11(3),pp.293-320.

的影响并发现更高的养老金受益带来了更长的服务期和更低的离职率。[①]

正是由于养老金计划具有抑制员工离职的作用,因此会对劳动力流动性产生重要影响,进而产生了对于养老金便携性选择的两种截然不同的观点:其一,支持养老金计划发挥建立长期雇佣关系的作用。持此种观点的人认为不可流动性的养老金计划所带来的长期稳定的劳动关系能够促进工作匹配,刺激企业人力资本投资和增进劳动者对企业的忠诚度,从而提高了劳动力市场的效率;其二,支持养老金计划具有完全的便携性。持此种观点的人认为养老金计划流动性障碍制约了劳动力流动,阻碍了劳动力资源的优化配置,从而降低了劳动力市场的效率。

3.3.2 支持养老金计划发挥建立长期雇佣关系的作用

养老金计划在劳动合同签订和影响员工流动性、工作努力程度和退休时间选择中发挥了非常重要的刺激作用(Wise,1986)。[②] 养老金计划对于雇佣关系采取有利于雇主的设计特点,反过来有利于雇主进行工作绩效、员工离职和退休管理(Gustman,Mitchell 和 Steinmeier,1994)。[③] 支持养老金计划应该发挥建立长期雇佣关系的作用的研究者主要从有利于企业人力资本投资、保持员工忠诚度和减少员工偷懒怠工、实现工作与劳动力的有效匹配以及形成企业与员工之间良好关系等角度,来解释养老金计划作为有效率合约的一部分从而提高劳动生产率。

雇主将养老金计划作为其雇佣策略的组成部分,用来维持雇佣关系的稳定,从而收回人力资本投入成本;反过来,雇佣关系的稳定又刺激企业进行人力资本投资。由于存在雇佣成本和培训成本,企业倾向于通过延迟收入补偿以减少员工的流动性而建立长期稳定的劳动关系(Gustman、Mitchell 和 Steinmeier,1994)。[④] 利

---

① Luchak, A.A.and Gellatly, I.R., 2001, "What Kind of Commitment does a Final-Earnings PensionPlan Elicit", *Relations Industrielles*, 56(2), pp. 394–418.

② Wise, D.A., 1986, "Pensions, Labor, and Individual Behavior", Chicago: University of Chicago Press.

③ Gustman, A., Mitchell, O.and Steinmeier, T., 1994, "The Role of Pensions in the Labor Market: a Survey of the Literature", *Industrial and Labor Relations Review*, 47(3), pp. 417–438.

④ Gustman, A.L., Olivia, S.M.and Thomas, L.S., 1988, "The Role of Pensions in the Labor Market: a Survey of the Literature", *Industrial and Labor Relations Review*, 47(3), pp. 417–438.

用养老金计划的延迟收入特点来维持长期的雇佣关系有利于增加企业的人力资本投资,从而提高劳动生产率(Oi,1962;Becker,1964)。[①] Dorsey 和 Macpherson(1997)发现养老金计划覆盖面与工作培训之间存在强烈的正相关关系。[②] 养老金计划可以设计成对长期稳定的雇佣关系具有吸引力,而频繁跳槽者则面临沉重的养老金受益损失。Bodie(1990)认为,公司之所以向雇员提供养老保险金,一个潜在的原因就在于养老金计划可以降低雇员的流动,进而降低因流动而带来的包括招聘成本、雇佣成本、培训成本等成本。[③]

养老金计划还可以实现与工作表现、工作业绩和职能等级相关联,以实现雇主指向性很强的特定人力资源管理目的。Becker 和 Stigler(1974)、Lazear(1979)在"偷懒"(Shirking)模型中研究了不可携带的养老金对于减少员工偷懒和实现员工与企业双赢的重要作用。[④] Allen(1996)认为养老金计划对员工工作努力程度有非直接的影响。[⑤] Lazear(1990)认为由于 DB 型养老金计划的待遇标准与最后退休时的工资水平相关联,因此能够刺激员工更加努力地工作。[⑥] 由于待遇水平直接与最终工资水平或平均工资水平相关联,DB 型养老金计划能够激励员工更加努力地工作和尽可能地选择最高的缴费;相反,在 DC 型养老金计划下,一旦基本的既得受益权规则满足之后,这种激励要弱得多(Thierry 等,2014)。[⑦]

Alchian 和 Demsetz(1972)指出在企业内部形成的团队生产(Team Production)活动能够创造出比单独使用各投入资源更大的产出,且这种团队生

① Oi,W.,1962,"Labor as a Quasi-fixed Factor",*Journal of Political Economy*,70(6),pp. 538–555.

Becker G.,1964,*Human Capital:a Theoretical and Empirical Analysis*,New York:Columbia University Press.

② Stuart,D.and David,M.,1997,"Pensions and Training",*Industrial Relations*,36(1),pp. 81–96.

③ Zvi B.,1990,"Pensions as Retirement Income Insurance",*Journal of Economic Literature*,1,pp. 28–49.

④ Becker,G. and George,S.,1974,"Law Enforcement,Malfeasance,and Compensation of Officers",*Journal of Legal Studies*,3(1),pp. 1–18.

Lazear,E.,1979,"Why is There Mandatory Retirement",*Journal of Political Economy*,87(6),pp. 1261–1284.

⑤ Allen,S.G.,1996,"Pension Incentives and Job Mobility",*Industrial and Labor Relations Review*,49(2),pp. 761–762.

⑥ Lazear,E.P.,1990,"Pensions and Deferred Benefits as Strategic Compensation",*Industrial Relations*,29(2),pp. 263–280.

⑦ Thierry,E.,et al.,2014,"Defined Benefit Pension Decline:the Consequences for Organizations and Employees",*Employee Relations*,36(6),pp. 654–673.

产的监督成本要比市场上的双边交易更经济。[1] Jovanovic(1979)认为异质性技能和工作需求使工作匹配产生额外的收益。[2] 过多的员工流动反而产生无效率(Hall 和 Lazear,1984)。[3] 通常情况下,有经验的员工倾向于跳槽获得更高收入。Ippolito(1994)研究发现流动性差的养老金计划有助于补偿这种人力资本外溢的状况,维护工作团队稳定,从而实现生产效率高的工作的劳动力匹配。[4] 因此,养老金计划利用延迟收入的特点,通过企业与员工之间的长期的利益分享,维持雇佣关系的稳定,从而有利于实现工作与劳动力的有效匹配,进而提高企业劳动生产率水平。

养老金计划的边际离职成本可以作为维持雇佣关系和减少偷懒行为的有用工具,同时养老金计划又意味着雇主关心雇员的长久福利和维持长期雇佣关系的意愿,从而有助于形成互相信任和支持的双方关系,而这种关系型合约有助于产生更高的生产效率,尤其是在适时工作监督不可行的情况下(Luchak 和 Pohler,2010)。[5] 养老金计划作为一项长期的福利计划,既是企业与员工之间基于隐性合约所做出的双赢选择,同时起到了维持二者良好关系的作用,这种效应的发挥也有利于保证员工忠诚度、减少怠工,实现高效的团队合作,进而刺激企业进行人力资本投资。

Mealli 和 Pudney(1996)基于 1988—1989 年英国社会保障部人口普查和调查办公室实施的退休调查数据,研究了工作期限与养老金覆盖之间的关系,认为通过改革职业养老金法律或许能够提高劳动力流动性,但也同时带来了雇佣和再培训潜在成本的增加,使得雇主不愿意提供技能培训。这些成本到底能否被劳动力流动性提高所带来的好处所抵消还是一个未知数。[6]

---

① Alchian,A.and Harold,D.,1972,"Production,Information Costs,and Economic Organization",*The American Economic Review*,62(5),pp.777-795.

② Jovanovic,B.,1979,"Job Matching and the Theory of Turnover",*Journal of Political Economy*,87(5),pp.972-990.

③ Hall,R.and Edward,P.L.1984,"The Excess Sensitivity of Layoffs and Quits to Demand",*Journal of Labor Economics*,2(2),pp.233-257.

④ Ippolito,R.,1994,"Pensionsand Indenture Premia",*Journal of Human Resources*,29(3),pp.795-812.

⑤ Luchak,A. and Pohler,D.,2010,"Pensions as Psychological Contracts:Implications for WorkOutcomes",*Industrial Relations*,49(1),pp.61-82.

⑥ Mealli,F.and Stephen,P.,1996,"Occupational Pensions and Job Mobility in Britain:Esimation of a Random-Effects Competing Risk Model-Effects Competing Risks Model",*Journal of Applied Econometrics*,11(3),pp.293-320.

3.3.3 支持养老金计划具有完全便携性

支持养老金计划具有完全便携性的研究者主要从促进劳动力市场流动性和反驳养老金计划对于维护长期雇佣关系所发挥的作用展开的。Ross(1958)很早就注意到养老金计划对劳动力市场的负面影响。[1] Choate 和 Linger(1986)针对20 世纪 80 年代美国经济所出现的生产率下滑和竞争力下降的现象,指出养老金流动性障碍所带来的劳动力流动性差是导致美国经济缺乏活力的重要影响因素。[2] 普遍的观点认为中国社会养老保险关系转续难所产生的养老金便携性障碍已经成为制约劳动者自由流动的壁垒,阻碍了人才流动和城乡一体化劳动力市场的形成,不利于劳动力资源的合理配置(邓大松,2005;赵建国、杨燕绥,2007;杨宜勇、谭永生,2008)。[3] 转续难还形成社会保障体系地区分化,利益格局僵化,城乡整体社会保障效应弱化,导致灵活就业被排斥在社会养老保险制度之外(赵建国、杨燕绥,2007)。[4]

Allen、Clark 和 McDermed(1993)通过建立评估模型精确地测算了养老金便携性损失大小与劳动力流动性的负向关系,并指出 Ross 的观点在劳动力市场结

---

① Arthur, R., 1958, "Do We Have a New Industrial Feudalism", *American Economic Review*, 48(5), pp. 918–922.

② Choate, P. and Linger J.K., 1986, *The Hi-Flex Society*, New York: Alfred A. Knopf.

③ 邓大松:《社会保险关系顺利接续事关重大》,《中国劳动保障》2005 年第 10 期,第 49 页。

赵建国、杨燕绥:《中国社会保障体系的整合发展与重构——基于就业方式变革趋势下的分析》,《第二届中国社会保障论坛文集——建立覆盖城乡社会保障体系》(上册),中国劳动社会保障出版社 2007 年版。

杨宜勇、谭永生:《全国统一社会保险关系接续研究》,《宏观经济研究》2008 年第 4 期,第 11—13 页。

④ 赵建国、杨燕绥:《中国社会保障体系的整合发展与重构——基于就业方式变革趋势下的分析》,第二届中国社会保障论坛文集——建立覆盖城乡社会保障体系(上册),中国劳动社会保障出版社 2007 年版。

唐钧:《让农民工社保异地转移接续》,《瞭望》2007 年第 36 期,第 64 页。

刘传江、程建林:《养老保险"便携性损失"与农民工养老保障制度研究》,《中国人口科学》2008 年第 4 期,第 61—67 页。

郑秉文:《改革开放 30 年中国流动人口社会保障的发展与挑战》,《中国人口科学》2008 年第 5 期,第 2—17 页。

构转变和劳动力需求转移时尤为重要。① 因为顾及养老金便携性损失,员工将降低工作变换频率,结果是减少了劳动力市场的流动性(Alvaro,2008)。② 而养老金权益的流动性与劳动力市场的有效性存在正相关关系(Dorsey,1995)。③ 缩短既得受益权期限对养老金权益的流动性具有促进作用(Turner,1993;Palacios 和 Whitehouse,2006)。④

针对 DB 型养老金计划在抑制员工流动性中所发挥的具体作用,部分学者将 DB 型养老金计划的缺陷作为反驳的理由之一。只有 DB 型养老金计划通过对离职的人设置高额的惩罚性成本而被专门设计用来降低员工流动性(Allen,1996)。⑤ DB 型养老金计划存在设立和维护成本更高、承担的风险更高和更复杂的法制规范等问题,尤其是在劳动力快速老龄化状况下(Staab 和 Kleiner,2005)。⑥ 由于雇主在 DB 型养老金计划中承担了更高的投资风险,因此存在通过增加缴费和降低待遇水平等途径来转嫁风险的内在倾向。而且对于那些因为不可控因素离职的员工(例如人员冗余),以及对于那些人员本来就具有很高流动性的劳动部门工作人员来说,DB 型养老金计划将意味着很高的养老金受益损失(Thierry 等,2014)。⑦ 20 世纪 80 年代以来,出现了 DB 型养老金计划向 DC 型养老金计划转变的趋势(Blank,1999)。⑧ DB 型养老金计划的可携带性问题

---

① Allen,S.G.,Robert ,L.C.and McDermed,A.A.,1993,"Pension Bonding and Lifetime Jobs",*Journal of Human Resources*,28(3),pp.463-481.

② Alvaro,F.,2008,"The Portability of Pension Rights:General Principals and the Caribbean Case",Social ProtectionDiscussion Paper No.0825,The World Bank.

③ Stuart,D.,1995,"Pension Portability and Labor Market Efficiency:A Survey of the Literature",*Industrial and Labor Relations Reviews*,48(2),pp.276-292.

④ Turner,J.A.,1993,"Pension Policy for a Mobile Labor Force",Kalamazoo,Mich.:W.E.Upjohn Institute for Employment Research.

Palacios,R.and Whitehouse,E.,2006,"Civil-Service Pension Schemes Around the World",Social Protection Discussion Paper No.0602,May.

⑤ Allen,S.G.,1996,"Pension Incentives and Job Mobility",*Industrial and Labor Relations Review*,49(2),pp.761-762.

⑥ Staab,D.and Kleiner,B.H.,2005,"Effective Management of Pension Plans",*Management Research News*,28(2),pp.127-135.

⑦ Thierry,E.,et al.,2014,"Defined Benefit Pension Decline:the Consequences for Organizations and Employees",*Employee Relations*,36(6),pp.654-673.

⑧ Blank,E.,1999,"Pension Type and Retirement Wealth",*Industrial Relations*,38,pp.1-11.

影响了该型计划覆盖面的扩大。Luchak、Fang 和 Gunderson（2004）对既得受益权在 DB 型养老金计划中的作用进行了研究，通过对加拿大的实证研究发现既得受益权对于提高 DB 型养老金制度的覆盖面有积极作用，受益权期限每缩短 1 年，覆盖率提高 1.6 个百分点。[1]

针对养老金计划在促进团队合作方面的作用，Lazear（1990）认为在极端情况下，养老金计划会刺激员工投入过多时间和精力而工作过度，反而伤及其他人的利益，导致无效率。[2] 某些劳动者可能更倾向于当前的收入而不是未来的退休金，所以他们将回避有养老金计划的企业（Curme 和 Even,1995）。[3] 在退休条款中，企业降低提前退休员工的所得，其作用实际上是刺激年老的员工加速从企业退休（Lazear,1983；Fields 和 Mitchell,1984；Ippolito,1988；Stock 和 Wise,1988）。[4]

针对养老金计划对于维持企业与员工良好关系方面，部分学者从组织行为学的角度解释员工选择留在企业是基于包含感情承诺（Affective Commitment）、继续承诺（Continuance Commitment）和规范承诺（Normative Commitment）三因素在内的组织承诺的影响，[5] 从而弱化了养老金计划在其中所发挥的作用。更高的养老金受益也意味着雇员与雇主更低的感情承诺，[6] 即员工选择留在公司并

---

① Luchak,A.A.,Fang T.and Gunderson,M.,2004,"How has Public Policy shaped Defined-Benefit Pension Coverage in Canada",*Journal of Labor Research*,25(3),pp.469-484.

② Lazear,E.P.,1990,"Pensions and Deferred Benefits as Strategic Compensation",*IndustrialRelations*,29(2),pp.263-280.

③ Curme,M.and William E.,1995,"Pension Coverage and Borrowing Constraints",*Journal of Human Resources*,30(4),pp.701-712.

④ Lazer,E.P.,1983,*Pensions as Severance Pay*,in Bodieand Shoven,*Financial Aspects of the U.S.Pension System*,Chicago：University of Chicago Press,pp.57-89.
Fields,G.and Olivia,M.,1984,*Retirement,Pensions,and Social Security*,Cambridge：MIT Press.
Ippolito,R.A.,1990,"Towards Explaining Earlier Retirement After 1970",*Industrial and Labor Relations Review*,43(5),pp.556-569.
Stock,J.H.and Wise,D.A.,1988,"The Pension Inducement to Retire：An Option Value Analysis",NBER Working Paper No.2660.

⑤ Allen,N.J.and John,P.M.,1990,"The Measurement and Antecedents of Affective,Continuance and Normative Commitment to the Organization",*Journal of Occupational Psychology*,63(1),pp.1-18.

⑥ 感情承诺，是指员工对组织的感情依赖、认同和投入，员工对组织所表现出来的忠诚和努力工作，主要是由于对组织有深厚的感情，而非物质利益。继续承诺，是指员工为了不失去已有的位置和多年投入所换来的福利待遇而不得不继续留在该组织内的一种承诺。它是建立在经济原则基础上的、具有浓厚交易色彩的承诺。

不是因为其喜欢企业及其管理,而是因为如果离开的话将会损失高额的养老金(Luchak 和 Gellatly,2001)。[1] 如果企业没有养老金计划,那些对企业没有感情的员工可能选择离开,而留下来的将是真正热爱企业的人。Luchak、Pohler 和 Gellatly(2008)利用加拿大一个大型联合企业 427 名雇员的研究数据,发现尽管因为养老金享受时间缩短带来了养老金受益的减少,但基于感情承诺的员工更可能在正常退休年龄之后退休,而基于继续承诺的员工则更可能在养老金权益最大时提前或正常退休。[2] 通过养老金计划基于继续承诺而建立的长期雇佣关系是基于交易型合约而非关系型合约,这种关系是建立在确定的义务上,而不是更广泛开放的承诺上。更多的证据也表明,包括那些即将退休在内的员工只关心他们的养老金权益,而且将养老金权益的变动视为侵犯他们退休权利的一种威胁(Weyman 等,2013)。[3] Hales 和 Gough(2003)在英国通过对雇员进行 20 次访谈和对 68 家公司的 684 名雇员进行问卷调查后研究发现,雇员通常对养老金计划持一种目的性和交易性的观点,认为雇主只是起了一种类似于中介的作用。[4]

而事实上,评估养老金计划覆盖面对劳动生产率的直接影响的过程很困难,目前并没有直接的证据证明养老金计划覆盖面与劳动力生产率和企业表现之间的关系。Gustman 和 Mitchell(1992)将这一难题归结为没有充分的数据。[5] 而且,目前也几乎没有研究二者直接联系的实证研究。

---

① Luchak,A.A.and Gellatly,I.R.,2001,"What Kind of Commitment does a Final-Earnings PensionPlan Elicit",*Relations Industrielles*,56(2),pp.394-418.

② Luchak,A.,Pohler,D.M.and Gellatly,I.R.,2008,"The Effects of Organizational Commitment on Retirement Plans under a Defined-Benefit Pension Plan",*Human Resource Management*,47(3),pp.581-599.

③ Weyman,A.M.P.,Meadows,P.and Buckingham,A.,2013,"Extending Working Life:Audit of Research Relating to the Impact on NHS Employees",NHS Employers,London.

④ Hales,C.and Gough,O.,2003,"Employee Evaluations of Company Occupational Pensions:HR Implications",*Personnel Review*,32(3),pp.319-340.

⑤ Gustman,A.L.and Olivia,S.M.,1992."Pensions and Labor Market Activity:Behavior and Data Requirements",In *Pensions and the Economy*,edited by Zvi Bodieand Alicia Munnell,Philadelphia:Pension Research Council and the University of Pennsylvania Press,pp.39-87.

3.4 公共养老金计划的便携性选择

3.4.1 养老金便携性问题争论的总结

养老金便携性问题的争论是伴随着养老金制度的发展而产生的,特别是在20世纪下半叶发达国家私人养老金计划获得极大发展的背景下。总结养老金便携性问题的争论,不难发现,尽管国外关于养老金便携性与劳动力流动性的研究出现两种相左的观点,但可以肯定的一点是,这些研究都是以私人养老金计划或者职业养老金计划为对象的。尤其是支持养老金计划发挥建立长期雇佣关系的作用的观点,完全是从企业内部人力资源管理角度和出于提高企业劳动生产率为出发点。尽管对于养老金计划刺激企业人力资本投资、实现工作岗位的劳动力匹配和保证员工忠诚度等方面的作用已经被证实,但依然缺乏养老金计划覆盖与劳动生产率提高的直接经验证明。特别的,当企业境况不佳,发展走下坡路或濒临破产倒闭时,有约束力的养老金计划可能反而成为企业的负担,也增加了养老金待遇兑付的风险,对企业和员工二者都不利,整体上也不利于人力资源在整个社会范围内的优化配置。而支持养老金计划具有完全便携性的观点则主要着眼于劳动力市场,从维护劳动力市场整体活力的角度,认为养老金计划不应该发挥"圈人"的作用。而从现实的角度,DC型养老金计划不断取代DB型养老金计划的事实似乎也验证了养老金计划应该具有完全便携性的观点。但是由于两种观点研究层面的不同,一个是微观层面一个是宏观层面,因此还难以对于私人养老金计划的便携性选择做出肯定的回答。

反观国内,关于养老金便携性的观点比较一致,都认为养老金便携性障碍阻碍了人才流动和城乡一体化劳动力市场的形成,不利于劳动力资源的优化配置,因此支持养老金计划具有完全便携性。国内外对养老金便携性的观点之所以会出现如此大的区别,最主要的原因是研究对象的不一致。西方发达国家社会保障制度建立时间早,发展成熟,而且由于城乡经济发展差别尤其是收入水平差距已经不大,一般都存在全国统一的基本养老保障计划,如美国的 OASDI 制度和英国的 NI 制度,因此不存在公共养老金便携性问题,也自然难以关注到公共养老金计划与私人养老金计划在养老金流动性以及对劳动力市场影响的重要区别。而国内一方面由于历史原因和改革进程不一致导致社会养老保险制度存在城乡分立和地区分割问题,另一方面私人养老金计划(主要指企业年金)的发展也极不成熟,因此研究的关注点自然而然地指向了公共养老金计划的便携性问题。

3.4.2　公共养老金计划应该具有完全的便携性

一、公共养老金计划与私人养老金计划在劳动力市场的定位不同

公共养老金计划与私人养老金计划之间的重要区别决定了二者在劳动力市场的定位不同。在本质属性上,公共养老金计划是公共产品或准公共产品;私人养老金计划则是私人产品。在计划发起人上,公共养老金计划一般是政府或工会等公共部门;私人养老金计划则是具有独立法人地位的企业或团体。在保障对象上,公共养老金计划一般覆盖广泛的社会大众;私人养老金计划只针对企业团体内的雇员。在功能定位上,公共养老金计划是实现"老有所养"的社会目标和应对人口老龄化的重要工具;私人养老金计划是雇佣协议的组成部分,满足企业人力资源管理目的。在保障水平上,公共养老金计划实现基本的养老保障并由政府提供兜底责任;私人养老金计划提供更高水平的保障。在制度模式上,公共养老金计划一般实行 DB 型现收现付制,私人养老金计划更多采用 DC 型基金积累制。相比私人养老金计划,公共养老金计划具有代际和代内收入再分配功能,提供应对私人养老金计划高风险和个人长寿风险等保底责任和纠正市场失灵(Blinder,1982)。[①] 私人养老金计划作为企业与个人基于劳动合约的理性选择,以服务于劳动生产率提高和个人与企业利益最大化为目的;而公共养老金计划基于公共产品的本质属性,应该减少对劳动力市场的干扰,以促进劳动力资源

---

① Blinder,A.S.,1982,"Private Pensions and Public Pensions:Theory and Fact",NBER Working Paper No. 902,June.

的优化配置为目标。

二、公共养老金计划与私人养老金计划在流动性上的选择不同

DB 型私人养老金计划和公共养老金计划都可能产生流动性问题。从整个劳动力市场的宏观角度看,劳动力供给与需求决定劳动力价格,在完全竞争市场条件下,劳动力价格与劳动边际生产率相等;从企业与劳动者的微观角度看,企业在其劳动边际生产率不小于劳动雇佣成本时产生劳动力需求,劳动者则总是追求更高收入的工作。私人养老金计划和公共养老金计划基于目标定位以及对企业与劳动者激励和约束作用的不同,在优化企业雇佣效用或劳动力市场效率的目标下产生了不同的流动性选择。借助养老金隐性合约理论,从劳动力市场效率的角度,可以通过不同企业的劳动边际生产率和工资水平的比较来分析私人养老金计划与公共养老金计划在流动性上的不同选择。

其一,私人养老金计划。设定 a 企业员工的劳动边际生产率为 VMP^a,相应的工资为 W^a;b 企业(代表 a 企业员工能够胜任相同工作的其他所有企业)员工的劳动边际生产率为 VMP^b,工资为 W^b。由于企业存在雇佣成本和培训成本,企业与员工双赢的工资应设定为:

$$VMP^a > W^a > VMP^b > W^b \tag{3.1}$$

a 企业与员工共同占有劳动边际生产率的溢出值:$VMP^a - VMP^b$,从而维持雇佣关系的稳定。当 VMP^a 和 W^a 不变,VMP^b 下降时或当 VMP^b 和 W^b 不变,VMP^a 上升时,雇佣关系维持稳定;当 VMP^a 不变,VMP^b 上升并使得 $W^b > W^a$(设为条件 1)和当 VMP^b 不变,VMP^a 下降并使得 $W^a < W^b$ 时(设为条件 2),雇佣关系将难以维持。

假设 a 企业建有私人养老金计划使得员工的收入除工资 W^a 外还有养老金权益贴现收入 P^a 且 $P^a = VMP^a - W^a$,b 企业相同。

如果 P^a 具有流动性,在条件 1 下,由(3.1)式,当 $VMP^b > W^a$ 时,员工将流动到 b 企业,但如果 $VMP^b < VMP^a$,则意味着进行了无效率的流动;在条件 2 下,当 $W^a < VMP^b$ 时,员工将流动到 b 企业,但如果 $VMP^a > VMP^b$,劳动力无效率流动同样产生。

如果 P^a 不具有流动性,在条件 1 下,只有当 $VMP^b > VMP^a$ 时,员工才会流动到 b 企业,这种流动是有效率的;在条件 2 下,当 $VMP^a < VMP^b$ 时,员工才会流动到 b 企业,劳动力流动有效率。从企业自身来看,不可流动性的养老金权益限制了可流动性的人力资本投资的外溢,提高了企业长期人力资本投资的收益。

其二,公共养老金计划。与私人养老金计划不同,公共养老金计划具有强制性,计划的供款与养老金给付由独立于企业和劳动者的政府决定,企业和劳动者都只是计划参与者和接受者。在统一的公共养老金计划下,企业或劳动者承担的供款负担固化为劳动力成本的一部分,劳动者对公共养老金权益的知情权充分,企业与劳动者之间是信息对称的,所有的企业和劳动者存在完全相同的养老金成本与激励。不考虑除工资和公共养老金计划外其他补偿收入的干扰作用,在此情况下,a 企业员工的工资应设定为:

$$VMP^a = W^a + P^a \qquad\qquad (3.2)$$

当 VMP^a 不变,VMP^b 下降或当 VMP^b 不变,VMP^a 上升时,雇佣关系维持稳定且是有效率的;当 VMP^a 不变,VMP^b 上升并使得 $W^b > W^a$(条件 1)和当 VMP^b 不变,VMP^a 下降并使得 $W^a < W^b$ 时(条件 2),员工流动产生。由于公共养老金 P 固定为 W 的一部分,$W^b > W^a$ 相当于 $W^b + P^b > W^a + P^a$,$W^a > W^b$ 同理。

如果 P^a 具有流动性,由(3.2)式,在条件 1 下,$W^b > W^a$ 等同于 $VMP^b > VMP^a$,员工将流动到 b 企业,流动有效率;在条件 2 下,$W^a < W^b$ 等同于 $VMP^a < VMP^b$,员工将流动到 b 企业,流动有效率。

如果 P^a 不具有流动性,在条件 1 下,$VMP^b > VMP^a$ 时员工不会立即流动到 b 企业,只有当 $VMP^b - VMP^a > P^a$ 时,有效率的劳动力流动才会发生;在条件 2 下,当 $VMP^a < VMP^b$ 时,只有当 $VMP^a < VMP^b - P^a$ 时,有效率的劳动力流动才会发生,当 VMP^a 持续下降,在工资刚性的限制下,$VMP^a < W^a$ 时,劳动者流向其他任何比 a 企业工资高的工作都是有效率的。

从整个劳动力市场来看,公共养老金计划的影响作用应该是中性的,但不可流动性的公共养老金计划却异化为单个企业的人力资源管理工具,扭曲了劳动力市场,不仅阻碍了劳动力向生产效率高的企业或行业流动,增加了其劳动力雇佣成本,而且减弱了对生产效率低的企业或行业劳动力的挤出效应,同时损害了劳动者的养老金权益。

3.5 养老金便携性与劳动力市场:结论与讨论

3.5.1 养老金便携性会对劳动力市场产生什么影响

现代养老金制度自 19 世纪末期诞生以来不断发展和完善,尤其是第二次世界大战以后,计划覆盖面和保障水平获得空前提高,养老金计划正在发挥着越来越重要的作用。对劳动者而言,养老金是一种重要的延迟收入和补偿收入;对企业而言,养老金计划已经成为员工福利计划和人力资源管理战略的重要组成部分;对政府而言,养老金制度已经成为提供国民退休收入保障和应对人口老龄化危机的重要政策。从劳动者的角度,最大化个人收益是参加养老金计划的根本目的;从企业的角度,养老金计划是约束职工流动和维持职工队伍稳定的重要工具;从政府的角度,提供国民退休收入保障和增进劳动力市场效率则是其推行养老金计划的既定目标。养老金计划对于劳动者、企业和政府三方的重要作用与劳动力市场的供给与需求存在紧密的联系,进而会对劳动力市场产生重要影响。

养老金便携性通过影响劳动者变换工作的决策,从而对劳动力流动性产生影响。从微观上,养老金便携性的设计是基于平衡计划参与者养老金权益和计划发起人利益的目的;从宏观上,养老金便携性的实现是基于对劳动力资源配置效率和生产效率的考虑。不同养老金计划的便携性对劳动力市场的影响是有差别的。尽管都属于多支柱养老保障体系中的一部分,但公共养老金计划和私人养老金计划的不同功能定位决定了其在便携性上的不同选择。企业通过私人养老金计划实现"留人"的目的,但政府必须考虑减少对劳动力流动的不利干扰和增进劳动力市场效率。政府通过公共养老金计划实现劳动者"老有所养",因而必须尽可能减少养老金便携性损失。不具便携性的私人养老金计划和具有便携性的公共养老金计划分别是企业和政府基于实现不同目标的择优选择,前者优化了企业人力资本投资,后者减小了劳动力流动的阻碍,二者都增进了劳动力市场效率。

然而,养老金便携性对劳动力市场的影响是否会保持一致性,难道仅仅受不同养老金计划类型的影响吗? 从劳动者的角度考虑,养老金作为补偿收入在总收入中所占的比例将影响劳动者变换工作的机会成本的大小;从企业的角度,养老金计划既得受益权的设计将决定养老金计划作为人力资源管理工具所能发挥作用的强弱;从产业部门的角度,养老金便携性将影响同质企业之间的竞争关系;从宏观经济的角度,经济形势向好的情况下,养老金计划抑制员工流动的效应将形成良好的工作匹配,有利于生产效率的提高,而当经济形势走下坡路的时候,则可能发挥相反的作用,雇佣关系的固化将进一步削弱企业活力。因此,养老金便携性对于劳动力市场的影响既是综合的,也可能是相对的。

3.5.2 劳动力市场会对养老金便携性产生什么影响

劳动力市场的发展变化也会反过来对养老金便携性产生影响。首先,劳动力市场的范围不断扩大,在一国内部城乡劳动力市场逐渐走向一体化,在经济全球化的影响下,国内的劳动力市场也不断向国外扩展,这就要求养老金便携性需要适应更复杂的体系,不仅需要通过行政或立法的手段实现国内或区域内部的统一,而且需要加强国际合作。其次,流动就业者的类型发生重要变化,由单一的、返迁的男性蓝领工人向包括妇女、灵活就业者、专业技术人员在内的多样化发展,且流动频率更快、范围更广,这就要求养老金计划覆盖范围更宽。再次,工作形式更加多样化,兼职工作、临时工作等非正规就业不断增多,且工作变换频率加快,这就要求养老金计划的适应性更广。最后,人口和家庭结构的变化所引发的劳动力市场的变化,人均预期寿命延长、退休年龄延长和更多的人选择独居,这些变化对社会养老保障体制设计提出新的要求。这些劳动力市场的变化给社会养老保障体制带来了新的挑战,需要社会养老保障制度进行应对性的改变。

劳动力市场的复杂化要求养老金制度更加简化以提高接纳能力,其中一个重要的表现就是基于税收筹资的非缴费普惠型养老金制度越来越引起关注;劳动力市场的多样化则要求养老金制度更加灵活以提高适应能力,其中一个重要的表现就是公共养老金计划发展空间受到挤压和私人养老金计划的快速发展。表面上看,这两种变化对养老金便携性所产生的影响是相反的:前者有利于提高养老金便携性,后者则阻碍了养老金便携性。但是,劳动力市场一体化发展的趋势决定了养老金计划不断向便携的方向发展。正如欧盟的改革,公共养老金计划的便携性改革先于补充养老金计划便携性改革,但后者的改革却先于前者提出向一体化方向发展。中国社会养老保险制度便携性改革的推动力量是人口的大量迁移和建立统一的劳动力市场,这可以说是中国社会养老保险制度便携性改革的原动力。随着包括企业年金、职业年金在内的补充养老金计划的发展,中国也会将养老金便携性改革的注意力转向补充养老金计划上。

4 城镇企业职工基本养老保险
制度改革与政策调整

4.1 城镇企业职工基本养老保险制度改革

4.1.1 1984—1997 年：城镇企业职工基本养老保险制度改革探索

一、1993 年以前的养老社会保险制度改革

1984 年，以党的十二届三中全会通过的《中共中央关于经济体制改革的决定》为标志，中国经济体制改革进入以城市为重点、以国营企业为中心的时代，适应经济体制改革需要，职保开始进行改革探索。1986 年国务院发布的《国营企业实行劳动合同制暂行规定》中明确规定了劳动合同制工人的退休养老办法。企业按照劳动合同制工人工资总额的 15% 左右，劳动合同制工人按照不超过本人标准工资的 3% 缴纳退休养老保险基金，从而第一次在中国引入了养老保险个人缴费机制。同年，劳动部门在江苏省泰州市、广东省东莞市和江门市、辽宁省黑山县等地开展国营企业退休人员退休费社会统筹的试点工作，开始由"企业保障"向社会保险转变。1986 年，国务院发布了《国务院关于发布改革劳动制度四个规定的通知》(国发〔1986〕77 号)，要求建立全国县、市一级的退休费统筹机制，参加社会统筹的企业规定一定的缴费率(或公式)来建立统筹基金。1991 年，国务院发布了《关于企业职工养老保险制度改革的决定》(国发

〔1991〕33 号),明确要求扩大统筹范围,建立养老保险的三支柱模式,即:政府基本养老保险、企业补充养老保险和个人储蓄性养老保险。

这一时期职保制度改革探索主要体现在三个方面:第一,开展职保养老保险费社会统筹,开始由"企业保障"向社会保险转变;第二,实行城镇企业职工个人缴纳养老保险费,开始由企业一方负担向多方负担方式转变,从而第一次在中国引入养老保险个人缴费机制;第三,探索实行企业补充养老保险和个人储蓄性养老保险制度,开始从单一层次向多层次转变。

二、1993 年社会养老保险制度改革纲领性文件发布

1993 年可以看作是 20 世纪 90 年代以来,中国社会养老保险制度乃至整个社会保障制度改革的一个重要转折点。在这一年,中共十四届三中全会通过的《中共中央关于建立社会主义市场经济体制若干问题的决定》(以下简称《决定》)中提出的关于社会保障制度改革的三个原则便是对我国社会养老保险制度改革方向的重新认识:一是"建立多层次社会保障体系"。"社会保障水平要与我国的社会生产力发展水平以及各方面的承受能力相适应。城乡居民的社会保障办法应有区别。提倡社会互助,发展商业性保险作为社会保险的补充"。二是"城镇职工基本养老保险金由单位和个人共同负担,实行社会统筹与个人账户相结合"。三是"社会保险行政管理和社会保险基金经营要分开。社会保障管理机构主要行使行政管理职能"。

三、1993—1997 年的改革情况

《决定》发布以后,有关部门开始着手制定具体的改革方案。1995 年 3 月,在各地试点、广泛听取意见的基础上,国务院发布了《关于深化企业职工养老保险制度改革的通知》(国发〔1995〕6 号)(以下简称《通知》),明确了在 2000 年前建立起统一的基本养老保险制度的目标,要求其适用于城镇各类企业职工和个体劳动者,资金来源渠道多样化、权利义务相适应和管理服务社会化。《通知》出台了两个具体的操作方案供各地选择甚至适当修改。这两个方案的共同点都是将企业和职工缴费分为"社会统筹"和"个人账户"两部分,但二者在结构比例

上却存在很大的差异。方案一是在原国家经济体制改革委员会提出的思路上制定的,即所谓的"小统筹大账户"模式,强调个人账户的作用;方案二是在原国家劳动部的意见基础上制定的,所谓的"大统筹小账户"模式,强调社会统筹的比重。两个方案的设计思想对如何实现"社会统筹"与"个人账户"相结合存在较大差异,但二者有一个非常突出的共同点:都回避了对老职工养老金权益的明确偿还问题,只是笼统地说"通过社会统筹基金来解决"。同时,国家提出两种方案供地方选择,并允许地方变通,从而在实际改革中在全国形成了以县或行业部门为统筹范围的成百上千种方案,国家难以规范和调控。

4.1.2 1997 年之后:城镇企业职工基本养老保险制度走向统一

一、国发〔1997〕26 号文件颁布

国发〔1997〕26 号文件的颁布,正式确定了我国职保的基本框架,统一了具体实施方案。统一方案的要点是:按职工工资的 11% 建立个人账户,其中个人缴费率当年不得低于本人缴费工资的 4%,以后每两年提高一个百分点,最终达到个人缴费工资的 8%。个人账户的其余部分由企业缴费划入。随着个人缴费比例的提高,企业划入的部分要逐步降低至工资的 3%;老职工的养老金由企业缴费形成的社会统筹资金解决。企业缴费率由省、自治区、直辖市人民政府确定,一般不得超过企业工资总额的 20%(含划入个人账户的部分)。基本养老金的支付分为两个部分:一是基础养老金,其标准为当地上年度社会平均工资的 20%;二是个人账户养老金,其标准为个人账户累计储存额除以 120,也即给付10 年。个人缴费年限累计不满 15 年的,退休后不享受基础养老金待遇,其个人账户储存额由本人一次性领取。

国发〔1997〕26 号文件确立的职保基本框架如图 4-1 所示。

二、过渡性的辽宁试点方案

由于我国在实施社会统筹与个人账户相结合的职保制度中,虽然引进了基金积累制的制度内涵,但始终没有对转制成本做出相应的安排,从而在实施过程

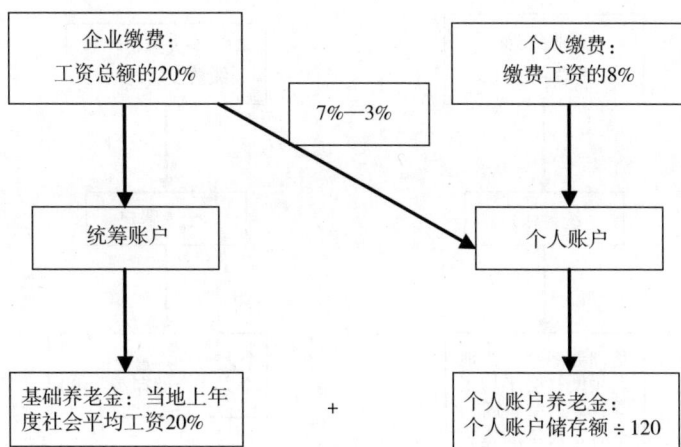

图 4-1　国发〔1997〕26 号文件确定的城镇职工基本养老保险制度

中使得"统账结合"演变为"统账结合、混账管理、空账运行","统账结合"养老保险制度实质上仍然是现收现付制,基金积累制个人账户沦为了一个名义账户。为解决这一问题,确定合理的目标模式,2000 年国务院发布了国发〔2000〕42 号文件,试点的主要任务之一就是做实基本养老保险个人账户。2001 年该方案正式在辽宁省进行试点,2004 年开始,试点范围扩大到吉林和黑龙江两省。按照试点方案,不再从企业缴费中拿出一部分划入个人账户,个人缴费比例一步到位提高到 8%,并全部记入个人账户。企业缴费比例一般为企业工资总额的 20%,企业缴费部分不再划入个人账户,全部纳入社会统筹基金,并以省(自治区、直辖市)为单位进行调剂;职工个人缴费比例为本人缴费工资的 8%,全部计入个人账户,个人账户规模由本人缴费工资的 11% 调整为 8%;社会统筹基金与个人账户基金实行分开管理,社会统筹基金不能占用个人账户基金,个人账户基金由省级社会保险经办机构统一管理;基本养老金由基础养老金和个人账户养老金组成,职工达到法定退休年龄且个人缴费满 15 年的,基础养老金月标准为省(自治区、直辖市)或市(地)上年度职工月平均工资的 20%,以后缴费每满 1 年增加 0.6% 的基础养老金,总体水平控制在 30% 左右,个人账户养老金为本人账户储存额除以 120。

国发〔2000〕42 号文件确定的职保试点模式如图 4-2 所示。

```
┌─────────────────┐              ┌─────────────────┐
│ 企业缴费：       │              │ 个人缴费：       │
│ 工资总额的20%    │              │ 缴费工资的8%     │
└────────┬────────┘              └────────┬────────┘
         │                                │
         ▼                                ▼
┌─────────────────┐              ┌─────────────────┐
│ 统筹账户         │              │ 个人账户         │
└────────┬────────┘              └────────┬────────┘
         │                                │
         ▼                                ▼
┌─────────────────┐              ┌─────────────────┐
│ 基础养老金：当地 │              │ 个人账户养老金： │
│ 上年度社会平均工 │      +       │ 个人账户储存额÷120│
│ 资20%；缴费满15  │              └─────────────────┘
│ 年后，每增加缴费 │
│ 1年，增发0.6%    │
└─────────────────┘
```

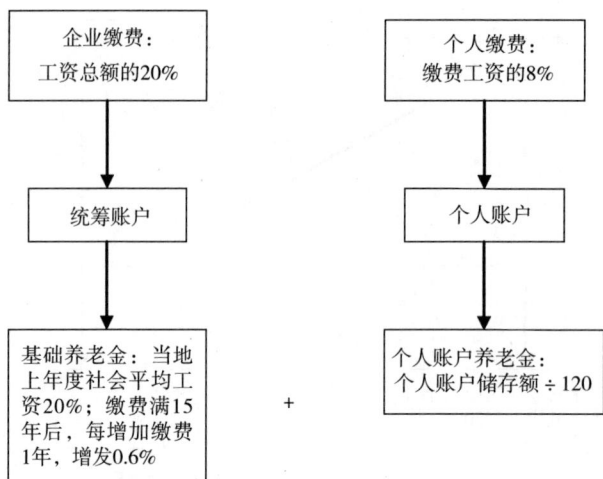

图 4-2　国发〔2000〕42 号文件确定的城镇企业职工基本养老保险试点模式

从 2001 年 1 月 1 日起,辽宁省将职保个人缴费比例统一由工资总额的 5% 调整为 8%,个人账户规模由 11% 调整为 8%。截至 2002 年 6 月 30 日,全省已做实个人账户 14.9 亿元,全省职工退休已按新办法计发,基本养老保险实现了新旧制度的平稳转型。[①]

三、城镇企业职工基本养老保险制度的最终确立

在充分调查研究和总结东北三省完善城镇社会保障体系试点经验的基础上,2005 年 12 月 3 日国务院颁布了国发〔2005〕38 号文件。为与做实个人账户相衔接,从 2006 年 1 月 1 日起,基本养老保险个人账户的规模统一由本人缴费工资的 11% 调整为 8%,全部由个人缴费形成,单位缴费不再划入个人账户。缴费年限(含视同缴费年限)累计满 15 年的退休人员,退休后按月发给基本养老金。基本养老金由基础养老金和个人账户养老金组成。退休时的基础养老金月标准以当地上年度在岗职工月平均工资和本人指数化月平均缴费工资的平均值为基数,缴费每满 1 年发给 1%。个人账户养老金月标准为个人账户储存额除以

---

① 岳颂东:《辽宁省城镇社会保障制度改革试点周年考察报告》,《武汉大学社会保障研究中心 2002 年社会保障论坛论文集》,2002 年。

计发月数,计发月数根据职工退休时城镇人口平均预期寿命、本人退休年龄、利息等因素确定。城镇个体工商户和灵活就业人员参加基本养老保险的缴费基数为当地上年度在岗职工平均工资,缴费比例为20%,其中8%记入个人账户,其余划入社会统筹账户,退休后按企业职工基本养老金计发办法计发基本养老保险待遇。

国发〔2005〕38号文件形成的职保基本制度框架如图4-3所示。

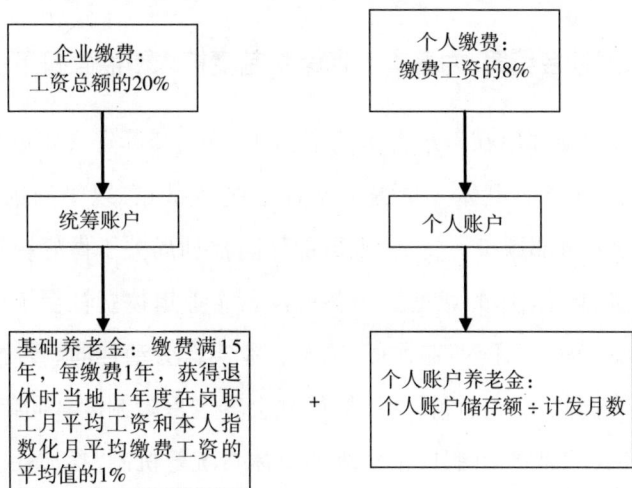

图4-3 国发〔2005〕38号文件形成的城镇企业职工基本养老保险制度

相比国发〔1997〕26号文件规定的职保制度,国发〔2005〕38号文件规定的职保试点模式主要做了以下调整:一是为与做实个人账户相衔接,从2006年1月1日起,基本养老保险个人账户的规模统一由本人缴费工资的11%调整为8%,全部由个人缴费形成,单位缴费不再划入个人账户。二是调整了基本养老金计发办法。缴费年限(含视同缴费年限)累计满15年的退休人员,退休后按月发给基本养老金。基本养老金由基础养老金和个人账户养老金组成。退休时的基础养老金月标准以当地上年度在岗职工月平均工资和本人指数化月平均缴费工资的平均值为基数,缴费每满1年发给1%。个人账户养老金月标准为个人账户储存额除以计发月数,计发月数根据职工退休时城镇人口平均预期寿命、本人退休年龄、利息等因素确定。三是扩大职保覆盖范围,规定城镇各类企业职工、个体工商户和灵活就业人员都要参加企业职工基本养老保险制度;四是在确保离退休人员基本养老金按时足额发放的前提下,逐步做实个人账户。

4.2 城镇企业职工基本养老保险政策调整

4.2.1 扩大城镇企业职工基本养老保险制度覆盖面

一、重建社会统筹,为基本养老保险制度扩大覆盖面打下基础

1984 年,劳动部门在广东省东莞市和江门市、江苏省泰州市和辽宁省黑山县等地进行国有企业退休人员退休费社会统筹试点,以平衡国有企业负担。1985 年,劳动人事部颁布了《劳动人事部保险福利局关于做好统筹退休基金与退休职工服务管理工作的意见》,为各地国营企业退休费社会统筹确立了基本的政策框架。1986 年,国务院颁布《国营企业实行劳动合同制暂行规定》,明确规定国家对合同制工人实行社会统筹的社会养老保险制度。同年,国务院颁布的 77 号文件要求建立全国县、市一级的退休费统筹机制,参加社会统筹的企业按照规定的缴费率(或公式)来建立统筹基金。如果企业的养老金支出额少于缴费额,其差额纳入统筹基金;如果支出额高于缴费额,则不足部分将由统筹基金支付。职保社会统筹的开展,意味着开始由"企业保障"向社会保险转变。到1987 年,全国已有1100 多个市县进行了退休费用的社会统筹,到1991 年,全国有 2300 多个市县进行了退休费用统筹(其中 1300 多个市县还在城镇集体企业范围内进行退休费用统筹),占全国市县总数的 98%。①

二、实行原行业统筹下放省级管理,解决条块分割的矛盾,进一步为扩大制度覆盖面扫清了障碍

20 世纪 80 年代在养老保险改革试点阶段,曾在铁道、邮电、电力、水利、中建公司等 5 个部门试行"行业统筹"。1993 年国务院 49 号文件又批准在交通、

---

① 朱青:《养老金制度的经济分析与运作分析》,人民出版社 2002 年版,第 25 页。

煤炭、中国人民银行(含专业银行和人民保险公司)、民航总局、石油天然气总公司、有色金属工业总公司等6个部门和单位实行"行业统筹"。参加行业统筹的在职职工约1400万人(占国有企业职工总数20%),其中,离退休人员360万人(占国有企业离退休人员总数20%)。"行业统筹"造成了养老保险制度的"条块分割",导致同一地区同类人员养老保险形成不合理的待遇差别,不利于企业生产经营管理和财务核算,不利于提高统筹层次。

1998年11月,国务院发布《关于实行企业职工基本养老保险省级统筹和行业统筹移交地方管理有关问题的通知》(国发〔1998〕28号),该通知规定了实行企业养老保险省级统筹并将原来已在11个部门实行的行业统筹转归所在地区的省级统筹,有效地解决了条块分割的问题。

三、参保对象从国有企业职工逐步扩展到城镇所有从业人员

随着国有企业改革的推进和经济结构的调整,我国的所有制结构和就业形式都发生了重大变化,国有、集体企业从业人员大量减少,非公有制经济从业人员和灵活就业人员迅速增加。国发〔2005〕38号文件规定,城镇各类企业职工、个体工商户和灵活就业人员都要参加职保,而不只覆盖国有企业和集体企业的"企业职工"。城镇个体工商户和灵活就业人员参加基本养老保险的缴费基数为当地上年度在岗职工平均工资,缴费比例为20%,其中8%计入个人账户,其余划入社会统筹账户,退休后按企业职工基本养老金计发办法计发基本养老保险待遇。基本养老保险制度覆盖范围的扩大,实现了从国有企业向城镇各种所有制企业的延伸。各级政府实施一系列政策,将养老保险覆盖面从城镇企业扩大到城镇个体工商户、灵活就业人员及农民合同工,满足了各类从业人员参加养老保险的需求。

《1997年度劳动事业发展统计公报》数据显示,1997年年底,全国离休、退休、退职人员人数为3350.7万,比上年底增加139.1万人,离休、退休、退职人员人数与职工人数的比例为1:4.4。根据国发〔1997〕26号文件的精神,全国共有12个省、自治区、直辖市制定发布了统一企业职工基本养老保险制度的实施方案。到1997年年底,全国参加基本养老保险费用社会统筹的企业职工为8671万人;全国参加基本养老保险费用社会统筹的企业离退休人员为2533.4

万人,比上年底增加175.1万人。《2013年度人力资源和社会保障事业发展统计公报》数据显示,2013年全国参加基本养老保险人数为81968万,比上年末增加3172万人;全国参加职保人数为32218万,比上年末增加1792万人,其中,参保职工24177万人,参保离退休人员8041万人,分别比上年末增加1196万人和595万人;年末参加职保的农民工人数为4895万,比上年末增加352万人;年末企业参加职保人数为30049万,比上年末增加1778万人。与1997年职保制度初创时相比,参保职工和参保离退休人员都增加了3倍多。

4.2.2 提高城镇企业职工基本养老保险统筹层次

提高职保统筹层次的改革可以追溯到1991年《国务院关于企业职工养老保险制度改革的决定》(国发〔1991〕33号),按照国民经济和社会发展十年规划和第八个五年计划纲要的要求,在总结各地经验的基础上,国务院提出了对"尚未实行基本养老保险基金省级统筹的地区,要积极创造条件,由目前的市、县统筹逐步过渡到省级统筹"。1997年国发〔1997〕26号文件提出"为有利于提高基本养老保险基金的统筹层次和加强宏观调控,要逐步由县级统筹向省或省授权的地区统筹过渡。待全国基本实现省级统筹后,原经国务院批准由有关部门和单位组织统筹的企业,参加所在地区的社会统筹"。1998年国务院颁发《关于实行企业职工基本养老保险省级统筹和行业统筹移交地方管理有关问题的通知》(国发〔1998〕28号),决定加快实行企业职工基本养老保险省级统筹,并将原实行行业统筹的11个部门和行业移交地方管理。1999年党的十五届四中全会通过的《中共中央关于国有企业改革和发展若干重大问题的决定》提出,要"进一步完善基本养老保险省级统筹制度,增强基金调剂能力"。同年原劳动和社会保障部与财政部发布了《关于建立基本养老保险省级统筹制度有关问题的通知》(劳社部发〔1999〕37号),明确提出"加快建立省级统筹制度,在省、区、市范围内统一管理和调度使用基本养老保险基金,统一企业和职工个人缴纳基本养老保险费的缴费基数和缴费比例,统一基本养老金的支付项目、计发办法和调整制度。尚未实现省级统筹的省份,须建立健全省级调剂金办法,并积极采取切实有效措施,逐步建立省级统筹制度"。但此后这项工作进展速度一直不均衡,只有少数省市如北京、上海等实现了真正意义上的省级统筹,大部分省份仍是市、县一级统筹。

2007 年,劳动和社会保障部部长田成平在中国社会保障论坛第二次年会上表示,力争用两年左右的时间在全国基本实现养老保险省级统筹,这是劳动和社会保障部首次明确公布这项工作的时间表。2007 年,劳动和社会保障部会同财政部联合发布了《关于推进企业职工基本养老保险省级统筹有关问题的通知》(劳社部发〔2007〕3 号),具体提出了实现省级统筹的六个条件,包括:(1)全省执行统一的企业职工基本养老保险制度和政策。(2)全省统一企业和职工缴纳基本养老保险费的比例,缴费基数全省统一规定。城镇个体工商户和灵活就业人员缴纳基本养老保险费的比例和基数全省统一规定。(3)基本养老金计发办法和统筹项目全省统一,基本养老金调整由省级人民政府按照国家规定部署实施,全省统一调整办法。(4)基本养老保险基金由省级统一调度使用,实行统收统支,由省级直接管理。现阶段,也可采取省级统一核算、省和地(市)两级调剂,结余基金由省级授权地(市)、县管理的方式,其中,中央财政、省级财政补助资金和上解的调剂金由省级统一调剂使用。省级统一按国家规定组织实施基本养老保险基金投资运营。(5)全省统一编制和实施基本养老保险基金预算,明确省、地(市)、县各级政府的责任。各地(市)、县严格按照批准的基金收支预算执行。预算调整按规定的程序进行。(6)基本养老保险业务经办规程和管理制度全省统一,全省执行统一的数据标准、使用统一的应用系统。同年底,社会保险法草案首次提请全国人大常委会会议审议。"广覆盖、保基本、多层次、可持续"被该草案确定为中国社会保险制度的方针。草案还授权国务院规定除基本养老保险基金以外的其他社会保险基金实行省级统筹的时间和步骤,个人跨地区流动或者发生职业转换如何转移接续社会保险关系等。

2011 年《国民经济和社会发展第十二个五年规划纲要》和 2012 年《社会保障"十二五"规划纲要》更进一步提出:"全面落实城镇职工基本养老保险省级统筹,实现基础养老金全国统筹";2013 年 2 月国务院批转发改委等部门《关于深化收入分配制度改革若干意见的通知》也强调:"全面落实城镇职工基本养老保险省级统筹,'十二五'期末实现基础养老金全国统筹";2013 年 5 月国务院同意国家发改委制定的《关于 2013 年深化经济体制改革重点工作意见》则进一步明确要"研究制定基础养老金全国统筹方案"。2013 年 5 月 28 日,人力资源和社会保障部发布的《2012 年度人力资源和社会保障事业发展统计公报》显示,全国 31 个省份和新疆生产建设兵团已建立养老保险省级统筹制度。但是如果按照原劳动和社会保障部与财政部联合发布的《关于推进企业职工基本养老保险省级统筹有关问题的通知》所提出的实现省级统筹的六个标准,根据国家审计署 2012 年第 34 号公告,截至 2011 年年底,全国有 17 个省未完全达到省级统筹的"六统一"标准。①

2018 年 5 月 30 日,国务院发布《关于建立企业职工基本养老保险基金中央调剂制度的通知》(国发〔2018〕18 号),通过实行部分养老保险基金中央统一调剂使用,合理均衡地区间基金负担,提高养老保险基金整体抗风险能力,作为实现养老保险全国统筹的第一步。文件同时要求各省(自治区、直辖市)要在统一基本养老保险制度、缴费政策、待遇政策、基金使用、基金预算和经办管理的基础上,推进养老保险基金统收统支工作,并建立地方各级政府养老保险基金缺口责任分担机制。2018 年 6 月 13 日,人力资源和社会保障部副部长游钧在国务院政策例行吹风会上表示,我国将加快完善养老保险省级统筹制度,推进养老保险基金统收统支工作,2020 年要全面实现省级统筹,为养老保险全国统筹打好基础。

4.2.3　实施城镇企业职工基本养老保险关系转移接续

2009 年,《国务院办公厅转发人力资源和社会保障部、财政部城镇企业职工基本养老保险关系转移接续暂行办法的通知》(国办发〔2009〕66 号)公布,并于 2010 年 1 月 1 日起施行。国办发〔2009〕66 号文件规定参保人员未达到退休年龄,除出国定居和到香港、澳门、台湾地区定居外,不得提前终止养老保险关系并办理退保手续,并明确了以下几个方面的内容:(1)资金转移。跨省份流动就业转移养老保险关系时,个人账户储存额全部转移,具体计算为,1998 年 1 月 1 日之前个人缴费累计本息加上从 1998 年 1 月 1 日起计入个人账户的全部储存额;同时按以本人

---

① 郑秉文:《养老保险全国尚有 17 个省份未实现省级统筹》,人民网,http://theory.people.com.cn/n/2013/0621/c49154-21924331.html,2013 年 6 月 21 日。

1998 年 1 月 1 日后各年度实际缴费工资为基数的 12%的总和转移养老保险资金。实际就业参保缴费不足 1 年的,按实际缴费月数计算转移资金。(2)退休地的确定。参保人员达到国家规定的退休条件时,其养老保险关系在户籍所在地的,由户籍所在地负责办理退休手续,享受养老保险待遇。其养老保险关系不在户籍所在地,且在养老保险关系所在地累计实际缴费满 10 年(含本地的视同缴费年限,不含临时养老保险缴费账户年限,下同)的,在该地办理退休手续,享受当地养老保险待遇;实际缴费不满 10 年的,将其养老保险关系转回上一个参保缴费满 10 年以上的原参保地办理退休手续,享受养老保险待遇;没有满 10 年以上原参保地的,转回户籍所在地,由户籍所在地按规定办理退休手续,享受养老保险待遇。(3)缴费工资指数计算。参保人员跨省份转移接续养老保险关系和资金后,在核定养老保险待遇时,以本人在各参保地的各年度缴费工资和最后办理退休地对应的各年度在岗职工平均工资计算其缴费工资指数。(4)转移接续程序。①参保人员在新就业地按规定建立基本养老保险关系和缴费后,由用人单位或参保人员向新参保地社保经办机构提出基本养老保险关系转移接续的书面申请;②新参保地社保经办机构在 15 个工作日内,审核转移接续申请,对符合本办法规定条件的,向参保人员原基本养老保险关系所在地的社保经办机构发出同意接收函,并提供相关信息;对不符合转移接续条件的,向申请单位或参保人员做出书面说明;③原基本养老保险关系所在地社保经办机构在接到同意接收函的 15 个工作日内,办理好转移接续的各项手续;④新参保地社保经办机构在收到参保人员原基本养老保险关系所在地社保经办机构转移的基本养老保险关系和资金后,应在 15 个工作日内办结有关手续,并将确认情况及时通知用人单位或参保人员。

4.2.4　提高城镇企业职工基本养老保险待遇水平

2004 年 9 月 30 日劳动和社会保障部与财政部联合下发《关于从 2004 年 7 月 1 日起增加企业退休人员基本养老金的通知》(劳社部发〔2004〕24 号),文件规定:"从 2004 年 7 月 1 日起,为 2003 年 12 月 31 日前已按规定办理退休手续的企业退休人员提高基本养老金水平。此次调整基本养老金的水平,按照当地上年企业在岗职工平均工资增长率的 45%左右确定。"国发〔2005〕38 号文件规定，"根据职工工资和物价变动等情况，国务院适时调整企业退休人员基本养老金水平，调整幅度为省、自治区、直辖市当地企业在岗职工平均工资年增长率的一定比例"。事实上，从 2005 年到 2014 年，国务院每年都在提高企业退休人员的基本养老金标准，提高幅度为上年标准的 10%。① 从 2004 年到 2019 年，企业退休人员（含退职、退养人员）养老金水平实现了连续 15 年上涨，基本养老金标准从 2004 年人均每月 700 元提高到 2019 年人均每月超过 2700 元，年均增长接近 20%。然而，随着经济增速和居民收入水平增速的放缓，企业退休人员基本养老金上涨的速度也在逐步趋缓，2018 年和 2019 年的增长速度分别只有 5%左右。此外，从 2018 年开始，在调整企业退休人员基本养老金时向高龄退休人员适度倾斜。2019 年对在 2018 年底之前已经年满 65 周岁及以上的高龄退休人员，在按照基本养老金调整办法进行调整后，再次享受到 40 元至 70 元四个档次的倾斜政策。65 至 69 周岁的退休人员每人每月再增加 40 元；70 至 74 周岁每人每月再增加 50 元；75 至 79 周岁每人每月再增加 60 元；80 周岁以上每人每月再增加 70 元。在此基础上，2019 年新增了对 65 岁以上退休人员中缴费年限满 30 年的，每人每月再增加 5 元，以体现对退休时间早、连续工龄和缴费年限长的退休人员进一步倾斜。

4.2.5　完善退休年龄政策

根据 1978 年《国务院关于安置老弱病残干部的暂行办法》和《国务院关于工人退休、退职的暂行办法》（国发〔1978〕104 号）的规定，我国法定退休年龄为男性 60 周岁、女干部 55 周岁、女工人 50 周岁。根据 1999 年国务院颁布的《关于进一步做好国有企业下岗职工基本生活保障和企业离退休人员养老金发放工作有关问题的通知》（国办发〔1999〕10 号）以及劳动和社会保障部发布的《关于制止和纠正违反国家规定办理企业职工提前退休有关问题的通知》（劳社部发〔1999〕8 号）的规定，我国法定的企业职工退休年龄是男年满 60 周岁、女工人

① 《关于 2014 年中央和地方预算执行情况与 2015 年中央和地方预算草案的报告》，财政部网站，http://www.mof.gov.cn/zhengwuxinxi/caizhengxinwen/201503/t20150317_1203481.html,2015 年 3 月 17 日。

年满 50 周岁、女干部年满 55 周岁。从事井下、高温、高空、特别繁重体力劳动或其他有害身体健康工作的,退休年龄男年满 55 周岁、女年满 45 周岁,因病或非因工致残,由医院证明并经劳动鉴定委员会确认完全丧失劳动能力的,退休年龄为男年满 50 周岁、女年满 45 周岁。2001 年,《劳动和社会保障部办公厅关于企业职工"法定退休年龄"涵义的复函》(劳社厅函〔2001〕125 号)再次明确,国家法定的企业职工退休年龄是指国家法律规定的正常退休年龄,即:男年满 60 周岁、女工人年满 50 周岁、女干部年满 55 周岁。提前退休的范围仅限定为国务院确定的 111 个"优化资本结构"试点城市的国有破产工业企业中距法定退休年龄不足 5 年的职工和 3 年内有压锭任务的国有纺织企业中符合规定条件的纺纱、织布工种的挡车工。但此项规定与前款规定不能同时适用于同一名职工。

随着社会经济的发展和医疗卫生条件的改善,我国人口平均预期寿命不断延长。根据国家卫生健康委员会发布的《2017 年我国卫生健康事业发展统计公报》显示,2017 年,中国大陆人均预期寿命达到 76.7 岁,相比 2016 年提高了 0.2 岁。与此同时,我国正处于人口快速老龄化阶段。《2018 年国民经济和社会发展统计公报》数据显示,2018 年年末我国 60 岁及以上人口在总人口中的占比达到 17.9%,65 岁及以上人口在总人口中的占比达到 11.9%。按照国际通行的人口老龄化标准,如果一国或地区 60 岁及以上人口占总人口比例达到 10%,或 65 岁及以上人口占总人口的比重达到 7%,则该国或地区进入人口老龄化行列。按此标准,我国早在 2000 年就已进入老龄化社会。人口老龄化不断加深则意味着人口老年抚养比不断升高,人口平均预期寿命的延长则意味着领取养老金待遇的时间增加,二者共同增加了现收现付制公共养老金的支付压力。

2012 年公布的《社会保障"十二五"规划纲要》提出"研究弹性延迟领取养老金年龄的政策"。2015 年 10 月 14 日,人力资源和社会保障部部长尹蔚民指出,"我国是目前世界上退休年龄最早的国家,平均退休年龄不到 55 岁""经中央批准后,人社部将向社会公开延迟退休改革方案,通过小步慢走,每年推迟几个月,逐步推迟到合理的退休年龄"。[①] 2017 年公布的《人力资源和社会保障事

---

① 人力资源和社会保障部:《我国平均退休年龄全球最早》,《京华时报》2015 年 10 月 15 日。

业发展"十三五"规划纲要》也提出要制定出台渐进式延迟退休年龄方案。2018年1月9日,尹蔚民撰文指出,"针对人口老龄化加速发展的趋势,适时研究出台渐进式延迟退休年龄等应对措施"。[①]

4.2.6 实施降低社会保险费率综合方案

2019年4月1日,《国务院办公厅关于印发降低社会保险费率综合方案的通知(国办发〔2019〕13号)》发布,提出"统筹考虑降低社会保险费率、完善社会保险制度、稳步推进社会保险费征收体制改革"。针对城镇企业职工基本养老保险的具体政策包括:一是降低单位缴费比例,自2019年5月1日起,各省、自治区、直辖市及新疆生产建设兵团单位缴费比例高于16%的,可降至16%,低于16%的,要研究提出过渡办法。二是调整缴费基数,其中又包括两个方面:(1)调整就业人员平均工资计算口径。以各省级单位城镇非私营单位就业人员平均工资和城镇私营单位就业人员平均工资加权计算的全口径城镇单位就业人员平均工资,核定个人缴费基数上下限,合理降低部分参保人员和企业的缴费基数。(2)完善个体工商户和灵活就业人员缴费基数。个体工商户和灵活就业人员参加企业职工基本养老保险,可以在本省全口径城镇单位就业人员平均工资的60%至300%之间选择适当的缴费基数。三是加快推进省级统筹,要求各省结合降低单位缴费比例、调整缴费基数政策等措施,加快推进省级统筹,逐步统一参保缴费、单位及个人缴费基数核定办法等政策,2020年底前实现基金省级统收统支。四是提高养老保险基金中央调剂比例,要求加大养老保险基金中央调剂力度,2019年基金中央调剂比例提高至3.5%。五是稳步推进社保费征收体制改革,企业职工基本养老保险和企业职工其他险种缴费,原则上暂按现行征收体制继续征收,稳定缴费方式,"成熟一省、移交一省",同时,要求妥善处理好企业历史欠费问题,在征收体制改革过程中不得自行对企业历史欠费进行集中清缴,不得采取任何增加小微企业实际缴费负担的做法,避免造成企业生产经营困难。

---

① 尹蔚民:《全面建成多层次社会保障体系》,《人民日报》2018年1月9日。

5　机关事业单位社会养老
保险制度改革

5.1　机关事业单位退休保障制度改革回顾

在机关事业单位社会养老保险制度正式实施之前,我国曾经长期施行机关事业单位退休保障制度。与社会养老保险制度相比,退休保障制度属于单位保障制度,二者在责任分担、筹资模式、待遇构成和计发标准等方面存在很大区别。新中国成立后,党和政府高度重视和大力支持社会保障工作,机关事业单位退休保障制度也逐渐发展完善。以机关事业单位退休保障制度与企业职工社会养老保险制度的分合关系为标准,我国机关事业单位退休保障制度的发展可划分为三个阶段。[①]

5.1.1　1950—1957 年:制度初创阶段

1950 年 3 月,《中央人民政府政务院财政经济委员会关于退休人员处理办法的通知》发布,该通知适用于党政机关、海关、铁路、邮电等单位实行工资制的退休人员,退休金标准较低。

1955 年 12 月,《国务院关于颁发国家机关工作人员退休、退职、病假期间待

[①]　郑秉文、孙守纪、齐传钧:《机关事业单位养老保险制度改革》,载《第三届社会保障论坛文集》,2008 年,第 796 页。

遇等暂行办法和计算年限暂行规定的命令》,将政府公务人员的退休年龄正式确定为男 60 岁,女 55 岁。同年颁布的《国家机关工作人员退休处理暂行办法》和《国家机关工作人员退职处理暂行办法》,首次对国家机关工作人员的退休条件和退休待遇做了规定。

1956 年 11 月,国务院发布《关于国家机关工作人员退休和工作年限计算等几个问题的补充通知》。该补充通知的下发,很大程度上解决了国家机关工作人员退休保障制度的几个主要实际问题,消除了退休人员的一些顾虑,从而保证了国家机关工作人员退休工作的顺利进行。

在制度建立初期,虽然机关事业单位退休保障制度执行的是与普通职工社会养老保险不同的单行条例和法规,但二者之间的养老待遇差距不大,所有职员都无须缴费,经费由国家财政支付,退休待遇与工作年限有关,以退休时的工资水平为基数按比例计发。

5.1.2 1958—1977 年:统一调整和全面倒退阶段

1958 年到 1966 年是我国社会养老保险制度的发展和完善阶段。1958 年国务院发布了《国务院关于工人、职员退休处理的暂行规定的实施细则(草案)》。该草案扩大了社会养老保险的覆盖面,统一了机关事业单位职工与企业职工的退休制度。这一时期养老金支付完全采取待遇确定型(DB)模式。企业职工与机关事业单位职工的退休条件、养老金支付标准得到了统一,同时也初步形成了按照所有制区分退休制度的格局。同年,国务院公布施行了《国务院关于工人、职员退职处理的暂行规定》,该规定重申和强调了 1953 年《劳动保险条例》及有关文件确立的原则,放宽了退休条件,适当提高了退休标准,并将机关事业单位干部职工的退休办法与企业职工的退休办法统一起来。从此,我国在全国范围内建立了职保制度。

1966 年至 1976 年,在"文化大革命"期间,基本养老保险制度受到严重破坏,社会保险实际上倒退成单位保障,机关事业单位养老保险制度处于全面倒退阶段。

5.1.3　1978—2002 年:恢复与发展阶段

1978 年改革开放以来,我国机关事业单位退休保障制度也随之恢复,进入改革试点阶段。该阶段也可细分为两个阶段,即恢复阶段和改革试点阶段。

从 1978 年到 1992 年为恢复阶段。1978 年 6 月 2 日,国务院颁布了《国务院关于安置老弱病残干部的暂行办法》和《国务院关于工人退休、退职的暂行办法》,上述两个暂行办法,主要基于 1958 年发布的关于干部和工人退休、退职的两个暂行规定,并对其做了较大修改。这两个暂行办法将机关事业单位干部和企业职工的退休办法分开拟定,打破了原来统一的企业和机关事业单位退休、退职制度。根据规定,国家机关工作人员退休后,其基础工资和工龄工资按本人原标准的全额计发,职务工资和级别工资两项之和按一定比例计发,即工作年限满 35 年的按 88% 计发,满 30 年不满 35 年的按 82% 计发,满 20 年不满 30 年的按 72% 计发;事业单位工作人员退休后,按本人职务工资和津贴之和的一定比例计发,即工作年限满 35 年的按 90% 计发,满 30 年不满 35 年的按 85% 计发,满 20 年不满 30 年的按 80% 计发。[①] 此外,该规定还要求各地先行试点,先总结经验,后普遍实行,以解决因历史原因未能及时办理退休职工的养老保险待遇问题及知识青年返城后的就业问题。1982 年 4 月,国务院颁布《国务院关于老干部离职休养的几项规定》,之后党的十二大通过的党章明确规定:年龄和健康状况不适于继续担任工作的干部应当按照国家规定离休或者退休。至此,干部退休制度正式建立起来。1992 年,人事部发布了《人事部关于机关、事业单位养老保险制度改革有关问题的通知》,此后,一些地区相继开展机关事业单位养老保险制度改革工作。

从 1993 年之后为改革试点阶段。1993 年 8 月,《国家公务员暂行条例》颁布,标志着我国公务员制度正式建立起来。1993 年 12 月国务院办公厅印发《机关工作人员工资制度改革实施办法》和《事业单位工资制度改革实施办法》。同

---

① 于宁:《基本养老保障替代率水平研究——基于上海的实证》,上海人民出版社 2007 年版,第 267 页。

年,辽宁、海南、上海等地纷纷开展公务员养老保险制度改革,率先实行将城镇所有职工(包括机关事业单位职工)覆盖在内的养老保险一体化。

1994年1月,人事部发布《关于机关、事业单位工资制度改革实施中若干问题的规定》,该规定明确了机关事业单位人员的退休条件,实行了工龄长短同退休金成比例发放的原则。

5.2　机关事业单位退休保障制度存在的问题

5.2.1　传统的现收现付制单方筹资模式缺乏合理的分担机制

机关事业单位退休保障制度的基本模式仍为现收现付制,资金由财政全额负担,个人不需缴纳养老保险税费,这不仅同企业职工待遇上产生了较大差距,且使机关单位人员的个人养老保障意识淡薄,制度缺乏对成员的必要激励。机关事业单位退休保障制度实行现收现付的筹资模式,在离退休人员较少的情况下,制度可以有效运行。但随着人口老龄化的到来,日益增加的离退休人员给财政造成了巨大的负担。据统计,1990年机关事业单位退休费用总额为59.5亿元,到2004年已达到1437.6亿元[①],增加了近25倍,年均递增26%,明显高于同期工资年均递增18%的速度。有数据显示,2007年财政补贴企业职工基本养老保险参保人人均约为576元,而用于机关事业单位的养老费用支出人均约为3607元,这说明与企业相比,机关事业单位退休保障制度给各级政府带来了更大的财政压力。由于机关事业单位退休费用负担越来越重,政府财政和单位承受了巨大的资金压力,一些地区和单位曾经发生过拖欠退休金的现象,严重影响了退休人员的基本生活。同时,随着我国人口老龄化程度的加深,政府部门工作人员年龄结构的相对老化,机关事业单位工作人员的养老负担将越来越重,而且伴随着政府财政负担的增加,养老需求将难以得到有

① 国家统计局人口统计司、劳动和社会保障部规划财务司编:《2005年中国劳动统计年鉴》,中国统计出版社2005年版,第551—553页。

效满足。

5.2.2　待遇确定型计发办法导致与企业之间退休金待遇差距大

　　从计发方式和待遇标准来看,机关事业单位退休金以个人退休前最后一个月的工资为基准,其中基础工资和工龄工资全额发放,职级工资和级别工资根据工作年限长短按照相应比例计发。我国企业、事业单位、机关单位职工人均离休、退休及退职费近年来一直存在十分明显的差距。事实上,这种差距并不是一开始就有的,而是近十几年来才逐渐形成的。20 世纪 90 年代以前,企业与机关事业单位实行基本一致的退休金政策,职工退休时都是按本人标准工资的一定比例计发退休金,退休金待遇差距不大。自企业进行了基本养老保险制度改革后,不同社会群体间的退休金待遇差距开始产生,并出现逐渐扩大的趋势。退休保障制度的不同是形成差距的根本原因。经过企业职工基本养老保险制度改革后,企业与机关事业单位实行不同的养老金制度。企业职工基本养老保险实行社会统筹与个人账户相结合的模式,体现了国家、企业和职工个人共同负担的原则。社会统筹实行现收现付制,职工的养老金水平与社会平均工资挂钩,实现了社会保险的公平性与互济性目标;个人账户养老金取决于缴费积累和投资收益,体现了养老保险的激励性原则。而机关事业单位的退休保障制度中,退休金来源于当期财政拨款,个人不缴费,退休金水平以退休前工资为基础,按工龄长短计发。其中,国家机关公务员退休后的基本工资和工龄工资全额发放,职务工资和级别工资按比例发放;事业单位工作人员退休后按职务工资和津贴两项之和的一定比例发放,计发比例根据工龄划分为不同档次。这样,不同的退休保障制度造成了明显的养老金待遇差距。同时,由于企业与机关事业单位在工资制度、人力资本结构等方面存在着较大的差异,也使养老金待遇进一步拉大。1993 年以前,机关事业单位与企业退休人员的工资替代率相同,最高为 75%;1993 年以后,机关事业单位退休金的替代率提高到 90% 左右,而企业则逐步降为 58.5%,相差 30 多个百分点。考虑到机关事业单位与企业的退休金调整机制的不同,退休人员实际收入水平差距进一步增大。1993 年,机关单位、事业单位、企业的退休金水平分别为 263 元、272 元、232 元,而到了 2004 年,机关单位、事业单位、企业的月退休金水平分别为 1327 元、1220 元、652 元,待遇差距最高达 670 多元,比 1993 年的 40 元左右的差距增加了 630 元。[①]

图 5-1 显示了 2000—2005 年(2006 年后不再统计)企业、事业单位和机关单位退休人员的月人均离退休费。企业、事业单位和机关单位退休人员的人均离退休费之比由 2000 年的 1:1.60:1.74 扩大为 2005 年的 1:1.68:1.76。

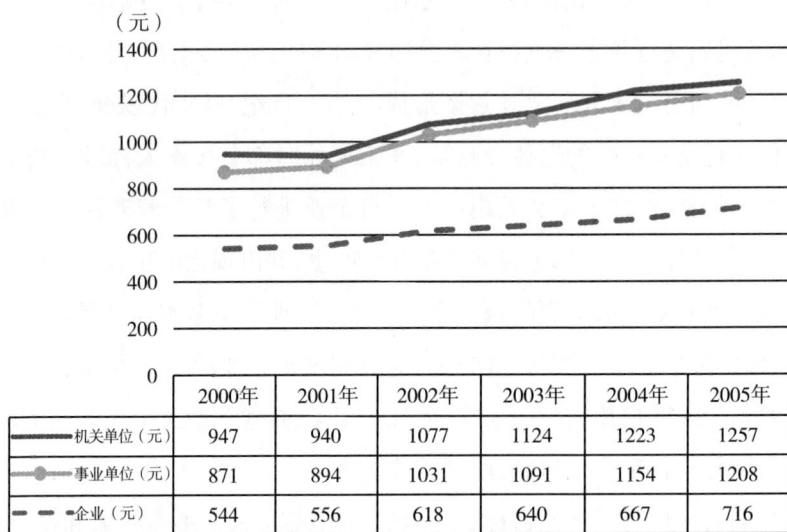

（元）

	2000年	2001年	2002年	2003年	2004年	2005年
机关单位（元）	947	940	1077	1124	1223	1257
事业单位（元）	871	894	1031	1091	1154	1208
企业（元）	544	556	618	640	667	716

图 5-1 2000—2005 年全国企业、事业单位、机关单位月人均离退休费

资料来源:根据 2001—2006 年《中国劳动和社会保障统计年鉴》整理得到。

5.2.3 单位管理体制放大了与其他群体社会养老保险制度分割的孤立状态

机关事业单位退休保障制度实行单位管理体制,由本单位成立专门的机构负责管理本单位职工退休金发放并提供各种服务。1991 年以来,企业实行

---

① 国家统计局人口统计司、劳动和社会保障部规划财务司编:《2005 年中国劳动统计年鉴》,中国统计出版社 2005 年版,第 551—553 页。

了社会养老保险制度改革,社会养老保险制度模式、管理体制、费用负担方式、养老金计发办法等方面都采取了与机关事业单位完全不同的办法。由于机关事业单位退休保障制度没有建立个人账户,与企业的办法难以衔接,从机关事业单位流动到企业的人员在待遇上出现了很大的不平衡。而原有的个人账户储蓄额也无法转移,仍由社会保险经办机构代为管理,其基本养老保险待遇难以进行相应的转换和衔接。从而从企业流动到机关事业单位的人员的养老保险形成了双重管理。这种分散化的管理方式不仅大大提高了管理成本,且严重影响了机关事业单位的工作效率,也制约相关体制改革的顺利推进。

近年来,机关事业单位的各项改革不断深化,如公务员实行辞退辞职制度,部分事业单位转为企业,事业单位实行聘用制及事业单位分类改革等,这些改革措施的推进完善迫切需要相应的社会养老保险制度予以配套。但是,由于机关事业单位养老保险制度改革滞后,出现了工作人员养老保险关系难以接续、养老保险待遇不平衡等问题,直接影响了机关事业单位相关体制改革的顺利推进。这种单位管理体制还造成了机关事业单位退休保障制度与社会养老保险制度分割的孤立状态,在制度模式、筹资机制、管理体制、待遇设计、法制建设等方面都存在较大的差异。由于机关事业单位退休保障制度自身的独立性和封闭性,造成了劳动者在不同体制之间进行工作转换时养老保险关系转移接续困难,如企业职工录用到公务员系统时,其已缴纳的养老保险费该如何处理? 或者因为机关改革,进入到社会养老保险制度体系中的公务员,是否应该补缴部分养老保险费用? 这些问题在客观上造成了政府部门只能进不能出的局面,不利于政府机构的改革和人力资源的优化配置。

5.3 典型国家和地区公务员养老保险制度改革的经验

现代公务员制度是人类社会文明发展到一定阶段的产物,是现代国家政治制度的重要内容。作为制度顺利推行的重要保障之一,公务员养老金制度在发达国家和地区经历了漫长的探索和实践,已经形成了较为成功的范式,积累了丰富的经验,而许多发展中国家和地区也紧随其后,纷纷建立起了符合自身实际情况的公务员养老保险制度,这些国际经验可以对我国的机关事业单位社会养老保险制度改革提供宝贵的借鉴。

5.3.1 典型国家和地区公务员养老保险制度概况

目前,世界上有很多国家和地区对公务员实行了单独的养老保险制度。根据世界银行2006年调查资料,在158个可获得相关养老保险信息的国家和地区中,有84个国家和地区对公务员实行单独的养老保险制度,比例为53%。而另一项来自国际社会保障协会(ISSA)的统计数据显示,全球172个已建立社会保障制度的国家和地区中,对公务员实行单独制度的国家和地区有78个,比例为45%。

各国和地区公务员养老保险制度,可以大致分为三个类型:第一种是建立统一的基本养老保险制度,即对包括公务员在内的所有人实行统一的养老保险制度,如意大利、澳大利亚等国家;第二种是对公务员实行单独的养老保险制度,如法国、德国、韩国、日本等国;第三种是混合型的养老金制度,即在建立统一的基本养老保险的基础上,设立补充养老保险,公务员可以参加两种以上的养老保险,举办的国家和地区如英国等英联邦国家。

从分离状况来看,又可以大致分为分离和统一的公务员养老保险制度。从地区来看,分离的公职人员养老保险制度在南非和亚洲较为普遍,而拉丁美洲和东欧地区则以全民统一的制度占主导地位,而北美、欧洲地区,则更多的是介于"统一"和"分离"之间,即部分统一,主要表现为基本养老保险制度统一(或在基本层次上统一),但实行专门的职业年金计划。

从筹资模式及与国民养老保险制度的统一程度看,世界各国和地区的公务员养老保险制度大致可分为四种类型:(1)现收现付制度;(2)完全或部分基金积累制;(3)国民基本养老保险制度+专门的职业年金;(4)完全统一的养老保险制度。

表5-1 公务员养老保险制度类型及代表国家和地区

分离的制度	现收现付制	阿根廷(部分省)、中国、哥伦比亚、巴西、比利时、法国、德国、希腊、爱尔兰、卢森堡、墨西哥、葡萄牙、秘鲁、土耳其
	基金积累制或部分积累制	韩国、印度、中国香港、中国台湾、印度尼西亚、马来西亚、约旦、菲律宾、西班牙、泰国、美国(部分州)
统一的制度	国民基本养老保险+专门的职业年金	澳大利亚、奥地利、加拿大、哥斯达黎加、丹麦、芬兰、冰岛、意大利、日本、荷兰、挪威、瑞典、瑞士、美国(联邦公务员和部分州)
	完全统一	阿根廷(联邦和部分省)、智利、捷克、斯洛伐克、匈牙利、波兰、乌拉圭

资料来源:OECD,2005,"Pension at a Glance:Public Policies across OECD Countries",Paris:Organization for Economic Cooperation and Development.

在实施分离制度的国家和地区,其公务员养老金制度的类型均为待遇确定型(DB)。在那些"部分统一",即第一层次统一但实行专门的职业养老金计划的国家和地区,其职业养老金计划更多地采取待遇确定型。而在企业部门,由雇主提供的养老金计划则以缴费确定型(DC)为主。比如,美国绝大多数州及地方政府公务员养老金计划都是 DB 计划,DC 计划仅占很小的比例,联邦政府公务员养老金计划则属于混合计划。加拿大前10名最大的养老基金中有8个是公务员养老金计划,其中待遇确定型计划覆盖了约95%的成员。从世界范围来看,无论是实行分离还是统一的养老金制度的国家和地区,其公务员养老金待遇通常优于其他部门成员,而且公务员养老金自动调整机制建立得比其他部门普遍,并且调整的待遇水平更高。

从管理体制上看,虽然各国和地区实行的公务员养老保险制度存在着各式各样的差异,但也有明显的共同特征。如一般公职人员的养老金制度都早于企业养老金制度,部分国家和地区有相应的公职人员养老保险立法,大多数国家和地区通常都设立了单独的管理机构,实行集中统一管理。在发达国家和地区,一种比较普遍的管理方式是通过建立有独立法人地位的法人机构,实行专门管理。另一种管理方式是使管理机构隶属于某个部门,接受部门监督。此外,某些国家和地区在统一领导、集中管理的模式之外，地方也拥有一定的管理权限，如美国的一些州及地方公务员养老金就具有相当的独立性。①

5.3.2　公务员养老金制度的改革趋势

公务员养老金制度实行过程中暴露的种种弊端，如阻滞劳动力流动、不利于社会公平、财政负担沉重等，不仅是我国机关单位退休保障制度存在的问题，也是世界各国和地区公务员养老金制度实施过程中亟待解决的难题。特别是面对老龄化社会的挑战和建立统一的养老金制度的诉求，许多国家和地区都实行了公职人员养老金制度改革。在改革过程中，呈现出两个明显的趋势：

一、由分离的制度向统一的制度转变

从目前各国和地区的实践看，根据其改革的深度和广度大致可分为两类。第一类是放弃旧的养老金制度，将其纳入统一的全民养老金制度。其主要代表国家和地区有拉美国家、东欧转轨经济国家、东亚后发国家及地区。改革的主要内容是对公共部门养老金制度进行根本性改革，与私人部门完全统一，建立缴费型个人账户并纳入统一管理。秘鲁（1993）、阿根廷（1994）、哥伦比亚（1994）、萨尔瓦多（1996）、玻利维亚（1997）等拉美国家都进行了不同程度的改革。第二类改革方式则是实行部分统一的制度，即在基本养老保险层面实行统一的养老保险制度，而在补充养老保险层面则体现出制度差别，以新加坡、马来西亚等国家为典型代表。

从各国和地区实践情况来看，目前世界大多数国家和地区实行了部分统一的改革模式，将公务员纳入全民基本养老保险制度，而在补充养老保险层面体现出特殊性。这种改革方式触动的利益层面较小，较利于改革的推进，且体现出了公务员职业和待遇的特殊性，使公务员待遇维持在相对合理的水平，也有利于政权和社会的稳定。

---

① 劳动和社会保障部社会保障研究所：《公务员养老保险制度研究》，《社会保障研究》2008年第2期，第59页。

二、由现收现付制向基金积累制转变

随着人口老龄化这一世界性趋势的到来,现收现付制面临未来巨大的基金支付压力。由现收现付制转向基金积累制的改革最先是从私营部门开始的。公务员群体规模虽然相对较小,但也面临着同私营部门相同的状况,随着人口年龄结构的变化,传统的现收现付制制度在财务上承受越来越重的压力。由 DB 型现收现付制向 DC 型基金积累制转变,既是由制度本身的特殊性决定的,也是应对公务员人口年龄结构的变化和保持社会经济发展稳定的必然选择。世界上很多国家和地区因此建立了公职人员养老基金,数额庞大的养老金不但保障了公务员退休后的生活水平,减轻了财政支付压力,也促进了资本市场乃至整体经济的发展。目前已有多个国家和地区采取了完全或部分基金积累制,如最早进行改革的智利(1981)、澳大利亚(2006)等国家。此外,各国和地区还对公务员养老金制度进行了参数调整,如降低待遇计发标准、提高退休年龄、改变缴费结构、提高缴费率等。

5.4 机关事业单位养老保险制度改革

2003 年 10 月,党的十六届三中全会通过的《中共中央关于完善社会主义市场经济体制若干问题的决定》中明确指出,要"积极探索机关和事业单位社会保障制度改革"。自此,我国机关事业单位养老保险制度改革开始进入快车道。

5.4.1 正式改革前的试点和探索

2005 年《中华人民共和国公务员法》颁布实施,其中明确规定"国家建立公务员保险制度",并以法律的形式确定了将公务员保险相关所需的经费列入财政预算。

2006 年 10 月,党的十六届六中全会通过的《中共中央关于构建社会主义和谐社会若干重大问题的决定》又将"加快机关事业单位养老保险制度改革"作为"加快制度建设,保障社会公平正义"的一项重要任务明确地提了出来。同年人事部发布了《关于机关事业单位离退休人员计发离退休费等问题的实施办法》(国人部发〔2006〕60号),进一步调整和明确了机关公务员和事业单位退休人员的离休费和退休费计发、增加和调整办法。

2007年10月,党的十七大报告中更明确提出探索"事业单位工作人员养老保险制度改革"。

2008年2月底,国务院常务会议讨论并原则通过了《事业单位工作人员养老保险制度改革试点方案》(国发〔2008〕10号),确定在山西、浙江、上海、广东、重庆5省市先期开展事业单位养老保险试点工作,与事业单位分类改革配套推进。试点的基本内容是使事业单位养老保险制度改革与企业基本一致,即养老保险费用由单位和个人共同负担,退休待遇与个人缴费相关联,养老保险基金实行省级统筹,建立职业年金制度,对离退休基本养老金实行社会化管理服务等。2009年1月,5个试点省份正式启动此项改革,实现企业与事业单位之间能够衔接,事业单位养老保险制度改革与企业基本一致。

2011年3月,中共中央、国务院《关于分类推进事业单位改革的指导意见》(中发〔2011〕5号),再次明确事业单位工作人员基本养老保险实行社会统筹与个人账户相结合,养老保险费由单位和个人共同负担,个人缴费全部记入个人账户。养老保险基金单独建账,实行省级统筹,基本养老金实行社会化发放。实行"老人老办法、新人新制度、中人逐步过渡",对改革前参加工作、改革后退休的人员,妥善保证其养老待遇水平平稳过渡、合理衔接,保持国家规定的待遇水平不降低。建立事业单位工作人员职业年金制度。统筹考虑企业、事业单位、机关离退休人员养老待遇水平。由于只涉及事业单位养老保险制度改革,没有更高层次的整体设计,政策的统一性、规范性不足,改革进展缓慢。

2012年11月,党的十八大报告中明确提出探索"改革和完善企业和机关事业单位社会保险制度"。2013年11月,党的十八届三中全会更进一步明确提出"推进机关事业单位养老保险制度改革"。

从2013年开始,人力资源和社会保障部会同国家发改委、财政部、社保基金理事会、全国总工会组成部际研究工作小组,联合开展养老保险顶层设计研究;同时委托国务院发展研究中心、中国社会科学院、中国人民大学、浙江大学和国际劳工组织、世界银行、国际社会保障协会 7 家国内外研究机构开展平行研究;还部署省级有关部门结合实际开展研究,形成了多项研究成果,其中包括机关事业单位养老保险制度改革的初步思路。2014 年,按照党中央部署,制定机关事业单位养老保险制度改革方案被列为全面深化改革的重点任务。

5.4.2 机关事业单位养老保险制度正式实施

2015 年 1 月 14 日,国务院发布《国务院关于机关事业单位工作人员养老保险制度改革的决定》(国发〔2015〕2 号),2015 年 3 月 27 日《国务院办公厅关于印发机关事业单位职业年金办法的通知》(国办发〔2015〕18 号)印发,机关事业单位养老保险和机关事业单位职业年金制度从 2014 年 10 月 1 日起开始正式实施,其中机关事业单位养老保险制度框架如下:

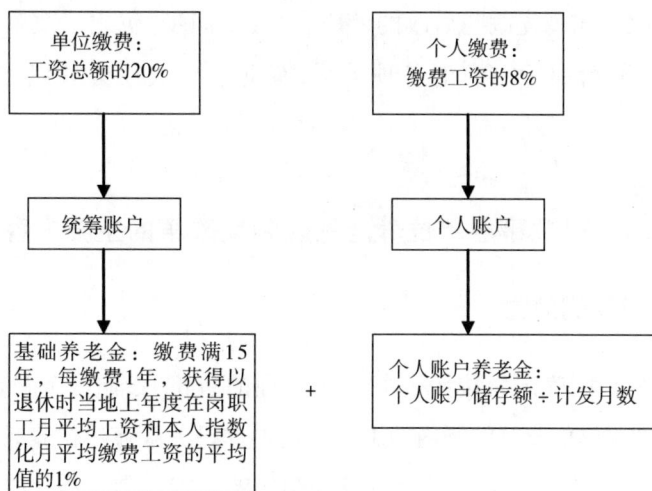

图 5-2 国发〔2015〕2 号文件形成的机关事业单位养老保险制度

与国发〔2005〕38 号文形成的职保制度比较,国发〔2015〕2 号文确定的机关事业单位养老保险制度在制度模式上与职保制度最终实现了统一。

5.4.3 机关事业单位养老保险制度改革的基本思路

机关事业单位养老保险制度改革的基本思路是"一个统一"和"五个同步"。"一个统一"是:机关事业单位与企业等城镇从业人员统一实行社会统筹和个人账户相结合的基本养老保险制度,都实行单位和个人缴费,都实行与缴费相挂钩的养老金待遇计发办法,从制度和机制上化解"双轨制"矛盾。在此基础上,形成职保和城乡居保并行的两大制度平台,并可相互衔接,从而构建起完整的城乡基本养老保险制度体系。"五个同步"是:一是机关与事业单位同步改革,避免单独对事业单位退休制度改革引起不平衡;二是职业年金与基本养老保险制度同步建立,在优化保障体系结构的同时保持待遇水平总体不降低;三是养老保险制度改革与完善工资制度同步推进,在增加工资的同时实行个人缴费;四是待遇确定机制与调整机制同步完善,退休待遇计发办法突出体现多缴多得,今后待遇调整要综合考虑经济发展、物价水平、工资增长等因素,并与企业退休人员等群体统筹安排,体现再分配更加注重公平的原则;五是改革在全国范围同步实施,防止地区之间出现先改与后改的矛盾。"五个同步"突出了改革的系统性和协调性,综合平衡前后左右的各种关系,有助于形成社会共识,保证改革顺利推进。[①]

5.4.4 机关事业单位养老保险制度改革的主要内容

一、改革的范围

改革的范围确定为按照公务员法管理的单位、参照公务员法管理的机关(单位)、事业单位及其编制内的工作人员参加机关事业单位养老保险制度。这样规定,与现行机关事业单位编制管理和经费保障制度是相适应的。纳入改革范围的单位和人员,实行社会统筹与个人账户相结合的基本养老保险制度,从而

---

① 人力资源和社会保障部有关负责人就贯彻实施《国务院关于机关事业单位工作人员养老保险制度改革的决定》有关问题进行解答。参见人力资源和社会保障部网站(www.mohrss.gov.cn)。

根本改变了制度模式,从单位保障变为社会保障。

二、缴费的基数和比例

规定单位及其工作人员都要缴纳养老保险费。单位按工资总额的20%缴费;个人按本人缴费工资的8%缴费,本人缴费工资高于当地职工平均工资3倍的部分不纳入缴费基数,低于平均工资60%的以60%为基数缴费,即"300%封顶、60%托底"。个人缴费全部计入个人账户,统一计息。这与企业职工基本养老保险政策是基本一致的,有利于实现制度之间的衔接。这是养老保障筹资机制的重大变革,从较为单一的由财政供款为主的渠道变为单位和个人缴费、财政承担养老保险基金的兜底责任的多渠道筹资,形成单位、个人、政府共担的新机制。

三、基本养老金待遇计发办法

改革后,基本养老金待遇分为两部分:一是基础养老金,以社会平均工资和本人缴费工资的平均值为基数,每缴费1年计发1个百分点,即缴费年限越长,待遇水平越高。二是个人账户养老金,累计历年个人缴费的本息,除以规定的计发月数。从《国务院关于机关事业单位工作人员养老保险制度改革的决定》附件"个人账户养老金计发月数表"可以看出:同样年龄退休的,计发月数相同,所以缴费越多,待遇水平越高;而同样个人账户积累的,退休越晚,计发月数越少,即除数越小,因而待遇水平越高。这是对养老金待遇确定机制的重大改革,由原来按"最终工资"的一定比例分档计发退休金,改为主要按照本人历年缴费多少、缴费期长短来计算养老金标准,工作人员的职务、工资变动可以精细计算到每年甚至每个月,能够充分体现个人全部职业生涯所作贡献。这样规定,也是与企业职工的基本养老金待遇计发办法相一致的,更加公平,也更富有激励性,有利于引导单位为每位职工、每位在职职工为自己将来养老保障依法履行缴费义务。

四、改革前后待遇的衔接政策

总的原则是"老人老办法、新人新制度、中人逐步过渡"。"老人"是指改革前已退休的人员,他们原待遇维持不变,并参加今后的待遇调整。"新人"是指改革后新参加工作的人员,他们将来退休时,基本养老金为基础养老金与个人账户养老金两部分之和。"中人"是指改革前参加工作、改革后退休的人员,是目前数量最大的群体。对他们"逐步过渡"的政策,主要是两条:一是他们在改革前没有实行个人缴费的工作年限确定为"视同缴费年限",将来退休时在发给基础养老金和个人账户养老金的同时,再依据视同缴费年限长短等因素发给过渡性养老金。二是设定一定期限的过渡期,在过渡期内实行养老金待遇的新老计发办法对比,"保低限高",这样,基本可以保证原有的待遇水平不降低。随着"中人"逐渐退休、"新人"越来越多,过渡性的政策安排逐步弱化,新制度逐渐居于主体地位,体现了平稳过渡的改革方针。

五、基本养老金待遇的调整

改革后,机关事业单位退休人员待遇调整不再与同职级在职职工增长工资直接挂钩,而是与企业职工以及城乡居民基本养老金待遇调整统筹考虑。这也是一个重大变革,有利于避免相互攀比,逐步建立起兼顾各类人员的养老保障待遇调整机制。

六、严格基金管理和监督

规定具备条件的省(自治区、直辖市)可以从改革一开始就实行省级统筹;暂不具备条件的,可先实行省级基金调剂制度,并积极创造条件,加快向省级统筹过渡。机关事业单位养老保险基金单独建账,与企业职工基本养老保险基金分别管理使用。基金纳入社会保障基金财政专户,实行收支两条线管理,专款专用,确保安全。

七、养老保险关系转续

规定参保人在机关事业单位养老保险制度内同一统筹范围转移,只转养老保险关系,不转统筹基金;在同一制度内跨统筹范围转移,或者在机关事业单位和企业之间转移养老保险关系的,要在转移个人账户累计储存额的同时转移部分统筹基金。无论哪种转移方式,工作人员转移前后的缴费年限(含视同缴费年限)连续计算,以维护其合法权益。这一政策,打通了机关事业单位工作人员横向流动时养老保险关系难以转续衔接的"瓶颈",有利于促进人力资源的合理流动和优化配置。

八、建立职业年金

职业年金在机关事业单位实施,资金来源由两部分构成:单位按工资总额的8%缴费,个人按本人缴费工资的4%缴费,两部分资金构成的职业年金基金都实行个人账户管理。工作人员退休时,依据其职业年金积累情况和相关约定按月领取职业年金待遇。这有利于构建多层次养老保障体系,优化机关事业单位退休人员养老金待遇结构。

九、加强经办服务

机关事业单位养老保险原则上实行属地化管理。各地社会保险经办机构按照国家统一的业务经办流程和信息系统,开展经办管理服务,普遍发放社会保障卡,退休人员基本养老金由社保机构确保按时足额支付,提供方便快捷的服务,从而更好地保障退休人员的基本生活和合法权益。

6 城乡居民基本养老保险制度发展与整合

6.1 农村社会养老保险制度发展与整合

1951 年的《劳动保险条例》将占全国绝大多数的农民排除在养老保险之外，广大农民基本上还是以家庭养老作为主要的养老形式。1956 年 1 月颁布的《农业四十条》中规定:"农业合作社对于社内缺少劳动力、生产没有依靠的鳏寡孤独社员,应当统一筹划,指定生产队或生产小组在生产上给与适当的安排,使他们能参加力所能及的劳动;在生活上给以适当的照顾,做到保吃、保穿、保烧、保教、保葬,使他们的生养死葬都有依靠。"这是中国最早的关于"五保"政策的文件,以后经过不断发展逐渐形成了农村五保供养制度。这是新中国成立以来我国涉及农村养老保障的最早文件,它实质上是一种较低层次的社会救助活动,覆盖面极为有限,但农村五保供养制度开创了我国农村社会养老的先河。[1]

6.1.1 农村社会养老保险制度改革历程回顾

一、1986—2001 年:传统农村社会养老保险制度的兴衰

(1)试点探索阶段(1986—1991 年)

农村家庭联产承包责任制的实施标志着中国从农村开始进行经济体制改

---

[1] 孙树菡:《社会保险学》,中国人民大学出版社 2007 年版,第 179 页。

革,这种"交足国家的、留够集体的、剩下都是自己的"的农产品分配方式瓦解了计划经济体制下实行的农村集体经济组织形式,极大地调动了农民的生产积极性,解放了农村生产力,释放出巨大的改革能量。但这种由土地和家庭作为风险承载体的保障方式也使农民所面对的养老风险加大,党和政府也意识到必须推动农村社会养老保障的建设以协调农村经济体制改革。国家在"七五"计划中明确指出:"抓紧研究建立农村社会保险制度,并根据各地的经济发展情况,进行试点,逐步实行";"八五"计划又进一步指出:"在农村,采取积极引导的方针,逐步建立不同形式的老年保障制度。"

真正意义上的农村养老保险制度建立于 20 世纪 80 年代中期。1986 年 10 月,民政部和国务院有关部委在江苏省沙洲县召开了"全国农村基层社会保障工作座谈会"。会议根据我国农村实际情况,将农村养老保障划分了几个层次:在农村贫困地区,基层社会保障的主要任务是搞好社会救济和扶贫;在农村经济发展中等地区,由于多数人温饱已经解决,基层社会保障的主要任务是兴办福利工厂、完善"五保"制度、建立敬老院等,以解决残疾和孤寡老人的生活困难;在农村经济发达地区,发展以社区(乡、镇、村)为单位的农村社会养老保险。至此,部分经济发达地区开始了组织农村社会养老保险的试点探索。据不完全统计,截至 1989 年年底,全国已有 19 个省(自治区、直辖市)的 190 多个县(市、区、旗)开展了农村养老保险方面的试点探索,有 800 多个乡镇、8000 多个村建立了养老保障制度,参加人数达 90 多万人,资金积累 4100 万元,有 21.6 万的农民开始领取养老金。①

然而这种个人不缴费,以集体经济资金为缴费来源的养老保险模式仍不能称为真正的社会养老保险制度,因为其并没有可靠的经费来源,监管缺乏且管理层次很低。为了顺应需要,1990 年 7 月,国务院总理办公会议专题研究了社会保险制度改革问题,会议确定农村社会养老保险由民政部负责;1991 年 1 月,国务院决定选择一批有条件的地区开展建立县级农村社会养老保险制度的试点;1991 年 6 月,国务院发布《关于城镇职工养老保险制度改革的决定》,进一步明

---

① 　侯海涛、李波:《最新社会保险工作实务全书》,企业管理出版社 1997 年版,第 1067 页。

确了农村养老保险(含乡镇企业)由民政部负责,同时民政部农村养老保险办公室制定了《县级农村社会养老保险基本方案》,确定了以县为单位开展社会养老保险的组织原则。1991年8月,民政部首先在山东省牟平、龙口等五县、市展开试点,同年10月,民政部又在山东牟平召开"全国农村社会养老保险试点工作会议",从而确定了农村社会养老保险的基本思想。至此,我国开始不断地对农村社会养老保险制度进行试点探索。

(2)广泛推进阶段(1992—1998年)

我国传统农村社会养老保险制度真正建立于20世纪90年代初。1992年,民政部在全国范围内下发了《县级农村社会养老保险基本方案(试行)》(以下简称《基本方案》),以此为指导,农村养老保险逐步在全国广泛开展。《基本方案》是我国关于农村社会养老保险的首个正式文件,至此,我国开始了真正意义上的建立农村社会养老保险制度的探索。

按照《基本方案》的规定,传统农保的制度特征为:一是采取完全基金积累制管理模式,建立个人账户;二是实施范围及受益人为参保农民,参保年龄为20周岁至60周岁,养老保险金领取年龄为60周岁;三是坚持以"个人交纳为主,集体补助为辅,国家予以政策扶持"的三方负担原则,集体补助主要从乡镇企业利润和集体积累中支付,国家政策扶持主要是通过对乡镇企业支付集体补助予以税前列支体现;四是养老保险月缴费标准设2—20元十个档次供参保农民自由选择,养老金标准按积累总额和预定利率确定;五是基金实行县(市)、乡(镇)、村三级管理,机构设置上主要分为基金监管和具体业务经办两个机构;六是在指定的银行设立农保基金专户,农保机构按当年收取保险费总额的3%提取管理服务费,基金投资方向为国家财政发行的高利率债券和银行存款。

根据《基本方案》的基本原则和制度特征,民政部在山东、湖北、江苏、上海等20多个省份开展了试点。到1992年年底,全国已有170个县基本建立起了面向全体农民的农村社会养老保险制度,有3500多万农民参加了社会养老保险,共积累保费10亿多元。[1]

---

① 刘贵平:《现行农村养老保险方案的优势与不足》,《人口与经济》1998年第2期,第26页。

1995 年 10 月,国务院办公厅转发了民政部《关于进一步做好农村社会养老保险工作的意见》,指出:"逐步建立农村社会养老保险制度,是建立健全农村社会保障体系的重要措施,对于深化农村改革、保障农民利益、解除农民后顾之忧和落实计划生育政策、促进农村经济发展和社会稳定,都具有深远意义。各级政府要切实加强领导,高度重视对农村养老保险积极的管理和监督,积极稳妥地推进这项工作。"这一阶段是我国农村社会养老保险的广泛推进阶段,社会养老保险获得了长足的发展,截至 1999 年年底,全国 31 个省、自治区、直辖市 76%的乡镇开展了农村社会养老保险工作,参保的农村人口达 8000 万人。[①]

(3)停滞阶段(1999—2001 年)

1998 年,国务院实行政府机构改革,农村社会养老保险由民政部移交给劳动和社会保障部。这一时期农村社会养老保险制度参保人数下降,基金筹集困难,部分地区的农村社会养老保险制度甚至陷入停滞状态。1999 年开始,国务院开始对农保工作进行清理整顿,在《国务院批转整顿保险业工作小组保险业整顿与改革方案的通知》(国发〔1999〕14 号)中指出,我国农村尚不具备普遍实行社会保险的条件,要求停止接受新业务,有条件的过渡为商业保险。至此,我国农保事业基本处于停滞状态。随后,劳动和社会保障部先后提出两个整顿规范的方案:第一个方案是继续在有条件的地区进行农村养老保险制度的探索,不具备条件的地区暂不开展;第二个方案是政府定政策、市场化运营,政府转变职能,业务经办商业化。至此,我国农村社会养老保险事业作为一项统一的制度安排已基本处于停滞状态,只是在个别的经济发达地区和大城市的郊区农村有所开展。从 1986 年各地开始组织试点探索到 1999 年被清理整顿,经历了近 14 年发展的传统农村社会养老保险制度终于走完了一个重要的历程。

二、2002 年以后:新型农村社会养老保险制度改革探索

(1)各地单独探索阶段(2002—2008 年)

随着经济社会发展,从 2002 年开始农村社会养老保险工作进入了探索建立

---

① 劳动和社会保障部:《1999 年劳动和社会保障统计公报》,《劳动保障通讯》2000 年第 7 期,第 29 页。

新型农村社会养老保险制度的新阶段。特别地,继党的十六大提出"有条件的地方探索建立农村社会养老保险制度"之后,新农保试点工作开始在全国广泛开展,许多地区按照"因地制宜、分类指导、重点突破、逐步推进"的方针,"保基本、广覆盖、有弹性、能转移、可持续"的要求和"农民个人缴费、集体补助、政府补贴"的三方筹资原则,开始积极探索建立与各地农村经济社会发展水平相适应、与其他保障措施相配套的新农保。2006年2月,国务院发布了《关于推进社会主义新农村建设的若干意见》,提出探索建立与农村经济发展水平相适应、与其他保障措施相配套的农村社会养老保险制度。10月,党的十六届六中全会通过的《中共中央关于构建社会主义和谐社会若干重大问题的决定》明确提出到2020年要基本建立覆盖城乡居民的社会保障体系,"有条件的地方探索建立多种形式的农村养老保险制度"。

2007年,党的十七大报告进一步明确了社会保障制度建设的远景目标:"到2020年,覆盖城乡居民的社会保障体系基本建立,人人享有基本生活保障",同时提出"探索建立农村养老保险制度"。《劳动和社会保障部、民政部、审计署关于做好农村社会养老保险和被征地农民社会保障工作有关问题的通知》也明确规定:"以农村有缴费能力的各类从业人员为主要对象,完善个人缴费、集体补助、政府补贴的多元化筹资机制,建立以个人账户为主、保障水平适度、缴费方式灵活、账户可随人转移的新型的农村社会养老保险制度和参保补贴机制。有条件的地区也可建立以个人账户为主、统筹调剂为辅的养老保险制度。"全国有31个省、自治区、直辖市的1905个县(市、区、旗)开展了农村养老保险工作,5374万农民参保,积累保险基金354亿元,全年共有355万参保农民领取养老金,当年支付养老保险金30亿元。[1]

2008年党的十七届三中全会通过的《中共中央关于推进农村改革发展若干重大问题的决定》又进一步明确提出"建立新型农村社会养老保险制度"。到2008年年底,全国已有约2000个县(市、区、旗)开展农村社会养老保险工作,全国参加农村社会养老保险人数为5595万人,比上年末增加424万人。2008年

---

[1] 卢海元:《建立全覆盖的新型农村社会养老保险制度》,《农村工作通讯》2008年第2期,第42页。

共有 512 万农民领取了养老金,比上年增加 120 万人;全年共支付养老金 56.8 亿元,比上年增加 42%;年末农村社会养老保险基金累计结存 499 亿元。2008 年年末有 27 个省份的 1201 个县市开展了被征地农民社会保障工作,1324 万被征地农民被纳入基本生活或养老保障制度。其中有 200 多个县(市、区、旗)建立了有政府补贴的新农保制度。①

(2)统一试点与实施阶段(2009 年以后)

2009 年 6 月 24 日,国务院决定新农保从 2009 年开始在全国 10% 的县(市、区)试点;2009 年 9 月 1 日发布了国发〔2009〕32 号文件。国发〔2009〕32 号文件规定:新农保试点的基本原则是"保基本、广覆盖、有弹性、可持续"。一是从农村实际出发,低水平起步,筹资标准和待遇标准要与经济发展及各方面承受能力相适应;二是个人(家庭)、集体、政府合理分担责任,权利与义务相对应;三是政府主导和农民自愿相结合,引导农村居民普遍参保;四是中央确定基本原则和主要政策,地方制订具体办法,对参保居民实行属地管理。新农保实行统账结合的制度模式,养老金待遇由基础养老金和个人账户养老金组成,支付终身。新农保基金由个人缴费、集体补助、政府补贴构成;国家为每个新农保参保人建立终身记录的养老保险个人账户。个人缴费,集体补助及其他经济组织、社会公益组织、个人对参保人缴费的资助,地方政府对参保人的缴费补贴,全部记入个人账户。政府对符合领取条件的参保人全额支付新农保基础养老金,其中中央财政对中西部地区按中央确定的基础养老金标准给予全额补助,对东部地区给予50% 的补助。地方政府对参保人缴费给予补贴,并对选择较高档次标准缴费的给予适当补贴鼓励。国发〔2009〕32 号文件同时规定有条件的村集体应当对参保人缴费给予补助。在缴费与给付上,根据国发〔2009〕32 号文件规定,参加新农保的农村居民应当按规定缴纳养老保险费,缴费标准目前设为每年 100 元、200 元、300 元、400 元、500 元 5 个档次,地方可以根据实际情况增设缴费档次。参保人自主选择档次缴费,多缴多得。国家依据农村居民人均纯收入增长等情况适时调整缴费档次。养老金待遇由基础养老金和个人账户养老金组成,支付

① 人力资源和社会保障部:《2008 年度人力资源和社会保障事业发展统计公报》,国家统计局网站(http://www.stats.gov.cn/tjgb/qttjgb/qgqttjgb/t20090519_402559984.htm),2008 年 5 月 21 日。

终身。中央确定的基础养老金标准为每人每月 55 元。地方政府可以根据实际情况提高基础养老金标准,对于长期缴费的农村居民,可适当加发基础养老金。个人账户养老金的月计发标准为个人账户全部储存额除以 139(与现行职保个人账户养老金计发系数相同)。在待遇领取条件方面,国发〔2009〕32 号文件规定年满 60 周岁、未享受职保待遇的农村有户籍的老年人,可以按月领取养老金。新农保制度实施时,已年满 60 周岁、未享受职保待遇的,不用缴费,可以按月领取基础养老金,但其符合参保条件的子女应当参保缴费;距领取年龄不足 15 年的,应按年缴费,也允许补缴,累计缴费不超过 15 年;距领取年龄超过 15 年的,应按年缴费,累计缴费不少于 15 年。

　　同年,人力资源和社会保障部印发《新型农村社会养老保险经办规程(试行)》,明确了参保登记、缴费申报、个人账户管理、待遇支付、基金管理、关系转移接续、统计管理、内控与稽核、咨询公示及举报受理等业务环节的主要内容,规定了具体操作程序、标准和要求,并要求各地在贯彻落实《新型农村社会养老保险经办规程(试行)》的过程中注意整合现有农村社会服务资源,运用现代管理方式,为广大参保农民提供热情、周到、方便、快捷的服务。试点地区要结合本地实际,在保持统一规范的前提下,完善和细化业务流程,建立健全各种规章制度,明确经办岗位职责、权限和服务标准,保证新农保试点工作有章可循。要强化参保人员、社会各界对新农保经办管理服务工作的监督,确保经办规范、管理科学、服务到位。2009 年年底全国参加农村养老保险人数为 8691 万人,比上年末增加 3096 万人。2009 年共有 1556 万农民领取了养老金,比上年增加 1044 万人;全年共支付养老金 76 亿元,比上年增加 33.8%;年末农村养老保险基金累计结存 681 亿元。2009 年年末有 27 个省、自治区的 320 个县(市、区、旗)和 4 个直辖市部分区县列入首批新农保试点。[①]

　　2010 年 3 月,温家宝总理在政府工作报告中进一步提出 2010 年将新农保试点范围扩大到 23% 的县(市、区、旗)。按照中央的统一部署,2011 年新农保试点范围将扩大到 40% 的县(市、区、旗)。新农保试点进程不断加快。

---

　　① 人力资源和社会保障部:《2009 年度人力资源和社会保障事业发展统计公报》,人力资源和社会保障部网站(http://w1.mohrss.gov.cn/gb/zwxx/2010-05/21/content_382330.htm),2010 年 5 月 22 日。

2011 年 3 月十一届全国人大四次会议审查通过的《国民经济和社会发展第十二个五年计划纲要》明确提出"实现新型农村社会养老保险制度全覆盖",新农保制度实现全覆盖的建设进程大大提前。同年,财政部和人力资源社会保障部印发《新型农村社会养老保险基金财务管理暂行办法》,在基金预算、基金筹集、基金支付、基金结余和基金决算方面作出了具体规定,同时还对财政专户、资产负债与管理以及监督与检查的实施规程进行了具体指导。

2012 年 3 月 5 日,温家宝总理在政府工作报告中提出,加快完善社会保障体系,年底前实现新农保和城居保制度全覆盖。

从 2009 年覆盖全国 10%左右的县(市、区)①,到 2010 年覆盖全国 24%的县(市、区),到 2011 年覆盖范围扩大到全国 40%的县(市、区)②,新农保制度在2012 年年底最终实现了全覆盖。

6.1.2 新型农村社会养老保险制度规定与基本特点

一、《国务院关于开展新型农村社会养老保险试点的指导意见》的相关制度规定

(1)基本原则

国发〔2009〕32 号文件规定:新农保试点的基本原则是"保基本、广覆盖、有弹性、可持续"。一是从农村实际出发,低水平起步,筹资标准和待遇标准要与经济发展及各方面承受能力相适应;二是个人(家庭)、集体、政府合理分担责任,权利与义务相对应;三是政府主导和农民自愿相结合,引导农村居民普遍参保;四是中央确定基本原则和主要政策,地方制订具体办法,对参保居民实行属地管理。

(2)制度模式:统账结合

国发〔2009〕32 号文件指出:新农保实行社会统筹与个人账户相结合,与家庭养老、土地保障、社会救助等其他社会保障政策措施相配套,保障农村居民老

---

① 数据来源于 2009 年《政府工作报告》。

② 数据来源于关于 2010 年国民经济和社会发展计划执行情况与 2011 年国民经济和社会发展计划草案的报告。

年基本生活;养老金待遇由基础养老金和个人账户养老金组成,支付终身。统账结合的制度模式与职保的模式相同,有利于未来城乡制度相衔接。新农保与农村其他社会保障政策相配套,有利于建立统一的农村社会保障体系,防止制度陷入"碎片化"。

(3)覆盖范围:全体农村居民

国发〔2009〕32号文件规定新农保的参保对象为年满16周岁(不含在校学生)、未参加职保的农村居民,采取在户籍所在地自愿参保的原则。按照此规定,新农保对农村居民实现全覆盖,体现了普惠原则。

(4)基金筹集:三方负担

国发〔2009〕32号文件规定新农保基金由个人缴费、集体补助、政府补贴构成;国家为每个新农保参保人建立终身记录的养老保险个人账户。个人缴费,集体补助及其他经济组织、社会公益组织、个人对参保人缴费的资助,地方政府对参保人的缴费补贴,全部记入个人账户。政府对符合领取条件的参保人全额支付新农保基础养老金,其中中央财政对中西部地区按中央确定的基础养老金标准给予全额补助,对东部地区给予50%的补助。地方政府对参保人缴费给予补贴,并对选择较高档次标准缴费的给予适当补贴鼓励。国发〔2009〕32号文件同时规定有条件的村集体应当对参保人缴费给予补助。按照此规定,新农保基础养老金全部由财政补贴,实行非缴费普惠型。但由于大部分地区集体经济发展落后,集体补助实际上很难实现。

(5)缴费与给付

第一,缴费标准与方式。根据国发〔2009〕32号文件规定,参加新农保的农村居民应当按规定缴纳养老保险费,缴费标准目前设为每年100元、200元、300元、400元、500元5个档次,地方可以根据实际情况增设缴费档次。参保人自主选择档次缴费,多缴多得。国家依据农村居民人均纯收入增长等情况适时调整缴费档次。第二,领取标准与计发办法。国发〔2009〕32号文件规定,养老金待遇由基础养老金和个人账户养老金组成,支付终身。中央确定的基础养老金标准为每人每月55元。地方政府可以根据实际情况提高基础养老金标准,对于长期缴费的农村居民,可适当加发基础养老金。个人账户养老金的月计发标准为个人账户全部储存额除以 139（与现行职保个人账户养老金计发系数相同）。第三，待遇领取条件。国发〔2009〕32 号文件规定，年满 60 周岁、未享受职保待遇的农村有户籍的老年人，可以按月领取养老金。新农保制度实施时，已年满 60 周岁、未享受职保待遇的，不用缴费，可以按月领取基础养老金，但其符合参保条件的子女应当参保缴费；距领取年龄不足 15 年的，应按年缴费，也允许补缴，累计缴费不超过 15 年；距领取年龄超过 15 年的，应按年缴费，累计缴费不少于 15 年。政策采取弱强制性设计的目的在于一方面坚持自愿参保的基本原则；另一方面利于扩大制度的覆盖面，引导中青年农民积极参保。

（6）经办管理

国发〔2009〕32 号文件规定，开展新农保试点的地区，要认真记录农村居民参保缴费和领取待遇情况，建立参保档案，长期妥善保存；建立全国统一的新农保信息管理系统，纳入社会保障信息管理系统（"金保工程"）建设，并与其他公民信息管理系统实现信息资源共享；大力推行社会保障卡，方便参保人持卡缴费、领取待遇和查询本人参保信息。试点地区要按照精简效能原则，整合现有农村社会服务资源，加强新农保经办能力建设，运用现代管理方式和政府购买服务方式，降低行政成本，提高工作效率。新农保工作经费纳入同级财政预算，不得从新农保基金中开支。新农保从制度层面规范了经办管理办法、确定了实现信息化管理的方向并为基层经办管理机构提供了经费保障。

（7）基金管理与监督

第一，管理体制。建立健全新农保基金财务会计制度。新农保基金纳入社会保障基金财政专户，实行收支两条线管理，单独记账、核算，按有关规定实现保值增值。试点阶段，新农保基金暂实行县级管理，随着试点扩大和推开，逐步提高管理层次；有条件的地方也可直接实行省级管理。新农保个人账户储存额目前每年参考中国人民银行公布的金融机构人民币一年期存款利率计息，尽管利于基金安全，但从长期来看不利于基金的保值增值。第二，基金监督。各级人力资源和社会保障部门要切实履行新农保基金的监管职责，制定完善新农保各项业务管理规章制度，规范业务程序，建立健全内控制度和基金稽核制度，对基金的筹集、上解、划拨、发放进行监控和定期检查,并定期披露新农保基金筹集和支付信息,做到公开透明,加强社会监督。财政、监察、审计部门按各自职责实施监督,严禁挤占挪用,确保基金安全。试点地区新农保经办机构和村民委员会每年在行政村范围内对村内参保人缴费和待遇领取资格进行公示,接受群众监督。

二、新型农村社会养老保险制度的基本特点

新农保制度坚持"保基本、广覆盖、有弹性、可持续"的基本原则。"保基本"意味着待遇低水平起步,符合我国尤其是广大农村经济发展还比较落后的基本国情;"广覆盖"意味着制度覆盖全体农村居民,实现人人共享;"有弹性"指其将满足不同收入水平的农民的多样化养老保障需求;"可持续"说明新农保财务制度将建立在科学预测与精算的基础之上,控制财务运行风险,减轻制度建立初期各级政府的财政补贴压力。

（1）明确和强化了政府的补贴责任

政府的财政补贴责任体现在两个方面,一是补贴"出口",即补贴待遇,新农保基础养老金实行非缴费普惠型,制度开始实施时已年满 60 周岁、未享受职保待遇的农村居民,不用缴费,可以按月领取 55 元的基础养老金;二是补贴"入口",即补贴缴费,地方政府对参保人缴费进行补贴,补贴标准不低于每人每年 30 元,同时对选择较高档次标准缴费的给予适当鼓励。另外,国发〔2009〕32 号文件规定有条件的村集体应当对参保人缴费给予补助,并鼓励其他经济组织、社会公益组织、个人为参保人缴费提供资助。

（2）实行"统账结合"的制度模式,待遇由"基础养老金+个人账户养老金"构成

新农保制度在设计层面充分考虑到未来建立统筹城乡的社会养老保障体系的长远目标,确定了与职保相同的"统账结合"的制度模式,为养老保险关系在城乡间的转移接续安排打下了制度基础。同时,国发〔2009〕32 号文件明确提出妥善做好新农保制度与被征地农民社会保障、水库移民后期扶持政策、农村计划生育家庭奖励扶助政策、农村五保供养、社会优抚、农村最低生活保障制度等政策制度的配套衔接工作,意味着新农保将在我国农村未来社会养老保障中居于

主导地位,有利于覆盖城乡居民的统一的社会养老保障体系的构建。

(3)新农保制度实行"有弹性"的原则,充分考虑不同收入层次农民的缴费能力的差异

在个人账户的缴费设计上,新农保制度遵循"有弹性"的原则,设计的五档年缴费标准,分别是 100 元、200 元、300 元、400 元、500 元,农民可以根据自己的收入水平进行选择,同时允许地方根据实际情况增设缴费档次。同时,对于农村无力缴费的特殊困难群体实行缴费援助政策,对农村重度残疾人等缴费困难群体,国发〔2009〕32 号文件规定地方政府为其代缴部分或全部最低标准的养老保险费。

6.1.3 农村社会养老保险制度的整合

一、由单一支柱到多支柱

我国农村的养老方式的变迁历经了两个阶段:第一阶段,传统的非正式养老制度被正式的农村社会养老保险制度所取代。这一时期,传统的家庭和土地保障模式难以适应经济社会的高速发展,传统农村社会养老保险的探索标志着正式的社会养老保险制度在广大农村地区开始生根。这是一种非正式制度安排被正式的制度安排取代的制度变迁,标志着传统养老保障模式在农村地区的逐渐瓦解。第二阶段,由个人缴费的基金积累制向非缴费制与基金积累制相结合的养老保险模式转变。这一变迁意味着我国 20 世纪 90 年代兴起的老农保制度逐步为新农保制度所取代。第二阶段的制度变迁属于农村社会养老保险制度内部结构的变迁,其主要特征是政府财政补贴责任的强化,并开创性地建立了非缴费普惠型的最低养老金制度。

新农保制度摒弃了老农保单一模式的设计,采取的是两种制度模式的混合,即非缴费普惠型基础养老金制度与个人账户基金积累制度两个支柱的混合。新农保制度中非缴费型基础养老金制度是典型的第一支柱基础养老金模式。基础养老金的待遇领取适用于所有年满 60 周岁的农村居民,而与过去的工作收入状况无关,与需要通过进行家庭财富调查的农村最低生活保障制度不同,基础养

老金惠及全体农民。基础养老金体现的是新农保制度"保基本"的目标,即制度设计着眼于消除绝对贫困,其筹资模式是依靠各级政府的财政补贴,资金来源于一般性税收收入。需要农民缴费的个人账户制度是新农保的第二支柱,反映了新农保制度追求效率的目标:政府通过补贴激励农民缴费为自己的养老负责。

新农保制度的多支柱模式安排反映了在我国经济社会转型时期,政府、社会、个人在养老责任上的重新划分,在改善民生、保证社会底线公平的基础上体现效率,实现个人权利与义务的相统一。近一百多年的养老金制度实践经验表明,单一的现收现付制与基金积累制养老金都有其自身的缺陷,无法单独实现公平与效率兼顾的目标,只有单一支柱转向多支柱才可使公平与效率得以平衡。[①]我国传统的农村社会养老保险制度的实践也证明了这一点:采用单一个人缴费积累模式由于待遇给付水平低,基金在投资过程中面临保值增值风险大,基金管理中的委托代理风险,以及高额的基金管理成本导致该制度无法解决农村老年人口的养老保障问题,同时失去了养老金制度维护社会公平的意义。最终制度朝着不可持续的方向发展,从而造成了传统农保被新农保所取代。因此多支柱养老金模式是新农保制度的必然选择。

二、实行"统账结合"的制度模式

国发〔2009〕32 号文件明确了新农保制度采取与职保制度相同的"统账结合"模式,实行社会统筹与个人账户相结合,与家庭养老、土地保障、社会救助等其他社会保障政策措施相配套,待遇由"基础养老金+个人账户养老金"构成,保障农村居民老年基本生活。新农保制度在设计层面充分考虑到未来建立统筹城乡的社会养老保障体系的长远目标,确定了与职保相同的"统账结合"的制度模式,为养老保险关系在城乡间的转移接续安排打下了制度基础。国发〔2009〕32 号文件还规定了新农保与农村现存社会养老保障体系内其他政策和制度的衔接措施。对于新农保与老农保的衔接,国发〔2009〕32 号文件规

---

① 刘昌平:《养老金制度变迁的经济学分析》,中国社会科学出版社 2008 年版,第 15 页。

定：原来已开展以个人缴费为主、完全个人账户的老农保的地区，要在妥善处理老农保基金债权问题的基础上，做好与新农保制度衔接。在新农保试点地区，凡已参加了老农保、年满 60 周岁且已领取老农保养老金的参保人，可直接享受新农保基础养老金；对已参加老农保、未满 60 周岁且没有领取养老金的参保人，应将老农保个人账户资金并入新农保个人账户，按新农保的缴费标准继续缴费，待符合规定条件时享受相应待遇。同时，国发〔2009〕32 号文件明确提出妥善做好新农保制度与被征地农民社会保障、水库移民后期扶持政策、农村计划生育家庭奖励扶助政策、农村五保供养、社会优抚、农村最低生活保障制度等政策制度的配套衔接工作，意味着新农保将在我国农村未来社会养老保障中居于主导地位，长期来看有利于覆盖城乡居民的统一的社会养老保障体系的构建。但国发〔2009〕32 号文件没有给出新农保与职保以及被征地农民社会保障、水库移民后期扶持政策、农村计划生育家庭奖励扶助政策、农村五保供养、社会优抚、农村最低生活保障制度等政策制度的配套衔接办法，短期来看不利于农村养老社会保障体系"碎片化"的整合和社会养老保险关系的城乡转续。

同时在经办管理上，国发〔2009〕32 号文件规定，开展新农保试点的地区，要建立全国统一的新农保信息管理系统，纳入社会保障信息管理系统（"金保工程"）建设，并与其他公民信息管理系统实现信息资源共享；大力推行社会保障卡，方便参保人持卡缴费、领取待遇和查询本人参保信息。试点地区要按照精简效能原则，整合现有农村社会服务资源，加强新农保经办能力建设，运用现代管理方式和政府购买服务方式，降低行政成本，提高工作效率。

尽管职保探索、建立和运行的时间比新农保要早得多、长得多，但职保当前的制度模式，尤其是采取缴费方式筹资的收入关联型基础养老金制度，难以解决当前社会养老保险制度城乡依然分割的现状，更难以承担起作为覆盖全体国民的社会养老保险制度安排的重任。职保社会统筹账户基础养老金制度作为一种收入关联型的现收现付制度，其筹资来源是参保职工的正式就业单位缴纳的养老保险费。一方面，过高的缴费率造成了企业的沉重负担，迫使劳动力从正规就业转向非正规就业，导致职保扩面受阻；另一方面，在城镇劳动者中占很大比例的私营企业职工和灵活就业人员难以参保,使他们游离于社会养老保险制度之外。实践表明收入关联的养老金模式无法完全覆盖城乡居民。[①] 由于农村生产方式与城镇有很大不同,如果采用职保的制度模式将必然出现社会统筹账户缴费主体缺位,因此,职保制度难以覆盖农村居民。新农保制度的建立标志着覆盖城乡居民的社会养老保险制度的初步形成,但要实现统筹城乡首先得建立新农保与职保的转续衔接机制。新农保试点方案所实行的社会统筹账户与个人账户相结合的模式,与现行的职保的统账结合模式实现了初步的一致。

三、与相关制度相衔接

国发〔2009〕32 号文件还规定了新农保与农村现存社会养老保障体系内其他政策和制度的衔接措施。对于新农保与老农保的衔接,国发〔2009〕32 号文件规定:原来已开展以个人缴费为主、完全个人账户的老农保的地区,要在妥善处理老农保基金债权问题的基础上,做好与新农保制度衔接。在新农保试点地区,凡已参加了老农保、年满 60 周岁且已领取老农保养老金的参保人,可直接享受新农保基础养老金;对已参加老农保、未满 60 周岁且没有领取养老金的参保人,应将老农保个人账户资金并入新农保个人账户,按新农保的缴费标准继续缴费,待符合规定条件时享受相应待遇。但国发〔2009〕32 号文件没有给出新农保与职保以及被征地农民社会保障、水库移民后期扶持政策、农村计划生育家庭奖励扶助政策、农村五保供养、社会优抚、农村最低生活保障制度等政策制度的配套衔接办法,不利于农村养老社会保障体系"碎片化"的整合和社会养老保险关系的城乡转续。

新农保制度中非缴费普惠型基础养老金制度的建立具有里程碑式的意义:一方面,有利于实现基本公共服务均等化的目标;另一方面,制度具有很好的包容性、灵活性和开放性。新农保"基础养老金+个人账户养老金"的待遇确定模式对于包括农民、企业职工、机关事业单位工作人员、城镇未参保居民等所有群体具有适用性,能有效防止社会养老保障体系陷入"碎片化"境地,其在基础养

---

① 卢海元:《和谐社会的基石:中国特色新型养老保险制度研究》,群众出版社 2009 年版,第 3 页。

老金层面实现社会公平,然后通过个人账户积累体现效率。新农保公共财政补贴与个人缴费相结合的筹资机制在基础养老金层面确保了资金来源和待遇的稳定性,在个人账户养老金层面实现了对个人缴费的激励。新农保一体化、标准化的制度设计能够有效避免重蹈当前职保出现的统筹层次不高、社会养老保险地方分割的困境。

6.2　城镇居民社会养老保险制度的建立

6.2.1　城镇居民社会养老保险制度的建立

随着新农保制度的建立,城镇户籍非从业人员成为我国社会养老保险体系的最后一块缺口。在城镇居民社会养老保险制度(以下简称"城居保")建立之前,城镇户籍非从业人员的社会养老保障主要由城镇居民最低生活保障、社会优抚等制度承担。党的十七大报告提出要加快建立覆盖城乡居民的社会保障体系。"十二五"规划纲要提出要完善实施城镇居民养老保险制度。2011年国务院发布《关于开展城镇居民社会养老保险试点的指导意见》(国发〔2011〕18号),正式建立覆盖城镇户籍非从业人员的城居保制度,7月1日启动试点工作,实施范围与新农保试点基本一致,2012年基本实现城镇居民养老保险制度全覆盖。制度的覆盖对象是年满16周岁(不含在校学生)、不符合职保参保条件的城镇非从业居民。

6.2.2　城居保与新农保相统一

城居保与新农保在制度设计上有很多共同之处,都是由政府主导建立的社会养老保险制度,实行个人缴费、政府补贴相结合,基本原则都是"保基本、广覆盖、有弹性、可持续"。城居保试点的实施范围与新农保试点基本一致。事实上,城居保除了在个人缴费上将缴费标准设为每年100元、200元、300元、400

元、500 元、600 元、700 元、800 元、900 元、1000 元 10 个档次以外,在制度模式、基金筹集、政府补贴、个人账户管理、待遇标准和计发条件和基金管理等方面都与新农保保持了一致。此外,在经办管理上,国发〔2011〕18 号文件也提出"建立全国统一的城镇居民养老保险信息管理系统,与职工基本养老保险、新农保信息管理系统整合,纳入社会保障信息管理系统("金保工程")建设,并与其他公民信息管理系统实现信息资源共享;要大力推行社会保障卡,方便参保人持卡缴费、领取待遇和查询本人参保信息。试点地区要按照精简效能原则,整合现有社会保险经办管理资源,建立健全统一的新农保与城镇居民养老保险经办机构,加强经办能力建设"。

6.3 城乡居民基本养老保险制度的整合

6.3.1 制度整合的先行探索

2010 年 10 月 28 日通过并自 2011 年 7 月 1 日起施行《社会保险法》规定"省、自治区、直辖市人民政府根据实际情况,可以将城镇居民社会养老保险与新型农村社会养老保险合并实施"。部分地区按照这一模式开展了先行探索,也就是直接实施城乡居保,积累了初步实践经验。例如,2011 年 7 月,湖北省政府印发《关于实施城乡居民社会养老保险制度的意见》,并召开了城乡居民社会养老保险(以下简称"城乡居保")试点工作部署会议,在 65 个县(市、区)启动试点工作;广州市于 2012 年年底初步完成了将城居保和新农保两种制度合并为城乡居民养老保险制度;2012 年 12 月,山东省决定将把新农保和城居保合并统一实施,实行城乡统筹一体化的居民社会养老保险制度,参保的农村居民和城镇居民的养老保险待遇将实现同步发放、同步增长;2014 年 1 月 16 日,江苏省人社厅发文决定在全省范围内将推进新农保和城居保制度合并实施,实行城乡统筹一体化的居民社会养老保险制度,参保农村居民和城镇居民的养老保险待遇将实现同步发放、同步增长。从开展的情况来看,截至 2011 年底,全国有 2273 个县实施了新农保,2101 个县实施了城居保,其中 683 个县合并实施了城乡居保,新农保参保人数达 21100.28 万人,城居保参保人数达 625.01 万人,城乡居保参保人数 14390.60 万人。[①] 除了合并实施的城乡居保不存在衔接问题外,其他分别实施新农保和城居保的地区出台了转换办法来适应参保者身份的变化,由于制度的相似性,操作起来相对方便,一般进行直接转移,个人账户储存额合并计算,新农保缴费年限视同城乡居保缴费年限。

6.3.2 制度整合的正式施行

新农保和城居保政策框架的基本一致为制度的衔接整合预留了"接口",这应该是政府在设计这两项制度时已经考虑到两者今后会合并的趋势。国发〔2011〕18 号文件专门提出"有条件的地方,城镇居民养老保险应与新农保合并实施。其他地方应积极创造条件将两项制度合并实施。城镇居民养老保险与职工基本养老保险等其他养老保险制度的衔接办法,由人力资源和社会保障部会同财政部制定"。

从 2012 年 7 月 1 日起,人力资源和社会保障部与财政部在全国范围内启动城乡居保全覆盖工作,并于 2012 年年底完成。但据 2012 年审计署 34 号审计公告披露[②],截至 2011 年年底,112.42 万人重复参加城镇企业职工基本养老保险、新型农村社会养老保险或城镇居民社会养老保险,1086.11 万人重复参加新农合、城镇居民或城镇职工基本医疗保险,造成财政多补贴 17.69 亿元,9.27 万人重复领取养老金 6845.29 万元。重复参保现象显示了城乡社会养老保险制度衔接整合的必要性。

2014 年 2 月 21 日,国务院发布国发〔2014〕8 号文件,在总结新农保和城居保试点经验的基础上,将新农保和城居保两项制度合并实施,在全国范围内建立

---

① 《全国社会保障资金审计结果》,中华人民共和国审计署 2012 年第 34 号公告,http://www.audit.gov.cn/n1992130/index.html,2012 年 8 月 2 日。

② 《全国社会保障资金审计结果》,中华人民共和国审计署 2012 年第 34 号公告,http://www.audit.gov.cn/n1992130/index.html,2012 年 8 月 2 日。

统一的城乡居保制度。国发〔2014〕8号文件提出"坚持和完善社会统筹与个人账户相结合的制度模式,巩固和拓宽个人缴费、集体补助、政府补贴相结合的资金筹集渠道,完善基础养老金和个人账户养老金相结合的待遇支付政策,强化长缴多得、多缴多得等制度的激励机制,建立基础养老金正常调整机制,健全服务网络,提高管理水平,为参保居民提供方便快捷的服务",同时给出了"十二五"末,在全国基本实现新农保和城居保制度合并实施,并与职保制度相衔接的目标。国发〔2014〕8号文件在养老保险关系转移接续、基金管理和经办管理服务上都体现了城乡制度的衔接与整合的政策指向。在养老保险关系的转移接续上,国发〔2014〕8号文件规定"参加城乡居民养老保险的人员,在缴费期间户籍迁移、需要跨地区转移城乡居民养老保险关系的,可在迁入地申请转移养老保险关系,一次性转移个人账户全部储存额,并按迁入地规定继续参保缴费,缴费年限累计计算;已经按规定领取城乡居民养老保险待遇的,无论户籍是否迁移,其养老保险关系不转移"。在基金管理上,将"新农保基金和城居保基金合并为城乡居民养老保险基金,完善城乡居民养老保险基金财务会计制度和各项业务管理规章制度"。在经办管理服务上,在现有新农保和城居保业务管理系统基础上,整合形成省级集中的城乡居民养老保险信息管理系统,纳入"金保工程"建设,并与其他公民信息管理系统实现信息资源共享;将信息网络向基层延伸,实现省、市、县、乡镇(街道)、社区实时联网,有条件的地区可延伸到行政村;要大力推行全国统一的社会保障卡,方便参保人持卡缴费、领取待遇和查询本人参保信息。

7 城乡社会养老保险关系
转续中的便携性障碍

7.1 三足鼎立导致便携性障碍

当前,我国城乡社会养老保险制度按照覆盖人群分割为三个不同的部分:机关事业单位养老保险制度覆盖机关事业单位人员;职保覆盖城镇从业人员;城乡居保覆盖农村居民和城镇非从业居民。尽管三者都实行 DB 型基础养老金和 DC 型个人账户养老金相结合的"统账结合"模式,但是在制度设计、资金来源、待遇水平等方面存在重要区别。

7.1.1 制度设计不统一

首先,尽管三者在制度模式上相同,但是机关事业单位养老保险制度的社会统筹账户是空账,采取记账方式运行;城乡居保采取非缴费型,严格意义上社会统筹账户并不存在,只作为财政补贴资金划转和待遇发放的通道,并不积累基金。其次,尽管三者的个人账户养老金在制度模式和待遇计发办法上保持一致,但是在缴费方式上存在很大不同,机关事业单位养老保险和职保按照参保者缴费工资的一定比例强制缴费,城乡居保则按照不同的缴费档次由参保人自愿选择,同时,地方政府的缴费补贴也直接进入个人账户。再次,尽管三者的基础养老金都属于 DB 型,但机关事业单位养老保险和职保基础养老金在计发方式上实行待遇水平与缴费关联(contribution-related)的统一比率计发：

参保者退休后个人月基础养老金=(参保人员退休时本地上年度在岗职工月平均工资+本人指数化月平均缴费工资)/2×缴费年限×1%

计发办法在保证公平的同时强调权利和义务相统一，具有代际间收入的再分配功能；而城乡居保基础养老金的计发实行非缴费和统一额度：

月基础养老金=中央确定的最低基础养老金标准+地方财政提高和加发的部分基础养老金(或有选项，取决于地方的经济发展水平、财政能力以及地方政府的意愿，具有较强的不确定性和随意性)

计发办法强调权利，与缴费无关，不具有代际收入再分配特征。从本质上看，机关事业单位养老保险和职保基础养老金属于典型月缴终身生存年金保险，城乡居保基础养老金更接近于普惠性非缴费型老年津贴福利。最后，在享受待遇资格上，机关事业单位养老保险和职保有累计缴费最低15年的硬性规定，城乡居保则允许补缴来满足最低缴费年限的要求。

7.1.2 资金来源不相同

尽管三者的基础养老金都属于公共养老金，但机关事业单位养老保险和职保的基础养老金来源于单位缴费，城乡居保的基础养老金则来源于财政的专项预算支出。对于机关事业单位养老保险和职保社会统筹基金，参保人所在单位每月以本单位职工上个月工资总额的20%向社会保险经办机构进行缴费，所缴纳的费用全部列入社会统筹账户，用于支付当期基础养老金账户的支出，以支定收，专款专用，其财务平衡机制是典型的现收现付制。城乡居保基础养老金则类似于以税收筹资的国民养老金制度，完全由财政支付，属于非缴费型的国民养老金制度，财政兜底，没有基金缴费收入，养老金的支出列入公共财政支出。其中最低基础养老金由中央财政对中、西部地区实行全额划拨，对东部地区给予50%的补贴。各地区根据自身情况加发的部分则由地方财政承担。

7.1.3   待遇水平差距大

以职保和城乡居保为例,二者的基础养老金在保障水平上都遵循"保基本"原则,但由于城乡生活水平和消费水平差距、商品经济的发育程度不同以及养老金待遇计发与缴费相关性的差别,导致基础养老金待遇水平存在很大差距。从静态水平来看,以 2013 年为例,即使按照最低 15% 的工资替代率计算,职保人均基础养老金标准应约为 7139 元/年,①而城乡居保基础养老金的国家最低标准仅为 660 元/年,前者约为后者的 11 倍,远远高于城乡居民家庭人均收入比3.10:1。② 从动态水平来看,职保基础养老金的待遇标准与统筹地区上年度社会平均工资相关联,这就将基础养老金的水平与地区经济发展水平和消费水平部分的关联起来,从而较好地化解了基础养老金保障水平因经济发展、物价水平的提高而降低的风险。而城乡居保基础养老金的标准则是国家规定固定额度的全国统一的最低基础养老金水平,地方财政适时加发和提高基础养老金水平,目前还缺乏制度化的调待机制。

7.2   制度内跨统筹区存在转续障碍

受我国长期形成的"分灶吃饭"的财政体制的制约,实现社会养老保险全国统筹存在很大障碍,从而导致即使在同一制度内依然存在养老保险关系转续障碍。除了统筹层次低的原因外,制度设计不适应流动人口的参保要求,转续政策不彻底以及管理能力和技术手段制约也是导致出现养老保险关系转续困难的重

---

①   2012 年全国城镇在岗职工社会平均工资 47593 元,数据来源:国家统计局中国统计年鉴数据库-中国统计年鉴 2013,http://www.stats.gov.cn/tjsj/ndsj/2013/indexch.htm,表 4-11"城镇单位就业人员平均工资和指数"。目前城镇企业退休职工的退休金标准由国家统一规定和调整,此处的基础养老金数据仅是按照制度规定按上一年度城镇在岗职工月平均工资的 15% 计算的理论值。

②   2012 年我国城镇居民人均可支配收入 24565 元,农村居民纯收入 7917 元,城乡居民收入比为3.10:1,数据来源于国家统计局:《2012 年国民经济和社会发展统计公报》,http://www.stats.gov.cn/tjsj/tjgb/ndtjgb/qgndtjgb/201302/t20130221_30027.html,2013 年 2 月 22 日。

要原因,这在职保养老保险关系转续上表现得尤为突出。

7.2.1　社会统筹层次不高的现实制约

养老金实现便携性的关键在于转出地与转入地之间对于转移的养老金受益权的互认。而社会统筹层次不高,一方面缩小了各统筹地区的风险调剂范围,从而增加了转移的养老金受益权的不确定性;另一方面又增加了各地之间的协调难度,增大了管理成本。由于我国长期实行财政"分灶吃饭"的财政体制,必然导致在社会保险关系跨地区转移时地方政府利益博弈(何文炯,2008;刘彦忠等,2008;徐秋华,2008;杨风寿,2010)。[①] 从 1991 年国发〔1991〕33 号文件提出对"尚未实行基本养老保险基金省级统筹的地区,要积极创造条件,由目前的市、县统筹逐步过渡到省级统筹"到《2019 年政府工作报告》提出"加快推进养老保险省级统筹改革",我国提高职保社会统筹层次的探索已近30 年。

目前,职保社会统筹层次依然局限在省级及以下层面。由统筹层次低带来的职保的属地化管理和分割的管理体制导致不同地区职保社会统筹基金筹集、管理、支付的方式不同,地区性特征显著,难以协调统一。各地养老保险的相关信息在不同地方之间也不能共享,无法很好地实行跨地区对接。过低的统筹层次造成制度的人为分割,不利于社会保险风险在更大的区域内分散,与其"保险属性"相违背,也不利于地区间收入再分配,甚至拉大了地区间的收入差距。由于各地社会经济发展状况的巨大差异,基本养老保险改革时所产生的转制成本在各地区之间分布极不均衡以及偿债压力大小不均,社会统筹基金缺口不一。在利益驱动下,流动人口净流入多、流入基金大的东部省份难有提高统筹层次的意愿和推动养老保险关系转续的动力(如表 7-1 所示)。

① 何文炯:《养老保险转移,平衡利益是关键》,《中国社会保障》2008 年第 5 期,第 13—15 页。
刘彦忠等:《社会保险关系转续接续问题研究》,《社会保障研究》2008 年第 1 期,第 23—28 页。
徐秋花、侯仲华:《养老保险关系转移难点与对策》,《中国社会保障》2008 年第 9 期,第 42—43 页。
杨风寿:《我国社会保险关系转移和接续问题研究》,《中国人口·资源与环境》2010 年第 1 期,第 50—54 页。

表 7-1　2005 年跨省份流动人口对社保基金财务状况的影响

	流入人口			流出人口			基金平衡状况(亿元)
	比例(%)	数量(万人)	流入基金(亿元)	比例(%)	数量(万人)	流出基金(亿元)	
全国	100.00	4779	217	100.00	4779	−217	0
北京	6.78	324.02	14.7	0.83	39.67	−1.8	12.9
天津	2.36	112.78	5.0	0.52	24.85	−1.1	3.9
河北	1.74	83.15	3.8	2.42	115.65	−5.3	−1.5
山西	0.82	39.19	1.8	1.19	56.87	−2.6	−0.8
内蒙古	1.40	66.91	3.0	1.98	94.62	−4.3	−1.3
辽宁	2.21	105.62	4.5	2.31	110.39	−5.0	−0.5
吉林	0.60	28.67	1.3	0.73	34.89	−1.6	−0.3
黑龙江	0.79	37.75	1.7	1.32	63.08	−2.9	−1.2
上海	9.26	442.54	20.1	1.16	55.44	−3.5	16.6
江苏	8.48	405.26	18.4	5.52	263.80	−12.0	6.4
浙江	12.39	592.12	26.9	4.93	235.60	−10.1	16.8
安徽	0.69	32.96	1.5	7.73	369.42	−16.8	−15.3
福建	5.66	270.49	12.3	4.22	201.67	−9.2	3.1
江西	0.50	23.90	1.1	4.86	232.26	−10.5	−9.4
山东	2.53	120.91	5.5	4.39	209.80	−9.5	−4.0
河南	0.55	26.28	1.2	6.23	297.73	−13.5	−12.3
湖北	0.91	43.49	2.0	5.72	273.36	−12.4	−10.4
湖南	0.64	30.59	1.4	4.77	227.96	−10.4	−9.0
广东	32.64	1559.87	70.8	7.88	376.59	−17.1	53.7
广西	0.73	34.89	1.6	5.28	252.33	−11.5	−9.9
海南	0.58	27.72	1.3	0.47	22.46	−1.0	0.3
重庆	0.70	33.45	1.5	3.56	170.13	−7.7	−6.2
四川	1.00	47.79	2.2	11.27	538.59	−24.5	−22.3
贵州	0.76	36.32	1.6	3.44	164.40	−7.5	−5.9
云南	1.61	76.94	3.5	1.95	76.94	−4.2	−0.7
西藏	0.08	3.82	1.7	0.07	3.35	−1.5	0.2
陕西	0.75	35.84	1.6	2.78	132.86	−6.0	−4.4
甘肃	0.32	15.29	0.7	1.33	63.56	−2.9	−2.2

	流入人口			流出人口			基金平衡状况(亿元)
	比例(%)	数量(万人)	流入基金(亿元)	比例(%)	数量(万人)	流出基金(亿元)	
青海	0.25	11.95	0.5	0.21	10.04	-0.6	-0.1
宁夏	0.23	10.99	0.5	0.32	15.29	-0.7	-0.2
新疆	2.05	97.97	4.3	0.61	30.59	-1.3	-1.3

资料来源:郑秉文:《改革开放30年中国流动人口社会保障的发展与挑战》,《中国人口科学》2008年第5期,第9页。

7.2.2 制度设计不适应流动人口的参保要求

基于国企改革产生的基本养老保险制度对城镇流动人口具有不可及性,"碎片化"的制度安排导致便携性差(郑秉文,2008)。[1] 尽管国发〔2005〕38号文件明确提出"扩大基本养老保险覆盖范围;城镇各类企业职工、个体工商户和灵活就业人员都要参加企业职工基本养老保险",同时对于灵活就业的参保者的具体参保政策做了明确规定,但制度本身针对正规就业和固定劳动关系设计的特点,导致难以适应当前大量非正规灵活就业的流动人口的参保要求。由于存在最低15年的缴费年限限制和养老保险关系在各地之间的转续不畅,导致无论从资格登记、费用征缴、关系转续手续办理还是待遇发放等方面都不适宜大量非正规就业人员,尤其是农民工的参保。一方面,农民工流动性大,变换工作频率高,与用人单位之间雇佣关系不稳定,本应作为养老保险缴费主体的用人单位存在缺位,而如果强行扩面征缴,基本养老保险较高的缴费率将增加用人单位负担,既可能会削弱农民工劳动力成本低廉的优势,不利于其就业,又会造成用人单位消极抵制。而如果农民工以灵活就业人员身份参保,按照国发〔2005〕38号文件的规定,不仅要承担自身8%的个人账户缴费,还要负担12%的统筹账户缴费,将极大增加农民工的负担。另一方面,由于管理太分散,统筹层次低,各地参

---

[1] 郑秉文:《改革开放30年中国流动人口社会保障的发展与挑战》,《中国人口科学》2008年第5期,第2—17页。

保政策不统一(何平,2008;崔莎莎,2008),①候鸟式迁移的农民工难以适应不同的政策,频繁返乡也很有可能导致难以满足制度规定的最低缴费年限限制,从而致使农民工退保率居高不下。根据人力资源和社会保障部的统计数据,自2006年开始统计农民工参加职保数据以来,农民工参保人数从2006年的1417万人增加到2013年的4895万人,7年间增加了3478万人,增长3倍多。② 目前,我国已有超过2亿人的农民工,但参加职保的农民工仅占城镇就业农民工的很小一部分。

7.2.3　现行转续方案依然存在政策缺陷

2009年国务院发布了国办发〔2009〕66号文件并于2010年1月1日起施行。国办发〔2009〕66号文规定参保人员未达到退休年龄,除出国定居和到香港、澳门、台湾地区定居外,不得提前终止养老保险关系并办理退保手续,并明确了资金转移、退休地确定、缴费工资指数计算和转移接续程序等方面的内容和规范。国办发〔2009〕66号文的政策出发点是"核算参保职工缴费积累规模",这种方案存在非常明显的政策缺陷。

其一,违背了社会保险的基本原则。基本养老保险社会统筹账户是典型的月缴终身年金保险方案,按照保险原则,参保职工在履行了参保缴费义务之后,享有在符合规定条件和保险风险发生时获得基础养老金给付的权利。因此,除非参保职工退保,在任何情况下,发生转移的只能是保险保障权利而非参保缴费义务。国办发〔2009〕66号文以转移社会统筹账户缴费积累为政策出发点明显违背了社会保险的保险保障原则。

其二,侵蚀了参保职工养老金权益。国办发〔2009〕66号文规定"按各年度实际缴费工资总和的12%转移养老保险资金",这个标准比国发〔1997〕26号文

---

① 何平:《让农民工"退保"成为历史》,《中国报道》2008年第3期,第26—27页。
崔沙沙:《城镇职工基本养老保险关系转移接续问题探讨》,《社会保障研究》2008年第1期,第36—38页。
② 人力资源和社会保障部:《2006/2013年度人力资源和社会保障事业发展统计公报》,人力资源和社会保障部网站,http://www.mohrss.gov.cn/SYrlzyhshbzb/zwgk/szrs/ndtjsj/tjgb/。

规定的 13%—17% 的缴费率明显要低,比国发〔2000〕42 号文件和国发〔2005〕38 号文规定的 20% 的缴费率减少 40%,这还不包括养老保险资金在参保期内可能获得的利息或投资收益。因此,国办发〔2009〕66 号文的计算方法将直接导致参保职工缴费损失。而且跨区转续办法还存在其他问题:一是立法层次低、政府责任缺失(陈仰东,2009)[①];二是没有统一的 IT 平台、社会保障卡至今未全面推开(朗朗,2010)[②];三是养老金待遇计算与发放复杂,参保人员不易理解;四是户籍制度制约了转续设计,使得转续办法难以根本解决"社保漫游"问题(郑秉文,2010)[③]。新政还存在财务不平衡风险(刘昌平、殷宝明,2009)[④];参保地和退休地不一导致养老金待遇享受不公平问题(邢瑞莱,2010)[⑤]。还有专家从实际部门的角度指出养老保险关系接续不顺畅,统筹协调难度大并举例新政实施两年来江苏省太仓市基金转移率不到 40%(陆俊,2012)[⑥]。此外,国办发〔2009〕66 号文并没有摆脱社会保障的制度陷阱、不公平陷阱和低水平陷阱,反而又延伸出了社会保障的流动陷阱和"踢皮球"陷阱(黄匡时,2012)[⑦]。

国办发〔2009〕66 号文颁布施行之前,原有政策规定职保参保人员跨地区转移接续养老保险关系时只转个人账户储存额,不转社会统筹账户缴费。新政实施后,社会统筹账户按缴费基数的 12% 转移资金,这就意味着大约 60% 的社会统筹账户缴费流入转入地,其余约 40% 留在转出地。这一政策并没有完全消除地区间对于养老保险关系跨地区转移的利益纷争:流入某地的劳动者参保意味着该地区要承担其退休后几十年的养老金支付责任,而流出某地的劳动者不但可以减轻该地的养老金支付负担,而且该地可以额外获得迁出者一部分社会统筹账户积累的

---

① 陈仰东:《保障合法权益,兼顾各方利益——评"养老保险关系转移接续办法"》,《中国社会保障》2009 年第 3 期,第 24—26 页。

② 朗朗:《转续办法的实施需要持续的努力》,《中国劳动保障报》2010 年 1 月 26 日。

③ 郑秉文:《养老保险转续办法带来新挑战与新思考》,《上海证券报》2010 年 1 月 30 日。

④ 刘昌平、殷宝明:《基本养老保险关系城乡转续方案研究及政策选择》,《中国人口科学》2010 年第 6 期,第 40—48 页。

⑤ 邢瑞莱:《养老保险关系异地转移几个亟待解决的问题》,《中国劳动》2010 年第 5 期,第 26—27 页。

⑥ 陆俊:《落实好养老保险关系转移接续的几点建议》,《中国劳动》2012 年第 5 期,第 17—18 页。

⑦ 黄匡时:《流动人口的社会保障陷阱和社会保障的流动陷阱》,《社会保障研究(北京)》2012 年第 1 期,第 28—36 页。

基金。转出就是转嫁了责任,转入就意味着将来要承担责任。[①] 在对待流动人口社会保障问题上,事实上存在一种"竞争性倾销"的现象:流入地为了提高其经济竞争力,吸引更多资金和企业来投资,而故意降低流动人口社会保障水平,从而降低企业的劳动力成本。[②] 因此,地方政府出台的转续政策一般是"愿意转出,不愿转入",人为的设置一些妨碍外来的农民工参加职保的政策壁垒。[③] 参保职工只要出现跨统筹区域转换工作,必将面临养老保险关系难以转续。

7.2.4　管理信息化建设滞后

金保工程是利用先进的信息技术,以中央—省—市三级网络为依托,支持劳动和社会保障业务经办、公共服务、基金监管和宏观决策等核心应用,包括社会保险和劳动力市场两个子系统,由市、省、中央三层数据分布和管理结构组成,具备业务经办、公共服务、基金监管和宏观决策四大功能。[④] 作为国家"十二金"电子政务工程之一,金保工程是国家信息化总体布局的重要组成部分和战略重点。自 2002 年 8 月正式在国家立项以来,数据中心统一化程度普遍提高,在中央数据中心建设方面,已完成网络、主机、存储等设备的安装和数据的迁移且已正式投入使用。

在取得成绩的同时我国金保工程建设还存在很多问题和难点,建立全国统一、广泛覆盖所有劳动群体的一体化信息工程仍然任重道远。由于信息技术落后,网络结构简单,多为局域网系统,各部门系统重复建设,数据信息不能在各部门间充分共享。受较低的统筹层次制约,信息系统建设分散、政策的区域性特征明显,出现了各地区分立门户的局面。缺乏全国统一的政策、流程和信息平台,

---

①　杨宜勇等:《全国统一社保关系转续办法的基本思路》,《宏观经济管理》2008 年第 8 期,第 37—39 页。

②　黄匡时:《社会保障的全球化困境及其治理》,载郑功成主编:《社会保障研究》,中国劳动社会保障出版社 2011 年版。

③　杨宜勇、谭永生:《全国统一社会保险关系接续研究》,《宏观经济研究》2008 年第 4 期,第 12 页。

④　赵锡铭:《金保工程建设情况和下一步构想》,《电子政务》2012 年第 2 期,第 131—137 页。

上级劳动保障部门缺乏对下级城市的指导,下级数据很难向上集中,且城市之间、统筹区域之间在业务上交流不畅。养老保险行政管理主体的分散化,同级部门、上下级部门间利益博弈以及信息沟通的不通畅,导致金保工程的纵向建设和横向沟通功能难以实现,养老保险关系的转移接续手续较烦琐。参保人员办理城乡养老保险制度衔接手续时,须经历:向转入地提出书面申请;转入地在接到申请后于 15 工作日内对书面申请进行审核;审核合格后再由转入地经办机构向转出地经办机构发出联系函;转入地接到联系函后的 15 个工作日内,完成制度衔接的参保缴费信息传递和基金划转手续;转入地收到转出地划入的资金后,于 15 日内通知参保者个人,此时,养老保险关系转移接续程序才算结束。一般来说转移整个过程短则数日,长则可能一个多月,对于参保者来说转移接续养老保险关系的成本较高。

7.3 跨制度存在转续障碍

机关事业单位养老保险、职保和城乡居保三足鼎立产生的便携性障碍必然导致社会养老保险关系在三个制度之间转续存在困难。一方面,制度设计上的巨大差异使得在养老保险关系转续时存在权益计算、认同和接续难题;另一方面,管理体制上的分割导致在具体的经办管理时存在较大障碍。三个制度都实行"统账结合"的制度模式,其中个人账户具有私人产权,且现有转续政策都赋予了个人账户充分的便携性,因此不存在流动性和资金转移问题。养老保险关系在三个制度之间的转续问题集中于社会统筹账户。此外,由于机关事业单位养老保险与职保采取完全一致的制度设计,因此职保与城乡居保之间的养老保险关系转续难题也代表了机关事业单位养老保险与城乡居保之间存在的转续问题。

7.3.1 职保与城乡居保之间的转续难题

城乡二元经济结构矛盾和地区经济发展不平衡决定了社会养老保险制度设

计的巨大差异,进而产生了社会养老保险关系在城乡之间的转续难题(尹庆双、杨英强,2007;郑功成,2007;李顺明、杨清源,2008)。① 农村生产关系和小农经济的特点意味着社会养老保险关系中的雇主责任的缺位,从而导致了雇主主导型的强制性现收现付制养老保险模式在现阶段中国农村实行还不太现实。农业的弱质性和农民资源禀赋的弱势地位又决定了政府支持的公共财政补贴在农村社会养老保险制度建立过程中的不可或缺。而农业收入的非季节性和非稳定性也决定了农村社会养老保险的缴费筹资模式与城镇社会养老保险存在一定的区别。因此,20世纪90年代初在我国农村实践的农村社会养老保险制度采取了农民个人缴费、集体选择性给予补助和政府提供政策支持的完全基金积累模式,在大部分地区农村集体经济难以提供补助的现实条件下,传统农村养老保险制度演变成了"个人储蓄保障"(刘峰,2007)。② 而农村社会养老保险的个人账户模式"保富不保穷"的制度缺陷使穷人的福利进一步恶化(陈志国,2005)。③ 这种制度模式与职保所实行的统账结合的制度模式存在本质区别。

国发〔2009〕32号文件所形成的新农保尽管强调了政府的补贴责任和明确了新农保采取与职保相同的统账结合模式,但是由于新农保的社会统筹账户实质上是一个悬浮的虚账户,仅仅是一个记账工具,而职保社会统筹账户是用于归集企业缴费的实账户,因此二者仍然存在重要区别,而社会统筹账户转续又是养老保险关系转续的难点所在,养老保险关系在城乡之间转续必然存在制度性障碍和操作困难。随着新农保政策的出台,有关职保与新农保关系转续问题就凸显出来,例如,如何解决待遇计发公式的公平与效率问题(郑秉文,2010)④,即不能使农民工由于回乡不能进行社会保险关系转移接续,而使在异地缴纳的养老

---

① 尹庆双、杨英强:《农民工养老保险关系转移接续机制问题探讨》,《农村经济》2007年第12期,第68—70页。

郑功成:《中国社会保障制度改革的新思考》,《山东社会科学》2007年第6期,第5—10页。

李顺明、杨清源:《构建和谐社会进程中社会保险关系接续转移问题研究》,《社会保障研究》2008年第1期,第87—90页。

② 刘峰:《农村养老保障制度建设路径探索》,《求索》2007年第2期,第44—45页。

③ 陈志国:《发展中国家农村养老保障构架与我国农村养老保险模式选择》,《改革》2005年第1期,第56—63页。

④ 郑秉文:《职工养老保险跨区转续意义重大》,《经济日报》2010年1月14日。

保险待遇立刻归零(金志奇,2009)①。

由于新农保与城居保在制度模式上完全一致,仅仅存在个人账户缴费档次设计的不同,二者之间不存在整合和转续障碍。2014年2月21日国务院发布国发〔2014〕8号文件,将两项制度合并实施,在全国范围内建立统一的城乡居保制度。但是,职保与城乡居保之间仍然存在转续难题。部分地区单独开展了城乡养老保险关系转续试点。龚秀全(2011)考察了采取年限折算法的《天津市城乡居民基本养老保障规定实施细则》,尽管该方案实现了职保与城乡居保的相互转换,但是存在道德风险和产生了新的不公平,主要总结为三个方面:一是待遇衔接存在不公平,参保者从城乡居保转换为职保所需要的缴费年限过长,对于低收入居民事实上难以实现转换,导致转换条件事实上的不公平;二是存在套利空间;三是待遇衔接政策没有平衡各利益主体的利益。② 而对于城乡养老保险待遇衔接,刘颖和赵萌(2011)提出了"折算加补缴"和"待遇加权分别享受"两种思路。③

2014年2月24日,《城乡养老保险制度衔接暂行办法》(人社部发〔2014〕17号)发布,规定参加职保和城乡居保的人员,达到职保法定退休年龄后,职保缴费年限满15年(含延长缴费至15年)的,可以申请从城乡居保转入职保,按照职保办法计发相应待遇;职保缴费年限不足15年的,可以申请从职保转入城乡居保,待达到城乡居保规定的领取条件时,按照城乡居保办法计发相应待遇。人社部发〔2014〕17号文是养老保险关系城乡转移接续的重要突破,但是显而易见该方案意在考虑到已参加职保群体的既得利益,避免参保者投机行为,保障统筹账户资金的收支平衡,因此对不同转移方向和原有缴费年限的计算采用差别化办法。对参保人员从职保转入城乡居保时,之前的参保缴费年限可合并累加计算为城乡居保的缴费年限。但当参保人员从城乡居保转入职保时,其参加职保的缴费年限则不折算为职保缴费年限。同时,当从职保向城乡居保转续时,人社

---

① 金志奇:《农民工社保关系跨地区转移接续难在何处》,《领导之友》2009年第5期,第45—46页。
② 龚秀全:《城乡基本养老保险待遇衔接政策优化研究——以天津市城乡居民基本养老保险为例》,《人口与经济》2011年第6期,第94—99页。
③ 刘颖、赵萌:《浅析养老保险的跨城乡衔接》,《中国社会保障》2011年第1期,第46—47页。

部发〔2014〕17号文没有转移社会统筹账户基金的规定。固然,由于职保与城乡居保的缴费水平差异很大,如果将后者的缴费年限简单地认同为前者的缴费年限,会造成权利与义务不对等,可能导致资金不平衡和道德风险。但由于职保在缴费上不能趸缴,对于中途从城乡居保转入,且其累计缴费年限仍不满职保待遇领取条件缴费必须满15年的参保群体而言,只能再次回到城乡居保制度,无法享受职保相对较高的待遇水平,损害了其应有的养老金权益,也同样违背了权利与义务对等原则。因此,该政策只是单向的转续解决方案。

此外,人社部发〔2014〕17号文中规定城乡三类养老保险可进行衔接转换,职保、新农保和城居保中,参加过两种或两种以上的人员,可衔接转换养老保险关系。但是就保障水平来讲,职保的保障水平明显高过新农保和城居保,这是由于城乡两类制度在统筹账户的制度设计和缴费水平上存在巨大差异。职保社会统筹账户按在岗职工工资总额的20%进行筹集,用于支付当期养老金领取者的基础养老金;而城乡居保严格意义上在缴费环节没有统筹账户的设置,基础养老金由财政负担。另外,从缴费水平来看,2012年城乡居民人均缴费水平只有169元[①],同年企业职工的人均缴费7200元[②],二者的缴费水平存在很大差距。与之相对应的是城乡居保的保障水平要远远低于职保,这既是转续的最大障碍,也是在转续过程中需要解决的重要问题。但从目前的城乡社会养老保险转续政策来看,这一点尚未得到解决。

7.3.2 职保与机关事业单位养老保险之间的转续难题

在2015年国务院发布国发〔2015〕2号文建立机关事业单位养老保险制度之前,我国机关事业单位社会养老保障一直以退休保障的形式存在,其与职保制

---

① 根据《2012年度人力资源和社会保障事业发展统计公报》公布的城乡居民参保人数减去待遇领取人数计算出缴费人数,再用个人缴费总额除以缴费人数得出人均缴费水平。2012年末城乡居民参保48370万人,其中实际领取待遇人数13075万人,个人缴费594亿元。数据来源于人力资源和社会保障部:《2012年度人力资源和社会保障事业发展统计公报》,http://www.mohrss.gov.cn/SYrlzyhshbzb/zwgk/szrs/ndtjsj/tjgb/201306/t20130603_104411.htm,2013年6月3日。

② 由征缴收入16467亿元除以参保职工数22981万人得出。

度存在很大不同。在制度模式上，机关事业单位退休保障制度虽然也属于现收现付制，但是个人不需要供款缴费，资金全部来源于公共财政，具有国家保障型职业福利制特点；在资金筹集上，机关事业单位退休保障制度采取政府财政预算安排或单位单方筹集资金机制；在待遇标准上，机关事业单位退休金以个人退休前最后一个月的工资为基准，其中基础工资和工龄工资全额发放，职级工资和级别工资两项之和根据工作年限长短按照相应比例计发。根据规定，机关公务员退休后的退休费按本人退休前职务工资和级别工资之和的一定比例计发，事业单位工作人员退休后的退休费按本人退休前岗位工资和薪级工资之和的一定比例计发。根据《关于机关事业单位离退休人员计发离退休费等问题的实施办法》（国人部发〔2006〕60号）的规定，工作年限满35年的按90%计发，工作年限满30年不满35年的按85%计发，工作年限满20年不满30年的按80%计发。同时，机关事业单位离退休人员退休金标准与在职人员工资同步调整，且幅度一般不低于机关事业单位在职人员工资增长率。原则上离休人员退休金按同职级在职人员平均增资额增加，退休人员按同职级在职人员平均增资额的一定比例增加。因此，养老保险关系在机关事业单位退休保障制度与职保之间转续存在巨大困难。

国发〔2005〕2号文建立了与职保在制度模式上完全相同的机关事业单位养老保险制度，基本上扫清了养老保险关系在二者之间转续的制度障碍，但是依然存在现实难题。根据《人力资源和社会保障部、财政部关于机关事业单位基本养老保险关系和职业年金转移接续有关问题的通知》（人社部规〔2017〕1号）和《机关事业单位基本养老保险关系和职业年金转移接续经办规程（暂行）》（人社厅发〔2017〕号）的规定，参保人员在机关事业单位与企业之间流动的，在转移基本养老保险关系的同时，转移基金。个人缴费部分按计入本人基本养老保险个人账户的全部储存额计算转移；单位缴费部分以本人改革后各年度实际缴费工资为基数，按12%的总和转移，参保缴费不足1年的，按实际缴费月数计算转移。社会统筹账户按缴费基数的12%转移资金，这就意味着大约60%的社会统筹账户缴费流入转入地，其余约40%留在转出地。

职保与机关事业单位养老保险之间的转续政策规定与国办发〔2009〕66号文的转续政策规定相同，也存在几乎完全相同的政策缺陷。一方面，只转移了参保缴费义务而非保险保障权利,违背了社会保险的基本原则;另一方面,侵蚀了参保职工养老金权益,不仅造成了参保职工缴费损失,还包括养老保险资金参保期内可能获得的利息或投资收益。此外,这一政策也同样会引起职保与机关事业单位养老保险、不同统筹地区职保与机关事业单位养老保险之间的利益纷争:流入某制度的劳动者参保意味着该制度要承担其退休后几十年的养老金支付责任,而流出某制度的劳动者不但可以减轻该制度的养老金支付负担,而且该制度可以额外获得迁出者一部分社会统筹账户积累的基金。转出就是转嫁了责任,转入就意味着将来要承担责任。

7.3.3　管理体制制约进一步影响跨制度转续

一、行政管理体制制约

目前我国社会养老保险的行政管理主体包括:人力资源和社会保障部门、财政部门和审计部门。其中,人力资源和社会保障部门的主要职责是:统筹建立覆盖城乡的社会保障体系,统筹拟定城乡社会保险相关政策并逐步提高社会保险基金统筹层次,并会同有关部门拟订社会保险及其补充保险基金管理和监督制度,编制全国社会保险基金预决算草案,参与制定全国社会保障基金投资政策等综合管理职责。财政部门的职责是:负责社会养老保险基金不足时给予补贴,核定和拨付养老保险经办机构的经费,养老保险基金存入的财政专户的管理,审核全国社会保险基金预算、决算草案,和对养老保险基金的收支、管理和投资运营情况实施财政监督。审计部门的职责是:对养老保险基金的收支、管理和投资运营情况实施审计监督。基本上形成了"一家主管,多家协管"的行政管理格局。在人力资源和社会保障部又分别设立了社会养老保险司、农村社会养老保险司和中央国家机关养老保险管理中心分别负责职保、城乡居保和机关事业单位养老保险综合行政管理工作。① 根据社会保险法,养老保险制度行政管理在纵向上由各县级以上地方人民政府社会保险行政部门负责本行政区域的社会保险管

---

① 中央国家机关养老保险管理中心负责在京中央国家机关事业单位工作人员养老保险经办管理,各地机关事业单位工作人员养老保险经办管理由本地机关事业单位养老保险管理部门负责。

理工作,县级以上地方人民政府其他有关部门在各自的职责范围内负责有关的社会保险工作。然而,当前三类制度的统筹层次的不一致,行政管理的分散化增大了养老保险关系转移接续过程中的行政摩擦,降低了行政管理效率。

二、财政补贴机制缺陷

在财政补贴机制的设计上,职保基础养老金来源于由企业缴费的社会统筹账户,对于企业缴费的部分财政不给予任何补贴,只有当统筹账户无法支付当期基础养老金支出时,由统筹地区地方财政承担基金缺口。地方各级财政部门和同级国库根据政府预算支出科目和资金种类设立"财政对基本养老保险基金的补贴支出"分类明细账户,核算养老保险财政专户的补助资金。与职保类似,机关事业单位养老保险社会统筹部分也是单独建账、单独管理、独立运行。

城乡居保的一个显著特点就是在整个养老保险缴费和待遇给付环节,中央和地方政府都给予了很大的财政补贴,实行"进口"和"出口"两头补。在个人缴费环节,地方财政根据居民缴费档次的高低分档设立不同的补贴金额,补贴标准不低于每人每年30元。在待遇给付环节上,其基础养老金账户则完全由财政负担,对于东部经济发达地区的最低基础养老金由中央和地方财政各自负担50%,中部和西部经济欠发达地区则由中央财政全额负担;另外,地方财政可根据当地实际情况在全国统一规定的最低标准上适当加发基础养老金。城乡居保基础养老金以及对个人缴费的财政补贴是纳入财政预算的,中央、省级财政补助资金采取"当年先行预拨,次年据实结算、差额多退少补"的办法,按日历年,中央与省级财政结算中央财政补助资金、省级与市级财政结算省财政补助资金。城乡居保业务由社会养老保险经办机构、乡镇和街道办事处人力资源和社会保障服务中心具体经办,进行每月养老金的结算。职保制度原则上自给自足,收支不纳入财政预算。各省市都设有专门的职保基金结算中心,主要负责基金计算、会计核算、会计监督和对社会养老保险基金征缴、支付、运行、管理的重要职能。机关事业单位养老保险社会统筹账户则采取记账方式管理,在待遇兑现时才由财政资金一并给付。不同的财政补贴层次、补贴方式以及没有统一的基金结算中心,加大了在三类制度转移接续时基金结算的财务清算难度。

8 养老保险关系转续的国外经验

8.1 养老保险关系转续中的便携性改革鸟瞰

养老金便携性对于劳动力市场的重要影响,尤其是公共养老金便携性障碍对于劳动力流动的负面影响和对于劳动力市场的优化配置的阻碍作用,引起了国际社会的广泛关注,许多国家和共同体组织采取了许多建设性改革措施,意图降低养老金便携性障碍对劳动力市场的消极影响,保护劳动者的养老金权益。

8.1.1 减少养老金便携性损失

通过缩短既得受益权期限,减少养老金便携性损失。在美国,从 20 世纪 60 年代开始,关于养老金便携性的联邦政策开始成为公众讨论的重要话题。1974 年《雇员退休收入保障法》(*Employees' Retirement Income Security Act*, ERISA)出台之前,美国无法律明文规定养老金计划必须具有既得受益权条款(Osgood, 1979)。[①] 近 40%的养老金计划没有既得受益权规定(Dorsey,1995)。[②]《雇员退休收入保障法》设置了三种既得受益权规则(见表 8-1),既得受益权期限最长

---

① Osgood, R.K., 1979, "Qualified Pension and Profit-Sharing Plan Vesting: Revolution Not Reform", *Boston University Law Review*, 59, p. 452.

② Stuart, D., 1995, "Pension Portability and Labor Market Efficiency: a survey of the literature", *Industrial and Labor Relations Reviews*, 48(2), pp. 276–292.

达到 10 年。1986 年的《税收改革法》(*the Tax Reform Act*)设置了两种既得受益权规则,将最长既得受益权期限缩短到 5 年。自 1980 年以来的 20 年中,美国 DB 型养老金计划的既得受益权期限限制不断放松(Mitchell,2000)。[1]

表 8-1　美国两部法案对养老金计划既得受益权的规定

	可选规则	《雇员退休收入保障法》	《税收改革法》
既得受益权规则	一	参保满 10 年获得 100%受益权	参保满 5 年获得 100%受益权
	二	参保满 5 年获得 25%受益权,后面 5 年每年增加 5%,最后 5 年每年增加 10%	参保满 3 年获得 20%受益权,后面 4 年每年增加 20%
	三	参保满 10 年获得 50%受益权,后面 5 年每年增加 10%	

资料来源:Sahin and Balcer,1979,"Qualifying Service under ERISA Vesting Standards:A Comparative Analysis",*The Journal of Risk and Insurance*,46(3),pp.483-496.
Mitchell Olivia,S.,2000,"New Trends in Pension Benefit and Retirement Provisions",Pension Research Council Working Papers 2000-1.

1975 年之前,英国没有关于提前离职者转移养老金权益或者从原养老金计划中获得一个延迟养老金的法律规定。1975 年,在 1973 年颁布的社会保障法(*Social Security of 1973*)开始生效后,26 岁以上的参保者能够在 5 年之后获得养老金既得受益权。1985 年社会保障法允许离职者转移养老金权益到另外一个计划。1986 年社会保障法将雇主缴费的既得受益权期限减少到 2 年。除社会保障法律之外,英国还分别于 1991 年和 1996 年颁布了关于待遇保留和权益转移的职业养老金计划指令(*Occupational Pension Schemes Regulations*)(Blake 和 Orszag,1998)。[2] 养老金制度实行省份自治的加拿大在 1994 年的养老金制度改革中,绝大部分省份将受益权期限由 10 年缩短为 2 年(Luchak、Fang 和 Gunder-

---

[1]　Mitchel,O.S.,2000,"New Trends in Pension Benefit and Retirement Provisions",Pension Research Council Working Papers 2000-1,February.

[2]　Blake,D.and Orszag,J.M.,1998,"Portability and Preservation of PensionRights in the United Kingdom",http://www.pensions-institute.org/reports/oftport.pdf.

son,2004)。① 1995 年,欧盟委员会(European Commission)在第一份关于补充养老金计划便携性的建议上提出了在 2000 年之前将养老金计划的最长缴费年限逐渐缩短到 8 年。② 2001 年的一项研究显示,如果德国将既得受益权期限从 10 年减少到 5 年,劳动力市场流动性将大大增强,研究样本的流动性将增加 8%(Rabe,2006)。③ 2003 年,巴巴多斯通过改革法案,将职业养老金计划的既得受益权期限减少到 3 年,而此前的养老金计划的既得受益权期限为 10—13 年(Alvaro,2008)。④

对于私人养老金便携性的推动和实现,经济合作与发展组织(Organization for Economic Co-operation and Development, OECD)国家进行了广泛的尝试(OECD,2002)。⑤ 主要包括:(1)最小化受益资格条件。如美国《退休储蓄和保障法》(Retirement Savings and Security Act)废止了待遇领取等待时间的规定。(2)最小化既得受益权期限,如美国《雇员退休收入保障法》要求 401(k)计划在两年以后开始实行累进获取型既得受益权规则或者在三年后实行一次性获取型既得受益权规则。(3)为早期获得既得受益权并离职的参保人提供指数化的延迟年金,例如爱尔兰和英国。(4)给予养老金权益转移到另外一个计划的法定权利,例如加拿大、爱尔兰、荷兰和英国。(5)给予养老金权益的延税待遇。(6)引入一个便携性清算机制或机构,已经在荷兰和日本实施。(7)设立一个统一的 DC 型养老金计划。1980 年,美国总统直属的负责养老金政策的委员会建议建立一个统一的最低养老金计划,覆盖所有的从业者,由雇主缴费并实行强制性 DC 型。缴费标准是不小于 25 岁的员工工资总额的 3%,实行立即获取型既得

① Luchak,A.A.,Fang,T.and Gunderson,M.,2004,"How has Public Policy shaped Defined-Benefit Pension Coverage in Canada",*Journal of Labor Research*,25(3),pp.469-484.

② Andrietti,V.,2001,"Portability of Supplementary Pension Rights in the European Union",*International Social Security Review*,54(1),pp.59-83.

③ Rabe and Birgitta,2006,"Occupational Pensions,Wages,and Job Mobility in Germany",ISER Working Paper 2006-4,Colchester:University of Essex,http://www.iser.essex.ac.uk/pubs/workpaps/.

④ Alvaro F.,2008,"The Portability of Pension Rights:General Principals and the Caribbean Case",Special Protection Discussion Paper No.0825,The World Bank.

⑤ OECD,2002,"Regulating Private Pension Schemes:Trends and Challenges",Paris:OECD Publishing,Private Pensions Series,No.4,pp.208-212.

受益权规则,并由便携性清算机构负责早期离职者的待遇发放。(8)建立一个强制性 DB 型养老金计划,例如智利和澳大利亚。(9)控制退休前的一次性提取待遇,例如加拿大和荷兰。(10)鼓励从 DB 型计划转移到现金余额计划(cash balance plan)。

8.1.2　加强国际合作

移民输出国和接收国通过签署社会保障双边或多边协议,以提高国家间社会保障管理机构之间的合作,确保迁移劳动力及其家庭社会保障权益具有充分的便携性和受益资格(Cruz,2004;Holzmann 等,2005)。[①] 社会保障权益便携性的现实障碍推动了社会保障国际合作的发展,国际组织在政策层面发挥了重要的作用。2004 年,第 92 届国际劳工大会通过了关于公平对待全球经济中的移民工人的决议《劳动移民行动计划》(*Plan of Action on Labour Migration*),其中心内容是《劳动移民多边框架》(*Multilateral Framework on Labour Migration*),提出了通过双边、地区或多边社会保障协议保护移民工人的具体政策建议(ILO,2006)。

一、以社会保障双边合作协议为主导

签署社会保障双边合作协议是移民输入国与输出国之间进行社会保障合作最广泛的形式。最早的国家间社会保障合作双边协议是法国与意大利于 1904 年签署的关于工伤补偿的跨国合作协议(Roberts,2010)。[②] 该协议引入了同等

---

① Cruz,A.T.,2004,"Portability of Benefit Rights in Response to External and Internal Labor Mobility:The Philippine Experience",Paper presented at the International Social Security Association(ISSA),Thirteenth Regional Conference for Asia and the Pacific in Kuwait, March 8 - 10, 2004, http://www. issa. int/pdf/kuwait04/2cruz.pdf.
Holzmann, R.,Johannes,K.and Taras,C.,2005,"Portability Regimes of Pension and Health Care Benefits for International Migrants:An Analysis of Issues and Good Practices",Social Protection Discussion Paper Series No. 0519,The World Bank.
② Roberts,S.,2010,"A short history of social security coordination",In Jorens Yves ed.,50 *Years of Social Security Coordination:Past-Present-Future*,Report of the Conference Celebrating the 50th Anniversary of the European Coordination of Social Security,Luxembourg:Publications Office of the European Union,pp. 8-28.

对待原则,即本国公民在对方国家工伤时能够获得无差别的补偿。随后,这种国家间的双边协议在欧洲率先得到推广。1912 年德国与意大利就工业和农业工人的工伤同等对待问题达成了双边协议。1919 年法国与意大利达成的另一个双边协议第一次引入了保险期限累积原则。第二次世界大战之后的绝大部分双边协议也产生于欧洲国家之间。从 1946 年到 1966 年的 20 年间,世界范围内产生了 401 项社会保障双边协议,其中占比 94% 的协议的缔约双方都是欧洲国家(Holloway,1981)。[①] 截至 2009 年,欧盟(EU)和西欧已经签署的社会保障双边协议有 1628 项(包括 1034 个欧盟内部协定),东亚和太平洋地区有 181 项,南亚有 3 项,非洲(不包括留尼汪岛)有 102 项。[②] 这些社会保障双边协议除了确定合作的基本原则,还覆盖了社会保障权益的具体内容。以乌克兰为例,2012 年乌克兰与保加利亚、捷克、爱沙尼亚、拉脱维亚、立陶宛、葡萄牙、斯洛伐克和西班牙签署了社会保障双边合作协议,这些协议几乎囊括了社会保障的各个方面,包括养老、医疗、工伤、照护和失业(ILO,2012)。[③] 中国目前已经与德国、韩国、丹麦、芬兰和加拿大签署了双边社会保障协定,还与经贸关系密切的 15 个国家启动了双边社会保障协定谈判。[④]

表 8-2　欧洲国家的社会保障双边协议数量统计

国家	协议数量
奥地利(Austria)	146
比利时(Belgium)	167
捷克(Czech Rep.)	10
丹麦(Denmark)	49
芬兰(Finland)	55

---

① Holloway,J.,1981,*Social Policy Harmonization in the European Community*,Farnborough:Gower.

② ISSA,2014,"Handbook on the Extension of Social Security Coverage to Migrant Workers",Geneva:International Social Security Association.

③ ILO,2012,"Ensuring Social Security Benefits for Ukrainian Migrant Workers:Policy Development and Future Challenges",ILO Decent Work Technical Support Team and Country Office for Central and Eastern Europe.

④ 数据来源于《中国、加拿大签署社会保障协定》,新华网,http://news.xinhuanet.com/2015-04/03/c_1114863192.htm,2015 年 4 月 3 日。

国家	协议数量
法国（France）	386
德国（Germany）	224
希腊（Greece）	58
匈牙利（Hungary）	18
冰岛（Iceland）	22
爱尔兰（Ireland）	20
意大利（Italy）	112
卢森堡（Luxembourg）	136
荷兰（Netherlands）	165
挪威（Norway）	54
波兰（Poland）	46
葡萄牙（Portugal）	95
俄罗斯（Russia）	7
斯洛伐克（Slovak Rep.）	12
西班牙（Spain）	140
瑞典（Sweden）	66
瑞士（Switzerland）	124
英国（UK）	157
乌克兰（Ukraine）	8
其他	284
总计	2561

资料来源：Robert，H.，Johannes，K.and Taras，C.，2005，"Portability Regimes of Pension and Health Care Benefits for International Migrants：An Analysis of Issues and Good Practices"，Social Protection Discussion Paper Series No. 0519，The World Bank.

二、以社会保障多边合作协议为补充

在经济合作区域化的推动下，签署社会保障多边合作协议成为实现区域内迁移人口社会保障权益便携性的重要举措。目前，全世界范围内的社会保障双边作协议已经达到几千个，总共覆盖 136 个国家，但是区域内形成的多边合作协议只有 7 个，包括欧盟、中西非洲（Central and West Africa）、南部非洲发展共同体(SADC)、南美南方共同市场(MERCOSUR)、加勒比共同体(CARICOM)、海湾合作委员会(Gulf Cooperation Council)和达成 2005 年巴库宣言(2005 Baku Declaration)的部分欧亚国家(ILO,2016)。

欧盟是世界上最早进行区域内社会保障多边合作的地区,早在 1958 年欧共体成立之初就开始进行社会保障区域内的多边合作。1995 年欧盟地中海伙伴关系(Euro-Mediterranean Partnership)达成之后,欧盟开始着手与 10 个地中海国家进行社会保障多边合作协议谈判,于 1998 年、2000 年和 2005 年分别与突尼斯、摩洛哥和阿尔及利亚达成协议。早在 1996 年,加勒比共同体成员国就签署了社会保障协议,对养老金权益在成员国之间的便携性进行了规定。① 2004 年南方共同市场(MERCOSUR)关于社会保障合作的多边协议开始生效。《伊比利亚美洲多边社会保障协定》(*Multilateral Ibero-American Social Security Convention*)囊括了加勒比共同体和南方共同市场中的 17 个国家,还包括了安道尔、西班牙和葡萄牙三个欧洲国家(Avato 等,2010)。② 2016 年 5 月,南部非洲发展共同体社会保障权益可携带性政策框架(Portability of Social Security Benefits Policy Framework)开始进入实施阶段。与此同时,东非共同体(East African Community)社会保障多边合作协议也已经进入最后的批准阶段。有研究显示,部分 OECD 成员国间签订的公共养老金计划协议已经有效地防范迁移职工遭受较大的养老金权益损失(Schmahl,1993)。③

这些社会保障多边合作协议一般是在双边合作的基础上形成的,在区域经济合作不断加强的基础上应运而生,反过来通过保护迁移人口的社会保障权益促进区域经济合作的进一步加强。以欧盟为例,为促进劳动力的自由流动,欧盟社会保障多边合作确定了三项基本原则:(1)欧盟成员国和其他国家劳动力同等对待原则;(2)社会保障权益在成员国之间的便携性原则;(3)在确定待遇时实行参保期限累积原则。

---

① 参见 *CARICOM Agreementon Social Security*,加勒比共同体官方网站(http://www.caricom.org)。

② Avato,J.,Johannes,K.and Rachel,S.W.,2010,"Social Security Regimes,Global Estimates,and Good Practices:The Status of Social Protection for International Migrants",*World Development*,38(4),pp.455-466.

③ Schmahl,W.,1993,*Harmonization of Pension Schemes in Europe? A Controversial Issue in theLight of E-conomics.Age*,*Work and Social Security*,A.B.Atkinson and M.Rein,St.Martin′s Press,pp.308-340.

三、以社会保障国际合作为框架

经济全球化推动移民在世界范围内扩散,实现包括迁移人口在内的社会保障全覆盖逐渐上升为一项全球议题。2015 年 9 月在召开的"联合国可持续发展峰会"上通过了一份由 193 个成员国共同达成的成果文件,即《变革我们的世界——2030 年可持续发展议程》(*Transforming our world:the 2030 Agenda for Sustainable Development*)。这一包括 17 项可持续发展目标(SDGs)的纲领性文件旨在推动世界在今后 15 年内实现 3 个史无前例的非凡创举——消除极端贫穷、战胜不平等和不公正以及遏制气候变化。在《2030 年可持续发展议程》的倡导下,世界各国都在积极实施覆盖全民的社会保护,推动最低社会保障扩面。除联合国(UN)外,地区合作组织也在积极推动这一倡议,包括非盟(African Union)、东盟(ASEAN)、金砖国家(the BRICS)、加勒比海共同体、南美南方共同市场、南亚区域合作联盟(SAARC)、南部非洲发展共同体等。2016 年 9 月第 71 届联合国大会发起了普惠社会保护全球合作伙伴计划(Global Partnership of Universal Social Protection),列举了 23 个发展中国家(包括中国)实现社会保障全覆盖的成功案例。该计划致力于在全球范围内实现社会保障全覆盖,以作为实现可持续发展目标的重要措施,得到了包括世界银行(the World Bank)、国际劳工组织、非盟、国际粮农组织(FAO)、欧盟委员会(European Commission)、国际助老会(Helpage)、美洲开发银行(IADB)、经合组织、救助儿童基金会(Save the Children)、联合国开发计划署(UNDP)、联合国儿童基金会(UNICEF)等国际组织的支持。

事实上,除了在实现社会保障全覆盖的框架下推动迁移人口社会保障权益保护,以国际劳工组织为代表的国际组织很早就通过一系列公约(Convention)和建议书(Recommendation)的形式,推动成员国基于本国法律和国际义务为在本国工作的迁移人口提供基本社会保障,涉及统一性的公约和建议书,例如第 102 号公约《社会保障(最低标准)公约》(*Social Security (Minimum Standards) Convention*)(1952 年)、第 202 号建议书《社会保护底线建议书》(*Social Protection Floors Recommendation*)(2012 年);专门针对移民就业的公约和建议书,例如第

97 号公约《移民就业》(*Migration for Employment Convention*)(1939 年)、第 143 号公约《移民工人(补充条款)公约》(*Migrant Workers(Supplementary Provisions) Convention*)(1975 年),以及相应的第 86 号和第 151 号建议书;专门针对社会保障权益保护和便携性的公约,例如第 118 号公约《(社会保障)公平待遇公约》(*Equality of Treatment(Social Security)Convention*)(1962 年)、第 157 号公约《社会保障权益维持公约》(*Maintenance of Social Security Rights Convention*)(1982 年),这些国际公约也获得了很多国家的批准。[1] 作为国际劳工组织第 97 号和第 143 号公约的后续,《移民工人及其家属权益保护国际公约》(*International Convention on the Protection of the Rights of All Migrant Workers and Members of Their Families*)于 1990 年在联合国大会通过,并于 2003 年正式生效,且截止 2018 年 10 月已经有 54 个国家批准。2012 年 6 月,在第 101 届国际劳工大会上,国际劳工组织批准了第 202 号最低社会保障建议书,第一次以国际标准的形式确认了自 2001 年以来发展完善的、以人人享有基本社会保障为目标的、包括纵、横两向扩面在内的社会保障扩面战略(王昭、吴陈,2012)。[2] 国际劳工组织公约和建议书所确定的迁移人口社会保障权益的基本原则包括:(1)在社会保障权益上不歧视外国人,并与本国人同等对待;(2)权益便携;(3)权益可累积;(4)居住在国外的受益人仍然可以享受社会保障待遇给付。

为实现迁移人口社会保障全覆盖,国际劳工组织的政策建议包括:(1)批准和执行国际劳工组织公约和建议书;(2)签署社会保障双边和多边协议实现平等和可转移的社会保障;(3)在劳务合作中增加社会保障条款;(4)扩大社会保障覆盖面,惠及移民及其家属;(5)其他双边合作,包括社会保障待遇跨国支付、自愿或强制参与社会保险计划、设立海外工作国民福利基金等;(6)针对实际困难的补充性措施,例如加强宣传、提供社会和法律服务、行前培训和提供相关语种的材料等(ILO,2017)。[3]

---

[1] 国际劳工组织的公约(Convention)需要会员国批准后加入,而建议书(Recommendation)不需要。

[2] 王昭、吴陈:《专访:国际劳工组织期望中国医保制度健康、稳定和可持续发展——访国际劳工组织官员胡爱娣》,中国政府网(www.gov.cn),2012 年 9 月 4 日。

[3] ILO,2017,"World Social Protection Report 2017-19:Universal Social Protection to Achieve the Sustainable Development Goals",Geneva:International Labour Office.

8.2 养老金便携性改革:欧盟经验

8.2.1 改革历程

欧盟养老金便携性改革的历程就是欧盟关于养老金便携性的法律发展完善的过程。① 对于养老金便携性的法律规范,欧盟分为两种形式:其一,欧盟层面的法律负责规范成员国之间公共养老金的便携性;其二,各国的法律负责规范补充养老金的便携性。② 然而,随着形势发展的需要,欧盟也从公共养老金和补充养老金两个层面进行了养老金便携性的改革。

一、公共养老金便携性改革

1958 年生效的《罗马条约》为欧盟社会保障合作提供了法律基础。其中第 39 条赋予了欧盟成员国公民在其他成员国求职、就业、定居并获得同等对待的权利。第 42 条要求欧盟理事会(European Council)在社会保障领域为欧盟成员国公民及其家属的自由流动提供应对措施。第 56 条对于资本自由流动进行了规定,赋予了劳动者在成员国内部流动时拥有异地获得养老金待遇的权力。随后,欧盟理事会颁布了针对社会保障合作的 1958 年第 3 号条例(Regulation)③和作为第 3 号条例实施规范的第 4 号条例,并于 1959 年开始生效。作为第 3 号条例和第 4 号条例的继承者,条例(EEC)No. 1408/71 和(EEC)No. 574/72 于 1971 年颁布并于次年 10 月开始生效。(EEC)No. 1408/71 与涉及现实操作、行政手

① 下文所有关于欧盟养老金便携性的法律规定,除部分特别指明外,均来自欧盟官方网站 Official Website of the European Union(http://europa.eu/)的 Summaries of EU legislation 和欧盟的官方杂志 Official Journal of the European Union。

② 事实上,欧盟对于公共养老金便携性的推动离不开各成员国的合作与配合,各成员国对于本国公共养老金的改革对于其在欧盟内的便携性也发挥了重要的作用。

③ 欧盟法律体系中两个非常重要的法律形式分别为条例(Regulation)和指令(Directive),前者一字不改对所有成员国直接生效,后者只是提出具体立法目标,由成员国自行决定采用何种立法形式和方式。因此,条例更强硬,指令更灵活。具体内容参见《里斯本条约》(Treaty of Lisbon)。

续等实际执行环节的(EEC)No. 574/72 一起构成了流动就业者公共养老便携性的核心规范。由欧盟议会(European Parliament)和欧盟理事会2004年通过的条例(EC)No. 883/2004 是(EEC)No. 1408/71 的修正案和替代方案,其在 2009 年底(EEC)No. 1408/71 废止后开始施行。尽管(EC)No. 883/2004 对(EEC)No. 1408/71 进行了简化、易用化和适应形势发展需要的修订,但是规章的基本准则保持不变(Verschueren,2009)。① 条例(EC)No. 883/2004 的第一个修正案(EC)No. 987/2009 于 2009 年 10 月 30 日生效,其主要内容是明确了 No. 883/2004 的实施程序,旨在成员国社会保障制度之间存在巨大差异的情况下确保待遇的高效发放。其后 2010 年和 2012 年又历经两次修订。

二、补充养老金便携性改革

相比于公共养老金制度的便携性有众多欧盟条例确保实现不同,补充养老金计划的便携性缺少统一的法律进行规制。1991 年,欧盟委员会向欧盟理事会提交了一份工作通报中提到养老金计划的一些规则,包括受益资格条件、税制、补充养老金计划筹资的差异性,阻碍了劳动力流动。此后,补充养老金计划的便携性问题开始引起广泛关注。1995 年欧盟退休金协会 European Federation for Retirement Pensions(EFRP)②基于建立欧盟统一养老金市场的构想,提出了三个优先目标:跨境投资、跨境投资管理和跨境合作。1997 年欧盟委员会关于补充性养老金计划的绿皮书重提该提议。经过与成员国的协商,1998 年 1 月欧盟委员会提出了关于保护欧盟内部流动就业者补充养老金权益指令的新提议。1998 年 6 月,该提议获得了欧盟理事会的通过,即委员会指令 98/49/EC,是欧盟规范补充养老金便携性的核心法律。2000 年 10 月,欧盟委员会提出了关于 IORP(Institutions for Occupational Retirement Provision)指令的建议,并于 2002 年 6 月获得欧盟经济与金融理事会(Economic and Finance Council)的通过,2003 年 5 月,欧盟部长理事会

---

① Verschueren,H.,2009,"Regulation 883/2004 and Invalidityand Old-age Pensions",*European Journal of Social Security*,11(1-2),pp. 143-162.

② 欧盟退休金协会(EFRP)是欧盟第二支柱养老金或职业养老金基金的管理机构,成员包括 20 个欧盟成员国和爱尔兰、挪威、瑞士和克罗地亚四个非欧盟成员国。

（Council of Ministers）也通过了这一法案。为进一步解决职业养老金的便携性问题，2005 年 10 月 20 日，欧盟委员会发布了便携性指令（Portability Directive）。

8.2.2 法律框架

经过半个多世纪的发展，欧盟关于社会保障合作的法律框架已经非常成熟（见图 8-1），尤其是对于公共养老金便携性的法律规范，从欧共体成立开始一直处于不断完善中。

一、公共养老金

对于公共养老金，欧盟的法律框架主要涉及以下三个方面：

其一，主体法律。主要包括 1958 年第 3 号条例和第 4 号条例，1972 年的第 1408/71 条例和第 574/72 号条例，以及 2004 年的第 883/2004 号条例和 2009 年的 987/2009 号条例。这些条例明确了各成员国在公共养老金便携性上进行合作的基本原则、具体做法、参保双方的权利和义务以及实际操作的规范等。例如，基于平等对待原则（Principle of Equal Treatment），第 1408/71 条例的第 10 条要求流动就业者的退休、残障和遗属养老金在第三国支付时应该与其在本国或法定居留国支付时一样，基于相同的基准和比率。这些条例不适用于非缴费型福利，例如收入支持计划和非缴费型残障福利，这些类型的福利被归于一个特殊的类别。[①]

其二，扩大覆盖范围的法律。经过多次修订，这些规章已经覆盖了成员国所有国籍的被雇佣者、自雇者、公务员、学生、职业培训者、退休者以及他们的家属或遗属。这些规章不仅适用于欧盟内部成员国之间，还适用于 EEA 协议（Agreement on the European Economic Area）下的非成员国，包括挪威、冰岛和列士敦士敦。1982 年覆盖范围扩大到自雇者。1997 年第 97/81/EC 号指令适用于兼职工作者的养老金保护。1999 年第 99/70/EC 号指令适用于固定期限工作者的养老金保护。1998 年第 1606/98 号条例将覆盖范围扩大到公务员。1999 年

---

① EUROCADRES（Council of European Professional and Managerial Staff），*Social Security*，http://www.eurocadres.org.

第 307/1999 号条例将覆盖范围扩大到学生。从 2002 年 1 月 6 日开始,这些规定开始适用于瑞士。2003 年开始生效的规章 No. 859/2003 扩展到所有合法居住在各成员国(丹麦除外)的第三国公民。[1] 2003 年第 109/2003 号指令和第 859/2003 号条例将覆盖范围扩大到第三国公民。

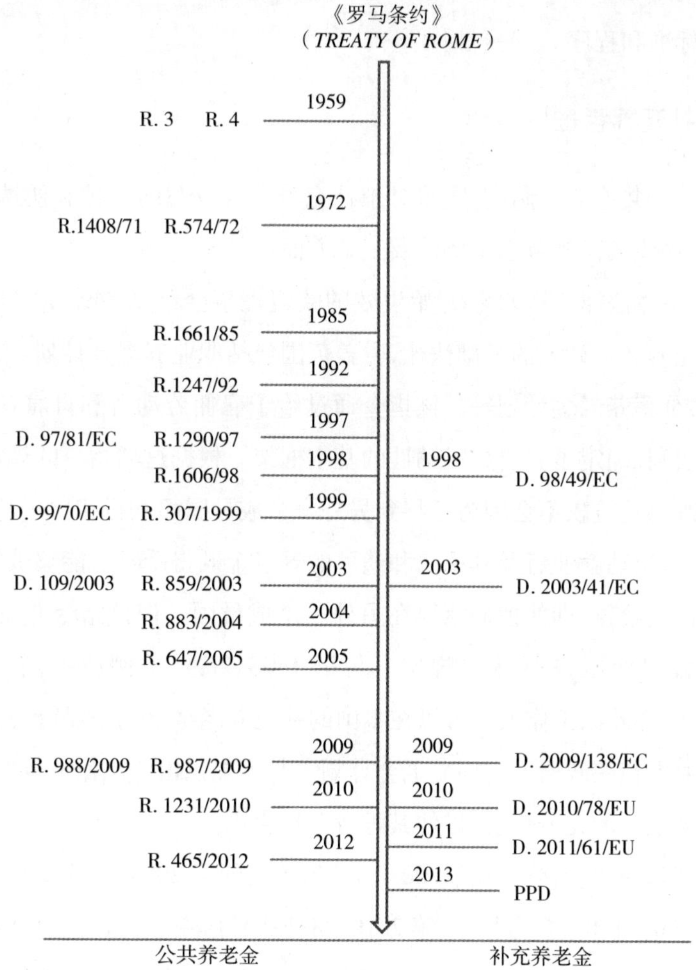

《罗马条约》
(*TREATY OF ROME*)

R. 3　R. 4	1959
R.1408/71　R.574/72	1972
R.1661/85	1985
R.1247/92	1992
D. 97/81/EC　R.1290/97	1997
R.1606/98	1998
D. 99/70/EC　R. 307/1999	1999
D. 109/2003　R. 859/2003	2003
R. 883/2004	2004
R. 647/2005	2005
R. 988/2009　R. 987/2009	2009
R. 1231/2010	2010
R. 465/2012	2012

1998　D. 98/49/EC
2003　D. 2003/41/EC
2009　D. 2009/138/EC
2010　D. 2010/78/EU
2011　D. 2011/61/EU
2013　PPD

公共养老金　　　　补充养老金

图 8-1　欧盟社会保障合作法律框架

注:R 代表条例(Regulation),D 代表指令(Directive)。
资料来源:笔者根据欧盟相关法律整理得到。

_____

　　[1]　EUROCADRES(Council of European Professional and Managerial Staff),*Social Security*,http://www.eurocadres.org.

其三,确定技术标准的法律。1985 年开始生效的第 1661/85 号条例根据格陵兰的情况针对流动就业者制定了技术标准以适应欧盟在社会养老保险方面的规则。1997 年开始生效的第 1290/97 号条例专门设立了技术委员会(Technical Commission),其秘书处设定了基于 XML 标准的信息交换的统一框架。2004 年开始生效的第 883/2004 号条例根据新的操作规程确定了各成员国经办机构的信息交换标准和程序。

二、补充养老金

相比于公共养老金制度,欧盟对于补充养老金权益的保护和便携性的规范要晚得多,这些法律规范也主要涉及三个方面:

其一,主体法律。1998 年开始生效的欧盟理事会第 98/49/EC 号指令是规范补充补充养老金计划的基础法律,覆盖范围包括职业养老金计划、个人养老金计划、利益分享养老金计划等。该指令通过给予雇佣劳动者和自雇者在欧盟内部流动的权利,确定了养老金流动性的基本框架。根据这项指令的规定,劳动者的养老金既得受益权不会因为迁移到另外一个成员国而获得相比于其留在本国的差别对待,流动就业者及其家属和遗属的养老金既得受益权能够被保留,并且能够获得待遇给付,即使他们定居在另外一个成员国。但该指令并没有对养老金既得受益权期限进行任何规定。与第 1408/71 号条例所不同的是,指令 98/49/EC 允许外派工作人员可以在本国的补充养老金计划中保留资格。另外,该指令还要求相关政府部门向养老金计划参与者提供由于工作地点变动所带来的养老政策变化的充分信息,以便其进行合理决策。

其二,养老基金监管法律。2003 年开始生效的第 2003/41/EC 号指令,以及修正案第 2009/138/EC 号指令、第 2010/78/EU 号指令、第 2011/61/EC 号指令,也被称作 IORP(Institutions for Occupational Retirement Provision)指令,其目的是监管职业养老金机构管理者,为养老基金建立了一个互相认同机制,在欧盟层面建立可以管理不同成员国养老金计划的养老基金。在该指令下,一个成员国需要满足一系列适用于所有成员国的共同准则才能适用于 IORP 指令。这些准则涵盖了组织机构、运行条件、投资规则、技术标准、基金管理和信息披露等(EFRP,2003)。① IORP 指令为职业养老金计划在欧盟的统一运行提供了可能,即建立 EIORP(European Institutionsfor OccupationalRetirement Provision)。同时 IORP 指令还确定了基金积累制职业养老金计划的审慎监管框架。此外,EFRP(European Federation for Retirement Provision)作为 EIORP 框架下对 IORP 的扩展,旨在建立集合职业养老金计划。

其三,养老金便携性法律。第 98/49/EC 指令对流动就业者的职业养老金提供了保护的框架,但并不涵盖职业养老金便携性的内容。为了解决职业养老金的便携性问题,2005 年,欧盟委员会发布了便携性指令(PPD,Pension Portability Directive),规范了四个方面的内容:获得养老金权益的条件、养老金权益保留、待遇或权益转移和信息标准化,但该指令在 2013 年才获得欧盟理事会的批准并施行。该指令要求成员国为那些去其他成员国工作的劳动者获得和保留养老金权益降低要求到最低,对在同一个国家内变化工作和在区域内流动的劳动者的养老金权益负有同等的责任。由于养老金权益在记账式(Book Reserves)计划与积累制计划之间如何转移的问题无法解决,2007 年后新的指令将规制内容只集中在了既得受益权标准制定和同等对待上。

8.2.3　主要内容②

一、基本原则

欧盟在规范公共养老金便携性方面形成了多项非常重要的原则:

一是广覆盖原则。对于公共养老金权益的保护不仅覆盖到欧盟成员国公民及其家属,还覆盖第三国公民及其家属,不仅覆盖正规就业人员,还覆盖到非正规灵活就业人员。

---

① EFRP,2003,"European Institutions for Occupational Retirement Provision:the EFRPmodel for Pan-European Pensions",European Federation for Retirement Provision.

② 一方面,补充养老金计划包括职业养老金计划、个人养老金计划、利益分享养老金计划等多种类型,且欧盟各成员国补充养老金计划之间差异性很大;另一方面,欧盟规范补充养老金便携性的法律都是以指令的形式出现,允许各国在执行时根据自身情况选择合适的方式,因此差异性也很大。因此,这里只考虑公共养老金的内容,但是其中的部分原则,例如广覆盖、平等对待和待遇异地可领取,也同样适用于补充养老金计划。

二是平等对待原则。养老金权益的获得、保留、转移和计发不因个人的国籍、工作地、工作性质而差别化对待。

三是一国原则。除非极少的特例,参保者和企业只能在一国参加社会养老保险计划,通常是工作所在地的居留国,而不是本国或居住国。

四是待遇异地可领取原则。罗马条约第 56 条对于资本自由流动进行了规定,赋予了劳动者在成员国内部流动时拥有异地获得养老金待遇的权力。

五是累积和分摊原则(Principles of Aggregation and of Apportionment)。劳动者在某一成员国的参保时间、工作时间和居留时间在其他所有成员国可以累积计算。这就意味着,劳动者在某一成员国计算所获得的待遇时可以将其在其他成员国的参保时间、雇佣或被雇佣时间和居留期限考虑进来。该规章确定当养老金计划参保者达到退休年龄时,其在其他成员国参保的时间也应该考虑进养老待遇计算公式中。在参保者获得多个欧盟国家养老金的情况下,如果参保者在没有待遇累积和分摊情况下,在本国制度规定下的养老金待遇高于存在累积和分摊情况的待遇水平,参保者将获得本国的较高的养老待遇给付;在待遇累积和分摊原则下,即使参保者在各地的单独的参保时间不足以满足各地的受益资格规定,但仍然可以获得各地与个人参保时间相对应的养老金待遇。①

二、主要内容

按照权益累积和待遇分摊的原则,只要参保者在该地参保缴费满 1 年,有参保缴费记录的所有成员国的经办机构累加参保时间并实行缴费年限视同。即使参保时间少于 1 年,只要所在成员国认可其受益资格,同样可以获得相应的待遇给付。各参保地根据本国制度规定在假设该参保者所有参保时间均在本国的情况下计算其养老金待遇总额。然后每个国家按照该参保者在本国的参保时间占总参保时间的比例支付对应的养老金。参保者的待遇计算公式为:

---

① EUROCADRES(Council of European Professional and Managerial Staff), *Social Security*, http://www. eurocadres.org.

$$P = \frac{T_1 P_1 + T_2 P_2 + \cdots + T_n P_n}{T_1 + T_2 + \cdots + T_n} \tag{8.1}$$

式（8.1）中 T_n 表示该参保者在各成员国参保的时间，P_n 表示假设该参保者工作期一直都在成员国 n 参保所获得的养老金待遇理论值。假设一个劳动者先后在德国、法国和西班牙工作并参保了 5 年、10 年和 20 年。根据权益累加原则，该参保者的养老金待遇将根据 35 年总工作年限确定。然后根据待遇分摊原则，德国、法国和西班牙都将基于 35 年的工作年限根据本国的规则确定待遇计发基数，然后分别按照该参保者在本国工作的实际年限占总工作年限的比例计发退休待遇（EC，2011）。[①]

8.2.4　改革成效

欧盟社会保障合作已经发展了 50 多年，拥有世界上最先进和最复杂的社会保障待遇便携性机制，被称为国际社会保障合作的典范，为欧盟内部的流动就业者提供了高水平的保护（Avato 等，2009；Cornelissen，2010）。[②] 对于养老金便携性，目前形成的一致看法是，借助于大量法律规范的推动，公共养老金制度在欧盟内部的便携性损失已经很小或不存在（Schmahl，1993；Andrietti，2001；Holzmannet 等，2005）。[③] 但也有人认为公共养老金制度尽管不存在既得受益权

---

① European Commission，2011，"The Community Provisions on Social Security-Your Rights when Moving within theEuropean Union"，Luxembourg：Publications Office of the European Union，p. 30.

② Avato，J.，Johannes，K.and Rachel，S.W.，2010，"Social Security Regimes，Global Estimates，and Good Practices：The Status of Social Protection for International Migrants"，*World Development*，38（4），pp. 455-466.

Cornelissen R.，2010，"Achievements of 50 Years of European Social Security Coordination"，In Jorens Yves ed.，*50 Years of Social Security Coordination：Past-Present-Future*，Report of the Conference Celebrating the 50th Anniversary of the European Coordination of Social Security.Luxembourg：Publications Office of the European Union，pp. 55-71.

③ Schmahl，W.，1993，*Harmonization of Pension Schemes in Europe? A Controversial Issue in theLight of Economics.Age*，*Work and Social Security*，A.B.Atkinson and M.Rein，St.Martin's Press，pp. 308-340.

Andrietti，V.，2001，"Portability of Supplementary Pension Rights in the European Union"，*International Social Security Review*，54（1），pp. 59-83.

Holzmann，R，Johannes，K.and Taras C.，2005，"Portability Regimes of Pension and Health Care Benefits for International Migrants：An Analysis of Issues and Good Practices"，World Bank：Special Protection Discussion Papers No. 0519，May.

期限限制和后期累积导致的损失,但还是存在最后工资损失(Alvaro,2008)。[1]
对于职业养老金权益的保护也取得了实质性进展,尤其是历经 8 年谈判而最终
实施的职业养老金便携性指令(PPD)。IORP 指令也在欧盟层面建立了职业养
老金跨国合作和投资监管的框架。然而,职业养老金计划的便携性要远低于公
共养老金计划(Andrietti,2001;Kalogeropoulou,2006)。[2]

在取得巨大成就的同时,欧盟社会保障合作也面临了一些挑战:

一是公共养老金合作存在道德风险和财务压力。对于公共养老金制度中的
最低养老金,欧盟内部目前主要存在着三种方式:其一,没有最低养老金,贫困老
年人的补助由社会救助计划承担,例如德国。其二,最低养老金享受资格取决于
缴费期限,具体标准的确定存在两种方式:缴费时间越长,待遇越高,例如芬兰、
拉脱维亚;待遇固定,但需要满足最低条件,如希腊、波兰。其三,最低养老金实
行非缴费型和统一标准,以获得国籍或达到需要的居留期限为条件,如爱沙尼
亚、爱尔兰、葡萄牙(EU,2006;OECD,2005)。[3] 尽管欧盟内部社会保障体系实
现了合作,但是由于各国传统和文化的差异,待遇标准和受益资格条件仍然由各
国单独决定,使得最低养老金制度面临道德风险。为了应对道德风险可能带来
的财务压力,欧盟的老成员国和一些新成员国在不改变最低养老金标准的前提
下提高受益资格条件(Kawinski,2006)。[4] 这将不可避免的影响公共养老金的便
携性。

二是职业养老金计划便携性问题依然很大。尽管有些国家通过立法提高职

---

① Alvaro, F. ,2008, "The Portability of Pension Rights:General Principals and the Caribbean Case", Special ProtectionDiscussion paper No. 0825, The World Bank;本书在后面的中国实证部分应用欧盟的待遇计发规则证明了养老金便携性损失的存在。

② Andrietti, V. ,2001, "Portability of Supplementary Pension Rights in the European Union", *International Social Security Review*, 54(1), pp. 59–83.

Kalogeropoulou, K. ,2006, "European Governance after Lisbon and Portability of Supplementary Pensions Rights", *Journal of Contemporary European Research*, 2(1), pp. 75–91.

③ EU. ,2006, "Council Decision of 18 July 2006 on Guidelines for the Employment policies ofthe Member States 2005/544/EC", *Official Journal of the European Union*, The Council of the European Union.

OECD, 2005, "Pension at a Glance:Public Policies across OECD Countries", Paris:Organization for Economic Cooperation and Development.

④ Kawinski, M. ,2006, "Pension Reforms in the New EU Member States:Reasons and PossibleResults", The 39th Social Policy Association Conference, University of Birmingham, 18th–20th July.

业养老金计划的便携性,但是由于国与国之间的差别太大,而且养老金重复征税的存在,导致职业养老金计划的便携性损失依然存在。首先,职业养老金计划的复杂性和多样性。在某些国家,职业养老金计划作为养老金的重要组成部分已经存在了很长时间,但在其他一些国家,职业养老金计划的发展才刚刚起步。其次,职业养老金计划提供的待遇类型和风险分担方式在不同计划和不同国家之间千差万别。最后,欧盟没有直接干预各国社会保障制度建设的权力。2005 年提出的养老金便携性指令(PPD),部分内容也招致了批评,尤其是其中确定的要求保留的养老金权益要根据通货膨胀进行定期指数化调整和缩短既得受益权期限,增加了雇主的负担。这些规定可能导致职业养老金计划发展困难,尤其是DB 型养老金计划,还可能极大地削弱欧盟的竞争力(Marcin 和 Dariusz,2007)。[1]

8.2.5 经验总结

一、立法先行、与时俱进

欧盟在加强社会保障合作和推进养老金便携性的过程中,最优先的就是立法。以罗马条约为基础,分别针对公共养老金制度和补充养老金计划建立了完备的法律体系,而且通过公正法庭(European Court of Justice)确保成员国对于法律的执行。不仅如此,根据形势发展需要,这些法律处于不断修订完善中。1958年第 3 号条例和第 4 号条例由于过于复杂和存在不少缺陷,欧盟从 1963 年开始就着手进行简化和增补工作。3 年后,欧盟委员会向欧盟理事会提出了推行新条例的提议,并于 1971 年获得批准。第 1408/71 号条例于 1972 年生效以后,欧盟的社会经济环境也同步发生重要的变化(Roberts,2010)。[2] 随着成员国的不断增多,欧盟公共养老金体系日趋复杂化。流动就业者的类型也发生了重要的变化,由正规就业的男性蓝领工人为主向包括经理人、灵活就业者、专技人员和

---

[1] Marcin,K.and Dariusz,S.,2007,"Labour Flexibility and Pension Schemes in the European Union",5th International Research Conference on Social Security,Warsaw,5th-7th March.

[2] Roberts S.,2010,"A Short History of Social Security Coordination",In Jorens Yves ed.,50 Years of Social Security Coordination:Past-Present-Future,Report of the Conference Celebrating the 50th Anniversary of the European Coordination of Social Security.Luxembourg:Publications Office of the European Union,pp.8-28.

妇女等在内的多样化发展,且流动频率更快、范围更广。同时,人口和劳动力市场的变化也给社会保障带来了新挑战,需要社会保障制度进行应对性的改变。事实上,第1408/71号条例几乎每年都在进行修改,最终被第883/2004号条例替代,后者也处于不断修订当中。

二、公私分开、区别对待

欧盟将公共养老金制度和补充养老金计划二者的便携性问题区分开,采取不同的策略。首先,在立法上,规范公共养老金制度的法律主要以条例的形式出现,而规范补充养老金计划的法律则全部以指令出现。前者更加强硬,反映出欧盟在实现公共养老金便携性和保护公民基本养老保障权益上的一致性。后者更加灵活,体现了补充养老金计划的复杂性。其次,在规范范围上,对于公共养老金,从资格认同、权益保留、累积和转移、待遇分担和计发以及信息交换技术标准等各方面都进行了统一规范;而对于补充养老金,则主要集中于权益保护、基金监管和市场维护等方面,前者比后者要广泛得多。最后,在目标上,欧盟将公共养老金便携性的实现途径确定为内部合作,从而实现养老金权益的便携性,而不是建立统一的制度和养老金政策趋同化(European Commission,2000)。[1] 对于补充养老金计划,欧盟则是致力于建立统一的养老金市场,而不是把注意力放在养老金权益在不同的养老金计划之间转移上。如借助IORP指令,建立国际性的集合养老金计划。

三、政府主导、广泛参与

欧盟在实现养老金便携性的过程中,除正规的立法程序外,另外一个值得关注的现象是非官方非正式程序在推动立法过程中所发挥的作用。1997年欧盟关于补充性养老金计划的绿皮书,提出建立统一的监管框架和财务准则并减少劳动力流动的障碍,并强调了影响养老金便携性的一系列障碍,包括:养老金受益资格条件的复杂性,包括过长的既得受益权期限;养老金权益跨境携带的困

---

① European Commission,2000,"The Community Provisionson Social Security: Your Rights when Moving within the European Union",Luxembourg: Office for Official Publications of the European Communities,p. 13.

难;多个成员国职业养老金计划的财务问题;参保人因为跨境工作而变换养老金计划的养老金权益损失。针对绿皮书的呼吁,1998年,欧盟委员会提出了一项金融服务行动计划(Financial Service Action Plan),计划的一个战略性目标就是为整体的金融交易建立一个统一的市场。随后的欧盟理事会里斯本会议强调了在欧盟内部整合金融服务与市场的必要。欧洲金融服务圆桌会议 EFR(European Financial Services Round Table)提出了一个名为"第26种制度"(26th Regime)的构想,即为个人养老金建立一个统一的欧盟市场。养老金产品由欧盟批准,在各地单独销售,潜在的养老金提供者包括共同基金、银行、保险公司和养老基金。作为对推动劳动力流动呼吁的回应,欧盟委员会创立了养老金论坛(Pension Forum),并于2000年召开了第一次会议,其作用是为成员国、社会团体、养老基金、保险公司以及投资集团等参与者提供关于跨区流动的咨询建议平台。2002年6月,该论坛形成了由包括欧盟贸易团体联合会(European Trade Union Confederation, ETUC)、欧洲产业和雇主联合会(Union of Industrial and Employer's Confederations of Europe, UNICE)和欧洲公共部门雇主协会(European Association of Public Sector Employers, CEEP)在内的社会团体所提交的关于私营养老金便携性的建议。这些集思广益式的非官方讨论对于推动民间参与形成共识,形成民意进而推动官方立法发挥了重要作用。

9 养老保险关系转续:中国实证

9.1 研究设计与方法

9.1.1 问题界定

表面上看,养老保险关系转续在中国现阶段存在三种情况:职保与机关事业单位养老保险制度之间;职保与城乡居保之间;机关事业单位养老保险制度与城乡居保之间。由于机关事业单位养老保险制度与职保已经实现并轨,二者之间的养老保险关系转续问题与职保跨区转续问题类似。现实中,机关事业单位工作人员流动性低,向外流动比较少见。同时,考虑到机关事业单位养老保险制度的现实复杂性,很多参数参量难以模型化表达和确定,本部分不考虑机关事业单位养老保险制度与其他两种社会养老保险制度之间的养老保险关系转续问题。从上文对于养老金便携性障碍的分析和现实针对性来看,中国当前的养老保险关系转续主要存在于职保内部的跨区转续和职保与城乡居保之间的养老保险关系跨制度转续。

职保实行统账结合的制度模式,由 DB 型现收现付制的基础养老金和 DC 型基金积累制的个人账户养老金组成。DB 型基础养老金基于养老金受益承诺,在职者当期缴费用于退休者的养老金待遇发放,没有基金积累;DC 型个人账户养老金基于养老金缴费积累,在职者当期缴费进入具有个人产权性质的专属账户,形成累积基金。当参保职工在退休前流动就业变换工作时,一方面,基础养老金待遇计算公式的参保年限、工资水平等参数发生了变化，而个人账户养老金累积的方式不变；另一方面，参保职工可以转移个人账户养老金累积的养老金资产，但只能转续基础养老金既得受益权。另外，参保职工还要承担在退休之前去世而完全丧失基础养老金待遇的风险，尽管政策规定参保者对个人账户养老金没有处置权，即不能提前支取、没有投资决策权和退休后采取定期化发放，但由于一方面个人账户养老金存于参保者个人名下且允许资金随同转移，另一方面账户余额可继承，因此，在便携性上个人账户养老金优于基础养老金。养老保险关系转续难的关键在于实行 DB 型现收现付制的基础养老金不具便携性。

城乡居保实行与职保相同的"统账结合"模式，其中 DC 型个人账户养老金实行完全基金积累，属于个人产权所有，且计发方式与职保个人账户养老金相同，因此具有完全的便携性，不存在转续问题；DB 型基础养老金尽管也实行现收现付制，但与职保社会统筹账户不同的是，城乡居保社会统筹账户是一个虚账户，没有资金积累，这也是城乡居保内部养老保险关系转续障碍小的原因。由于没有资金积累，基础养老金完全由政府财政负担，因此在养老保险关系转续时不存在资金转移问题，只有受益资格认同问题。也正是由于社会统筹账户的差异化设计，导致养老保险关系在跨制度转续的难题。首先，在权利义务对等关系上，职保实行缴费关联型，权利与义务关系明确，而城乡居保基础养老金实行非缴费型，强调与身份、年龄等特征相伴生的权利，从而使养老保险关系跨制度衔接时面临平衡参保劳动者的权利与义务关系的难题；其次，在资金来源上，职保基础养老金来源于企业缴费，而城乡居保基础养老金来源于公共财政专项预算支出，从而使两类制度在衔接时面临处理缴费地和退休地的责任划分的问题；最后，在待遇标准设计上，职保基础养老金实行统一比率，城乡居保基础养老金实行统一额度，且前者的待遇水平远远高于后者，从而使两类制度在衔接时必须面对缴费年限视同与养老金权益换算的矛盾。

9.1.2 研究设计

关于职保内部的跨区转续和职保与城乡居保之间的跨制度转续，截至目前分别出台了两项政策,分别是 2009 年国办发〔2009〕66 号文件和 2014 年人社部发〔2014〕17 号文件。本部分将以这两份文件为界,首先讨论政策出台前养老保险关系转续问题,然后评估两项转续政策的有效性,最后给出研究结论。研究设计框架如下:

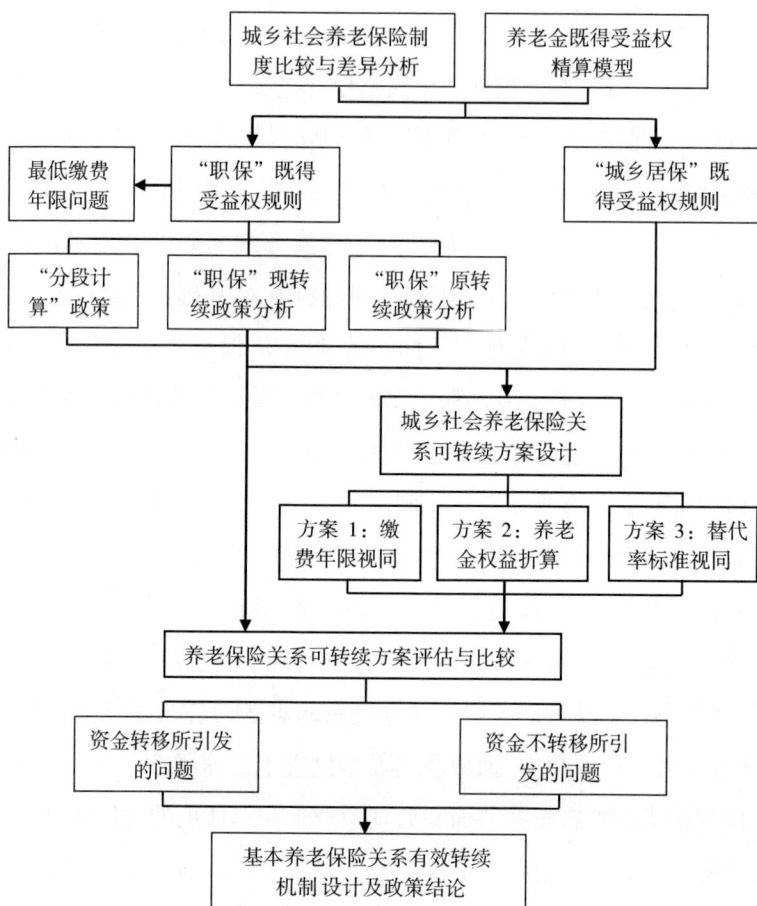

图 9-1　实证研究框架

从研究框架看,研究内容主要分为三大块:一是职保转续方案的原政策、现政策和"分段计算"政策的对比研究;二是养老保险关系城乡转续的三个方案的对比研究;三是养老保险关系转续方案的评估。此外,还包括影响实证分析全局的职保最低缴费年限问题的分析和基本养老保险关系有效转续机制的设计。

9.1.3 研究方法

一、一个标准人方法

从个人的角度,参加养老保险的目的是为未来不确定性老年长寿风险提供保障,衡量制度公平性的标准是生命周期内对制度的缴费积累总额与所获得的养老金受益的精算现值相等。养老保险通过风险共担、互助共济来化解参保者个人的不确定性风险。与商业养老保险不同,社会养老保险对参保目标群体没有选择性,难以规避逆向选择、道德风险等不利因素,从而增加了从某一个时刻特定人口群去评估制度的困难。

基于养老保险的原则,养老保险生命周期的精算平衡式可表示为:

$$\sum_{n=0}^{e-1} \prod_{m=0}^{n} {}_1 p_m N_0 \alpha W(n) \ \varepsilon^n = \prod_{n=0}^{e-1} {}_1 p_n N_0 \varepsilon^{e-1} \sum_{n=e}^{\omega} \prod_{m=e}^{n} {}_1 p_m P(n) \ \varepsilon^{n-e} \qquad (9.1)$$

式(9.1)中 ${}_1 p_m$ 表示 m 岁的人活到 $m+1$ 岁的存活率, N_0 为参保人群的初始值, α 表示工薪供款比率, $W(n)$ 表示参保人群工资水平关于年龄 n 的分布函数, e 为退休年龄, ω 为最高死亡年龄, $P(n)$ 为参保人群的养老金关于年龄 n 的分布函数, ε 为折现因子($\varepsilon = 1/r$, r 表示折现率)。在稳态人口的假设条件下,人口增长率、年龄别死亡率保持不变,人口的年龄结构将保持稳定,那么人口群的纵向剖面的人口构成与横向截面的人口构成将保持一致,则式(9.1)通过同期群(cohort)[①]将横向的保险效应通过纵向等价表出。

式(9.1)两边同时除以同期群初始人口数 N_0,将人口群关于年龄 n 的数量分布转化为单个人关于年龄 n 的死亡风险分布,两边恒等的充分必要条件是单个人为生存概率完全符合生命表的标准人。养老保险遵循大数法则,参保者越多,计划的偿付能力和保障能力越强,由于生命表不受参保人数多少的影响,标准人克服了实际覆盖面大小对计划保险效应的误估。式(9.1)中年龄别工资分布 $W(n)$ 由于受人力资本、年资禀赋、工种和行业等因素的影响,同一年龄不同

---

① 同期群是指在相同时间内经历同种事件的人口群,在人口统计学中,利用同期群假设,能够通过研究人口纵向发展状态反映人口的横截面状况,通常应用于生命表、生育率以及婚姻状况等人口研究中。

人之间差别很大,即使同一人不同年龄的工资水平也不相同。通过积分中值定理将 $\int W(n)$ 转化为社会平均工资进行标准化,将同期群人口的年龄工资矩阵表示为标准人可度量的递增工资函数 W_n。同理,年龄别养老金分布 $P(n)$ 可用标准人的平均养老金 P_n 表示出来。因此,式(9.1)可以等价转化为一个标准人的形式:

$$\alpha W_0 \sum_{n=0}^{e-1} l_n (1+g)^n \varepsilon^n = \varepsilon^{e-1} P_e \sum_{n=e}^{\omega} l_n (1+\lambda)^{n-e} \varepsilon^{n-e} \tag{9.2}$$

其中 l_n 为生命表中的表示从出生存活到 n 岁的生存函数,g 为社会平均工资增长率,λ 为平均养老金调整系数,$W_n = W_0 (1+g)^n$,$P_n = P_e (1+\lambda)^{n-e}$,表示社会平均工资和平均养老金保持稳定增长。

二、便携性损失测度方法

缺乏便携性的养老金制度将导致参保者的养老金受益在养老保险关系变化后相比于养老保险关系不变时减少。衡量养老保险关系转续有效性的量化指标就是便携性损失是否存在。

对于不同类型的养老保险关系转续,便携性损失的测度方法也有区别。对于养老保险关系在同种类型的养老金制度之间的转续,其便携性损失的测算方法是对比养老保险关系变化前后的养老金受益的变化,而对于养老保险关系在不同类型的养老金制度之间的转续,便携性损失的测算方法则是考察养老保险关系转续方向对养老金受益的影响。因此,本部分在测度养老保险关系在职保内部跨区转续的便携性损失时,将计算和对比一个标准参保者养老保险关系转续后的养老金总受益和在原参保地连续参保的养老金总受益。而在测度养老保险关系在职保与城乡居保之间跨制度转续的便携性损失时,将计算和对比一个标准参保者在相同的参保经历和达到受益年限资格条件下,从职保转移到城乡居保和从城乡居保转移到职保所获得的养老金受益的差值。如果这种对称转续时养老金权益相等,则能够规避参保者追求低缴费高受益的逆向选择和道德风险,合理划分转入地和转出地的责任。

三、政策模拟仿真方法

本部分在测度养老保险关系转续的便携性损失时将采用政策模拟仿真方法。具体来说,在考察养老保险关系在职保内部跨区转续时,设计了三种养老保险关系转续方案:

其一,社会统筹账户资金不能转移政策。该政策即为国办发〔2009〕66号文件出台前的原转续政策,该政策下基本养老保险缴费年限在养老保险关系转续时不能累积和视同,社会统筹账户不能转移。

其二,"分段计算"政策。该政策的特点是"各地单独参保、待遇分段计算、退休统一支付",没有最低缴费年限限制,养老保险待遇在退休后由各地单独计发,此为国内很多学者支持的欧盟经验。

其三,社会统筹账户资金能转续政策。该政策即为国办发〔2009〕66号文件所形成的现行转续政策,社会统筹账户资金部分转移,最低缴费年限仍然存在,但在转续养老保险关系时各地缴费年限可视同累积,待遇在最后退休地计发。

对于养老保险关系在城乡跨制度的转续,本部分也设计了三种转续方案:

其一,缴费年限视同方案。在此方案下,参保者在两类制度下的参保缴费年限互相认同并可累积,以缴费年限为标准确定参保者在两类制度中的养老金权益,养老金待遇按照最后退休地标准计发。

其二,养老金权益折算方案。此方案按照两类制度不同的养老金待遇标准,通过参保者在各个制度下所获得的养老金权益互相折算为对方的缴费年限并合并计算,养老金权益累积计算。

其三,替代率标准视同方案。此方案以工资(收入)替代率为标准视同两类制度的缴费年限,缴费年限可合并计算,待遇维持在各自既定的替代率标准。

9.1.4 假设前提

第一,在测度职保养老保险关系跨区转续的便携性损失时,假设一名标准的男性参保者从 25 岁开始在 a、b、c 三个不同统筹地区分别参保 6 年、9 年、20 年，即参保 35 年后 60 岁在 c 地退休。同时，假设养老保险关系的转续不影响这名参保者的工资水平且不考虑办理转续时可能产生的交易成本，即将这名男性参保者的缴费工资标准化为 a、b、c 三地的在岗职工社会平均工资且进一步假设三地工资水平相同且增速一致，从而排除工资变化不确定性带来的干扰。国办发〔2009〕66 号文件于 2010 年 1 月 1 日开始实行，由于参保者的缴费工资核定和退休时的待遇计发均参考上一年度的工资水平，因此将这名参保者的起始工资设定为 2009 年全国城镇非私营单位在岗职工年平均工资。此外，这名标准人的存活率与生命表标准存活率相同。

第二，在测度养老保险关系跨制度转续的便携性损失时，同样假设一名标准的男性参保者从 45 岁开始，分别在职保和城乡居保参保 10 年和 5 年，即参保 15 年后在最后退休地退休。与第一条假设类似，为排除工资变化的干扰，将这名参保者在制度间转移的收入水平标准化为城镇在岗职工社会平均工资和城乡居民人均纯收入且假设二者的增长率保持一致。人社部发〔2014〕17 号文件于 2014 年开始实行，则将这名参保者在城镇的起始工资设定为 2013 年全国城镇在岗职工年平均工资。由于目前统计数据中并没有对应于基本养老保险中的城乡居民和城镇居民的相关数据[①]，同时鉴于新农保与城乡居保在基础养老金政策设计上完全一致，本部分在测算时使用农村居民的相关数据。因此，将这名参保者参加城乡居保的起始收入设定为 2013 年农村居民人均可支配收入。

假设这名标准人的存活率与生命表标准存活率相同且不受其在制度间转移就业的影响。假设参保者不能同时参加两个制度，两个制度的基础养老金的待遇调整机制保持一致。此外，假设以立即获取型既得受益权规则为标准，这名参保者根据参保缴费的年限分别按照职保和城乡居保的最低缴费年限所对应的养老金权益折算为相应的养老金待遇[②]，则该参保者将获得工资替代率为 10% 的

---

① 基本养老保险中的城乡居民和城镇居民是指没有参加城镇企业职工基本养老保险和机关事业单位退休金制度的人群。

② 后文实证部分将进行必要的证明。

职保基础养老金权益,和获得 1/3 的城乡居保基础养老金折算权益。① 根据上文设计的养老保险关系跨制度转续的三种方案以及此处对于参保者职保基础养老金和城乡居保基础养老金假设的折算标准,该参保者将可能获得六种不同的基础养老金累积权益(VP):

(1)缴费年限视同方案

从"职保"转续到"城乡居保":

$$VP_1^{ur \to ru} = VP^{ru}, h = 15 \tag{9.3}$$

从"城乡居保"转续到"职保":

$$VP_1^{ru \to ur} = VP^{ur}|_{h=15}, h = 15 \tag{9.4}$$

(2)养老金权益折算方案

从"职保"转续到"城乡居保":

$$VP_2^{ur \to ru} = \begin{cases} 0, \dfrac{VP^{ur}|_{h=10}}{(VP^{ru}/15)} < 10 \\ VP^{ur}|_{h=10} + \dfrac{VP^{ru}}{3}, \dfrac{VP^{ur}|_{h=10}}{(VP^{ru}/15)} \geqslant 10 \end{cases} \tag{9.5}$$

从"城乡居保"转续到"职保":

$$VP_2^{ru \to ur} = \begin{cases} 0, \dfrac{(VP^{ru}/3)}{VP^{ur}|_{h=1}} < 5 \\ \dfrac{VP^{ru}}{3} + VP^{ur}|_{h=10}, \dfrac{(VP^{ru}/3)}{VP^{ur}|_{h=1}} \geqslant 5 \end{cases} \tag{9.6}$$

该方案下参保年限不确定,参保总年限为退休地参保年限加上转出地按养老金权益折算的参保年限,满足 15 年最低缴费年限限制则获得累积的养老金权益,低于 15 年的最低缴费年限的参保者的养老金权益为 0。

(3)替代率标准视同方案

从"职保"转续到"城乡居保":

① 根据城镇企业职工基本养老保险的政策规定,参保人参保缴费满 15 年的基础养老金替代率为 15%。而城乡居民基本养老保险制度规定,参保人参保缴费满 15 年则获得政府全额负担的定额基础养老金。二者的待遇计发方式存在区别。

— 167 —

$$VP_3^{ur \to ru} = VP^{ru}\big|_{P_{e^*} = \alpha \bar{W}_{e^*-1}}, h = 15 \tag{9.7}$$

从"城乡居保"转续到"职保":

$$VP_3^{ru \to ur} = VP^{ur}\big|_{h=15}, h = 15 \tag{9.8}$$

式(9.7)中 $\bar{W}_{e^*-1}$ 表示 e^* 前一年城乡居民人均纯收入, α 表示"城乡居保"基础养老金收入替代率, $P_{e^*} = \alpha \bar{W}_{e^*-1}$ 表示用收入替代率方式替代固定额度的基础养老金。该方案与方案一类似,参保缴费年限都视同为15年,即均达到了两类制度的最低缴费年限标准,且基础养老金均按最后退休地标准计发。所不同的是方案一"城乡居保"基础养老金待遇按照固定额度计发,方案三"城乡居保"基础养老金待遇按照替代率标准计发。

9.2 研究模型与参数

9.2.1 模型构建

一、城镇企业职工基本养老保险基础养老金既得受益权规则

养老金的既得受益权规则由养老金制度的待遇确定公式和受益资格条件决定。根据国发〔2005〕38号文件和《完善企业职工基本养老保险制度宣传提纲》(劳社部发〔2005〕32号)中关于职保基础养老金的规定, x 岁开始参保且缴费不中断的正常退休职工未来的基础养老金累积权益在退休时的现值计算公式可表示为:

$$VP^{ur} = h\% \cdot \frac{W_{e-1}}{2}\left[\frac{1}{e-x}\sum_{n=x}^{e-1}\left(\frac{w_n}{W_n}\right) + 1\right]\sum_{n=e}^{\omega}\left(\frac{1+kg}{1+i}\right)^{n-e}\prod_{m=e}^{n}{}_1p_m$$

$$15 \leqslant h \leqslant 35; x + h \leqslant e \tag{9.9}$$

式(9.9)中 h 表示缴费年长, e 为退休年龄, W_n 表示参保职工 n 岁时社会平均工资, w_n 表示参保职工 n 岁时的缴费工资, ω 为最高死亡年龄, ${}_1p_m$ 表示 m 岁的人活到 $m+1$ 岁的存活率, k 为养老金关于工资增长率的调整系数, i 为利率,

g 为社会平均工资增长率。从待遇确定公式(9.9)可以看出，职保基础养老金是以缴费年限形成工资替代率系数，综合关联参保者工作期指数化平均缴费工资和退休前一年社会平均工资的典型 DB 型终身生存年金保险计划。此外，基础养老金还设置有 15 年的最低缴费年限限制，待遇计发基数为参保者退休前一年退休地在岗职工平均工资和本人工作期间的指数化平均缴费工资的平均值。则其既得受益权规则可表示为：

$$\varepsilon^{ur} = \begin{cases} 0, h < 15 \\ 15\% \cdot \dfrac{W_{e-1}}{2}\left[\dfrac{1}{e-x}\sum_{n=x}^{e}\left(\dfrac{w_n}{W_n}\right)+1\right], h = 15 \\ h\% \cdot \dfrac{W_{e-1}}{2}\left[\dfrac{1}{e-x}\sum_{n=x}^{e}\left(\dfrac{w_n}{W_n}\right)+1\right], 15 < h \leqslant 35 \end{cases} \tag{9.10}$$

从式(9.10)可以看出，参保未达到 15 年最低缴费年限的参保者不具有基础养老金权益享受资格，获得初始养老金权益的参保缴费年限为 15 年，参保满 15 年到 35 年之间实行累积型既得受益权规则，每多参保 1 年，基础养老金的工资替代率增加 1%。

二、城乡居民基本养老保险基础养老金既得受益权规则

按照国发〔2014〕8 号文件中关于城乡居保基础养老金的规定，x 岁开始参保的城乡居民在达到领取待遇起始年龄时未来的基础养老金累积权益的现值公式可表示为：

$$VP^{ru} = P_{e^*}\sum_{n=e^*}^{\omega}\frac{1}{(1+i)^{n-e^*}}K(g,\lambda)^{n-e^*}\prod_{m=e^*}^{n}{}_1 p_m , h \geqslant 15 \tag{9.11}$$

式(9.11)中 e^* 表示城乡居保领取待遇起始年龄，P_{e^*} 表示领取待遇起始年龄时点的基础养老金待遇标准，λ 表示物价指数，$K(g,\lambda)$ 表示基础养老金关联农民人均纯收入增长率和物价指数的综合调整函数，$K(g,\lambda)^{n-e^*}$ 则意味着待遇实行年度调整。从待遇确定公式(9.11)可以看出，城乡居保基础养老金是采取统一额度计发的 DB 型终身生存年金和最低养老金计划。尽管与职保一样，存在最低缴费年限限制，但政策允许趸缴以满足受益资格条件。因此，城乡居保基

础养老金标准不受缴费额度大小和达到最低缴费年限后参保时间长短的影响，则其既得受益权规则可表示为：

$$\varepsilon^{ru} = \begin{cases} 0, h < 15 \\ P_{e^*}, h \geq 15 \end{cases} \tag{9.12}$$

从式(9.12)可知，参保未达到 15 年最低缴费年限的参保者不具有基础养老金权益享受资格，参保达到和超过 15 年则实行一次性获取型既得受益权规则。

三、城镇企业职工基本养老保险基础养老金的平衡方程式

由式(9.9)关于职保基础养老金权益累积公式，可以进一步得到基础养老金的平衡方程式：

$$\alpha WN \sum_{n=d}^{e} \prod_{m=d}^{n} {}_{1}p_m (1 + i)^{e-n} (1 + g)^{n-d}$$

$$= \beta W (1 + g)^{h-1} N \prod_{m=d}^{e} {}_{1}p_m \sum_{n=e}^{\omega} \prod_{m=e}^{n} {}_{1}p_m \left(\frac{1 + kg}{1 + i} \right)^{n-e} \tag{9.13}$$

式中 α 表示社会统筹账户缴费率，β 表示基础养老金工资替代率($\beta = h\%$)，W 表示同期群的参保人的社会平均工资，h 表示参保年限($15 \leq h \leq 35$)，d 表示参保起始年龄($25 \leq d \leq 45$)，i 表示利率，g 表示工资年增长率，k 表示基础养老金关于工资增长率的调整系数，ω 表示同期群的最大死亡年龄。从式(9.13)左右两边可以看出 W 与 N 的具体值对平衡方程式没有影响。根据上文的标准人方法，则可以将式(9.13)简化为一个标准人形式：

$$\alpha \sum_{n=d}^{e} \prod_{m=d}^{n} {}_{1}p_m (1 + i)^{e-n} (1 + g)^{n-d}$$

$$= \beta (1 + g)^{h-1} \prod_{m=d}^{e} {}_{1}p_m \sum_{n=e}^{\omega} \prod_{m=e}^{n} {}_{1}p_m \left(\frac{1 + kg}{1 + i} \right)^{n-e} \tag{9.14}$$

四、参保者在多个统筹地参保的城镇企业职工基本养老保险基础养老金的平衡方程式

与上文的研究假设保持一致，假设参保者(数量为 M，简称 M)从 t_1 年开始，

$[t_1,t_2]$、$[t_2,t_3]$、$[t_3,t_4]$分别在 a、b、c 三地连续参保并于 t_4 年在 c 地正常退休,按照国办发〔2009〕66 号文件所确定的养老保险关系转续办法,基础养老金的平衡方程式为:

$$\delta\alpha M\Big[\sum_{n=t_1}^{t_2}\prod_{m=t_1}^{n}{}_1p_m w_n^a(1+i)^{t_4-n}+\sum_{n=t_2}^{t_3}\prod_{m=t_2}^{n}{}_1p_m w_n^b(1+i)^{t_4-n}\Big]+$$

$$\alpha M\sum_{n=t_3}^{t_4}\prod_{m=t_3}^{n}{}_1p_m w_n^c(1+i)^{t_4-n}$$

$$=\beta M\prod_{m=t_1}^{t_4-t_1}{}_1p_m\frac{W_{t_4}^c}{2}\Bigg\{\frac{1}{t_4-t_1}\Big[\sum_{n=t_1}^{t_2}\Big(\frac{w_n^a}{W_n^c}\Big)+\sum_{n=t_2}^{t_3}\Big(\frac{w_n^b}{W_n^c}\Big)+\sum_{n=t_3}^{t_4}\Big(\frac{w_n^c}{W_n^c}\Big)\Big]+1\Bigg\}$$

$$\sum_{n=t_4}^{\omega}\prod_{m=t_4}^{n}{}_1p_m\Big(\frac{1+kg^c}{1+i}\Big)^{n-t_4}$$

$$(9.15)$$

式(9.15)中 δ 表示 M 在 a、b 两地的社会统筹账户资金转移到 c 地的比例,w_n^a、w_n^b、w_n^c 分别表示参保者 n 年在 a、b、c 三地的缴费工资,W_n^a、W_n^b、W_n^c 分别表示 n 年 a、b、c 三地在岗职工社会平均工资,此处与上文假设所不同的是 ${}_1p_m$ 表示 M 在 m 年的人活到 $m+1$ 年的存活率。同样的,按照标准人方法,假设参保者的缴费工资为各地的在岗职工社会平均工资且 $W_n^a=W_n^b=W_n^c$,则式(9.15)可以进一步简化为一个标准人形式:

$$\delta\alpha\Big[\sum_{n=t_1}^{t_2}\prod_{m=t_1}^{n}{}_1p_m w_n^a(1+i)^{t_4-n}+\sum_{n=t_2}^{t_3}\prod_{m=t_2}^{n}{}_1p_m w_n^b(1+i)^{t_4-n}\Big]+\alpha\sum_{n=t_3}^{t_4}\prod_{m=t_3}^{n}{}_1p_m w_n^c(1+i)^{t_4-n}$$

$$=\beta\prod_{m=t_1}^{t_4-t_1}{}_1p_m W_{t_4}^c\sum_{n=t_4}^{\omega}\prod_{m=t_4}^{n}{}_1p_m\Big(\frac{1+kg^c}{1+i}\Big)^{n-t_4}$$

$$(9.16)$$

五、养老保险关系城乡转续方案的便携性损失测度公式

(1)缴费年限视同方案

从"职保"转续到"城乡居保":

$$VP_1^{ur\to ru}=P_{e^*}\sum_{n=e^*}^{\omega}\Big(\frac{1+kg}{1+i}\Big)^{n-e^*}\prod_{m=e^*}^{n}{}_1p_m \qquad (9.17)$$

从"城乡居保"转续到"职保":

$$VP_1^{ru \to ur} = 0.15 W_{e-1} \sum_{n=e}^{\omega} \left(\frac{1+kg}{1+i} \right)^{n-e} \prod_{m=e}^{n} {}_1 p_m \tag{9.18}$$

便携性损失:$\overline{VP}_1 = \left| VP_1^{ur-ru} - VP_1^{ru-ur} \right|$ (9.19)

（2）养老金权益折算方案

从"职保"转续到"城乡居保":

$$VP_2^{ur \to ru} = \begin{cases} 0, \dfrac{VP^{ur}|_{h=10}}{(VP^{ru}/15)} < 10 \\ \left(0.1 W_{e-1} + \dfrac{P_{e*}}{3} \right) \displaystyle\sum_{n=e/e*}^{\omega} \left(\dfrac{1+kg}{1+i} \right)^{n-e/e*} \displaystyle\prod_{m=e/e*}^{n} {}_1 p_m, \dfrac{VP^{ur}|_{h=10}}{(VP^{ru}/15)} \geqslant 10 \end{cases} \tag{9.20}$$

从"城乡居保"转续到"职保":

$$VP_2^{ru \to ur} = \begin{cases} 0, \dfrac{(VP^{ru}/3)}{VP^{ur}|_{h=1}} < 5 \\ \left(\dfrac{P_{e*}}{3} + 0.1 W_{e-1} \right) \displaystyle\sum_{n=e*/e}^{\omega} \left(\dfrac{1+kg}{1+i} \right)^{n-e*/e} \displaystyle\prod_{m=e*/e}^{n} {}_1 p_m, \dfrac{(VP^{ru}/3)}{VP^{ur}|_{h=1}} \geqslant 5 \end{cases} \tag{9.21}$$

便携性损失:$\overline{VP}_2 = \left| VP_2^{ur-ru} - VP_2^{ru-ur} \right|$ (9.22)

（3）替代率标准视同方案

从"职保"转续到"城乡居保":

$$VP_3^{ur \to ru} = \alpha \overline{W}_{e*-1} \sum_{n=e*}^{\omega} \left(\frac{1+kg}{1+i} \right)^{n-e*} \prod_{m=e*}^{n} {}_1 p_m \tag{9.23}$$

从"城乡居保"转续到"职保":

$$VP_3^{ru \to ur} = 0.15 W_{e-1} \sum_{n=e}^{\omega} \left(\frac{1+kg}{1+i} \right)^{n-e} \prod_{m=e}^{n} {}_1 p_m \tag{9.24}$$

便携性损失:$\overline{VP}_3 = \left| VP_3^{ur-ru} - VP_3^{ru-ur} \right|$ (9.25)

9.2.2　参数选取

一、城镇在岗职工平均工资和农村居民人均纯收入数据

改革开放以来，随着国民经济的快速发展，国民收入水平不断提高。图 9-2 统计了 1995 年以来城镇单位在岗职工年平均工资和实际工资增长率，可以发现虽然工资水平维持不断增长的势头，但是工资增长率经历了快速增长到逐渐下降的过程。2000 年左右，城镇单位在岗职工的实际工资年增长率超过了 15%。这种非正常的快速增长是由于从计划经济时代"低工资高福利"向市场经济转轨而出现的补偿性增长。随着中国经济不断发展成熟和转型升级，高速度的经济增长将难以维持。随着整体经济发展的成熟，城镇在岗职工平均工资水平也将趋于下降。2010 年以后，实际工资的年增长率已经下降到 10% 以下，到 2013 年已经下降到 7%。考虑到长期增长的可持续性，参考成熟经济体的发展经验，本部分假设城镇在岗职工平均工资年增长率保持在 5%。其中在测算中所使用到的基年数据为 2013 年城镇在岗职工平均工资 52388 元。

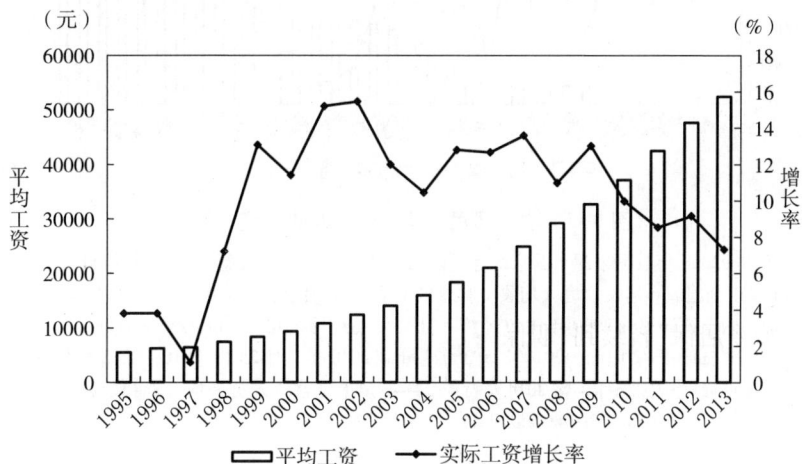

图 9-2　城镇单位在岗职工平均工资及实际工资增长率

资料来源：国家统计局：《中国统计年鉴 2014》，http://www.stats.gov.cn/tjsj/ndsj/2014/indexch.htm，根据表 4-11"城镇单位就业人员平均工资和指数"绘制。

图9-3统计了1978年以来农村居民人均纯收入和年增长率,同样可以发现收入水平维持持续增长的趋势,但相比城镇在岗职工平均工资变化更具波动性,年平均增长率达到了13%,比城镇在岗职工平均工资的年增长率高了3个百分点。尤其是1992—1997年之间,纯收入年增长率最高超过了30%。2000年以后,农村人均纯收入增长水平情况逐渐趋于稳定,但大部分时间依然维持在10%以上。考虑到城乡收入差距和农村居民收入增长相比城镇更快的实际情况,本部分假设农村居民人均纯收入增长率维持在6%。其中在测算中所使用到的基年数据为2013年农村居民人均纯收入18311元。[①]

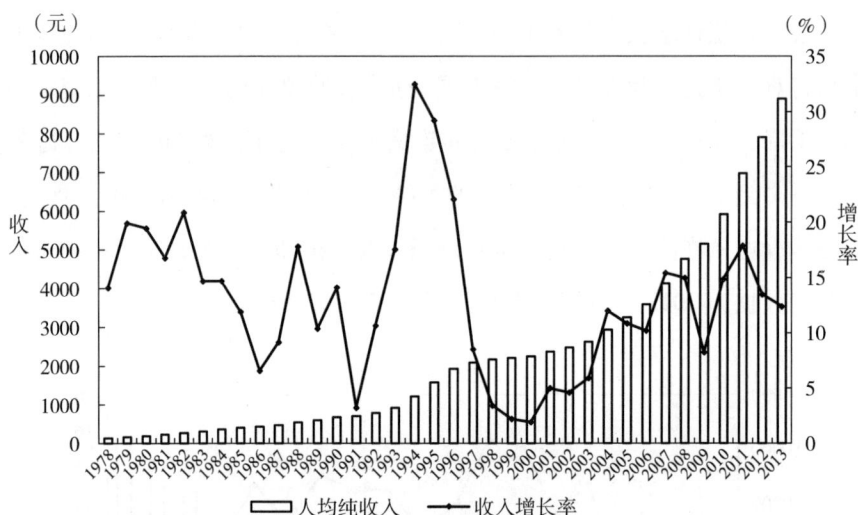

图9-3　农村居民人均纯收入及收入增长率

资料来源:1978—2008年数据来源于国家统计局国民经济综合统计司:《新中国60年统计资料汇编》,表1-23"全国城乡居民家庭人均收支和恩格尔系数",中国统计出版社2010年版;2009年数据来源于国家统计局:《2009年国民经济和社会发展统计公报》,http://www.stats.gov.cn/tjsj/tjgb/ndtjgb/qgndtjgb/201002/t20100225_30024.html,2010年2月25日;2010—2013年数据来源于国家统计局:《中国统计年鉴2014》,表4-11"城镇单位就业人员平均工资和指数",http://www.stats.gov.cn/tjsj/ndsj/2014/indexch.htm。

---

① 国家统计局:《2013年国民经济和社会发展统计公报》,http://www.stats.gov.cn/tjsj/zxfb/201402/t20140224_514970.html,2014年2月24日。

二、利率

由于改革开放 40 年中国经济高速增长以及财政政策和货币政策的作用,我国的法定存款利率进行过多次调整,特别是 1997 年中国经济"软着陆"之前,金融机构一直实行较高的法定存款利率。图 9-4 统计了 1990 年 4 月到 2012 年 7 月不同时点的一年期定期存款利率,可以发现 1990 年到 1996 年之间利率水平很高,平均水平超过 8%,最高超过 10%,1997 年以后,利率水平保持相对稳定,一般维持在 3% 左右。本部分假设采用一年期定期存款利率,且利率水平保持在 3%。

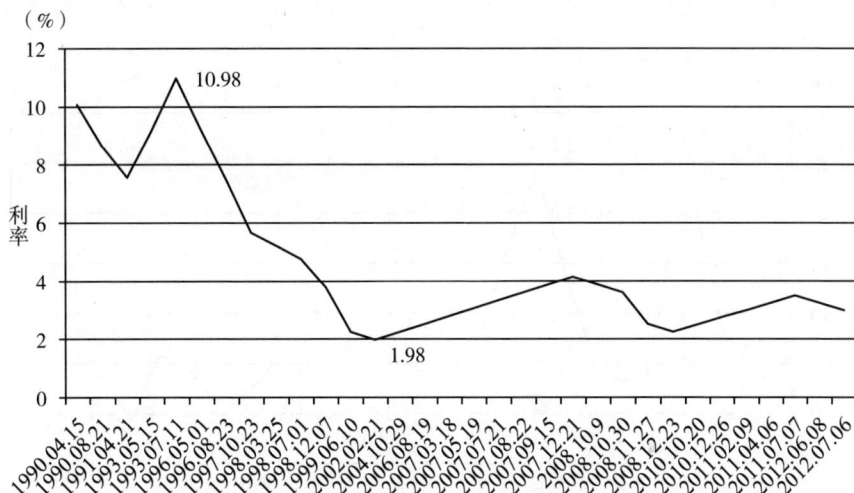

图 9-4　一年期定期存款利率波动图

资料来源:1990—2008 年数据来源于国家统计局国民经济综合统计司:《新中国 60 年统计资料汇编》,表 1-58"全国金融机构法定存款利率",中国统计出版社 2010 年版;2010—2013 年数据来源于国家统计局:《中国统计年鉴 2014》,表 19-5"金融机构法定存款利率",http://www.stats.gov.cn/tjsj/ndsj/2014/indexch.htm。

三、养老金调整系数

建立养老金待遇正常调整机制事关养老保险参保者退休后生活水平的稳定。根据我国目前关于职保和城乡居保的政策规定,基础养老金标准根据经济发展、职工工资和物价变动等情况进行调整。首次明确调整是 2004 年 9 月

30 日劳动和社会保障部与财政部联合下发《关于从 2004 年 7 月 1 日起增加
企业退休人员基本养老金的通知》(劳社部发〔2004〕24 号),文件规定:"从
2004 年 7 月 1 日起,为 2003 年 12 月 31 日前已按规定办理退休手续的企业退
休人员提高基本养老金水平。此次调整基本养老金的水平,按照当地上年企
业在岗职工平均工资增长率的 45% 左右确定。"事实上,从 2005 年到 2014
年,国务院每年都在提高企业退休人员的基本养老金标准,提高幅度为上年标
准的 10%。[①] 2015 年仍然按照上年 10% 上调养老金待遇标准,从 2016 年到
2019 年养老金待遇标准上调比例逐步下降,2018 年和 2019 年下降到上年标准
的 5%。因此,企业退休人员基础养老金的实际增长幅度高于企业在岗职工平
均工资增长率的 45%。图 9-5 统计了 1985 年以来的全国居民消费价格指数

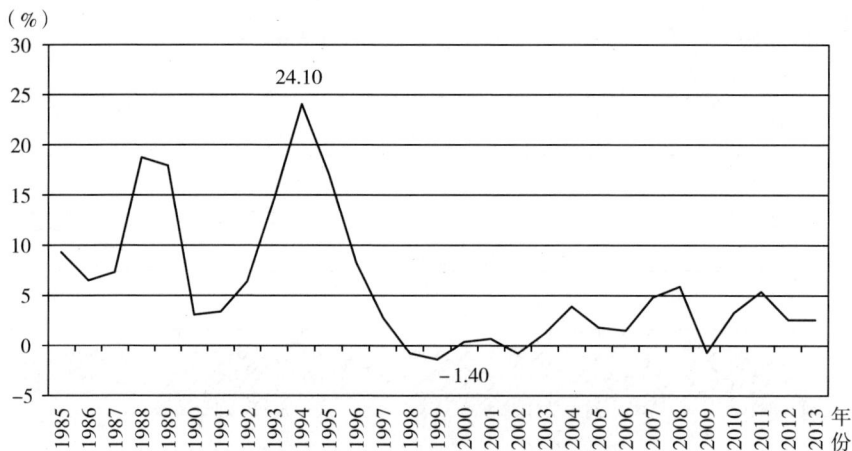

图 9-5　全国居民消费价格指数(CPI)波动图

资料来源:1985—1994 年数据来源于国家统计局国民经济综合统计司:《新中国 60 年统计资料汇
　　　编》,表 1-21"全国各种价格指数",中国统计出版社 2010 年版;1995—2013 年数据来源
　　　于国家统计局:《中国统计年鉴 2014》,表 5-1"各种价格指数",http://www.stats.gov.cn/tjsj/
　　　ndsj/2014/indexch.htm。

(CPI)波动情况,可以发现 1986—1989 年和 1992—1996 年这两个时间段出现了
比较严重的通货膨胀,其后 CPI 保持了一定程度上的稳定,维持在 3% 以下,

---

① 财政部:《关于 2014 年中央和地方预算执行情况与 2015 年中央和地方预算草案的报告》,ht-
tp://www.mof.gov.cn/zhengwuxinxi/caizhengxinwen/201503/t20150317_1203481.html,2015 年 3 月 17 日。

2014年下降到2%。综合参考国务院对于企业退休人员基本养老金标准的调整幅度和CPI的水平以及城镇企业在岗职工平均工资增长情况,同时考虑到长期的可持续性,本部分假设职保基础养老金的待遇调整幅度为在岗职工平均工资增长率的70%,即待遇调整系数为0.7。由于目前城乡居保基础养老金还没有明确的待遇调整机制,本部分假设其与职保基础养老金的待遇调整机制保持一致。

四、存活率和退休年龄

在测算中所使用到的存活率数据由根据2010年第六次全国人口普查数据编制的人口生命表得到。根据职保政策规定,男性职工的退休年龄是60岁,女性职工的退休年龄是50周岁,而城乡居保关于待遇领取起始年龄的政策规定中并没有区分男女,统一为60岁。本部分在测算时统一使用60岁的退休年龄且假设不考虑提前和推迟退休的情况。

9.3 实证结果

9.3.1 最低缴费年限政策评估结果

一、最低缴费年限政策产生养老金沉淀成本

根据国发〔2005〕38号文件和国发〔2014〕8号文件所形成的职保和城乡居保的政策规定,二者都设置了15年的最低缴费年限。由二者的既得受益权规则公式(9.10)和(9.12)可知,参保者缴费未满15年将失去基础养老金受益资格,既得受益权期限是导致制度内部养老金既得受益权损失的主要因素。由于职保与城乡居保在基础养老金政策上的差别,这种养老金既得受益权损失在二者之间存在不同。对于城乡居保,由于实行非缴费型且允许补缴,参保者没有社会统筹账户缴费积累,养老金既得受益权表现为基础养老金受益资格,且这种资格并没有严格的限制性规定,因此实际上最低缴费年限限制并不会导致城乡居保基

础养老金既得受益权损失。而职保设置了严格的最低缴费年限限制且不允许补缴,基础养老金又实行缴费关联型,因此其基础养老金受益损失表现为社会统筹账户缴费及其利息损失,即在获得受益权资格之前的养老金沉淀成本。图 9-6给出了不同年龄参保者在 15 年缴费年限限制下的养老金沉淀成本。

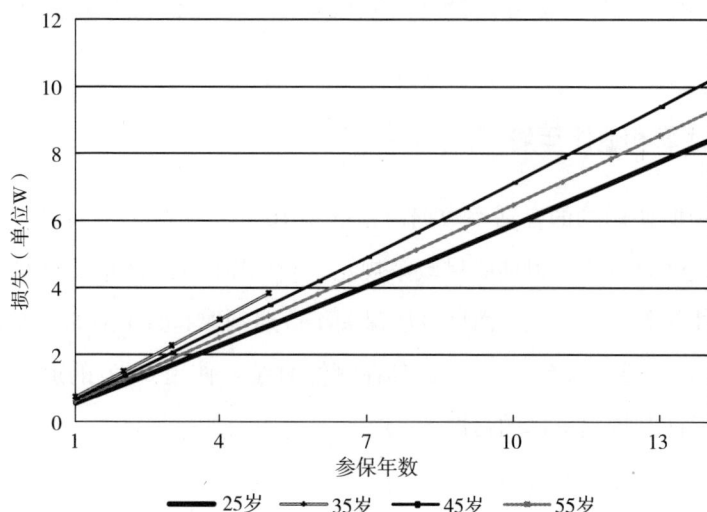

图 9-6　不同年龄参保者在最低缴费年限限制下的养老金沉淀成本

注:W 表示参保起始年的缴费工资。

在参保者缴费未满 15 年以前,由于断保、退保、转续等原因而终止养老保险关系的将失去获得基础养老金的资格。对于同一年龄的参保者来说,参保年数越长,养老金沉淀成本越大,25 岁的标准参保者在达到 15 年的最低缴费年限之前的养老金沉淀成本相当于 8 个以上的初始年工资水平。对于不同年龄的参保者来说,在相同的参保年长下,年龄越大的参保者养老金沉淀成本越高。图 9-7给出了不同年龄参保者在 15 年缴费年限限制下的养老金总沉淀成本。

在参保者参保起始年龄不超过 45 岁时,养老金总沉淀成本随起始年龄的增大而增加;当参保者参保起始年龄超过 45 岁后,在 60 岁的法定退休年龄限制下,参保者的有效参保时间将不断减少,养老金沉淀总成本将呈现出不断下降的趋势。事实上,当参保起始年龄超过 45 岁后,在 15 年的最低缴费年限限制下,参保者在法定退休年龄下将不能获得基础养老金受益资格,理性的参保者将选择不参保。

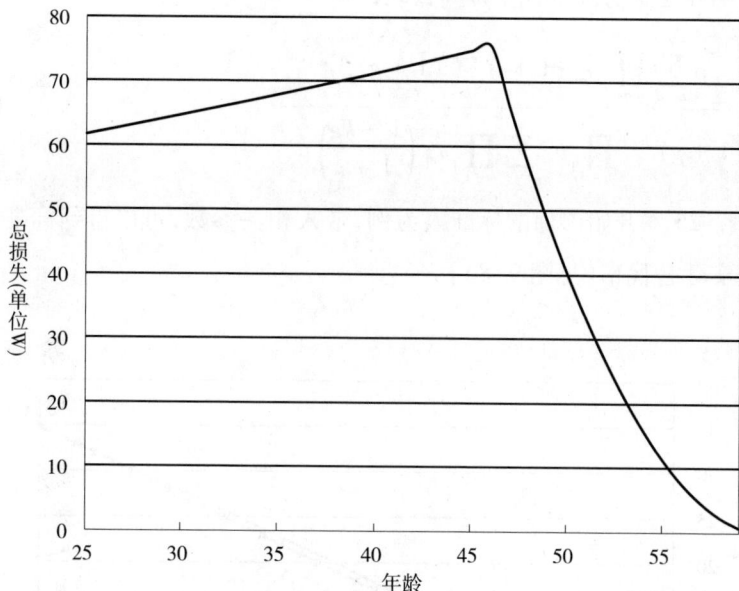

图 9-7 不同年龄参保者在最低缴费年限限制下的养老金总沉淀成本

注：W 表示参保起始年的缴费工资。

养老金沉淀成本是养老金便携性损失的直接表现形式。在养老保险关系不能有效转续或者变换工作所获得的额外收益不足以弥补养老金沉淀成本的情形下，在未达到最低缴费年限之前，参保时间越长、缴费工资水平越高的参保者越不愿意流动；在失去满足最低缴费年限限制之前，年龄越大的参保者越不愿意流动。

二、最低缴费年限存在改进空间

职保的最低缴费年限限制是导致养老金便携性损失和养老保险关系转续障碍的主要制度内在因素。2014 年人社部发〔2014〕17 号文件关于养老保险关系城乡转续的政策规定也凸显了在最低缴费年限限制下，由于城乡居保缴费年限不同视同为职保缴费年限而产生的转续不畅问题。

职保基础养老金属于强制性社会保险，遵循大数法则和风险共担原则。公式（9.13）和（9.14）分别给出了同期群和一个标准人的基础养老金平衡模式，该平衡式反映了基础养老金的内在平衡关系。由式（9.14）变形，可以得到一个标

准人的基础养老金实际替代率计算公式:

$$\beta = \frac{\alpha \sum\limits_{n=d}^{e} \prod\limits_{m=d}^{n} {}_1 p_m \left(1+i\right)^{e-n} \left(1+g\right)^{n-d}}{\left(1+g\right)^{h-1} \prod\limits_{m=d}^{e} {}_1 p_m \sum\limits_{n=e}^{\omega} \prod\limits_{m=e}^{n} {}_1 p_m \left(\dfrac{1+kg}{1+i}\right)^{n-e}} \qquad (9.26)$$

以一个 25 岁开始参保的标准人为例,带入相关参数,可以得到标准人的基础养老金实际替代率(见图 9-8)。

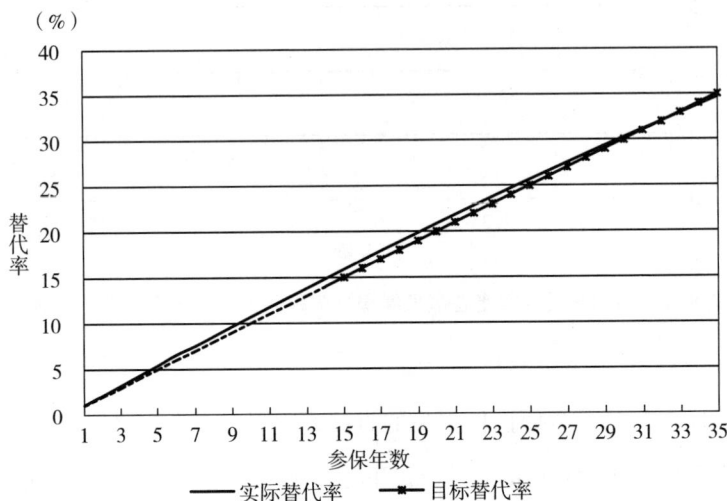

图 9-8　基础养老金目标替代率与实际替代率

注:图中虚线表示最低缴费年限限制。

从图 9-8 可以发现,基础养老金目标工资替代率与实际工资替代率基本一致,即在 $15 \leqslant h \leqslant 35$ 时,都有 $\beta \approx h\%$,这就意味着职保现行政策达到了制度设计的替代率目标。同时,也反映出从制度精算平衡的角度考察,15 年的最低缴费年限设计并不具有特殊的节点含义。进一步考察目标替代率与实际替代率的关系,可以发现,在 $1 \leqslant h \leqslant 32$ 时,$\beta > h\%$,在 $33 \leqslant h \leqslant 35$ 时,$\beta < h\%$,这就意味着在 32 年这一节点年份之前,参保者为制度的净贡献为正。因此,15 年的最低缴费年限限制对基金平衡性并没有产生影响。尽管相关参数假设的变化,包括工资增长率、利率、养老金调整系数、存活率等,会对实际工资替代率的具体数据产生影响。但是仍然可以通过验证得出,职保基础养老金满足递减型既得受

益权规则，即实际工资替代率与参保年限的关系满足 $Q = f(t)$，$f'(t) > 0$ 但 $f''(t) < 0$。这就意味着在目标工资替代率的设计下，缴费时间越长的参保者越有利。因此，从精算公平的角度考察，15 年的最低缴费年限限制并不会给制度带来净收益，其设置缺乏合理性。

9.3.2 城镇企业职工基本养老保险关系转续方案比较结果

一、方案一：社会统筹账户资金不能转移政策

根据该男性标准人在 a、b、c 三地的参保经历，由职保基础养老金既得受益权规则公式（9.10），可以得到该参保者在 a、b、c 三地的基础养老金标准的分段计算公式：

$$P_1 = \begin{cases} a \to 0, \ 25 \leqslant x \leqslant 30 \\ b \to 0, \ 31 \leqslant x \leqslant 39 \\ c_1 \to 0, \ 40 \leqslant x \leqslant 53 \\ c_2 \to (x - 39)\% \ \dfrac{W_{59}^c}{2} \left[\dfrac{1}{x - 39} \sum_{n=40}^{x} \left(\dfrac{w_n^c}{W_n^c} \right) + 1 \right], \ 54 \leqslant x \leqslant 59 \end{cases} \tag{9.27}$$

该参保者先后在 a、b 两地参保 6 年和 9 年，但由于存在 15 年的最低缴费年限限制，其在 a、b 两地没有获得基础养老金受益资格。尽管该参保者在 a、b 两地参保的累积年长达到了 15 年，满足了最低缴费年限限制，但由于该参保者在 a、b、c 三地的缴费年数不能累积和视同，其在 a、b 两地获得的基础养老金受益仍然为 0，且在 c 地参保的前 14 年（c_1）也没有获得基础养老金受益权。在 c 地从第 15 年开始，该参保者才开始获得基础养老金受益资格。按照职保的待遇确定方法，该参保者在 c 地参保 20 年将获得工资替代率为 20% 的基础养老金待遇（c_2）。在标准人假设下，根据式（9.9），可以得到其基础养老金累积受益在退休时的现值计算公式：

$$VP_1 = 0.2 W_{e-1}^c \sum_{n=e}^{\omega} \prod_{m=e}^{n} {}_1 p_m \left(\frac{1 + kg}{1 + i} \right)^{n-e} \tag{9.28}$$

代入相关参数取值，该参保者方案一下的基础养老金累积受益分布表如表

9-1 所示。

表 9-1　方案一下基础养老金累积受益分布表

参保地区	年龄段(岁)	参保累积时间(年)	工资水平(元)	计发基数(元)	工资替代率(%)	养老金受益(元)
a	25—30	6	37147—49711	0	0	0
b	31—39	9	52694—83986	0	0	0
c	40—59	20	89025—269354	269354	20	594004
养老金累积总受益						594004

二、方案二:"分段计算"政策

该方案下,参保者在 a、b、c 三地单独参保,没有最低缴费年限限制,待遇分段计算,每参保 1 年养老金工资替代率增加 1%。[①] 该方案下,由职保基础养老金既得受益权规则公式(9.10),可以得到该参保者在 a、b、c 三地的基础养老金标准的分段计算公式:

$$P_2 = \begin{cases} a \to (x-24)\% \dfrac{W_x^a}{2}\left[\dfrac{1}{x-24}\sum\limits_{n=25}^{x}\left(\dfrac{w_n^a}{W_n^A}\right)+1\right], 25 \leqslant x \leqslant 30 \\[2mm] b \to 0.06\dfrac{W_{30}^a}{2}\left[\dfrac{1}{6}\sum\limits_{n=25}^{30}\left(\dfrac{w_n^a}{W_n^A}\right)+1\right]+ \\[2mm] \qquad (x-30)\% \dfrac{W_x^b}{2}\left[\dfrac{1}{x-30}\sum\limits_{n=35}^{x}\left(\dfrac{w_n^b}{W_n^b}\right)+1\right], 31 \leqslant x \leqslant 39 \\[2mm] c \to 0.06\dfrac{W_{30}^a}{2}\left[\dfrac{1}{6}\sum\limits_{n=25}^{30}\left(\dfrac{w_n^a}{W_n^a}\right)+1\right]+0.09\dfrac{W_{39}^b}{2}\left[\dfrac{1}{9}\sum\limits_{n=31}^{39}\left(\dfrac{w_n^b}{W_n^b}\right)+1\right]+ \\[2mm] \qquad (x-39)\% \dfrac{W_x^c}{2}\left[\dfrac{1}{x-39}\sum\limits_{n=40}^{x}\left(\dfrac{w_n^c}{W_n^c}\right)+1\right], 40 \leqslant x \leqslant 59 \end{cases} \qquad (9.29)$$

----

①　事实上,在分段计算政策下各个地方的养老金待遇形成公式可能会存在差别,此处设定"每参保 1 年养老金工资替代率增加 1%"只是为了计算方便。

按照该方案的待遇形成标准,参保者在 a、b、c 三地获得的基础养老金待遇的工资替代率分别为 6%、9% 和 20%。由于参保者与各地形成相互独立的养老保险关系,参保年限也不能累积,养老金既得受益权也互不认同,其退休后养老金待遇由三地单独计发。在标准人假设下,根据式(9.9),可以得到其基础养老金累积受益在退休时的现值计算公式:

$$VP_2 = (0.06W_{e-30}^a + 0.09W_{e-21}^b + 0.2W_{e-1}^c) \sum_{n=e}^{\omega} \prod_{m=e}^{n} {}_1p_m \left(\frac{1+kg}{1+i}\right)^{n-e} \quad (9.30)$$

代入相关参数取值,该参保者方案二下的基础养老金累积受益分布表如表 9-2 所示。

表 9-2 "分段计算"政策下养老金累积受益分布表

参保地区	年龄段/岁	参保累积时间/年	工资水平/元	计发基数/元	工资替代率/%	养老金受益/元
a	25—30	6	37147—49711	49711	6	32888
b	31—39	9	52694—83986	83986	9	83346
c	40—59	20	89025—269354	269354	20	594004
养老金累积总受益						747060

三、方案三:社会统筹账户资金能转续政策

该政策即为国办发〔2009〕66 号文件所形成的现行转续政策,最低缴费年限仍然存在,但在转续养老保险关系时参保者在 a、b、c 三地的缴费年限可累积计算。该文件关于缴费工资指数的规定,由职保基础养老金既得受益权规则公式(9.10),可以得到该参保者在 a、b、c 三地的基础养老金标准的分段计算公式:

$$P_3 = \begin{cases} a \to 0, \ 25 \leqslant x \leqslant 30 \\ b_1 \to 0, \ 31 \leqslant x \leqslant 38 \\ b_2 \to 0.15 \dfrac{W_{39}^b}{2} \left[\dfrac{1}{15} \left(\sum\limits_{n=25}^{30} \dfrac{w_n^a}{W_n^B} + \sum\limits_{n=31}^{39} \dfrac{w_n^b}{W_n^b} \right) + 1 \right], \ x = 39 \\ c \to (x-24)\% \dfrac{W_x^c}{2} \left[\dfrac{1}{x-24} \left(\sum\limits_{n=25}^{30} \dfrac{w_n^a}{W_n^c} + \sum\limits_{n=31}^{39} \dfrac{w_n^b}{W_n^c} + \sum\limits_{n=40}^{x} \dfrac{w_n^c}{W_n^c} \right) + 1 \right], \ 40 \leqslant x \leqslant 59 \end{cases}$$

$$(9.31)$$

虽然参保者在 a、b、c 三地的缴费年限可以视同累积,但由于最低缴费年限限制仍然存在,其在 a 地参保 6 年的基础养老金权益为 0,且转移到 b 地参保的前 8 年(b_1),由于累积的参保缴费时间仍然不足 15 年,其仍然不具有基础养老金受益资格。该参保者获得基础养老金受益权的起始时间是在 b 地参保的第 9 年(b_2)。该参保者转移到 c 地后,参保者在 a、b 两地的缴费时间继续累积,在 c 地退休时的累积参保时间达到 35 年。养老金待遇合并计算,工资替代率达到 35%,待遇由 c 地计发。在标准人假设下,根据式(9.9),可以得到其基础养老金累积受益在退休时的现值计算公式:

$$VP_3 = 0.35 W_{e-1}^c \sum_{n=e}^{\omega} \prod_{m=e}^{n} {}_1 p_m \left(\frac{1+kg}{1+i} \right)^{n-e}$$

$$(9.32)$$

代入相关参数取值,该参保者方案二下的基础养老金累积受益分布表如表 9-3 所示。

表 9-3　现行政策下基础养老金累积受益分布表

参保地区	年龄段/岁	参保累积年限/年	工资水平/元	计发基数/元	工资替代率/%	养老金受益/元
a	25—30	6	37147—49711	0	0	0
b	31—39	15	52694—83986	83986	15	138910
c	40—59	35	89025—269354	269354	35	900597
养老金累积总受益						1039506

四、转续政策评估

由表9-1、表9-2、表9-3的比较可知,该男性标准参保者在三个转续方案下的基础养老金累积受益分别为594004元、747060元和1039506元。现行政策所形成的转续方案下的基础养老金累积受益要明显高于原转续政策和"分段计算"政策。按照上文设计的便携性损失测度方法,将该参保者在a地连续参保35年所形成的基础养老金累积受益作为便携性损失对比的参照系,在标准人假设下,根据式(9.9),可以得到其基础养老金累积受益在退休时的现值计算公式:

$$VP = 0.35 W_{e-1}^a \sum_{n=e}^{\omega} \prod_{m=e}^{n} {}_1 p_m \left(\frac{1+kg}{1+i} \right)^{n-e} \tag{9.33}$$

代入相关参数取值,可计算出参保者在a地连续参保35年所获得的基础养老金累积受益在退休时的现值总额 $VP = 1039506$ 元。比较 VP 与 VP_1、VP_2、VP_3,可计算出在参保缴费累积时间和工资水平都完全相同的情况下,方案一、方案二和方案三的基础养老金便携性损失分别为445502元、292446元和0元,占比依次为43%、28%、0。因此,从便携性损失的角度看,相比原转续政策和"分段计算"政策,现行转续政策下参保者不存在养老金便携性损失,从而实现了参保者基础养老金受益的最大化。

9.3.3 养老保险关系城乡转续方案比较结果

式(9.17)和式(9.18)分别给出了这名45岁的男性参保者在缴费年限视同方案下在职保参保10年后转移到城乡居保,然后继续参保5年后在城乡居保参保地退休后的基础养老金累积权益的现值公式和在城乡居保参保5年然后转移到职保参保10年后退休的基础养老金累积权益的现值公式。[①] 式(9.19)则给出了缴费年限视同方案下的便携性损失。同理,方案二(养老金权益折算方案)

---

① 此处在便携性损失实际测算中使用新型农村社会养老保险替代城乡居民基本养老保险,具体解释见假设前提第2项。

和方案三（替代率标准视同方案）下的基础养老金累积权益现值公式和便携性损失分别由式(9.20)、式(9.21)、式(9.22)以及式(9.23)、式(9.24)、式(9.25)得到。在标准人假设下，三个方案下的便携性损失计算公式可以进一步简化为：

$$\overline{VP}_1 = \left| (P_e - 0.15W_{e-1}) \sum_{n=e}^{\omega} \left(\frac{1+kg}{1+i} \right)^{n-e} \prod_{m=e}^{n} {}_1p_m \right| \tag{9.34}$$

$$\overline{VP}_2 = \left| \left(0.1W_{e-1} + \frac{P_e}{3} \right) \sum_{n=e}^{\omega} \left(\frac{1+kg}{1+i} \right)^{n-e} \prod_{m=e}^{n} {}_1p_m \right| ① \tag{9.35}$$

$$\overline{VP}_3 = \left| (\alpha\overline{W}_{e-1} - 0.15W_{e-1}) \sum_{n=e}^{\omega} \left(\frac{1+kg}{1+i} \right)^{n-e} \prod_{m=e}^{n} {}_1p_m \right| \tag{9.36}$$

代入相关参数，三个方案的养老金权益和便携性损失计算结果如表9-4所示。

表9-4 三方案下养老金权益与便携性损失

方案	职保→城乡居保			城乡居保→职保			便携性损失（元）
	参保时间（年）	替代率（%）	养老金权益（元）	参保时间（年）	替代率（%）	养老金权益（元）	
方案一	15	9.6①	9660	15	15	93129	83469
方案二	>15	>13.9	65306	<15	0	0	65306
方案三	15	13.9②	14057	15	15	93129	79072

注：①为按固定额度计发方式计算的该参保者60岁时城乡居保基础养老金实际收入替代率；②为按国定标准所计算的收入替代率。

由测算结果可知，在缴费年限视同方案下，尽管基础养老金待遇调整机制完全一致，职保基础养老金的工资替代率保持不变，而城乡居保基础养老金实际收入替代率由13.9%下降到9.6%。虽然在该方案下，该参保者都能满足15年的最低缴费年限要求，但如果在职保退休，其累积的养老金权益为93129元，而如果在城乡居保退休，其累积的养老金权益只有9660元，前者几乎是后者的10倍。其结果是该方案下的养老金便携性损失高达83469元。因此，即使是在相同的参保经历下，理性参保者将竭力从城乡居保转入职保。

---

①　由于方案二在权益折算时会出现不同的情况组合，此处仅仅给出便携性损失最大时的情况。

在养老金权益折算方案下，当参保者从职保转移到城乡居保时，实际参保时间将大于 15 年，满足了最低缴费年限限制，且在城乡居保中退休时，其基础养老金实际替代率将高于 13.9%，总共累积的养老金权益达到 65306 元。但当参保者从城乡居保转移到职保时，由于参保者在城乡居保中累积的养老金权益折算为职保缴费时间时，并不足以达到视同缴费年限的标准，因此二者合计的参保累积时间小于 15 年，未能满足 15 年的最低缴费年限限制，将不具有职保基础养老金受益资格，其最终的养老金累积权益为 0。该方案下的养老金便携性损失达到 65306 元。因此，即使是在相同的参保经历下，理性参保者在预期难以达到职保最低缴费年限要求的情况下竭力从职保转入城乡居保。

在替代率标准视同方案下，尽管参保者都能满足 15 年的最低缴费年限要求，且城乡居保和职保二者的基础养老金收入或工资替代水平保持稳定，但是当参保者从职保转移到城乡居保时，基础养老金累积权益只有 14057 元，当参保者从城乡居保转移到职保时，基础养老金累积权益则高达 93129 元。养老金计发基数差距造成了基础养老金待遇水平的巨大差异。在此方案下，参保者将竭力从城乡居保转入职保。

综合比较三个转续方案，尽管三个方案分别试图从保护参保者平等的养老金受益权、平衡转入地和转出地的利益和维持养老金替代水平不下降等养老保险关系城乡转续的三个关键点出发，但三个转续方案都存在巨大的便携性损失。在现行的城乡居保基础养老金和职保基础养老金所形成的既得受益权规则约束下，养老保险关系难以在城乡之间有效转续，参保者的基础养老金权益也无法得到充分保障。

9.3.4　城镇企业职工基本养老保险关系现行转续方案的进一步评估

一、最后退休地存在财务不平衡风险

国办发〔2009〕66 号文件规定"参保者转移养老保险关系时，按各年度实际缴费工资总和的 12% 转移养老保险资金"。这就意味着大约 60% 的社会统筹账

户缴费流入转入地,其余约40%留在转出地。同时国办发〔2009〕66号文件还对参保者最后退休地的确定方法设置了两个原则:其一,养老保险关系在户籍所在地的和养老保险关系不在户籍所在地但没有参保缴费满10年以上的参保地的,最后退休地都是户籍所在地;其二,养老保险关系不在户籍所在地的,且有参保地参保缴费满10年以上的,该参保地为最后退休地。直观上来看,由于养老保险关系所在地截留了约40%的社会统筹账户缴费,而最后退休地又承担了养老待遇支付责任,因此该转续政策对最后退休地不利。

比较上文中参保者在多地参保的基础养老金基金平衡式(9.15)和在一地参保的基金平衡式(9.13),尽管式(9.15)相比式(9.13)看起来更复杂,但是二者所内含的保险原则是一致的,都是按照社会保险属性设计,利用大数法则和风险共担实现养老金再分配和平衡。但是按照国办发〔2009〕66号文件所确定的提前明确保险资产的办法,式(9.15)将变化为以下形式:

$$
\delta\Big[\sum_{n=t_1}^{t_2} N_n w_n^a (1+i)^{t_4-n} + \sum_{n=t_2}^{t_3} N_n w_n^b (1+i)^{t_4-n}\Big] + \alpha\sum_{n=t_3}^{t_4} N_n w_n^c (1+i)^{t_4-n}
$$

$$
= \beta\frac{W_{t_4}^c}{2}\Big\{\frac{1}{t_4-t_1}\Big[\sum_{n=t_1}^{t_2}\Big(\frac{w_n^a}{W_n^c}\Big) + \sum_{n=t_2}^{t_3}\Big(\frac{w_n^b}{W_n^c}\Big) + \sum_{n=t_3}^{t_4}\Big(\frac{w_n^c}{W_n^c}\Big)\Big] + 1\Big\}\sum_{m=1}^{\omega} N_{t_4+m}\Big(\frac{1+kg^c}{1+i}\Big)^{m-1}
$$

$$
(9.37)
$$

式中 δ 表示社会统筹账户资金按缴费工资总和转移的比例。进一步比较式(9.13)和式(9.37),可以发现基础养老金的保险原则出现了重要变化,前者是纯保险计划,而后者是缴费关联方案。在纯保险方案下,养老保险缴费与待遇平衡关系由计划内收入与养老金待遇相对水平、制度覆盖率、人口存活率等因素决定并通过精算方法确定。在现行转续政策下,参保者在最后退休地之外参保地的缴费将面临两种情况:其一,参保者在最后退休地退休,则部分缴费被截留;其二,参保者在最后退休地退休之前退保或死亡,则缴费完全留在原参保地。这就意味在,在保险原则设计下的部分"可再分配"风险准备金未能发挥应有的作用。因此,按照精算平衡原则设计的保险计划在最后退休地将会出现财务不平衡风险。

假设某标准参保人在最后退休地参保缴费 10 年,达到了现行转续政策所确定的最后退休地的最低缴费年限规定,则式(9.37)可以简化为:

$$\delta \sum_{n=0}^{h-10} (1+g)^n (1+i)^{h-n} + \alpha \sum_{n=h-10}^{h} (1+g)^n (1+i)^{h-n}$$

$$= \beta (1+g)^{h-1} \sum_{n=1}^{\omega} \left(\frac{1+kg}{1+i} \right)^{n-1} \tag{9.38}$$

以一个 25 岁开始参保的城市男性标准参保者为例,将相关参数代入,其中 ω 为 60 岁城市男性平均预期余命,计算出该参保者在此平衡条件下的实际养老金工资替代率。

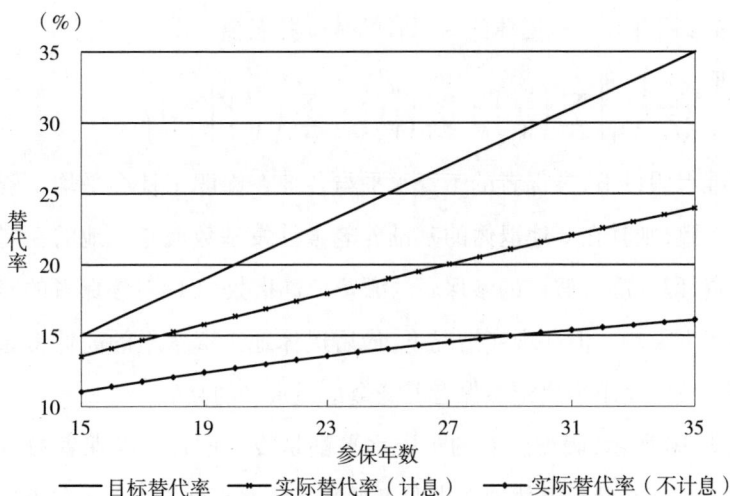

9-9 现行转续政策的基础养老金目标替代率与实际替代率

如图 9-9 所示,按照式(9.38)所确定的理论上的平衡模式,该参保者的实际替代率小于政策设计的目标替代率,参保 35 年后的实际替代率不到 25%,而且其参保时间越长,其实际替代率与目标替代率的差距越大。事实上,实际政策执行中在转移社会统筹账户缴费资产时并不包括缴费所产生的利息,因此在不计息的情况下,实际转移的缴费资产将更低,其结果是不计息情形下该参保者的实际替代率与目标替代率最高相差约 19%,比计息情形下还高 8%。反过来说,最后退休地按照制度设计的目标替代率计发养老金待遇,将会出现财务不平衡风险,且参保者在外地参保时间越长,其承受的风险越大。尤其是对于参保者养老保险关系留在户籍所在地而又在外地没有参保缴费满 10 年的参保地,其承受的财务不平衡风险更大。

二、参保者对待遇"趋高避低"的逆向选择风险

根据国发〔2005〕38 号文件的规定,参保者退休时基础养老金的计发基数为退休地上年度在岗职工社会平均工资和本人指数化平均缴费工资的平均值。针对转移养老保险关系的参保者,国办发〔2009〕66 号文件规定:"在核定养老保险待遇时,以本人在各参保地的各年度缴费工资和最后办理退休地对应的各年度在岗职工平均工资计算其缴费工资指数"。综合起来,由式(9.15),一个在 a、b、c 三地连续参保并在 c 地退休的参保者的基础养老金计发基数为:

$$\bar{W} = \frac{W_{t_4}^c}{2}\left\{ \frac{1}{t_4 - t_1}\left[\sum_{n=t_1}^{t_2}\left(\frac{w_n^a}{W_n^c} \right) + \sum_{n=t_2}^{t_3}\left(\frac{w_n^b}{W_n^c} \right) + \sum_{n=t_3}^{t_4}\left(\frac{w_n^c}{W_n^c} \right) \right] + 1 \right\} \tag{9.39}$$

在标准人假设下,参保者的工资水平与各地在岗职工社会平均工资水平相同且增速一致,则其在 c 地退休的基础养老金计发基数就是 c 地的在岗职工社会平均工资,即标准人假设的参保者的缴费工资指数为 1,对参保者的养老金待遇水平不产生影响。但在现实情况下,最后退休地工资水平的高低将通过影响缴费工资指数的大小来决定参保者养老金待遇水平的高低。

如图 9-10 所示,假设所有的工资水平都是线性增长。参保者缴费工资水平以斜线 w_n 表示,最后退休地在岗职工平均工资水平在图 9-10 右边自下而上分为六种情况,分别以斜线 W^{c1}、W^{c2}、W^{c3}、W^{c4}、W^{c5}、W^{c6} 表示。W^{c1}、W^{c3} 和 W^{c5} 的起始工资水平都为 w_1,W^{c2}、W^{c4} 和 W^{c6} 的起始工资水平都为 w_4,W^{c1} 和 W^{c2} 的退休前工资水平都为 w_3,W^{c3} 和 W^{c4} 与 w_n 的退休前工资水平都为 w_5,W^{c5} 和 W^{c6} 的退休前工资水平都为 w_6。

下面分析五种有代表性的情形:

情形一:w_n 与 W^{c1} 和 W^{c6} 的组合。有 $W^{c1} = \varphi w_n$($\varphi < 1$)和 $W^{c6} = \varphi w_n$($\varphi > 1$)。

根据缴费工资指数的计算方法,由式(9.39),很显然 c_1 的基础养老金计发基数为 $\bar{W}^{c1} = \frac{(1+\varphi)}{2\varphi}w_3$,$c_6$ 下的基础养老金计发基数为 $\bar{W}^{c6} = \frac{(1+\varphi)}{2\varphi}w_6$。

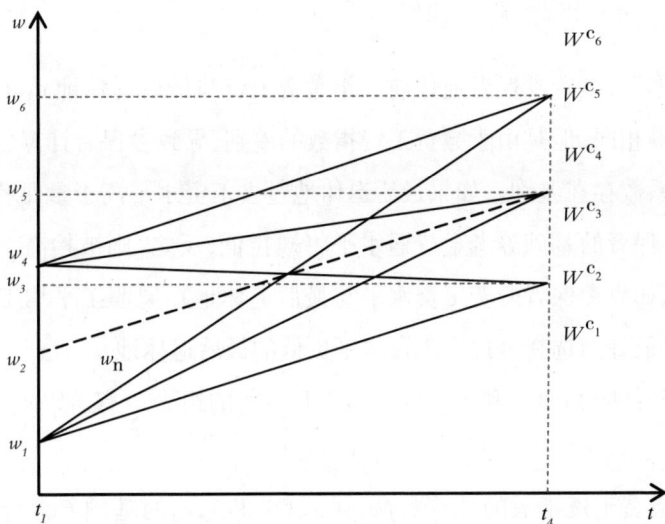

图 9-10 参保者工资水平与退休地工资水平多组合示意图

证明:由于 $w_6 = \varphi w_5$,$w_3 = \varphi w_5$,则有 $\overline{W}^{c_1} = \dfrac{(1+\varphi)}{2}w_5$,$\overline{W}^{c_6} = \dfrac{(1+\varphi)}{2}w_5$。

又由于 $\varphi < 1$,$\varphi > 1$,则显然 $\overline{W}^{c_1} < \overline{W}^{c_6}$,因此 $W^{c_1}_{t_4} < \overline{W}^{c_1} < w_{t_4} < \overline{W}^{c_6} < W^{c_6}_{t_4}$。

该情形反映了现行转续政策对于缴费工资指数设计的目标,即既通过关联参保者基础养老金待遇与最后退休地工资水平,保证参保者实际的养老保障水平,又通过缴费工资指数实现养老金待遇的缴费关联,实现权利与义务的相对统一。从参保者的角度来考虑,该情形下最后退休地的工资水平将抬高或拉低养老金待遇水平。但是,这种效应是相对的,其抬高或拉低的幅度为其本人缴费工资与最后退休地工资水平差值绝对值的一个比例。

情形二:w_n 与 W^{c_3} 和 W^{c_4} 的组合。有 $W^{c_3}_{t_1} < w_{t_1} < W^{c_4}_{t_1}$,$w_{t_4} = W^{c_3}_{t_4} = W^{c_4}_{t_4}$。

根据缴费工资指数的计算方法,由式(9.39),c_3 的基础养老金计发基数为 $\overline{W}^{c_3} = \dfrac{w_5}{2}\left(\dfrac{1}{t_4 - t_1}\displaystyle\int_{t_1}^{t_4}\dfrac{w_n}{W^{c_3}_n} + 1\right)$,$c_4$ 的基础养老金计发基数为 $\overline{W}^{c_4} = \dfrac{w_5}{2}\left(\dfrac{1}{t_4 - t_1}\displaystyle\int_{t_1}^{t_4}\dfrac{w_n}{W^{c_4}_n} + 1\right)$。

证明:由于 $W^{c_3} < w < W^{c_4}$,则有 $\dfrac{w_n}{W^{c_3}_n} > 1$,$\dfrac{w_n}{W^{c_4}_n} < 1$,故 $\dfrac{1}{t_4 - t_1}\displaystyle\int_{t_1}^{t_4}\dfrac{w_n}{W^{c_4}_n} < 1$,

$\dfrac{1}{t_4-t_1}\displaystyle\int_{t_1}^{t_4}\dfrac{w_n}{W_n^{c3}}>1$，因此 $\bar{W}^{c3}>\bar{W}^{c4}$。

该情形下，尽管参保者退休前一年缴费工资与最后退休地 c_3 和 c_4 的在岗职工平均工资相同，但是由于缴费工资指数的差别，导致参保者计算出来的基础养老金计发系数存在差别。如果最后退休地过去工资水平高于参保者过去缴费工资水平，参保者的基础养老金待遇水平将被拉低；反之，则被抬高。这反映的一个现实是，如果参保者缴费工资水平与最后退休地在岗职工平均工资水平差不多，参保者最好的选择是过去工资水平更低的最后退休地。

情形三：w_n 与 W^{c1} 和 W^{c2} 以及 W^{c5} 和 W^{c6} 的组合。有 $W_{t_1}^{c1}<W_{t_1}^{c2}<w_{t_1}<W_{t_1}^{c5}<W_{t_1}^{c6}$ ，$w_{t_4}>W_{t_4}^{c1}=W_{t_4}^{c2}$，$w_{t_4}<W_{t_4}^{c5}=W_{t_4}^{c6}$。

根据缴费工资指数的计算方法，由式（9.39），c_2 的基础养老金计发基数为

$$\bar{W}^{c2}=\dfrac{w_3}{2}\left(\dfrac{1}{t_4-t_1}\int_{t_1}^{t_4}\dfrac{w_n}{W_n^{c2}}+1\right)$$，c_5 的基础养老金计发基数为 $\bar{W}^{c5}=$

$\dfrac{w_6}{2}\left(\dfrac{1}{t_4-t_1}\displaystyle\int_{t_1}^{t_4}\dfrac{w_n}{W_n^{c5}}+1\right)$。另外，根据情形一的条件，$\bar{W}^{c1}=\dfrac{(1+\varphi)}{2\varphi}w_3$，$\bar{W}^{c6}=$

$\dfrac{(1+\varphi)}{2\varphi}w_6$。

证明：由于有 $W^{c6}=\varphi w_n$，则 $w_4=\varphi w_2$，故 $\dfrac{w_{t_1}}{W_{t_1}^{c2}}=\dfrac{1}{\varphi}$，又因为 $\varphi>1$，则 $\dfrac{w_{t_1}}{W_{t_1}^{c2}}<1$。

又由于 $W^{c1}=\varphi w_n$，则有 $w_3=\varphi w_5$，故 $\dfrac{w_{t_4}}{W_{t_4}^{c2}}=\dfrac{1}{\varphi}$，又因为 $\varphi<1$，则 $\dfrac{w_{t_4}}{W_{t_4}^{c2}}>1$。另外，

有 $w_{t_1}<W_{t_1}^{c2}$ 且 $w_{t_4}>W_{t_4}^{c2}$，不难证明 $\dfrac{w_n}{W_n^{c2}}$ 满足 $\dfrac{1}{\varphi}\leqslant\dfrac{w_n}{W_n^{c2}}\leqslant\dfrac{1}{\varphi}$，将其代入 $\bar{W}^{c2}$，不难

得到 $\dfrac{(1+\varphi)}{2\varphi}w_3<\bar{W}^{c2}<\dfrac{(1+\varphi)}{2\varphi}w_3$，即 $\bar{W}^{c2}<\bar{W}^{c1}$。同理可证，$\dfrac{(1+\varphi)}{2\varphi}w_6<$

$\bar{W}^{c5}<\dfrac{(1+\varphi)}{2\varphi}w_6$，则 $\bar{W}^{c5}>\bar{W}^{c6}$。

该情形给出了在参保者退休前一年最后退休地在岗职工平均工资相同的情况下，无论该工资水平高于或低于参保者退休前一年的缴费工资，其现实选择是

过去平均工资水平比自己过去平均工资水平低的一地作为退休地。

情形四：w_n 与 W^{c2} 和 W^{c5} 的组合。有 $w_4 - w_1 = w_6 - w_3$。

根据缴费工资指数的计算方法，由式（9.39），c_2 的基础养老金计发基数为

$$\bar{W}^{c2} = \frac{w_3}{2}\left(\frac{1}{t_4 - t_1}\int_{t_1}^{t_4}\frac{w_n}{W_n^{c2}} + 1\right)，c_5 \text{ 的 基 础 养 老 金 计 发 基 数 为 } \bar{W}^{c5} =$$

$$\frac{w_6}{2}\left(\frac{1}{t_4 - t_1}\int_{t_1}^{t_4}\frac{w_n}{W_n^{c5}} + 1\right)。$$

证明：由情形三的证明，可知 $\frac{1}{\varphi} \leqslant \frac{w_n}{W_n^{c2}} \leqslant \frac{1}{\varphi}$ 和 $\frac{1}{\varphi} \leqslant \frac{w_n}{W_n^{c5}} \leqslant \frac{1}{\varphi}$。因此，假设

$\frac{w_n}{W_n^{c2}} = \frac{w_n}{W_n^{c5}} = \lambda$，有 $\frac{1}{\varphi} \leqslant \lambda \leqslant \frac{1}{\varphi}$，则 $\bar{W}^{c2} = \frac{(1 + \lambda)}{2\lambda}w_3$，$\bar{W}^{c5} = \frac{(1 + \lambda)}{2\lambda}w_6$。又因

为 $w_6 > w_3$，则 $\bar{W}^{c2} > \bar{W}^{c5}$。

该情形给出了在缴费工资指数以及过去平均工资水平都相同的情况下，参保者退休前一年在岗职工平均工资水平更高的退休地所计算出来的基础养老金计发基数更大。这反映的一个现实是，即使过去平均工资水平相同，理性的参保者也应该选择工资水平增长更快的退休地。

情形五：w_n 与 W^{c2} 和 W^{c4} 以及 W^{c3} 和 W^{c5} 的组合。

根据缴费工资指数的计算方法，由式（9.39），c_2、c_3、c_4、c_5 的基础养老金计发

基数分别为 $\bar{W}^{c2} = \frac{w_3}{2}\left(\frac{1}{t_4 - t_1}\int_{t_1}^{t_4}\frac{w_n}{W_n^{c3}} + 1\right)$、$\bar{W}^{c3} = \frac{w_5}{2}\left(\frac{1}{t_4 - t_1}\int_{t_1}^{t_4}\frac{w_n}{W_n^{c3}} + 1\right)$、$\bar{W}^{c4} =$

$\frac{w_5}{2}\left(\frac{1}{t_4 - t_1}\int_{t_1}^{t_4}\frac{w_n}{W_n^{c4}} + 1\right)$、$\bar{W}^{c5} = \frac{w_6}{2}\left(\frac{1}{t_4 - t_1}\int_{t_1}^{t_4}\frac{w_n}{W_n^{c5}} + 1\right)$。

证明：由于 $W_{t_1}^{c3} = w_1$，$W_{t_4}^{c3} = w_5$，$w_{t_1} = w_2$，$w_{t_4} = w_5$，且根据 $W^{c1} = \varphi w_n$，有 $w_1 = \varphi w_2$，则

$\frac{w_{t_1}}{W_{t_1}^{c3}} = \frac{1}{\varphi}$，$\frac{w_{t_4}}{W_{t_4}^{c3}} = 1$。因此，不难得到 $1 \leqslant \frac{w_n}{W_n^{c3}} \leqslant \frac{1}{\varphi}$，则 $w_5 < \bar{W}^{c3} < \frac{(1 + \varphi)}{2\varphi}w_5$。由

情形三的证明，可知 $\frac{(1 + \varphi)}{2\varphi}w_6 < \bar{W}^{c5} < \frac{(1 + \varphi)}{2\varphi}w_6$。又根据 $W^{c6} = \varphi w_n$ 可以得到

$w_6 = \varphi w_5$，将其带入 $\bar{W}^{c5}$ 中，可以得到 $\frac{(1+\varphi)}{2} w_5 < \bar{W}^{c5} < \frac{\varphi(1+\varphi)}{2\varphi} w_5$。

比较 $\bar{W}^{c5}$ 与 $\bar{W}^{c3}$。首先比较 $\frac{(1+\varphi)}{2}$ 与 1，$\frac{\varphi(1+\varphi)}{2\varphi}$ 与 $\frac{(1+\varphi)}{2\varphi}$。由于 $\varphi < 1$，$\varphi > 1$，则 $\frac{(1+\varphi)}{2} > 1$，$\frac{\varphi(1+\varphi)}{2\varphi} > \frac{(1+\varphi)}{2\varphi}$。但是，$\frac{(1+\varphi)}{2\varphi}$ 与 $\frac{(1+\varphi)}{2}$ 之间的大小关系难以判定。如果 $\varphi = 1$，则 $\frac{(1+\varphi)}{2} = \frac{(1+\varphi)}{2\varphi}$；如果 $\varphi > 1$，则 $\frac{(1+\varphi)}{2} > \frac{(1+\varphi)}{2\varphi}$；如果 $\varphi < 1$，则 $\frac{(1+\varphi)}{2} < \frac{(1+\varphi)}{2\varphi}$。这就意味着 $\bar{W}^{c5}$ 与 $\bar{W}^{c3}$ 之间的大小关系不确定。同理可证，$\bar{W}^{c2}$ 与 $\bar{W}^{c4}$ 之间的大小关系也不确定。

该情形反映了一个可能更加难以接收的现实，如果某最后退休地过去的工资水平以及参保者退休前一年的在岗职工平均工资都比另外一地要高，并不意味着选择在另外一地退休的参保者的基础养老金计发基数就一定高。

如果参保者的缴费水平不变，在同一养老保险制度下不能因为参保者选择不同的待遇领取地而出现待遇水平高低不均的情况，否则将出现参保者追求在更高退休待遇领取地退休的逆向选择风险，这也将危及整个养老保险制度的可持续性。

9.4　养老保险关系转续的现实难题

9.4.1　资金转移所引发的问题

一、资金转移难以定量

国办发〔2009〕66 号文件规定，参保职工转移养老保险关系时社会统筹账户按缴费基数的 12% 转移资金。部分学者进行了正反两个方面的评价，有人认为新政缓和了养老保险地区利益争端，但可能带来转移资金压力（罗静、匡

敏,2011)。[1] 但是资金到底应该转移多少,需要根据制度的精算平衡设计来确定。当参保者参加养老保险所形成的养老金资产的净现值(NPV)为0,即总供款现值(PC)与总养老金收益现值(PP)相等时,养老金制度实现精算公平。由标准人方法,式(9.2)的各参数中,存活率 l_n 既定,供款率 α 、退休时的养老金水平 P_e 、养老金调整系数 λ 由制度规定,起步工资水平 W_0 和工资增长率 g 由外生经济状况决定,当等式两端 $PC = PP$,由折现率 r 关于 NPV 的函数可求得制度内部收益率(IRR), $IRR = r\,|_{NPV=0}$ 。

职保制度历经国发〔1997〕26号文件、国发〔2000〕42号文件和国发〔2005〕38号文件三次重要改革,对社会统筹账户基础养老金的缴费与待遇计发公式的调整是改革的主要内容,如表9-5所示。

表9-5　国发〔1997〕26号、国发〔2000〕42号和国发〔2005〕38号文件对基础养老金的规定

文件	缴费率	计发基数	替代率
国发〔1997〕26号	13%—17%	退休上年度职工月平均工资	20%
国发〔2000〕42号	20%	同上	20%+多参保年数×0.6%≈30%
国发〔2005〕38号	20%	(退休上年度职工月平均工资+指数化月平均缴费工资)/2	15%≤1%×参保年数≤35%

由式(9.2),等式两边同时除以 ε^x ,等价于评估时点向后($x > 0$)或向前($x < 0$)平移 x 年,不影响等式的精算平衡关系,此处以参保者退休年龄或时间作为评估时点。按照政策规定,国发〔1997〕26号、国发〔2000〕42号和国发〔2005〕38号文件所形成的制度下 x 岁开始参保且缴费不中断的正常退休职工未来的基础养老金收益的现值公式分别为:

$$PP_{1997} = 0.2\bar{W}_{e-1} \sum_{n=e}^{\omega} \left(\frac{1 + kg}{1 + r} \right)^{n-e} \prod_{m=e-1}^{n} p_m , \ e - x \geqslant 15 \tag{9.40}$$

---

[1]　罗静、匡敏:《国内外养老保险关系转移接续经验借鉴》,《社会保障研究》2011年第4期,第43—49页。

$$PP_{2000} = [0.2 + 0.006(e - x - 15)] \overline{W}_{e-1} \sum_{n=e}^{\omega} \left(\frac{1+kg}{1+r}\right)^{n-e} \prod_{m=e}^{n} {}_1p_m, 15 \leqslant e - x \leqslant 37$$

$$(9.41)$$

$$PP_{2005} = h\% \frac{\overline{W}_{e-1}}{2}\left[\frac{1}{e-x}\sum_{n=x}^{e-1}\left(\frac{W_n}{\overline{W}_n}\right) + 1\right]\sum_{n=e}^{\omega}\left(\frac{1+kg}{1+r}\right)^{n-e}\prod_{m=e}^{n} {}_1p_m, 15 \leqslant h \leqslant 35;$$

$$x + h \leqslant e \qquad\qquad (9.42)$$

式(9.40)、式(9.41)、式(9.42)中的新增参数 $\overline{W}_n$ 表示同期社平工资。由于只存在缴费率的不同,三次改革的基础养老金的缴费积累总额在评估时点的现值可统一表示为:

$$PC_{1997} = PC_{2000} = PC_{2005} = \alpha W_0 \sum_{n=x}^{e-1} (1+g)^{n-x} (1+r)^{e-n} \qquad (9.43)$$

由式(9.40)、式(9.41)、式(9.42)和式(9.43)分别建立三个基础养老金资产净现值 NPV 公式。利用标准人方法,三次改革 NPV 公式为:

$$NPV_{1997} = \alpha \sum_{n=x}^{e-1} l_n (1+g)^{n-x} (1+r)^{e-n} - 0.2 (1+g)^{e-x} \sum_{n=e}^{\omega} l_n \left(\frac{1+kg}{1+r}\right)^{n-e}$$

$$(9.44)$$

$$NPV_{2000} = \alpha \sum_{n=x}^{e-1} l_n (1+g)^{n-x} (1+r)^{e-n}$$

$$(9.45)$$

$$- [0.2 + 0.006(e - x - 15)] (1+g)^{e-x} \sum_{n=e}^{\omega} l_n \left(\frac{1+kg}{1+r}\right)^{n-e}$$

$$NPV_{2005} = \alpha \sum_{n=x}^{e-1} l_n (1+g)^{n-x} (1+r)^{e-n} - h\% \cdot (1+g)^{e-x} \sum_{n=e}^{\omega} l_n \left(\frac{1+kg}{1+r}\right)^{n-e}$$

$$(9.46)$$

假设标准的女性和男性参保者的参保起始年龄分别为 20 岁和 25 岁,退休年龄分别为 55 岁和 60 岁。将相关参数带入式(9.44)、式(9.45)、式(9.46),令 $NPV_{1997} = 0$, $NPV_{2000} = 0$, $NPV_{2000} = 0$,分别计算出三次改革的基础养老金随参保年限变化的内部收益率。

如图 9-11,职保基础养老金的内部收益率在不同的政策下有区别,在同一政策下又会随参保时间的长短产生波动,而且不同性别的参保职工在内部收益

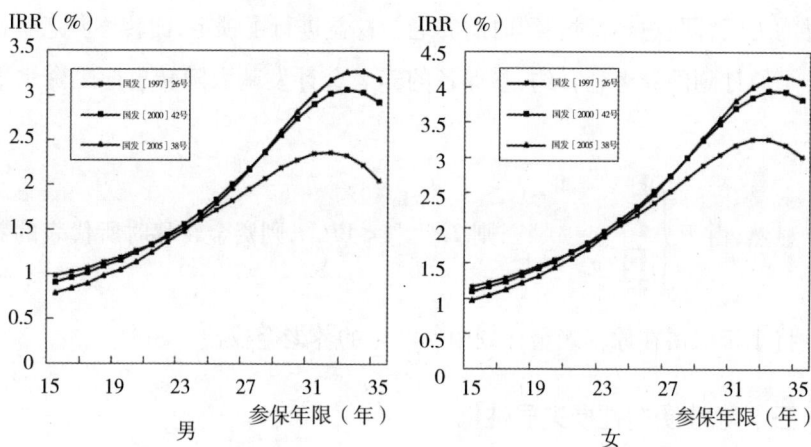

图9-11 城镇企业职工基本养老保险基础养老金改革的内部收益率

率整体水平上也有区别(具体来说,女性比男性更占优)。此外,如果考虑到资本的边际产出价值,则只有当 $IRR = i$(市场利率)时,养老金制度才是实际的精算公平。因此,考虑到政策、年龄、性别和市场利率等一系列因素的变动情况,如何确定养老保险关系转续时的资金转移量存在技术性难题。

二、真实的养老金权益损失

上文的养老金权益测算模型是基于参保者存活到退休年龄的假设所构造的确定性模型,事实上参保者的死亡年龄是一个随机变量,在退休前随时面临未能存活到退休而失去所有养老金权益的死亡风险,也正是这种死亡风险的存在使保险计划成为风险分担的工具。因此,参保者在转续时的转移资金必须进行死亡风险贴现还原其真实的养老金权益。

以从职保转移到城乡居保为例,x 岁开始参保且缴费不中断的参保职工在 t 岁转续时的转移资金确定公式为:

$$TP^{ur \to ru} = (t-x) \% \frac{W_{t-1}}{2}\left[\frac{1}{t-x}\sum_{n=x}^{t-1}\left(\frac{w_n}{W_n}\right)+1\right]\prod_{m=t}^{e-1} {}_1p_m \sum_{n=e}^{\omega}\left(\frac{1+kg}{1+i}\right)^{n-e}\prod_{m=e}^{n} {}_1p_m \qquad x<t<e$$

$$(9.47)$$

与确定性模型中养老金计发基数为退休时工资不同,实际转移资金时必须对原计划中的养老金权益进行清算,则死亡风险贴现随机模型中计算基数为转移时的工资,即意味着对转续时的养老金权益进行了锁定,而转移养老金权益则维持了原计划的养老金合约,参保者的养老金计发基数随转出地工资水平不断增长。

显然,由于 $\begin{cases} W_{t-1} < W_{e-1} \\ \prod\limits_{m=t}^{e-1} p_m < 1 \end{cases}$,则 $TP^{ur \to ru} < VP^{ur}$,则资金转移时所代表的养老金

权益将小于保留在原养老金计划中所产生的养老金权益。

三、隐性便携性损失显性化

死亡风险贴现随机模型还原了参保者 t 岁时真实的养老金权益 P_t(P_t 的计

算方法与 $TP^{ur \to ru}$ 相同),由于 $\begin{cases} \mathrm{d}W_t/\mathrm{d}t > 0 \\ \mathrm{d}\prod\limits_{t}^{e-1} p_t/\mathrm{d}t > 0 \end{cases}$,则 $\mathrm{d}P_t/\mathrm{d}t > 0$,即参保者在养老金

计划中存续时间越长,其获得的真实养老金权益越高。

对于一个在城乡间转移养老保险关系的参保者来说,两类制度参保先后顺序和转续时间不同都会产生真实养老金权益的差异,进而产生实际的便携性损失。即使在参保经历相同的前提条件下,尽管假定了工资与收入增长同步,但由于城乡工资收入基数的巨大差距,参保者转续时真实的养老金权益 $P^{ru \to ur} > P^{ur \to ru}$,即参保者先参加城乡居保后转移到职保的养老金权益比先参加职保后转移到城乡居保的养老金权益大,则实际便携性损失 $\overline{VP} = |P^{ru \to ur} - P^{ur \to ru}| > 0$。然而,由于在退休之前没有对基础养老金进行处置和变现的权利,参保者并不关心养老保险资金是否转移,只要养老金计算公式不变,参保者的预期就不会变。因此,基于确定性模型的只转移养老金权益政策通过维持原有养老保险关系使这种便携性损失隐性化,而基于随机模型计算的真实养老金权益所确定的资金转移政策则使这种隐性便携性损失显性化,改变了参保者的预期。

9.4.2 资金不转移所引发的问题

一、降低个人潜在受益

上文在介绍欧盟养老金便携性改革经验和进行职保转续方案比较时证明了在资金不转移情况下,待遇由各地单独计算所产生的养老金便携性损失。此处将证明最低缴费年限规则对个人潜在受益的影响。继续假设一名男性参保者 H 先后在 A、B、C 三地不间断参加职保,参保年限分别为 a、b、c。延用上文关于工资增长的假设,则意味着如果参保者 H 在 A、B、C 三地的基础养老金受益都能满足式(9.10)中当 $15 \leqslant h \leqslant 35$ 的既得受益权规则,那么理论上参保者 H 在 A、B、C 三地的受益总和与其在任一地连续参保 35 年所获得的基础养老金受益相同。进而由基础养老金受益计算公式,可以计算出参保者 H 在 A、B、C 任一地参保 35 年的基础养老金受益总额的基准值为:

$$P = 0.35 \frac{W_{e-1}}{2} \sum_{n=e}^{\omega} (1 + \delta)^{n-e} \sigma^{n-e} \prod_{m=e}^{n} {}_{1}p_m \qquad (9.48)$$

根据职保基础养老金的既得受益权规则,参保者参保缴费满 15 年才拥有基础养老金既得受益权。按照上文的假设,参保者 H 在 A、B、C 三地先后参保,总参保年限 $a + b + c = 35$。可以进一步分以下三种情况讨论:

$$\begin{cases} (1) & [a \quad b \quad c]_{max} > 20 \\ (2)\ 15 \leqslant [a \quad b \quad c]_{max} \leqslant 20 \\ (3) & [a \quad b \quad c]_{max} < 15 \end{cases} \qquad (9.49)$$

在 $a + b + c = 35$ 的约束条件下,

(1)对应于 a、b、c 中只有一个大于 15,即参保者 H 只在 A、B、C 三地中某一地获得基础养老金受益资格;

(2)对应于 a、b、c 中至少有一个大于 15,即参保者 H 在 A、B、C 中至少一地获得基础养老金受益资格;

(3)对应于 a、b、c 全部小于 15,即参保者在 A、B、C 三地都没有获得基础养老金受益资格。

由式(9.10)和式(9.49),可计算出参保者 H 在上述三种情况下的基础养老金的受益损失范围为:

$$\left[0.05 \cdot \frac{W_{e-1}}{2} \sum_{n=e}^{\omega} (1 + \delta)^{n-e} \sigma^{n-e} \prod_{m=e}^{n} {}_1 p_m \, , \, 0.35 \frac{W_{e-1}}{2} \sum_{n=e}^{\omega} (1 + \delta)^{n-e} \sigma^{n-e} \prod_{m=e}^{n} {}_1 p_m \right]$$

$$(9.50)$$

即在资金不转移时,该参保者的个人受益的最大损失将是在 A、B、C 三地任何一地连续参保 35 年所获得的养老金受益的最大值;最小损失将是在 A、B、C 三地其中一地参保 5 年所获得的养老金受益的最小值。

二、削弱地区基金调剂能力

资金留在各统筹地,表面上看参保者与各地独立地建立保险关系且避免了各地之间协调沟通的交易成本,但实际上固化了社会养老保险地区分割,从整体上抬高了制度运行成本,而且不利于风险分担和大数法则保险效应的发挥,将大大削弱保险资金调剂能力,可能造成缴费率升高和替代水平下降。

社会保险制度建立的技术基础是"大数法则",制度的有效运行要求有足够数量的同质风险。假定个人的收入是随机变量 y,均值为 μ,方差(风险)为 $\mathrm{var}(y)$;有 N 个个人,收入分别为 $y_1, y_2, \cdots, y_N$。在没有保险的情况下,第 i 个人的方差是 $\mathrm{var}(y_i)$。假定所有 N 个人把其收入集中在一起,这样每个人将得到:

$$\bar{y} = \frac{1}{N}(y_1 + y_2 + \cdots + y_N) \tag{9.51}$$

这种集中是保险形式的一种,因为所有的收入都是相互独立的,并且方差相同,因此,这一群体的方差是

$$\mathrm{var}(y_1 + y_2 + \cdots + y_N) = N\mathrm{var}(y) \tag{9.52}$$

但个人的方差小得多,他得到的是上一个等式的平均收入 $\bar{y}$。

$$\mathrm{var}(\bar{y}) = \mathrm{var}\left(\frac{y_1}{N} + \frac{y_2}{N} + \cdots + \frac{y_N}{N} \right)$$

$$= N\mathrm{var}\left(\frac{y}{N} \right) \tag{9.53}$$

$$= \frac{\mathrm{var}(y)}{N} \to 0 (\text{当 } N \to \infty)$$

这表明，如果对 N 个人进行平均分配，且将独立的收入集中，则当 N 趋向无穷大时，平均收入方差（个人风险）趋近于零。个人通过"交易"（即集中）能够获得确定性。因此，社会养老保险参保人数越多，制度内的风险就会越分散，基金调剂范围也会越广，制度抵御风险的能力就会越强。如果资金不转移，相应的结果就是社会统筹层次较低，基金的互济性就弱，将削弱地区基金调剂能力，也会给财政带来更大压力。

9.5　研究结论

9.5.1　城镇企业职工基本养老保险关系转续改革路径

一、近期目标：降低养老金便携性损失

通过对基础养老金既得受益权规则的分析可知：基础养老金参保年数与待遇之间关联度高且不受最低缴费年限影响。因此，能够将分段计发应用于基础养老金。同时，根据上文对分段计发以及资金转移问题的分析，需要进行针对性的设计以防止最后工资损失所带来的便携性损失。基于此，此处对《暂行办法》进行改进，设计出新的基础养老金既得受益权规则：

$$P = \sum_{x=1}^{n} \frac{(t_n - t_{n-1})\%}{2} \left[\frac{1}{t_n - t_{n-1}} \sum_{m=t_{n-1}}^{t_n} \left(\frac{w_m}{W_m^x} \right) + 1 \right] W^x \tag{9.54}$$

式（9.54）为参保者退休时的养老金待遇计算方法，参保者在 n 个统筹区域流动，每个统筹区域的参保年数为 $t_n - t_{n-1}$，参保者退休时上年度各地在岗职工社会平均工资为 W^x。

相应的基础养老金平衡式为：

$$\alpha \sum_{n=t_1}^{t_n} N_n w_n (1+i)^{t_n-n} =$$

$$\sum_{x=1}^{n} \frac{(t_n - t_{n-1})\%}{2} \left[\frac{1}{t_n - t_{n-1}} \sum_{m=t_{n-1}}^{t_n} \left(\frac{w_m}{W_m^x} \right) + 1 \right] W^x \sum_{m=1}^{\omega} N_{t_n+m} \left(\frac{1+kg}{1+i} \right)^{m-1} \tag{9.55}$$

政策含义:参保者在各统筹地区转续时获得该地的基础养老金既得受益权,但社会统筹账户缴费积累不转移,留在该地的社会统筹基金中;基础养老金待遇由各地分段计发,计发基数为参保者最后退休时上年度各地在岗职工社会平均工资和本人在该地的指数化平均缴费工资的平均值,参保缴费每满 1 年发给1%;基础养老金按照国家规定的养老金调整系数调整,增加部分由各地财政补贴。

比较该方案与基础养老金的既得受益权规则,在参保者缴费工资与社会平均工资相同的假设下,即 $w_n = W_n$,将其代入式(9.55),得到:

$$\alpha W \sum_{n=t_1}^{t_n} N_n \left(1+g\right)^{n-t_1} \left(1+i\right)^{t_n-t_1-n}$$

$$= \left(t_n - t_1\right) \% W \left(1+g\right)^{t_n-t_1-1} \sum_{m=1}^{\omega} N_{t_n+m} \left(\frac{1+kg}{1+i}\right)^{m-1}$$

$$(9.56)$$

由于 $t_n - t_1 = h$,将式(9.13)除以式(9.56),进一步可得:

$$\frac{N \sum_{n=1}^{h} \prod_{m=1}^{n} {}_m p_{d-1}}{\sum_{n=1}^{h} N_n} = \frac{N \prod_{m=1}^{60-d} {}_m p_{d-1} \sum_{n=1}^{\omega} \prod_{m=1}^{n} {}_m p_{60}}{\sum_{n=h+1}^{\omega} N_n}$$

$$(9.57)$$

由于既得受益权的明确,最低缴费年限限制下参保者退保、断保的因素将不存在,式(9.57)中 N_n 将主要受参保者存活率影响,而参保者存活率与 N_n 的具体值无关,故式(9.57)恒等。因此,在理论上,设计方案与基础养老金的社会保险基本属性一致且在不同统筹区域能够实现基金的平衡性。

在参保者在三个统筹区域转移的假设下,令 $F = (9.55)-(9.15)$, F 会出现三种结果:

若 $F=0$,则说明在待遇计发相同的情况下,设计方案与国办发〔2009〕66 号文件所规定的缴费积累相同,二者在缴费与待遇平衡性上无优劣之分;

若 $F>0$,则说明设计方案的缴费积累高于国办发〔2009〕66 号文件,前者优于后者;

若 $F<0$,则说明国办发〔2009〕66 号文件的缴费积累高于设计方案,后者优

于前者。

同理假定 $w_n = W_n$,式(9.55)与式(9.15)右边部分相同,可得:

$$F = (\alpha - \delta) \sum_{n=t_1}^{t_3} N_n W_n (1+i)^{t_4-n} \text{ 且 } F' = (\alpha - \delta) \int pW dN + gN dW \quad (9.58)$$

F' 中的积分部分为正,且 $(\alpha - \delta) = (20\%-12\%)>0$,则 $F'>0$。参保者存活率越大即参保者越年轻、流动人口规模越大、工资水平越高、工资增长率越大、流动参保时间越长,F' 越大,进而 F 也越大且 $F>0$,所以设计方案较优。

二、远期目标:实现全国统筹

在社会统筹层次难以提高的情况下,优化基础养老金既得受益权规则设计和转续政策能够减少参保者的便携性损失,但是由于养老保险关系固化在各个地方,资金不转移政策不利于社会统筹基金调剂作用的发挥。而现行社会统筹账户资金转移政策表面上是兼顾利益的折衷做法,实际上更加凸显了地方利益分割的困境。在预期未来大规模青壮年流动就业人口年老时由沿海富裕发达地区向内陆相对欠发达地区回流的背景下,截留部分社会统筹账户缴费的做法极有可能影响最后退休地的财务可持续性。而调整缴费工资指数政策看似是平衡制度设计与参保者选择之间的矛盾,意图在分割的制度下实现统筹调剂的目的,实质上加剧了矛盾对立。结合社会统筹账户资金转移的悖论,可知两项改革具有明确的政策指向性——全国统筹。

从难易迫切程度考虑,实现基本养老保险全国统筹可选择以下改革路径:首先,继续推进省级调剂金制度建设,短期内应对省级以下地方政府可能出现的财务可持续性风险,与此同时,将缴费工资指数中最后办理退休地的参照层级相应提高到省级,与省级调剂金制度相匹配;然后,实现省级统筹,淡化地方利益冲突,与此同时,由于各地统筹调剂范围的进一步扩大和应对财务可持续性风险能力的进一步增强,社会统筹账户缴费可实现全额转移;最后,建立全国统一的经办服务网络和资金结算系统,缴费工资指数的参照层级进一步提高到全国层面,参保者之间将不存在最后退休地的差异,社会统筹账户缴费直接进入全国基本养老保险社会统筹基金,最终实现全国统筹。

9.5.2 养老保险关系城乡转续政策选择

由 9.3.3 小节对于养老保险城乡转续方案的比较结果可知,对比三个方案的便携性损失大小,不难发现以方案二为基础结合其他两个方案的转续标准,设计混合型转续方案才能够彻底消除便携性损失,即:视同缴费年限+累积养老金权益+以替代率标准确定待遇。

其一,赋予职保和城乡居保基础养老金既得受益权,职保基础养老金按照立即获取型既得受益权规则计算权益,城乡居保基础养老金按参保年限对比最低缴费年限折算权益。

其二,视同城乡基本养老保险缴费年限,参保者合计参保满 15 年即可获得养老金权益,在城乡居保中的养老金权益累积计算。

其三,城乡居保基础养老金按替代率标准计发。

具体来说,方案一赋予参保者城乡制度同等的养老金受益权,使参保者在两种制度下只要合计参保满 15 年就能获得养老金权益;方案二则承认城乡制度待遇差别,方案一与方案二结合使参保者对称转续时的养老金权益均为 65306 元,便携性损失为 0;而方案三在此基础上防止城乡转续基础养老金实际收入替代率不断下降,保证了其稳定的替代率水平,使参保者的养老金权益增加到 66771 元,进一步优化了解决方案。

结合三个方案的转续标准和对养老金便携性损失的界定,混合型转续方案一方面保障了在职保和城乡居保合计参保年限达到最低缴费年限要求的参保者的养老金权益,同时按照两类制度不同的待遇标准累积养老金权益,平衡了参保者在不同制度下的权利与义务关系;另一方面,参保者对称转续时的养老金便携性损失为 0,使转续行为不会对转入地和转出地的养老保险基金平衡性产生影响。因此,混合型转续方案具有三个基本特点:无养老金便携性损失、参保者权利与义务平衡、转入地与转出地责任划分合理。

而从资金转移的角度,由于城乡居保社会统筹账户没有基金积累,实现资金转移的可行办法是采取缴费补贴的前端补贴模式以实账化社会统筹账户,但这种办法使各级财政既要承担老人的养老金发放,又要负担年轻人的缴费补贴,增加了财政压力。同时,由于职保目前统筹层次仍较低,各地区资金调剂能力有限,转入地可能难以承担参保者转续后养老金标准调整和给付压力,转出地出于地方利益考虑也不愿意转出资金。另外,与资金转移政策相配套的统一计发待遇政策的结果是退休地需要单独设计转续参保者的基础养老金计发办法,而与只转移养老金权益政策相配套的单独计发待遇政策则只需要维持职保和城乡居保各自现有的计发系统。因此,采取只转移养老金权益和单独计发待遇的基本养老保险关系城乡转续政策,改革难度较小且操作简单。

10 近期目标:实现社会养老保险关系转续

10.1 社会养老保险关系转续改革的进展与现状

10.1.1 城乡社会养老保险制度衔接的最新进展

2014 年 2 月 21 日国务院发布国发〔2014〕8 号文件,在总结新农保和城居保试点经验的基础上,将新农保和城居保两项制度合并实施,在全国范围内建立统一的城乡居保制度。国发〔2014〕8 号文件提出"坚持和完善社会统筹与个人账户相结合的制度模式,巩固和拓宽个人缴费、集体补助、政府补贴相结合的资金筹集渠道,完善基础养老金和个人账户养老金相结合的待遇支付政策,强化长缴多得、多缴多得等制度的激励机制,建立基础养老金正常调整机制,健全服务网络,提高管理水平,为参保居民提供方便快捷的服务",同时给出了"十二五"末,在全国基本实现新农保和城居保制度合并实施,并与职保制度相衔接的目标。国发〔2014〕8 号文件在养老保险关系转移接续、基金管理和经办管理服务上都体现了城乡制度的衔接与整合的政策指向。在养老保险关系的转移接续上,国发〔2014〕8 号文件规定"参加城乡居民养老保险的人员,在缴费期间户籍迁移、需要跨地区转移城乡居民养老保险关系的,可在迁入地申请转移养老保险关系,一次性转移个人账户全部储存额,并按迁入地规定继续参保缴费,缴费年限累计计算;已经按规定领取城乡居民养老保险待遇的,无论户籍是否迁移,其养老保险关系不转移"。在基金管理上,将"新农保基金和城居保基金合并为城乡居民养老保险基金,完善城乡居民养老保险基金财务会计制度和各项业务管理规章制度"。在经办管理服务上,在现有新农保和城居保业务管理系统基础上,整合形成省级集中的城乡居保信息管理系统,纳入"金保工程"建设,并与其他公民信息管理系统实现信息资源共享;将信息网络向基层延伸,实现省、市、县、乡镇(街道)、社区实时联网,有条件的地区可延伸到行政村;要大力推行全国统一的社会保障卡,方便参保人持卡缴费、领取待遇和查询本人参保信息。

　　2014 年 2 月 24 日,人社部发〔2014〕17 号文发布,规定参加职保和城乡居保人员,达到职保法定退休年龄后,职保缴费年限满 15 年(含延长缴费至 15 年)的,可以申请从城乡居保转入职保,按照职保办法计发相应待遇;职保缴费年限不足 15 年的,可以申请从职保转入城乡居保,待达到城乡居保规定的领取条件时,按照城乡居保办法计发相应待遇。人社部发〔2014〕17 号文件还规定"参保人员从城镇职工养老保险转入城乡居民养老保险的,城镇职工养老保险个人账户全部储存额并入城乡居民养老保险个人账户,参加城镇职工养老保险的缴费年限合并计算为城乡居民养老保险的缴费年限";但"参保人员从城乡居民养老保险转入城镇职工养老保险的,城乡居民养老保险个人账户全部储存额并入城镇职工养老保险个人账户,城乡居民养老保险缴费年限不合并计算或折算为城镇职工养老保险缴费年限"。此外,人社部发〔2014〕17 号文件还给出了参保人员办理城乡养老保险制度衔接手续的具体程序,并附带了《城乡养老保险制度衔接经办规程(试行)》。

10.1.2　尚未解决的遗留问题

一、社会统筹账户仍然衔接不畅

　　考虑到已参加职保群体的既得利益,避免参保者投机行为,保障统筹账户资金的收支平衡,人社部发〔2014〕17 号文件对不同转移方向和原有缴费年限的计算采用差别化办法。对参保人员从职保转入城乡居保时,之前的参保缴费年限可合并累加计算为城乡居保的缴费年限。但当参保人员从城乡居保转入职保时,其参加城乡居保的缴费年限则不折算为职保缴费年限。同时,当从职保向城乡居保转续时,人社部发〔2014〕17号文件没有转移社会统筹账户基金的规定。人社部给予的解释是:第一,统筹基金是国家对"职保"制度的专门安排,基本功能是保障"职保"退休人员的基本生活;"新农保""城居保"制度中没有这一安排,而另外安排了政府全额支付的基础养老金。第二,统筹基金与个人账户性质不同,不属于个人所有。参保人员从"职保"转入"新农保"或"城居保",不转移统筹基金,也不影响其个人权益。固然,由于职保与城乡居保的缴费水平差异很大,如果将后者的缴费年限简单地认同为前者的缴费年限,会造成权利与义务不对等,可能导致资金不平衡和道德风险。但由于职保在缴费上不能趸缴,对于中途从城乡居保转入,且其累计缴费年限仍不满城职保保险待遇领取条件缴费必须满15年的参保群体而言,只能再次回到城乡居保制度,无法享受职保相对较高的待遇水平,损害了其应有的养老金权益,也同样违背了权利与义务对等原则。因此,社会养老保险关系在城乡之间的转移接续并没有得到彻底地解决。

二、保障水平差距大

人社部发〔2014〕17号文中规定城乡三类养老保险可进行衔接转换,职保、新农保和城居保中,参加过两种或两种以上的人员,可衔接转换养老保险关系。但是就制度设计、保障水平来讲,职保的制度设计与新农保和城居保不同,前者的保障水平高于后两者。城乡两类制度在统筹账户的制度设计和缴费水平上存在巨大差异。职保社会统筹账户按在岗职工工资总额的20%进行筹集,用于支付当期养老金领取者的基础养老金;而城乡居保严格意义上在缴费环节没有统筹账户的设置,基础养老金由财政负担。另外,从缴费水平来看,2012年城乡居民人均缴费水平只有169元[①],同年企业职工的人均缴费7200元[②],二者的缴费水平存在很大差距。与之相对应的是城乡居保的保障水平要远远低于职保,这

---

① 根据《2012年度人力资源和社会保障事业发展统计公报》公布的城乡居民参保人数减去待遇领取人数计算出缴费人数,再用个人缴费总额除以缴费人数得出人均缴费水平。2012年末城乡居民参保48370万人,其中实际领取待遇人数13075万人,个人缴费594亿元。

② 由征缴收入16467亿元除以参保职工数22981万人得出。

既是转续的最大障碍,也是在转续过程中需要解决的重要问题。但从目前的城乡社会养老保险转续政策来看,这一点尚未得到解决。

10.2   实现城镇企业职工基本养老保险关系跨区转续

10.2.1   既得受益权在养老保险关系转续中的应用

一、既得受益权与基础养老金权益的形成高度相关

职保基础养老金作为由企业缴费筹资和国家财政补贴并提供最后担保责任的 DB 型养老金计划,其实质是一种养老金受益承诺,参保者退休后的养老金待遇由参保年限、缴费工资水平、社会平均工资、替代率等因素决定并由给定的计算公式得出。既得受益权规则则是对参保者未来的养老金权益的明确,其实质也是一种养老金受益承诺。事实上,基础养老金权益的形成过程也是既得受益权规则的实现过程。相比较而言,既得受益权规则在城乡居保的基础养老金权益和个人账户养老金权益形成中难以发挥作用。城乡居保的基础养老金具有非缴费普惠型特征,公共财政负担,待遇标准统一,其中不存在既得受益权规则。个人账户养老金具有私人产权,权益归属明确不可分割,享受资格天然存在且享受待遇与缴费完全关联,无须既得受益权规则发挥作用。

二、既得受益权并不改变基础养老金的社会保险属性

职保基础养老金通过社会统筹账户实现代际风险分担和再分配功能。既得受益权规则将参保者的养老金待遇明确在当期,而养老金权益的实现仍然在未来,并不改变社会统筹基金的公共性质和基础养老金制度代际再分配的社会保险基本属性,其本质上仍然属于一种养老金受益承诺,只是这种承诺更加具体且规范。现收现付制养老金制度的代际再分配属性并不会因为缴费与养老金权益之间建立较强的关联而改变。事实上,从待遇计算方式上看,衡量参保者个人工作期间参保缴费状况的多个参数对基础养老金待遇有重要影响,基础养老金已

经兼具代际与代内再分配双重特征,这与既得受益权既没有改变制度的社会保险属性,又增强了个人缴费与待遇的关联保持了一致。因此,既得受益权是职保基础养老金在养老保险关系转续中进行养老金权益转续的重要载体。

10.2.2 基础养老金既得受益权的实现

自职保制度建立以来,先后出台了国发〔1997〕26 号文件、国发〔2000〕42 号文件、国发〔2005〕38 号文件三个构成基本养老保险制度框架的重要文件,其中对制度改革完善的重点则主要集中在基础养老金的缴费与计发办法上。

表 10-1　国发〔1997〕26 号、国发〔2000〕42 号和国发〔2005〕38 号文件关于基础养老金的规定

文件	最低缴费年限限制	缴费率	计发基数	替代率	缴费与待遇关联度
国发〔1997〕26 号	有	13%—17%	退休上年度省市职工月平均工资	20%	不高
国发〔2000〕42 号	有	20%	同上	20%+多参保年数×0.6% ≤30%	较高
国发〔2005〕38 号	有	20%	退休上年度当地在岗职工月平均工资和本人指数化月平均缴费工资的平均值	15%≤1%×参保年数≤35%	很高

从表 10-1 中对三个文件关于基础养老金的改革对比可以看出其中的三个特点:其一,企业负担的缴费率得以固定;其二,参保者缴费工资对退休待遇的影响上升;其三,参保年数对退休待遇的影响上升。尽管基础养老金的最低缴费年限限制仍然保留,但显而易见的是,参保者工作期间参保缴费状况与退休待遇的关联度不断升高,一方面说明改革后的基础养老金更具激励性,另一方面则说明既得受益权规则已应用其中。

美国 1974 年《雇员退休收入保障法》和 1986 年《税收改革法》所规定的既得受益权可选规则一(见表 10-2)属于一次性获取型,其他规则属于一次性获取

型与立即获取型的结合。如果以既得受益权规则分析我国职保的三个重要文件,国发〔1997〕26 号文件属于一次性获取型,国发〔2000〕42 号文件则属于一次性获取型与立即获取型结合,而国发〔2005〕38 号文件则属于立即获取型,尽管存在最低缴费年限限制。

表 10-2　美国两部法案对养老金计划既得受益权的规定

	可选规则	《雇员退休收入保障法》	《税收改革法》
既得受益权规则	一	参保满 10 年获得 100%受益权	参保满 5 年获得 100%受益权
	二	参保满 5 年获得 25%受益权,后面 5 年每年增加 5%,最后 5 年每年增加 10%	参保满 3 年获得 20%受益权,后面 4 年每年增加 20%
	三	参保满 10 年获得 50%受益权,后面 5 年每年增加 10%	

资料来源:Sahin and Balcer,1979,"Qualifying Service under ERISA Vesting Standards:A Comparative Analysis",*The Journal of Risk and Insurance*,46(3).

Mitchell,O.S.,2000,"New Trends in Pension Benefit and Retirement Provisions",PRC WP 2000-1, February.

10.2.3　赋予基础养老金既得受益权

一、基础养老金既得受益权规则的选择

养老金计划参与者因为未满足计划的受益条件将面临养老金收益损失。在基本养老保险制度中,最低缴费年限限制是导致参保者在变换工作时失去未来获得养老金收益的最重要的因素。实行完全基金积累制的个人账户,参保者的养老金收益就是累积的账户缴费、利息和投资收益,由于具有很强的流动性,不会因工作变动而导致收益损失;而基础养老金在参保者变换工作时将可能承受未来的养老金收益损失。最低缴费年限限制对两类参保者的影响最为显著:一类是刚参加工作的年轻人,一方面由于其工作还不稳定,变换工作的频率比较高,断保的可能性较大;另一方面由于工资不高,参保的成本则相对较高,又因为领取养老金的等待期很长,则缴费的沉淀成本较大。另一类是临近退休的参保

者,其对养老保险的需求最强烈,参保的积极性也最高,然而在最低缴费年限的限制下,预期难以获得领取养老金资格的参保者将放弃参保。此外,对于年轻劳动力,在达到最低缴费年限要求之前,工资越低,参保的时间越长,断保的养老金收益损失将越大,从而对其流动性产生阻碍作用。

公共养老金制度与私人养老金计划相比,由于实施主体和功能定位不同,其首要目标是为计划参与者提供公平、合理、有效的养老保障。同时,公共养老金制度由于覆盖面广、影响大,还必须考虑到实施过程中可能带来的其他影响,其中最重要的是对劳动力市场的影响。公共养老金制度不仅要为社会成员提供可靠的养老保障安排,维护其合法的养老保障权益,而且还要尽可能减少对劳动力市场的扭曲,促进劳动力资源的优化配置。不同的既得受益权规则对参保者养老保障权益和劳动力市场的影响是不同的。在国外的私人养老金计划中,企业通常设置一次性获取型既得受益权规则抑制员工的外流以增强员工的稳定性和减少企业的人力资本投入损失。基本养老保险制度中的基础养老金,作为典型的现收现付制公共养老金制度,在既得受益权规则的选择上应尽量避免一次性既得受益权规则的使用,在既得受益权期限的选择上也应尽量缩短。从国发〔1997〕26 号文件,到国发〔2000〕42 号文件,最后到国发〔2005〕38 号文件,最终确定了缴费年限与养老金工资替代率的明确关系,从扩大制度覆盖面鼓励多参保的角度看,立即获取型既得受益权规则显然更能满足政策目标且更易推行。

二、基础养老金既得受益权规则设计

在不同的统筹区域转移,消除最低缴费年限限制的立即获取型既得受益权规则将赋予基础养老金便携性和流动性。基础养老金的既得受益权规则可以表示为:

$$P = P^a + P^b + P^c$$

$$= \frac{(t_2 - t_1)\%}{2}\left[\frac{1}{t_2 - t_1}\sum_{n=t_1}^{t_2}\left(\frac{w_n}{W_n^a}\right) + 1\right]W_{t_2}^a + \frac{(t_3 - t_2)\%}{2}\left[\frac{1}{t_3 - t_2}\sum_{n=t_2}^{t_3}\left(\frac{w_n}{W_n^b}\right) + 1\right]W_{t_3}^b$$

$$+ \frac{(t_4 - t_3)\%}{2}\left[\frac{1}{t_4 - t_3}\sum_{n=t_3}^{t_4}\left(\frac{w_n}{W_n^c}\right) + 1\right]W_{t_4}^c \qquad (10.1)$$

　　假设基本养老保险某一参保者在第 t_1—t_2 年,第 t_2—t_3 年,第 t_3—t_4 年分别在 a、b、c 地三个不同的基本养老保险统筹地区参保,w_n 表示该参保者在 n 年的缴费工资,W_t^a 表示 a 地在 t 年的在岗职工社会平均工资。参保者在不同的统筹地区转移时获得该地的基础养老金既得受益权,但社会统筹账户缴费积累不转移,留在该地的社会统筹基金。参保者退休时的基础养老金待遇由参保各地分别计发,计发基数为从各地转出或退休时上年度当地在岗职工社会平均工资和本人在该地的指数化平均缴费工资的平均值,参保缴费每满 1 年发给 1%。当参保者因死亡、出国等因素导致基本养老保险关系终止时,各地停止计发。同时,基础养老金按照国家规定的养老金调整系数调整,增加部分由中央财政负担。

10.2.4　政策比较与建议

　　与国发〔2005〕38 号文件和国办发〔2009〕66 号文件相比,通过赋予基础养老金既得受益权所设计的既得受益权规则在解决养老保险关系转移接续问题上有以下四个方面的优点:其一,实现了基础养老金的便携性和流动性,在统筹层次不高的情况下利于基本养老保险关系的转移接续;其二,增强了基本养老保险缴费与待遇的关联度,消除了最低缴费年限限制,提高了制度的参保激励性,减轻了对劳动力流动的阻碍作用,有利于扩大制度覆盖面和劳动力资源的优化配置;其三,明确了各参保地的责任,平衡了劳动力流入地和流出地的负担;其四,基础养老金社会保险功能的发挥仅受统筹层次高低、统筹范围大小的影响,而与制度设计无关。

　　不仅如此,立即获取型既得受益权规则基于现行基本养老保险制度框架,改革难度不大、且易推行。赋予基础养老金既得受益权并不意味着承认目前基本养老保险统筹层次不高的现实,提高统筹层次并最终实现全国统筹与赋予基础养老金既得受益权并不冲突:一方面,管理和资金使用统一,参保信息更完备,交流更通畅,有利于合理有效的既得受益权规则的制定和实施;另一方面,合理有效的既得受益权规则能够鼓励参保扩大制度覆盖面,增强调剂能力,有利于建立长期稳定可持续发展的财务制度。

表 10-3　设计方案与国发〔2005〕38 号文件以及国办发〔2009〕66 号文件的综合比较

	最低缴费年限限制	参保激励性	便携性	流动性障碍	对劳动力流动的阻碍作用	养老金权益保护	参保地与退休地责任分担①
国发〔2005〕38 号	有	不高	低	有	很大	有限制	很不平衡
国办发〔2009〕66 号	有	不高	较高	有	较大	有限制	不平衡
本方案	无	高	高	没有	无	没有限制	平衡

注:①为参保地与退休地不一致时。

　　当前,在职保已基本实现省级统筹的情况下,各省份应根据未来基础养老金的收支状况制定长短期财务规划并以年度为单位编制财务报告,已存在的各省份养老历史欠债轻重不一的问题不应成为阻碍,应由中央政府通过财政补贴或全国社保基金统筹外规划解决,同时努力实现全国统筹。加快推进"金保工程"建设并发放个人社保卡,完善基本养老保险经办管理方式,实现参保缴费退休领取待遇信息的互联互通。实现全国统筹后,既可以对基础养老金既得受益权规则进行微调,以全国在岗职工社会平均工资代替各省份平均工资并由国家统一管理,也可从考虑各省份经济发展水平差异大的实际出发,以各省份为单位计算退休后基础养老金待遇,但资金使用和待遇计发统一到中央,前者养老金再分配调剂力度比后者大。

10.3　实现城乡社会养老保险关系跨制度转续

　　人社部发〔2014〕17 号文件对不同转移方向和原有缴费年限的计算采用差别化办法。对参保人员从职保转入城乡居保时,之前的参保缴费年限可合并累加计算为城乡居保的缴费年限。但当参保人员从城乡居保转入职保时,其参加城乡居保的缴费年限则不折算为职保缴费年限。对于中途从城乡居保转入,且其累计缴费年限仍不满职保待遇领取条件缴费必须满 15 年的参保群体而言,只能再次回到城乡居保,无法享受后者相对较高的待遇水平。因此,现行转续办法仍然存在转续障碍。

10.3.1　基于既得受益权的养老保险关系城乡转移接续方案设计

一、职保基础养老金和城乡居保基础养老金的既得受益权规则

(1)职保基础养老金既得受益权规则[①]

养老金的既得受益权是参保劳动者在变换养老金计划时拥有所赋予的能够在退休后实现的养老金权益(Clark and McDermed,1988)。既得受益权来源于养老金计划的待遇计算公式和受益资格条件。按照职保政策规定[②],x 岁开始参保且缴费不中断的正常退休职工未来的基础养老金权益在退休时的现值公式可表示为:

$$VP^{ur} = h\% \cdot \frac{W_{e-1}}{2}\left[\frac{1}{e-x}\sum_{n=x}^{e-1}\left(\frac{w_n}{W_n}\right) + 1\right]\sum_{n=e}^{\omega}\prod_{m=1}^{n}{}_mp_e\left(\frac{1+kg}{1+i}\right)^{m-1}$$

$$15 \leqslant h \leqslant 35; x + h \leqslant e \tag{10.2}$$

式(10.2)中 h 表示缴费年限,e 为退休年龄,W_n 表示参保职工 n 岁时社会平均工资,w_n 表示参保职工 n 岁时的缴费工资,ω 为最高死亡年龄,${}_mp_x$ 为生存概率,k 为养老金调整系数,i 为利率,g 为社会平均工资增长率。从待遇确定公式(10.2)可以看出,职保基础养老金是以缴费年限形成工资替代率系数,综合关联参保者工作期指数化平均缴费工资和退休前一年社会平均工资的典型 DB 型终身年金保险计划。此外,职保基础养老金还设置有 15 年的最低缴费年限限制,则其既得受益权规则可表示为:

---

① 刘昌平、殷宝明:《基本养老保险关系城乡转续方案研究及政策选择》,《中国人口科学》2010 年第 6 期,第 40—48 页。

② 包括《国务院关于完善企业职工基本养老保险制度的决定》(国发〔2005〕38 号)和《完善企业职工基本养老保险制度宣传提纲》(劳社部发〔2005〕32 号)的规定。

$$\varepsilon^{ur} = \begin{cases} 0, h < 15 \\ 15\% \cdot \dfrac{W_{e-1}}{2}\left[\dfrac{1}{e-x}\sum\limits_{n=x}^{e}\left(\dfrac{w_n}{W_n}\right) + 1\right], h = 15 \\ h\% \cdot \dfrac{W_{e-1}}{2}\left[\dfrac{1}{e-x}\sum\limits_{n=x}^{e}\left(\dfrac{w_n}{W_n}\right) + 1\right], 15 < h \leqslant 35 \end{cases} \tag{10.3}$$

从式(10.3)可知,参保未满 15 年的参保者的养老金权益为 0,获得初始养老金权益的参保缴费年限为 15 年,参保满 15 年到 35 年之间实行立即获取型既得受益权规则。

(2)城乡居保基础养老金既得受益权规则

按照城乡居保政策规定,x 岁开始参保的城乡居民在达到领取待遇起始年龄时未来的基础养老金权益现值公式可表示为:

$$VP^{ru} = P_{e^*} \cdot \sum\limits_{n=e^*}^{\omega} \prod\limits_{m=1}^{n} {}_m p_{e^*} \cdot \frac{1}{(1+i)^{m-1}} K(g,\lambda)^{m-1}, h \geqslant 15 \tag{10.4}$$

式(10.4)中 e^* 表示城乡居保领取待遇起始年龄,P_{e^*} 表示领取待遇起始年龄时点城乡居保基础养老金待遇标准,λ 表示物价指数,$K(g,\lambda)$ 表示基础养老金关联居民人均纯收入增长率和物价指数的综合调整函数,$K(g,\lambda)^{m-1}$ 则意味着待遇实行年度调整。从待遇确定公式看,城乡居保基础养老金是采取统一额度的 DB 型终身年金最低养老金计划。尽管与职保一样存在最低缴费年限限制,但政策允许趸缴以满足受益资格条件。因此,城乡居保基础养老金标准不受缴费额度大小和达到最低缴费年限后参保时间长短的影响,则其既得受益权规则可表示为:

$$\varepsilon^{ru} = \begin{cases} 0, h < 15 \\ P_{e^*}, h \geqslant 15 \end{cases} \tag{10.5}$$

从式(10.5)可知,参保未满 15 年的参保者的养老金权益为 0,参保达到和超过 15 年则实行一次性获取型既得受益权规则。

二、转续方案设计

与上文设计的职保养老保险关系跨区转移接续办法相同,此处同样基于养老金的既得受益权,按照立即获取型既得受益权规则,取消城乡两类制度中的15 年的最低缴费年限限制规定,参保者在工作期参保缴费每满 1 年,就被赋予其相应的基础养老金既得受益权,社会统筹账户缴费和既得受益权不随参保者转移就业而转移,但作为该参保者退休后基础养老金计发的依据与标准。对于职保制度而言,劳动者参保缴费每满 1 年,其退休时可获得相当于参保地在岗职工社会平均工资和本人在该地指数化平均缴费工资的平均值的 1%的基础养老金;对于城乡居保而言,劳动者只要参保缴费每满 1 年,将获得以财政补贴为资金来源的非缴费型基础养老金的既得受益权,待其年满 60 岁时即可获得相当于该地城乡居保基础养老金统一标准 1/15 的基础养老金待遇,即在制度设计中体现了非缴费型既得受益权的理念。

这里分为参保者在城乡居保和在职保领取养老金两种情况。

第一种情况假定参保者在 a 地于 t_1 岁开始参加城乡居保,t_2 岁开始迁往 b 工作并参加职保,于 t_3 岁返回 a 地继续参加曾经中断了缴费的城乡居保,于 60 岁在 a 地社保机构领取养老金。参保者领取基础养老金的待遇发放公式为:

$$P = [(60 - t_3) + (t_2 - t_1)] \times \frac{B}{15} + \frac{(t_3 - t_2)\%}{2} [\frac{1}{t_3 - t_2} \sum_{n=t_2}^{t_3} (\frac{w_n^b}{W_n^b}) + 1] W^b$$

$$(10.6)$$

(10.6)式中 B 为城乡居保基础养老金的年计发标准,w_n^b 为 n 年参保者在 b 地的缴费工资,W_n^b 是 n 年 b 地的在岗职工社会平均工资,$\frac{1}{t_3 - t_2} \sum_{n=t_2}^{t_3} (\frac{w_n^b}{W_n^b})$ 表示其平均缴费工资指数。(10.6)式等号右边的第一项表示的参保者参加了城乡居保之后,领取养老金时所享受的非缴费型基础养老金既得受益权。第二项表示参保者在职保缴费后的既得受益权。

第二种情况,即参保者从职保退休的情况。假定参保者于 t_1 岁进 a 地务工,同时参加了职保,在 t_2 返回 b 地并将职保转为城乡居保,于 t_3 岁重新进 a 地务工,继续参加职保,于 t_4 岁按规定在 a 地退休。参保者从职保退休并在城市的社保经办机构领取基本养老金待遇发放公式为:

$$P = \frac{(t_2 - t_1)\%}{2}\left[\frac{1}{t_2 - t_1}\sum_{n=t_1}^{t_2}\left(\frac{w_n^a}{W_n^a}\right) + 1\right]W^a + (t_3 - t_2) \times \frac{B}{15} +$$

$$\frac{(t_4 - t_3)\%}{2}\left[\frac{1}{t_4 - t_3}\sum_{n=t_3}^{t_4}\left(\frac{w_n^a}{W_n^a}\right) + 1\right]W^a \tag{10.7}$$

10.3.2 转续方案与当前政策的对比

按照人社部发〔2014〕17号文件的规定,参保者在城乡居保中的缴费年限不能视同为在职保中的缴费年限,在15年最低缴费年限的限制下,难以在职保中参保满15年的参保者将失去职保基础养老金的受益权。

一、转续方案与现行政策的既得受益权比较

与转续方案比较,现行政策则附加了15年的最低缴费年限限制,但基础养老金的计发方式同设计方案。设 t_1 为参保人初始参保的年龄,T 为参保者的退休年龄。设 U 为参保缴费年限。可以得出转续方案与现行政策的既得受益权进度表(如表10-4、10-5所示)。

表10-4 转续方案既得受益权进度表

参保初始年龄	参保年限	领取养老金的有效缴费年限
$t_1 < T - 15$	U	U
$t_1 > T - 15$	U	U

表10-5 现行政策既得受益权进度表

参保初始年龄	参保年限	领取养老金的有效缴费年限
$t_1 < T - 15$	$U < 15$ $U > 15$	0 U
$t_1 > T - 15$	U	0

从既得受益权进度表可以看出,转续方案实质上是一种立即获取型既得受

益权方案,城乡参保者只要参加了社会养老保险制度并履行了缴费义务,就可以享受完全的养老金受益权。而现行转续政策由于对于享受养老金权益有 15 年缴费年限的限制限定,满足 15 年缴费要求后,既得受益权随着参保时间的增加,而逐步增加,所以是一种渐次获取型既得受益权方案。从表 10-5 还可以看出,大龄参保者由于有最低缴费年限限制,其既得受益权为 0,这可能使大龄参保者被排除在城乡衔接的社会养老保险制度之外。

二、转续方案与现行政策的养老金受益的比较

与转续方案相同,在现行政策下也存在从职保退休和从城乡居保退休两种情况。记转续方案的第一种情况为方案一(I),记现行政策的第一种情况为方案二(I),即参保者在 t_1 岁初始参加城乡居保,t_2 岁参加职保,t_3 岁回到城乡居保,于 60 岁在城乡居保经办机构领取养老金。记转续方案的第二种情况记为方案一(II),记现行政策的第二种情况记为方案二(II),即参保者在职保经办机构领取养老金,退休年龄为 t_4。在满足了 15 年最低年限的缴费条件后,方案一与方案二相同。所以现在来讨论累计缴费年限低于 15 年的情况(如表 10-6、表 10-7 所示):

表 10-6　方案一(Ⅰ)与方案二(Ⅰ)养老金受益权对比

参保起始年龄 $t_1 > 45$	方案一(Ⅰ)	方案二(Ⅰ)
参加城乡居保的受益	$\dfrac{B}{15} \times (t_2 - t_1 + 60 - t_3)$	0
参加职保的受益	$\dfrac{(t_3 - t_2)\%}{2}\Big[\dfrac{1}{t_3 - t_2}\sum\limits_{n=t_2}^{t_3}\Big(\dfrac{w_n^b}{W_n^b}\Big) + 1\Big]W^b$	0

表 10-7　方案一(Ⅱ)与方案二(Ⅱ)养老金受益权对比

$t_4 - t_1 < 15$	方案一(Ⅱ)	方案二(Ⅱ)
参加城乡居保的受益	$\dfrac{B}{15} \times (t_3 - t_2)$	0

续表

$t_4 - t_1 < 15$		
	方案一（Ⅱ）	方案二（Ⅱ）
参加职保的受益	$\dfrac{(t_2 - t_1)\%}{2}\Big[\dfrac{1}{t_2 - t_1}\sum\limits_{n=t_1}^{t_2}\big(\dfrac{w_n^a}{W_n^a}\big) + 1\Big]W^a +$ $\dfrac{(t_4 - t_3)\%}{2}\Big[\dfrac{1}{t_4 - t_3}\sum\limits_{n=t_3}^{t_4}\big(\dfrac{w_n^a}{W_n^a}\big) + 1\Big]W^a$	0

通过对比设计的转续方案和现行政策方案,可以发现转续方案作为立即获取型既得受益权方案,打破了 15 年缴费最低限制的规定,比方案二更能有效地维护城乡居保制度参保者的养老金受益权。对于年龄越大的参保者而言,由于缴费年限的限制,现行政策会造成养老金权益损失,因此他们更倾向于退出社会养老保险体系。

10.3.3　政策含义

本部分基于既得受益权设计了城乡养老保险关系转移接续方案,其实质是将分段计算的方法应用于养老金权益的核定,实行工作地参保缴费、参保经历分段计算、养老待遇退休地统一核算发放,计发标准为参保劳动者在各地获得的基础养老金既得受益权。各地社保机构分别兑现其承诺给予的基础养老金既得受益权,并全部汇总进入参保劳动者退休地的社保机构。以养老金既得受益权核算养老金待遇打破了最低缴费年限的限制性规定,体现了社会保险的公平理念,保障了参保者在进行养老保险关系跨区和跨制度转续时在履行缴费义务的前提下享有相应的权利。同时参保者所在的各缴费地可以在参保者退休前保留社会统筹基金的投资运营以获取收益的权利,也能够平衡了地方财政的利益。另外,分段计发的方式还能够避免参保者为追求较高的社会平均工资以获取更多养老金待遇而涌入经济发达地区参保的"趋富效应"。当然,实现社会养老保险关系跨区和跨制度衔接转续还需要其他配套措施,例如信息化系统建设、转续的规范性手续、各地参保信息的传输和共享等。

11 远期目标:建立统一的养老社会保障体系

11.1 建立统一的养老社会保障体系的三步走战略

11.1.1 第一步:进一步完善城乡社会养老保险制度

一、在完善中央调剂金制度的基础上实现全国统筹

职保制度的建立、改革和完善过程伴随着我国劳动力市场日趋活跃化和流动性的过程。2010年中国第六次人口普查数据显示①,在普查前的10年中中国流动人口增加了11700万人,增长了81.03个百分点,达到26139万人,其中占84.71%的流动人口属于不包括市辖区内人户分离的人口。在人口老龄化不断加深的大背景下,大规模的跨区人口流动和职保养老保险关系跨区转续不畅,以及职保基金不能在省际调剂使用,导致省份之间养老保障负担苦乐不均,部分省份职保基金收支平衡压力较大。根据《国务院关于建立企业职工基本养老保险基金中央调剂制度的通知》(国发〔2018〕18号),自2018年7月1日起,职保基金中央调剂制度建立,调剂比例从3%起步。2018年半年中央调剂金总规模达到2400多亿元,7个东部省份净上解资金610亿元,22个中西部和老工业基地省份受益。2019年基金中央调剂比例将进一步提高到3.5%,预计全年基

① 数据来源于2010年第六次全国人口普查统计数据公报。

金调剂规模约为 6000 多亿元,受益省份受益额将达到 1600 亿元左右。[①] 中央调剂金制度的建立有利于均衡不同省份之间的基金负担。长期以来,由于职保统筹层次不高,各地在单位缴费比例、社保缴费基数、社保费征收体制等方面存在较大区别,不仅不利于中央调剂金制度作用的发挥,也将阻碍统筹层次的进一步提高。2019 年 4 月 1 日,《国务院办公厅关于印发降低社会保险费率综合方案的通知》(国办发〔2019〕13 号)明确提出各地要将养老保险单位缴费比例逐步统一调整到 16%,加快推进职保省级统筹,逐步统一养老保险参保缴费、单位及个人缴费基数核定办法等政策,2020 年底前实现职保基金省级统收统支,以及稳步推进社保费征收体制改革,逐步将社保费征管职责向税务部门划转。从国发〔2018〕18 号文件到国办发〔2019〕13 号文件,通过"小步快走"的方式实现职保全国"一盘棋"的意图已经非常明显,实现职保全国统筹的条件正在逐步具备。在统一职保单位缴费比例、社保缴费基数、社保费征收体制和加快推进省级统筹的基础上,应通过进一步加大中央调剂金调剂比例和完善相应的配套政策,尽快实现全国统筹,增强基金的统筹调剂能力,提升基金管理效率。

二、在完善城乡居保政策的基础上提高管理层级

目前,城乡居保的管理层级还是以县级为主。较低的管理层级导致基础养老金待遇的调整机制难以落实和个人账户基金投资难以开展。《人力资源和社会保障部、财政部关于建立城乡居民基本养老保险待遇确定和基础养老金正常调整机制的指导意见》(人社部发〔2018〕21 号)明确提出根据城乡居民收入增长、物价变动和职保等其他社会保障标准调整情况,建立基础养老金正常调整机制。但是,地方政府增加基础养老金待遇的动力不足且比较随意,导致城乡居保基础养老金的待遇水平与职保基础养老金待遇水平的差距越来越大。人社部发〔2018〕21 号文件还要求各地按照《国务院关于印发基本养老保险基金投资管理办法的通知》(国发〔2015〕48 号)要求和规定,开展城乡居保基金委托投资,实

---

① 数据来源于《〈降低社会保险费率综合方案〉权威解读来了》,中央人民政府网站,http://www.gov.cn/fuwu/2019-04/10/content_5381120.htm,2019 年 4 月 10 日。

现基金保值。然而,一方面由于参保者在选择个人账户的缴费档次时倾向于选择最低档导致个人账户基金积累额偏低[①],另一方面县级地方政府既没有能力也没有意愿对个人账户基金进行投资运营,因此造成大量的基金只能存银行,按照一年期定期存款基准利率计息,导致制度缺乏吸引力,尤其是与职保个人账户的记账利率相比,反过来又影响了参保者的缴费积极性,造成了恶性循环。因此,短期内要落实人社部发〔2018〕21 号文件的要求,一是要建立基础养老金待遇正常调整机制,稳步提高基础养老金待遇水平,防止与职保养老金待遇差距继续扩大,增强制度整体吸引力;二是要完善个人缴费档次标准调整机制,按照城乡居民收入水平增长情况适时提高个人账户最低缴费档次和最高缴费档次,同时适当减少缴费档次,简化政策设计的同时满足不同群体的缴费需求;三是要推动居保基金省级管理,开展基金委托投资运营,同时明确个人账户分享基金增值收益的制度安排,通过实时记账和定期公开,让个人账户收益"看得见",参保者"有期待",切实扭转当前个人账户"不受待见"的局面,真正实现个人账户制度安排的保障功能和内在价值,让个人账户养老金成为有吸引力的养老政策安排,进而提高个人账户缴存的积极性。长期看完善城乡居保制度还是要以提高管理层级为突破口,让基础养老金待遇调整和个人账户管理更加规范和更可持续。

11.1.2 第二步:实现社会养老保险关系城乡转续

由于我国城乡二元经济体制的长期存在和经济发展水平的不平衡,因此在进一步完善城乡社会养老保险制度的基础上实现社会养老保险关系的城乡转续是整合城乡社会养老保险制度的必经阶段。实现社会养老保险关系的城乡转续既是满足农村劳动力转移就业与回乡时养老保险关系转续的现实需求,又是推动城市化发展和城乡融合的必然举措。

2014 年 2 月 24 日,人社部发〔2014〕17 号文件发布,社会养老保险关系的城

---

① 参保者不愿意个人账户多缴费的原因是缴费激励不够。以重庆市的城乡居保政策为例,参保者选择最低档 100 元可获得 30 元补助,补贴占个人缴费的 30%,每增加一档缴费只能获得 10 元补助,选择最高档 2000 元只能获得 140 元补助,补贴占个人缴费的 7%,因此选择最低档缴费更划算。

乡转续进入实质性操作阶段。按照人社部发〔2014〕17 号文件的规定,参保人员从职保转入城乡居保时,之前的参保缴费年限可合并累加计算为城乡居保的缴费年限,但当参保人员从城乡居保转入职保时,其参加城乡居保的缴费年限则不折算为职保缴费年限。这就意味着现行转续政策仍然是单向的。同时,当从职保向城乡居保转续时,人社部发〔2014〕17 号文件也没有转移社会统筹账户基金的规定。因此,社会养老保险的城乡转续政策还需要进一步完善。另外,城乡两类社会养老保险制度还必须安排相应的衔接机制与办法,如统一城乡两类制度的经办管理主体和管理方式,推进经办管理服务的规范化、信息化、专业化建设,实现两类制度的账户信息共享等。同时,还应完善个人账户养老金计发办法,通过账户转移的方式规范提前支取和一次性返还政策,实现社会养老保障的目标。

11.1.3 第三步:建立统一的养老社会保障体系

一、通过制度外措施清偿职保改革的转制成本和隐性债务

建立统一的城乡社会养老保险制度的首要前提是通过制度外措施全面清偿职保制度改革的转制成本,减轻制度内财务负担。根据作者的前期研究[1],职保社会统筹账户由于转制成本和隐性债务的存在,社会统筹基金存在较大的基金缺口。事实上,早在 1998 年职保制度就已经陷入了财务困境,当年中央财政对基本养老保险基金补助 24 亿元,此后补助额逐年增加。[2] 从 1998 年到 2006 年,各级财政的补助支出大概在 4000 亿元;[3]根据人力资源和社会保障部发布的历年《人力资源和社会保障事业发展统计公报》,从 2007 到 2017 年各级财政补贴基本养老保险基金累计高达 36136 亿元。自 1997 年统一制度以来各级财政累计补贴基本养老保险基金超过 4 万亿元。这项数据还不包括目前未实施做实个人账户试点地区基本养老保险个人账户的"空账"规模。在合并城乡社会养老

---

[1] 刘昌平、殷宝明:《中国基本养老保险制度财务平衡与可持续性研究——基于国发〔2005〕38 号文件行政的城镇基本养老保险制度》,《财经理论与实践》2011 年第 1 期,第 19—24 页。

[2] 白天亮:《养老金发放资金有保障》,《人民日报》2005 年 12 月 19 日。

[3] 数据来源于《今年中央财政安排地方养老保险补助资金 870 多亿元》,中央人民政府网站,http://www.gov.cn/zxft/ft84/content_844175.htm,2007 年 12 月 26 日。

保险制度之前,应通过财政补贴、划转国有资产和做大全国社会保障基金等方式清偿职保制度改革的转制成本,为建立统一的养老社会保障制度扫清障碍。

二、对城乡社会养老保险制度进行结构性改革

"统账结合"的制度模式历经职保、新农保、城居保、城乡居保和机关事业单位养老保险 20 多年的改革探索,已经成为我国社会养老保险制度的基础模式。但是,正如上文分析所指出,新农保、城居保以及后来合并实施的城乡居保所实行的"统账结合"模式与职保和机关事业单位养老保险制度所实行的"统账结合"模式有很大区别。相比较而言,城乡居保社会统筹账户形成的基础养老金实行非缴费普惠型且与个人账户养老金隔离开,这种制度设计在适应不同人群特点和扩大制度覆盖面上具有明显优势。与此同时,随着市场经济的不断成熟,劳动就业形式发生了深刻变革。新经济催生了各种新业态,进而产生了各种非正规灵活就业形式且就业人数逐年大幅增长,给基于正规固定单位就业设计的传统社会养老保险制度模式带来巨大挑战。职保由"统账结合"形成的"部分积累制"模式作为基本养老保险这一个层次上的制度安排难以适应新的劳动就业形势的需要,渐渐地显示出与现实状况的不相协调和继续调整与发展的必要性。

城乡社会养老保险社会统筹和个人账户部分都属于国家保证退休老人基本生活的强制性制度安排,尽管目标相同,但是二者所处的结构层次和责任主体还是有很大区别的。将社会统筹部分与个人账户部分彻底划清界限,将"统账结合"制度拆分为"国民养老金制度(基础养老金)+强制性个人账户养老金制度(个人账户养老金)",不仅是不同制度特征相区别的内在需要,而且也是新形势下建立多支柱养老社会保障体制的必然趋势,同时也是解除所有国民养老后顾之忧,使所有国民共享经济发展成果,彰显社会主义制度优越性的具体表现。从城乡居保基础养老金的制度设计看,其已经具有了国民养老金制度的典型特点,在覆盖农村居民和城镇非从业人员方面也展现了高度的灵活性。

三、建立统一的多层次养老社会保障体系

从 1984 年养老保险社会统筹试点到 2000 年做实个人账户试点,再到 2004

年企业年金试行,最后到 2018 年个人税收递延型商业养老保险开展试点,我国
多层次养老社会保障体系已经初步建立。随着城乡差距的逐步缩小和城乡融合
程度的提高,在实现了社会养老保险关系城乡转续和城乡社会养老保险制度结
构性改革的基础上,应进一步整合城乡社会养老保险制度,建立统筹城乡的统一
的多层次养老社会保障体系。具体做法是:合并职保、机关事业单位养老保险和
城乡居保社会统筹部分,建立国民养老金制度,作为统一的基础养老金;合并职
保、机关事业单位养老保险和城乡居保个人账户部分,建立强制性个人账户养老
金制度;发展企业年金和职业年金制度,作为自愿性企业年金或职业年金制度;
发展个人税收递延型商业养老保险制度,作为国民养老金制度、强制性个人账户
养老金制度和自愿性企业年金制度的补充。未来我国的城乡养老社会保障制
度,应是在进一步调整和完善城乡社会养老保险制度结构基础上,通过引导和鼓
励企业年金、职业年金、个人税收递延型商业养老保险发展,逐步建立起与公有
制为主体、多种所有制经济发展相适应的、满足不同群体需求的多层次养老社会
保障体系。

11.2　非缴费普惠型养老金制度理论与实践

11.2.1　非缴费普惠型养老金制度理论

在社会福利思想和理论的演进过程中始终伴随着经济增长与社会发展的
争论。联合国在 20 世纪 60 年代第一个 10 年发展计划中,将经济增长等同于
社会发展(Elliott,1993)。[1] 很多发展中国家也将经济增长视为消除贫困、实
现现代文明和国民福祉的唯一手段(Omer,1961)。[2] 然而,事实证明经济增长
不但没有带来社会平等,反而扩大了收入等其他社会福利方面的差距(United

---

[1]　Elliott,D.,1993,"Social Work and Social Development:Towards and Integrative Model for Social Work Practice",*International Social Work*,36,(1),pp. 21-36.

[2]　Omer,S.,1961,"Social Development",*International Social Work*,22(2),pp. 11-26.

Nations,1971)。① 重视福利的改善和人们抉择能力的提高是实现人类社会发展的两个先决条件(Paiva,1977)。在联合国第二个 10 年发展计划中,社会经济与社会福利的协调发展开始引起关注(Cummings,1982)。②

第二次世界大战后,西方资本主义国家经济的高速增长为社会福利理论和实践发展创造了基本条件。学者们提出了公民权理论,认为社会福利是公民权利的组成部分(Marshall,1950;Titmuss,1974)。③ 公民权理论成为制度型社会福利模式的理论基础,促进了福利国家的发展。1958 年,威伦斯基(Wilensky)和勒博克斯(Lebeaux)在其出版的《工业社会与社会福利》(Industrial Society and Social Welfare)一书中首次提出了著名的社会福利两分法:补缺型社会福利和制度型社会福利。④ 与补缺型相比,制度型社会福利是社会制度结构中常规化、永久性的重要组成部分,保障对象扩展到社会的全体公民,从而实现了由选择性福利(selective welfare)到普遍性社会福利(universal welfare)的转变。由这种制度型福利延伸而来的普惠型社会福利是一种面向全民的社会政策,旨在提升全民的福利水平。从核心意义上说,两类社会福利模式的区别在于社会福利资源的指向,即社会福利的目标定位以及政府的职责定位。补缺型社会福利可以把有限的社会福利资源定位于最需要的人,有利于资源再分配;普惠型社会福利则应该赋予所有公民,或主要群体中的所有人。

普惠型社会福利理论在养老保障中的渗透具体表现在自 20 世纪 90 年代以来世界范围内掀起的多支柱养老金模式改革浪潮。世界银行在 1994 年的研究报告《防止老龄危机——保护老年人及促进增长的政策》中,提出了养老保障的三支柱模式:由公共管理的旨在消除贫困的非积累制强制性的定额或家计调查式福利作为第一支柱;资产由私人部门管理的旨在替代收入的积累制强制性计

---

① United Nations,1971,"Evolution of the United Nations Approach to Planning for Unified Socio-Economic Development and Planning:Some New Horizons",*International Social Development Review*,No. 3,New York:United Nations.

② Cummings,R.,1982,"Social Development and Social Planning:Toward a Social Ecology",*Social Development Issues*,6,pp. 15-26.

③ Marshall,T.H.,1950,*Citizenship and Social Class*,Cambridge:Cambridge University Press.
Titmuss,R.M.,1974,*Social Policy:An Introduction*,New York:Pantheon Books.

④ Wilensky,H.and Lebeaux,C.N.,1965,*Industrial Society and Social Welfare*,New York:The Free Press.

划作为第二支柱;旨在补偿个人退休收入的积累制自愿性计划作为第三支柱。其中第一支柱就是普惠型社会福利制度的具体表现。2005 年世界银行又在《21世纪的老年收入保障——养老金制度改革国际比较》中将三支柱模式扩展为五支柱,其中创造性地引入了"零支柱",即旨在消除老年贫困的提供最低水平保障的非缴费型养老金。这一计划因其全民共享、保障标准统一、税收融资和现收现付制等特点被广泛称为"国民养老金"。

11.2.2　非缴费普惠型养老金制度实践

国民养老金制度不仅在英国、瑞典、加拿大、日本等发达国家比较普遍,即使在低收入国家的农村地区也在不断扩展。玻利维亚、博茨瓦纳、毛里求斯、纳米比亚、尼泊尔和萨摩亚群岛等低收入发展中国家在农村引入了非缴费型的国民养老金制度。非缴费型养老金计划可以分为两类:非缴费普惠型养老金计划和附带某种财富审查的养老金计划,这种财富审查类别可以细分为家计调查和养老金待遇调查。对于所有社会成员而言,非缴费普惠型养老金可以无条件获得;而附带财富审查机制的养老金计划的保障对象被明确定位于贫困人口,并要求附带某种类型的财产或收入的审查机制。

向最贫困的人口提供养老金计划是最好的社会帮助方式,因为这种带社会帮助性质的养老金计划是非缴费型的,不依赖保障对象的长期就业记录(Reynaud,2002;Overbye,2005)。[1] 例如,非洲的南非和塞内加尔建立附带财富审查机制的养老金计划,博茨瓦纳、毛里求斯和纳米比亚则建立普惠型养老金计划(Gorman,2004;Gillion 等,2000)。[2] 拉丁美洲和加勒比海地区的阿根廷、巴西、

---

① Reynaud, E., 2002, "The Extension of Social Security Coverage: The Approach of the International Labour Office", ESS Paper No. 3, Geneva, ILO Social Policy and Development Branch.

Overbye, E., 2005, "Extending Social Security in Developing Countries: a Review of Three Main Strategies", *International Journal of Social Welfare*, 14, pp. 305–314.

② Gorman, M., 2004, "Age and Security: How Social Pensions Can Deliver Effective Aid to Poor Older People and Their Families", London: Help Age International.

Gillion, C., Turner, J., Bailey, C. and Latulippe, D., 2000, "Social Security Pensions: Development and Reform", Geneva, International Labour Office.

智利、哥斯达黎加、多米尼加、墨西哥和乌拉圭向贫困的老年人提供附带财富审查机制的非缴费型养老金计划,安提瓜和巴布达以及玻利维亚两国则提供非缴费普惠型养老金计划(Barrientos 和 Lloyd-Sherlock,2003)。[1] 两个收入较高的国家,新西兰和文莱,在农村实行了非缴费普惠型养老金制度(ISSA,2005)。[2] 亚洲的孟加拉国政府向农村地区年龄超过 57 岁的极端贫困人口提供每月 150 塔卡(相当于 2.58 美元)的养老金,印度政府为最贫困的老年人建立了两个附带财富审查机制的养老金计划,向年龄超过 60 岁的老人发放最低养老金,其中 60—79 岁每月 200 卢比,80 岁及以上每月 500 卢比,尼泊尔在 1995 年引入了一个普惠型养老金计划,泰国也有一个类似的养老金计划(Willmore,2003)。[3]

根据国际劳工组织发布的《World Social Protection Report 2017-19:Universal Social Protection to achieve the Sustainable Development Goals》研究报告显示,全世界 186 个国家建立了法定养老金制度,其中 114 个国家建立了非缴费型养老金制度,在这 114 个国家当中有 2 个国家是附加家计调查的非缴费型制度,10 个国家是非缴费普惠型制度,64 个国家是附加家计调查的非缴费型与缴费型的混合制度,24 个国家是附加养老金待遇调查的非缴费型与缴费型的混合制度,14 个国家是非缴费普惠型与缴费型的混合制度(ILO,2017)。[4]

11.3　国民养老金制度的财务持续性评估

判断养老金制度是否可行的首要标准是财务可持续性。对非缴费普惠型国

---

[1]　Barrientos,A.and Lloyd-Sherlock,P.,2003,"Non-contributory Pension Schemes:a New Model for Social Security in the South?",Paper presented at 4th International Research Conference on Social Security,Antwerp,5-7 May.

[2]　ISSA,2005,"Social Security Programs throughout the World:Asia and the Pacific",Geneva,International Social Security Association.

[3]　Willmore,L.,2003,"Universal Pensions in Mauritius:Lessons for the Rest of US",Paper presented at 4th International Research Conference on Social Security,Antwerp,5-7 May.

Gorman,M.,2004,"Age and Security:How Social Pensions Can Deliver Effective Aid to Poor Older People and Their Families",London:Help Age International.

[4]　ILO,2014,"World Social Protection Report 2017-19:Universal Social Protection to achieve the Sustainable Development Goals",Geneva:ILO,p.77.

民养老金制度进行财务可持续性评估是判断其在中国是否可行的基础步骤。已经有部分国内学者对国民养老金的财务可持续性进行了初步探讨。曹信邦和何慧婷(2012)设计了一个缴费型的现收现付制国民年金制度并对其财务平衡进行了评估,测算结果表明2012—2050年,在17%、20%、23%的国民年金替代率下,政府财政支持力度分别为2.74%、7.25%和11.76%。[①] 张思峰和曹信邦(2014)基于相同的制度设计和测算期限,测算得出在不同的经济增长率和人均工资收入增长率下,国民年金财政补贴额占财政收入总量最大比重分别为4.38%、6.09%和8.15%。[②] 从财务可持续性的角度出发,判断一国能否实施非缴费型养老金制度依赖于对该国人口发展趋势与经济发展水平的充分认识。基于人口等相关数据的可得性和可测性,本节将从国家层面,基于第六次全国人口普查得到的最新人口数据,通过人口预测测度2014—2050年基础养老金的支出规模。

11.3.1 模型构建

一、人口预测模型

(1)Leslie 人口矩阵

t 年 s 性别的 Leslie 人口矩阵为:

$$L^s(t) = \begin{bmatrix} 0 & \cdots & 0 & b_{15}(t) & \cdots & b_{49}(t) & 0 & \cdots & 0 \\ {}_1p_0^s(t) & \cdots & 0 & 0 & \cdots & 0 & 0 & \cdots & 0 \\ 0 & \cdots & \vdots & \vdots & \cdots & \vdots & \vdots & \cdots & \vdots \\ \vdots & \cdots & 0 & {}_1p_{15}^s(t) & 0 & \vdots & \vdots & \cdots & \vdots \\ \vdots & \cdots & & 0 & \cdots & 0 & \vdots & \cdots & \vdots \\ \vdots & \cdots & & & 0 & {}_1p_{49}^s(t) & 0 & \cdots & \vdots \\ \vdots & \cdots & & \vdots & & \vdots & \vdots & \cdots & \vdots \\ 0 & 0 & 0 & 0 & 0 & 0 & \cdots & {}_1p_{i-1}^s(t) & {}_1p_i^s(t) \end{bmatrix} \quad (11.1)$$

---

① 曹信邦、何慧婷:《中国国民年金的财政支持力度分析》,《经济视角》2012年第6期,第31—33页。

② 张思峰、曹信邦:《中国国民年金制度设计的基本思路》,《理论探讨》2014年第1期,第81—84页。

式中 $b_i(t)$ 表示年龄为 i 的育龄妇女在 t 年的生育率; $_1p_i^s(t)$ 表示 s 性别年龄为 i 的人口在 t 年存活到 $i+1$ 岁的生存概率。

t 年按年龄分布的人口向量为:

$$\vec{n^s}(t) = [\, n_0^s(t) \quad n_1^s(t) \cdots n_{\omega-1}^s(t) \quad n_\omega^s(t)\,]^\mathrm{T} \tag{11.2}$$

式中 $n_i^s(t)$ 表示 s 性别年龄为 i 的人口在 t 年的总人数; ω 表示最大死亡年龄。

(2)基于人口分年龄移算法的人口差分方程增长模型

$$\begin{cases} n_{i+1}^s(t+1) = n_i^s(t)\,_1p_i^s(t) \\[2mm] N^s(t+1) = \displaystyle\sum_{i=0}^{\omega} n_i^s(t+1) = \lambda^s(t)\,p(t)\sum_{i=15}^{49} n_i^a(t)\,b_i(t) + \sum_{i=0}^{\omega} n_i^s(t)\,_1p_i^s(t) \end{cases}$$

$$\tag{11.3}$$

式中 $\lambda^s(t)$ 表示 s 性别婴儿出生性别比, $p(t)$ 表示出生婴儿存活率。其中(11.3)式中的第一个等式描述人口状态的发展,表示年龄为 $i+1$ 的人口由上一年年龄为 i 的人口和生存概率得来,第二个等式描述人口状态的存量,表示 $t+1$ 年的总人口由现存存活人口和新出生人口构成。

结合(11.1)式和(11.2)式,可得 $t+1$ 年按年龄分布的人口向量为:

$$\vec{n^s}(t+1) = L^s(t)\,\vec{n^s}(t) \tag{11.4}$$

进而可得 $\vec{n^s}(t) = \prod_{t=0} L^s(t)\,\vec{n^s}(0)$ (11.5)

则 t 年的人口总数为: $N(t) = \displaystyle\sum_{s=a}^{b} \sum_{i=0}^{\omega} n_i^s(t)$ (11.6)

式中 $s=a$、$s=b$ 分别表示女性、男性。

即当全国的 Leslie 人口矩阵 $L^s(t)$、基年分年龄人口分布向量 $\vec{n^s}(0)$、出生婴儿存活率 $p(t)$ 以及出生婴儿性别比 $\lambda^s(t)$ 已知时,可以预测 t 年 s 性别的分年龄组人口分布,进而可计算任意性别年龄段的总人口。

二、养老金测算模型

t 年全国基础养老金支出总额为:

$$TP(t) = W_{t-1}\delta (1 + g)^{t-2014} \sum_{i=h}^{\omega} N_i(t) \tag{11.7}$$

t 年全国基础养老金支出总额在 2014 年的现值为:

$$\overline{TP(t)} = W_{t-1}\delta \left(\frac{1 + g}{1 + \sigma}\right)^{t-2014} \sum_{i=h}^{\omega} N_i(t) \tag{11.8}$$

式中 W_{t-1} 表示 $t-1$ 年人均纯收入,δ 表示基础养老金的收入替代率,$N_i(t)$ 表示在 t 年年龄为 i 的老年人人口数,g 表示上年度人均纯收入增长率,σ 表示利率,h 表示领取养老金起始年龄。

11.3.2 数据来源

本章基础数据来源于 2010 年第六次全国人口普查(以下简称"六普"),并将 2000 年第五次全国人口普查以来的人口统计数据以及国家有关部门已经公布的相关数据作为补充。

一、出生婴儿性别比

出生婴儿性别比是人口性别结构的基础且其主要由生物因素决定,比较稳定,国际公认的出生婴儿性别比的正常理论值为 102—107(United Nations,1955)。根据 2000 年第五次全国人口普查统计的出生人口计算,全国出生婴儿性别比约为 117。根据 2005 年全国 1% 人口抽样调查数据计算,出生婴儿性别比约为 119。原国家计划生育委员会在《2006 年全国人口和计划生育抽样调查主要数据公报》(2007 年第 2 号)中公布的数据显示:1996 年至 2005 年出生婴儿的性别比高达 127。根据"六普"统计的出生人口计算,全国出生婴儿性别比约为 118。我国出生婴儿性别比偏离正常值的重要原因是瞒报、漏报女婴。本章设定出生婴儿性别比由 2010 年的 118 逐步降到 2020 年 108,之后保持稳定。

二、育龄妇女总和生育率

根据联合国人口司的数据(见图 11-1),自 20 世纪 50 年代以来,中国育龄

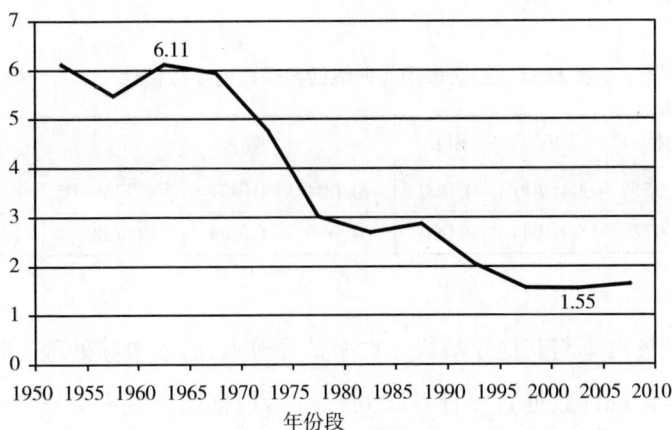

图 11-1 中国 1950—2010 年育龄妇女总和生育率

资料来源:联合国人口司:《世界人口展望:2012》,http://esa.un.org/wpp。

妇女总和生育率经历了一个快速下降直至稳定的过程,最高点时超过 6,20 世纪 90 年代以后下降到 2.1 的更替水平以下,并稳定在目前的 1.6 左右。2000 年 "五普"和 2010 年"六普"数据显示,育龄妇女总和生育率分别只有 1.22 和 1.18,生育水平维持在低水平。国务院发布的《人口发展"十一五"和 2020 年规划》和国家人口发展战略研究课题组公布的《国家人口发展战略研究报告》均提出将我国未来的总和生育率控制在 1.8 左右。① 本章设定未来全国育龄妇女总和生育率为 1.8,并假设"六普"公布的育龄妇女年龄别生育率在总和生育率中的占比保持不变。

三、分年龄性别死亡概率

本章以 2000—2010 年的分年龄性别人口死亡率为样本数据,采取生命表理论中年龄内均匀死亡及中心死亡率假设的方法,对 1—100+年龄范围内异常年龄死亡概率数据进行修正和对死亡概率曲线进行平滑处理后进行曲线拟合,发现三次多项式曲线拟合情况较好,曲线方程为:

---

① 数据来源:中央人民政府网站,http://www.gov.cn/gongbao/content/2007/content_526981.htm,2007 年 2 月 28 日。

$$F(i) = b_0 + b_1 i + b_2 i^2 + b_3 i^3 \qquad (11.8)$$

表 11-1　三次多项式曲线回归模型的参数估计

	R^2	F	Sig.	b_0	b_1	b_2	b_3
男性	0.951	606.706	0.000	−0.004	0.001	−4.776e−05	8.765e−07
女性	0.972	1526.911	0.000	−0.019	0.004	0.000	1.219e−06

由于婴儿死亡率与其他年龄段死亡率差异较大,所以单独处理。2000 年婴儿存活率由实际统计数据直接计算得到[1],其后根据国务院有关资料中对婴儿死亡率在 2005 年、2010 年、2020 年各节点年份的控制目标或预测值进行相应的调整[2]。

四、基础养老金收入替代率

使养老金实现一定的收入替代是养老保险制度的基本属性。由于我国城乡之间、地区之间收入差距大,如果采取统一额度的国民养老金,将导致各地收入替代水平的不均衡,收入越高的地方国民养老金替代率越低,收入越低的地方国民养老金替代率越高,而且统一额度的待遇标准也难以满足各地因为生活水平不一样而产生的差异化的养老保障需求。因此,本章建议基础养老金的计发办法采取按上年度人均可支配收入的一定比例计发。根据国发〔2009〕32 号文件规定的新农保基础养老金中央和地方政府的最低补贴标准约为 690 元/人/年,即相当于 2008 年农民人均纯收入的 14.5%[3],与职保基础养老金的最低目标工资替代率 15%基本一致。此外,按照职保制度设计,基础养老金的目标工资替

---

[1]　人口普查中 0 周岁的人口数是指在统计调查的标准时间止的 0 周岁的人数,即当年出生并存活下来的未满周岁的婴儿数,因此婴儿存活率=0 周岁人口数/出生婴儿总数。参见《中国 2000 年人口普查资料》,中国统计出版社 2002 年版,第 196、570 页。

[2]　数据来源:国务院妇女儿童工作委员会网站,http://www.nwccw.gov.cn/html/08/n-121208-3.html,2003 年 10 月 30 日;中央人民政府网站,http://www.gov.cn/gongbao/content/2007/content_663664.htm,2007 年 5 月 21 日。

[3]　2008 年我国农村居民人均纯收入 4761 元。数据来源于《2008 年国民经济与社会发展统计公报》,国家统计局网站,http://www.stats.gov.cn,2009 年 2 月 26 日。

代率最高为 35%左右。借鉴职保基础养老金目标工资替代率的设计且为保持城乡居保基础养老金和职保基础养老金在收入替代率上的统一性,本章假设国民养老金制度下的基础养老金的收入替代率在 15%—35%之间选择,分别测算选择 15%、20%、25%、30%、35%五档不同的基础养老金替代率时的财政负担规模。

五、养老金测算其他参数

2013 年全国居民人均可支配收入 18311 元[①]。在过去 20 年中,我国人均收入水平保持两位数的高速增长,这既是因为中国经济同样保持高速增长,同样属于补偿性增长。未来随着中国经济增长的常态化,收入水平也将下降到一个合理可持续的水平。考虑到长期增长的可持续性本章假设全国个人可支配收入增长率在 2014—2020 年为 6%。按照国民经济与社会发展规划,到本世纪中叶,我国将达到中等发达国家水平,因此 2021—2050 年的名义工资增长率按照中等发达国家人均收入水平设定为 3%。与假设人均收入水平增长率所遵循的理念相一致,假设预测期内 GDP 的年均增长率维持在 5%的中速水平。按照成熟经济的实践,金融机构法定存款利率一般不超过 5%,本章选择 4%。

11.3.3　测算结论

通过人口预测,得到 2011—2050 年全国 60 岁及以上老年人口数,除为数不多的几个年份外,整个测算期表现为不断升高,说明在未来相当长一段时期内,单从人口绝对数考虑,在全国实行国民养老金制度将面临不断增长的财政负担。尽管在前期全国 60 岁及以上老年人人口数增长较快,但在后期增速不断放缓,到 2035 年已降到 1%以下。如果按照本章的人口预测方法继续预测下去,在2055 年左右开始全国 60 老年人人口开始呈现出下降趋势,说明 2050 年左右全国老年人口将达到高峰,国民养老金制度也将在此时面临最为严峻的财务压力。

---

① 数据来源:《2013 年国民经济和社会发展统计公报》,国家统计局网站,http://www.stats.gov.cn/tjsj/zxfb/201402/t20140224_514970.html。

表 11-2　2011—2050 年全国 60+老年人人口数

单位:万人

年份	人口数	年份	人口数	年份	人口数	年份	人口数
2011	18057	2021	24289	2031	34858	2041	37303
2012	18900	2022	25161	2032	35659	2042	37586
2013	19666	2023	26624	2033	36307	2043	37565
2014	20563	2024	27709	2034	36842	2044	37532
2015	21436	2025	28809	2035	37181	2045	37479
2016	22162	2026	29870	2036	37420	2046	37643
2017	23006	2027	30612	2037	37395	2047	38054
2018	23647	2028	31851	2038	37418	2048	38293
2019	23888	2029	32804	2039	37418	2049	38561
2020	24251	2030	33982	2030	37343	2050	38904

　　在人口预测的基础上,通过测算得到 2014—2050 年各年基础养老金收入替代率分别在 15%、20%、25%、30% 和 35% 五个方案下基础养老金支出总额当期值及其在 2014 年的现值(见图 11-2 至图 11-6)。五个方案下当期值最低的年份均为 2014 年,分别为 5648 亿元、7531 亿元、9413 亿元、11296 亿元、13179 亿元,当期值最高的年份均为 2050 年,分别为 36792 亿元、49055 亿元、61319 亿元、73583 亿元、85847 亿元。将五个方案下 2014—2050 年各年基础养老金支出总额当期值贴现到 2014 年,现值最低的年份均在 2014 年,与当期值相同,现值最高的年份均出现在 2034 年,现值分别为 9909 亿元、13212 亿元、16515 亿元、19818 亿元、23122 亿元,从侧面说明基础养老金支出总额的峰值出现在 2030 年左右。从 2014—2050 年各年基础养老金支出总额当期值的增长率变化也能反映出基础养老金支出总额增长放缓的整体趋势①,尽管基础养老金支出总额当期值年均增长 5.2%,但是年度增长率由前期的 10% 左右逐步下降到 3% 左右(见图 11-7)。2013 年国内生产总值(GDP)568845 亿元②,据此估算,五个不同

---

　　① 五个方案下基础养老金支出总额的实际值存在差别,但是支出总额的增长率是一样的。

　　② 数据来源:《2013 年国民经济和社会发展统计公报》,http://www.stats.gov.cn/tjsj/zxfb/201402/t20140224_514970.html。

（亿元）

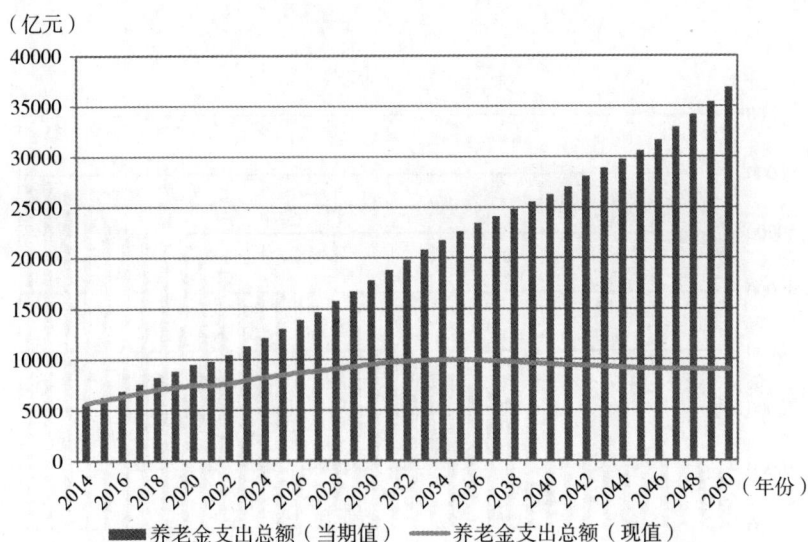

图 11-2　替代率为 15%——2014—2050 年各年基础养老金支出
总额当期值与在 2014 年的现值

（亿元）

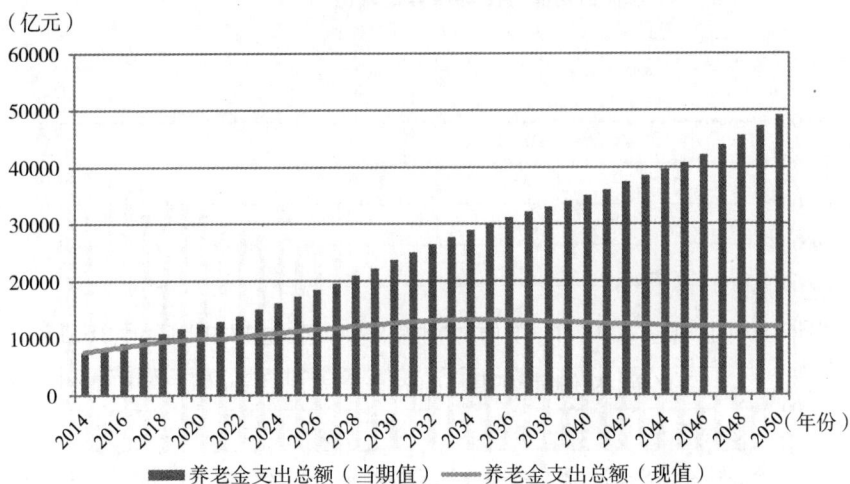

图 11-3　替代率为 20%——2014—2050 年各年基础养老金支出
总额当期值与在 2014 年的现值

的替代率方案下 2014 年国民养老金制度的基础养老金支出总额占 GDP 的比例
分别为 0.99%、1.32%、1.65%、1.99%、2.32%。图 11-8 显示了五个方案下
建立国民养老金制度的基础养老金支出总额占 GDP 比例的变化情况,占比最

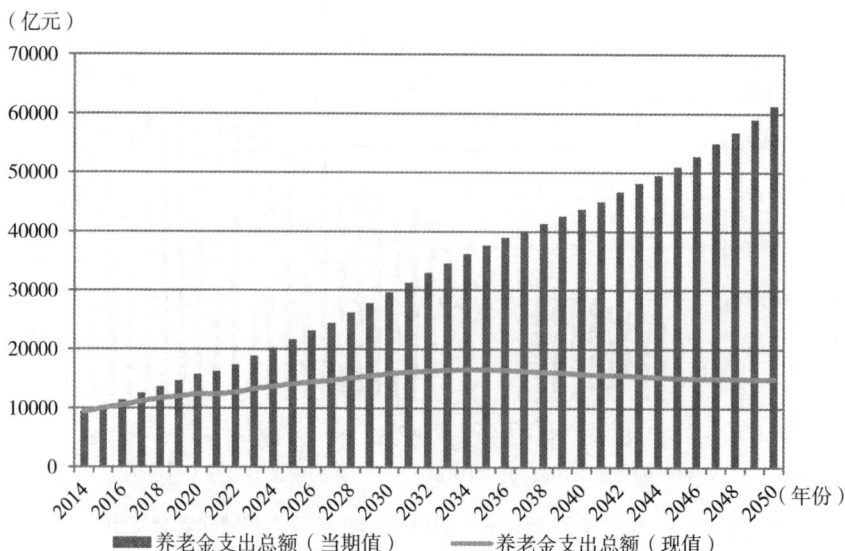

**图 11-4　替代率为 25%——2014—2050 年各年基础养老金支出
总额当期值与在 2014 年的现值**

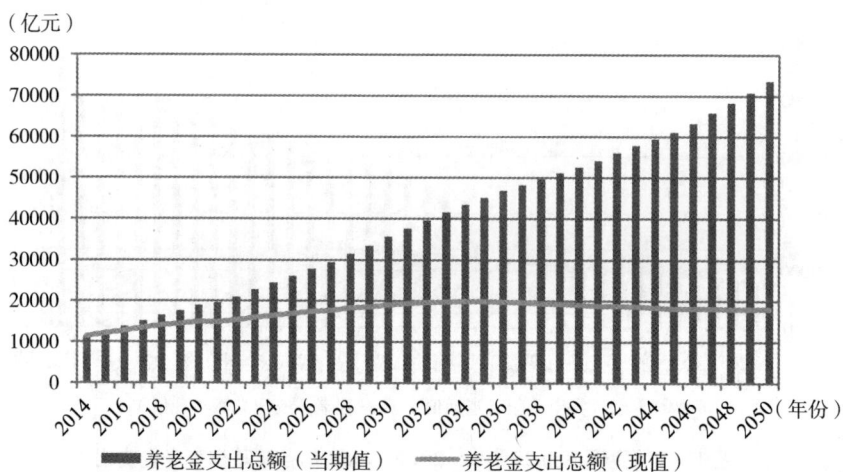

**图 11-5　替代率为 30%——2014—2050 年各年基础养老金支出
总额当期值与在 2014 年的现值**

高的年份均出现在 2032 年,占比分别为 1.45%、1.93%、2.41%、2.89%、3.38%,
随后逐渐下降,到预测末期的 2050 年分别下降到 1.12%、1.49%、1.86%、

（亿元）

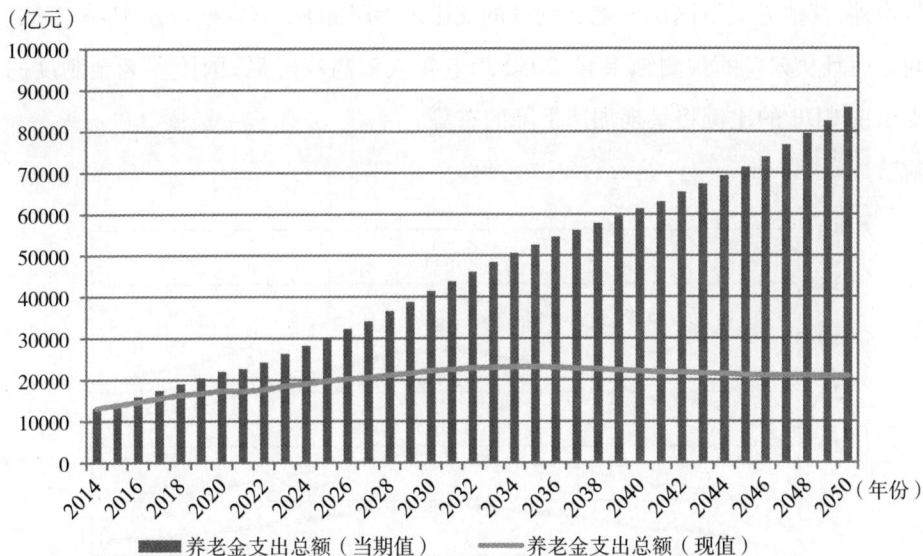

图 11-6　替代率为 35%——2014—2050 年各年基础养老金支出
总额当期值与在 2014 年的现值

（%）

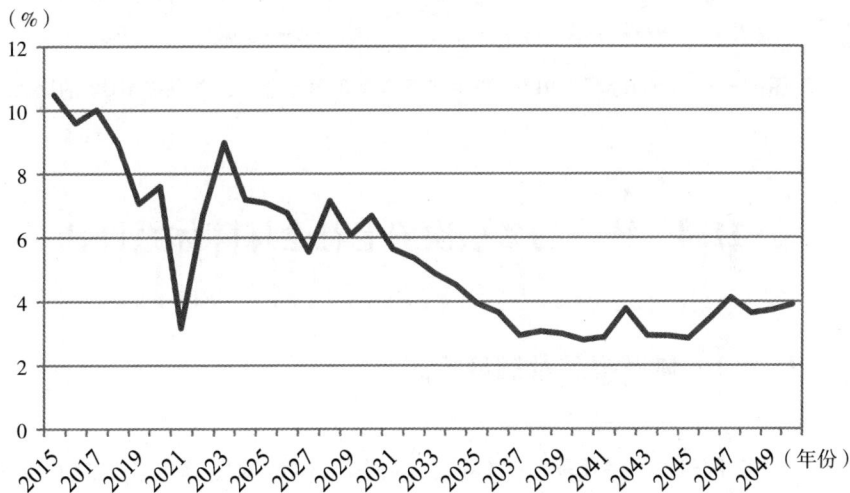

图 11-7　2015—2050 年各年基础养老金支出总额当期值增长率

2.23%、2.61%。根据巴西、阿根廷、智利、印度等 18 个国家非缴费型养老金的
实践证明,一国基本能够以 1—3 个百分点的 GDP 支撑国内的非缴费型养老金

计划(杨娟,2010)。① 从预测结果看,五个方案下除35%收入替代率方案下部分年份外,其他方案下国民养老金制度的支出占 GDP 的比例均维持在1%—3%之间。而且从人口的预测结果看,2050 年老年人口高峰过后,国民养老金制度的支出占 GDP 的比例将呈现加速下降的态势。

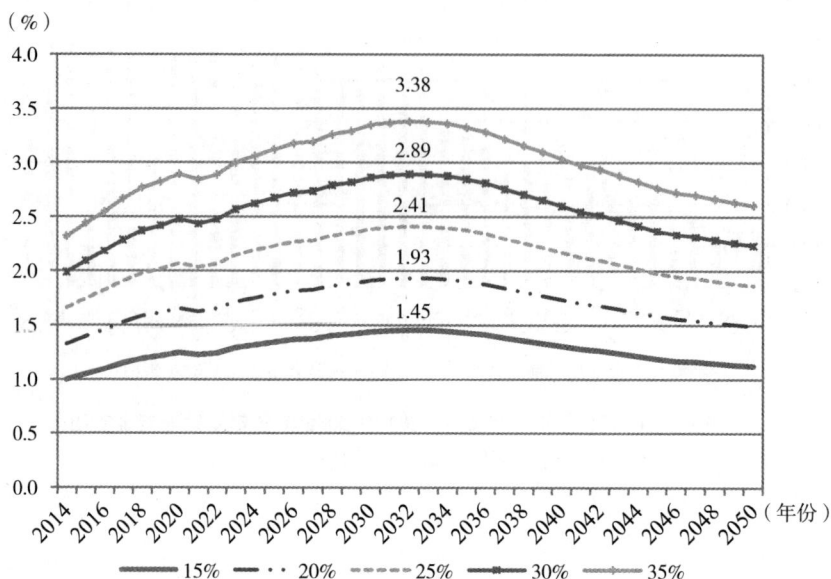

（%）

3.38
2.89
2.41
1.93
1.45

15%　　20%　　25%　　30%　　35%

图 11-8　五个方案下 2014—2050 年各年基础养老金支出总额占 GDP 的比例

11.4　统一的多层次养老社会保障体系设计

11.4.1　体系框架及制度模式

未来我国统一的多层次养老社会保障体系包括国民养老金制度(基础养老金)、强制性个人账户养老金制度(个人账户养老金)、自愿性企业年金和职业年金制度、个人税收递延型商业养老保险制度。

---

① 杨娟:《非缴费型养老金研究述评》,《经济学动态》2010 年第 4 期,第 121—125 页。

国民养老金制度是一项覆盖全体国民,确保国民在达到法定退休年龄退休后的基本生活和权益的养老保障项目,作为最低养老金待遇保证。国民养老金制度作为国家社会养老保障体系中最基础的部分,是多层次养老社会保障体系的第一层次,体现着老年人分享经济社会发展成果的权益,是彰显公平性的养老保险制度安排,实行非缴费型普惠模式。

强制性个人账户养老金制度强制参保人个人缴费,其目的是应对参保人短视风险,保障其退休后的中等生活水平。强制性个人账户养老金制度作为多层次养老社会保障体系的第二层次,实行完全基金积累制,国家给予税收优惠,政府承担受托管理责任。

自愿性企业年金或职业年金制度是一项政府给予政策支持、企业或单位自主建立的养老保障项目,主要面向有固定工作单位的参保人员,其中企业年金制度面向企业职工,职业年金制度面向机关事业单位工作人员、军人等特殊工作群体。自愿性企业年金或职业年金制度由企业或单位与参保人协商建立,基金由双方缴费形成,实行市场化管理运营。

个人税收递延型商业养老保险是由政府给予税收优惠政策支持、由企业和(或)个人依据自身收入状况自愿到商业人寿保险公司购买的符合政策规定的养老保险产品。个人税收递延型商业养老保险制度既是国民养老金制度、强制性个人账户养老金制度、自愿性企业年金或职业年金制度的补充,又是非正规就业、灵活就业和自雇等就业类型劳动者参加补充养老金计划的重要渠道。

11.4.2 筹资模式及运作方式

国民养老金制度实行现收现付制,通过开征社会保险税筹资,由税务部门征收,纳入财政预算管理。作为基本保障项目,政府承担管理和财政兜底责任。建立国民养老金专项基金预算模式,将国民养老金制度与其他社会保障项目分开,实行单独的预算管理。

强制性个人账户养老金制度实行基金积累制,基金由个人缴费形成,具有与国民养老金不同的私有属性,财政不兜底,仅承担基金受托管理责任和给予税收优惠。既然强制性个人账户养老金制度是一个以纵向财务平衡为原则的基金积累制制度,并内在地要求养老基金投资运营,因此需要由政府将养老金基金专业管理职能让渡给外部市场化主体来提供,而政府的责任仅在于强制建立和拟订规则、依规监管。

自愿性企业年金或职业年金制度实行基金积累制,基金由雇主供款和雇员缴费按协商比例分担,政府给予延税优惠等政策支持,采取市场化管理运营。

个人税收递延型商业养老保险是保险公司按照监管部门拟定的商业养老保险产品指引开发的商业养老保险产品,实行"收益稳健、长期锁定、终身领取、精算平衡"原则,满足参保人对养老账户资金安全性、收益性和长期性管理要求,实行完全市场化运作。

11.4.3　待遇标准及计发办法

一、基础养老金的待遇标准及计发办法

基础养老金属于保基本的最低养老金,维护社会公平是其重要属性。然而,由于当前城乡居保中的基础养老金采取非缴费普惠型的定额计发,而职保中的基础养老金采取缴费关联制的定率计发,且当前城乡收入水平差距很大,导致实际的基础养老金待遇水平的城乡差距很大。整合当前城乡社会养老保险中的基础养老金部分建立国民养老金制度,并确定基础养老金的待遇标准和计发办法是建立统一的多层次养老社会保障体系的主要难点。基于上文的研究,我们建议基础养老金的计发办法采取按上年度人均可支配收入的一定比例计发。同时,建议结合国民养老金制度作为最低养老金待遇保证的定位,并综合考虑财政负担水平,合理确定基础养老金收入替代率水平。此外,建议在待遇领取资格确认上引入养老金收入审查机制,只有当参保人强制性个人账户养老金、企业年金、职业年金和个人税收递延型商业养老保险的综合待遇水平低于基础养老金的待遇标准时,才拥有基础养老金待遇领取资格。在具体的计发上,按照最低养老金待遇保证的设计,当参保人除基础养老金之外的其他养老金待遇总和低于基础养老金待遇标准时,由国民养老金制度补足差额部分,实现参保人满足最低

标准的社会平均可支配收入替代率保证。

引入收入审查制度,一是因为基础养老金属于最低养老金,其定位是维持国民年老退休后的基本生活,属于最低退休收入保障范畴;二是防止除基础养老金之外的其他养老金造成的待遇差距过大,从而产生更大的不公平;三是在进一步提升制度精准度的同时降低国民养老金制度的财政负担。

二、其他层次的待遇标准及计发办法

相比于国民养老金制度,由于制度属性、筹资模式和筹资主体的区别,个人账户养老金、企业年金、职业年金和个人税收递延型商业养老保险的待遇标准和计发办法比较好确定,也不存在改革的障碍。个人账户养老金采取 DC 型待遇确定方式,由个人缴费、投资收益积累额和预期余命确定待遇标准,计发办法与现行政策相同。企业年金或职业年金的待遇标准及计发办法可由雇主和雇员协商决定,可采取 DB 型或 DC 型。个人税收递延型商业养老保险的待遇水平由养老保险产品设计和产品运营状况决定,计发办法由参保者与养老保险公司根据产品购买合同自主协商确定。在具体的待遇水平上,个人账户养老金、企业年金、职业年金和个人税收递延型商业养老保险一般与参保者个人收入水平、实际缴费费率、基金投资收益率、待遇计发公式等因素相关,参保者的待遇水平差别会很大,这也符合多层次养老保障体系的设计思路和目的,即在基础养老金保基本层次之外,通过补充性多层次满足个人多层次差异化的养老保障需求。

参 考 文 献

一、中文参考文献

白天亮:《养老金发放资金有保障》,《人民日报》2005 年 12 月 19 日。

蔡昉:《作为市场化的人口流动——第五次人口普查数据分析》,《中国人口科学》2003 年第 5 期,第 11—19 页。

曹信邦、何慧婷:《中国国民年金的财政支持力度分析》,《经济视角》2012年第 6 期,第 31—33 页。

陈圣莉、王汝堂:《农村养老保障改革"碎片化"日趋严重》,《山东劳动保障》2009 年第 1 期,第 46 页。

陈圣莉:《养老保险转续新办法即将实施》,《经济参考报》2009 年 12 月24 日。

陈彦光、罗艳:《城市化水平与城市化速度的关系探讨——中国城市化速度和城市化水平饱和值的初步推断》,《地理研究》2006 年第 6 期,第 1063—1072 页。

陈仰东:《保障合法权益,兼顾各方利益——评"养老保险关系转移接续办法"》,《中国社会保障》2009 年第 3 期,第 24—26 页。

陈志国:《发展中国家农村养老保障构架与我国农村养老保险模式选择》,《改革》2005 年第 1 期,第 56—63 页。

崔沙沙:《城镇职工基本养老保险关系转移接续问题探讨》,《社会保障研究》2008 年第 1 期,第 36—38 页。

戴由武:《分段计算:破解养老保险转移难》,《中国社会保障》2008 年第 5

期,第16—18页。

邓大松:《社会保险关系顺利接续事关重大》,《中国劳动保障》2005年第10期,第49页。

邓大松、刘昌平等:《改革开放30年中国社会保障制度改革回顾、评估与展望》,中国社会科学出版社2009年版。

邓大松、刘昌平等:《2012年中国社会保障改革与发展报告》,北京大学出版社2013年版。

邓大松、刘昌平等:《2011年中国社会保障改革与发展报告》,北京大学出版社2011年版。

邓大松、刘昌平等:《2009—2010年中国社会保障改革与发展报告》,人民出版社2010年版。

邓大松、刘昌平等:《2007—2008年中国社会保障改革与发展报告》,人民出版社2008年版。

邓大松、刘昌平等:《2006—2007年中国社会保障改革与发展报告》,人民出版社2008年版。

邓大松、刘昌平等:《2005—2006年中国社会保障改革与发展报告》,人民出版社2007年版。

邓大松、薛惠元:《被征地农民宜参加新农保——以湖北省为例的分析与探讨》,《中国社会保障》2011年第3期,第34—35页。

董克用、王丹:《欧盟社会保障制度国家间协调机制及其启示》,《社会经济体制比较》2008年第4期,第118—124页。

封铁英、贾继开:《社会养老保险城乡统筹发展问题研究综述》,《生产力研究》2008年第1期,第148—150页。

高宝霖、陈军清:《年金结构互补与养老保险的多位一体——日本经验及其对中国的借鉴》,《求索》2010年第3期,第5—8页。

龚秀全:《城乡基本养老保险待遇衔接政策优化研究——以天津市城乡居民基本养老保险为例》,《人口与经济》2011年第6期,第94—99页。

国家统计局:《2013年国民经济和社会发展统计公报》,http://www.stats.

gov.cn/tjsj/zxfb/201402/t20140224_514970.html，2014－02－24.

国家统计局人口统计司、劳动和社会保障部规划财务司编:《2005 年中国劳动统计年鉴》，中国统计出版社 2005 年版，第 551—553 页。

何昊城:《城乡基本养老保险协同发展研究》，湖南大学硕士学位论文，2012 年。

何平:《让农民工"退保"成为历史》，《中国报道》2008 年第 3 期，第 26—27 页。

何文炯:《养老保险转移，平衡利益是关键》，《中国社会保障》2008 年第 5 期，第 13—15 页。

侯海涛、李波:《最新社会保险工作实务全书》，企业管理出版社 1997 年版，第 1067 页。

胡焕庸、张善余:《世界人口地理》，华东师范大学出版社 1982 年版，第 172—173 页。

胡英:《城镇化进程中农村向城镇转移人口数量分析》，《统计研究》2003 年第 7 期，第 20—24 页。

黄海良、袁璐雯:《城乡养老保险制度衔接文献综述——兼评《城乡养老保险制度衔接暂行办法(征求意见稿)》》，《社会保障研究》2013 年第 3 期，第 36—41 页。

黄匡时:《流动人口的社会保障陷阱和社会保障的流动陷阱》，《社会保障研究(北京)》2012 年第 1 期，第 28—36 页。

黄匡时:《社会保障的全球化困境及其治理》，载郑功成主编:《社会保障研究》，中国劳动社会保障出版社 2011 年版。

黄英君、郑军:《我国二元化城乡社会保障体系反思与重构:基于城乡统筹的视角分析》，《保险研究》2010 年第 4 期，第 52—60 页。

金艳:《上海养老保险城乡一体化制约因素及突破路径研究》，上海工程技术大学硕士学位论文，2013 年。

金志奇:《农民工社保关系跨地区转移接续难在何处》，《领导之友》2009 年第 5 期，第 45—46 页。

卡洛·M.奇波拉(Carlo M.Cipolla)著,黄朝华译:《世界人口经济》,商务印书馆1993年版,第16页。

孔光、邢振航:《城乡二元体制下农村社会养老保险的重构》,《中国集体经济》2011年第9期,第11—12页。

朗朗:《转续办法的实施需要持续的努力》,《中国劳动保障报》2010年1月26日。

劳动和社会保障部:《1999年劳动和社会保障统计公报》,《劳动保障通讯》2000年第7期,第29页。

劳动和社会保障部社会保障研究所:《公务员养老保险制度研究》,《社会保障研究》2008年第2期,第59页。

郦先春、陈丹琪、涂婉姝:《加大资金转出,实现跨区转移》,《中国社会保障》2008年第5期,第11—12页。

李春根、包叠:《新形势下基本养老保险城乡一体化路径初探》,《社会保障研究》2013年第3期,第29—35页。

李顺明、杨清源:《构建和谐社会进程中社会保险关系接续转移问题研究》,《社会保障研究》2008年第1期,第87—90页。

李友根、朱晓菱:《城乡统筹背景下的农民工养老保险模式设计》,《生态经济》2010年第10期,第70—74页。

李长春:《基于城乡统筹的农民工社会养老保险制度研究》,《农村经济》2008年第9期,第81—83页。

梁宏志:《中国社会养老制度城乡一体化研究——基于日本的经验与启示》,《云南行政学院学报》2014年第1期,第107—110页。

林俏:《基于法律视角的中国城乡统筹社会保障研究》,东北财经大学博士学位论文,2013年。

刘昌平、殷宝明:《基本养老保险关系城乡转续方案研究及政策选择》,《中国人口科学》2010年第6期,第40—48页。

刘昌平、殷宝明:《基于既得受益权的养老保险关系转续政策研究》,《中国人口科学》2009年第5期,第28—35页。

刘昌平、殷宝明:《中国基本养老保险制度财务平衡与可持续性研究——基于国发[2005]38号文件行政的城镇基本养老保险制度》,《财经理论与实践》2011年第1期,第19—24页。

刘昌平:《可持续发展的中国城镇基本养老保险制度研究》,中国社会科学出版社2008年版,第15—19页。

刘昌平:《社会养老保险制度城乡统筹之路探索》,《社会保障研究》2009年第2期,第14—17页。

刘昌平:《养老金制度变迁的经济学分析》,中国社会科学出版社2008年版,第15、38—39页。

刘传江、程建林:《养老保险"便携性损失"与农民工养老保障制度研究》,《中国人口科学》2008年第4期,第61—67页。

刘峰:《农村养老保障制度建设路径探索》,《求索》2007年第2期,第44—45页。

刘贵平:《现行农村养老保险方案的优势与不足》,《人口与经济》1998年第2期,第26页。

刘书鹤:《农村社会保障的若干问题》,《人口研究》2001年第5期,第35页。

刘彦忠等:《社会保险关系转续接续问题研究》,《社会保障研究》2008年第1期,第23—28页。

刘颖、赵萌:《浅析养老保险的跨城乡衔接》,《中国社会保障》2011年第1期,第46—47页。

卢海元:《和谐社会的基石:中国特色新型养老保险制度研究》,群众出版社2009年版,第3页。

卢海元:《建立全覆盖的新型农村社会养老保险制度》,《农村工作通讯》2008年第2期,第42页。

卢向虎、朱淑芳、张正河:《中国农村人口城乡迁移规模的实证分析》,《中国农村经济》2006年第1期,第35—41页。

陆俊:《落实好养老保险关系转移接续的几点建议》,《中国劳动》2012年第5期,第17—18页。

吕惠娟、赵肖萌:《我国养老保险关系转移接续机制研究——基于欧盟的经验和启示》,《特区经济》2011年第10期,第88—90页。

吕学静:《社会保障国际比较》,首都经济贸易大学出版社2007年版,第277页。

罗静、匡敏:《国内外养老保险关系转移接续经验借鉴》,《社会保障研究》2011年第4期,第43—49页。

《马克思恩格斯全集第8卷》,人民出版社1972年版,第619页。

马兰兰:《我国基本养老保险关系转移困境研究》,北京交通大学硕士学位论文,2010年。

孟研、李超:《统筹城乡养老保险制度的困境及对策分析》,《商业时代》2011年第15期,第80—81页。

人社部:《我国平均退休年龄全球最早》,《京华时报》2015年10月15日。

沙治慧、罗静:《农民工基本养老保险关系转移接续机制研究》,《经济体制改革》2012年第2期,第81—85页。

沈益民、童乘珠:《中国人口迁移》,中国统计出版社1992年版,第32—33页。

孙敏燕:《农民工养老保险关系省际转移接续机制探索——来自欧盟经验的启示》,《经营管理者》2010年第23期,第313页。

孙树菡:《社会保险学》,中国人民大学出版社2007年版,第179页。

唐钧:《让农民工社保异地转移接续》,《瞭望》2007年第36期,第64页。

汪云:《事业单位员工养老保险转移与接续的问题及立法思考》,《行政与法》2012年第12期,第104—108页。

王阿洁:《我国农民工基本养老保险关系转移接续法律问题研究》,华中农业大学硕士学位论文,2013年。

王晓东:《国外城乡养老保险一体化:途径、方式、条件及启示》,《社会保障研究》2013年第5期,第98—103页。

王晓东:《西部地区社会养老保险制度城乡统筹:可能与可为》,《理论探索》2013年第2期,第77—81页。

王昭、吴陈:《专访:国际劳工组织期望中国医保制度健康、稳定和可持续发展——访国际劳工组织官员胡爱娣》,中国政府网(www.gov.cn),2012 年 9 月 4 日。

韦樟清:《养老保险关系城乡转移接续问题研究》,《台湾农业探索》2009 年第 5 期。

吴宾、王松兴:《城镇化背景下农民工养老保险转移接续影响因素与对策研究》,《安徽业大学学报(社会科学版)》2014 年第 2 期,第 94—99 页。

吴兵:《农民工"退保潮"因何而起》,《人民日报》2008 年 1 月 8 日。

吴要武:《非正规就业者的未来》,《经济研究》2009 年第 7 期,第 98—113 页。

席恒、翟少果:《养老金可携带性研究:现状、问题与趋势》,《社会保障研究》2013 年第 1 期,第 76—77 页。

夏艳玲:《三大社会养老保险关系转移接续问题的思考:基于公平的视角》,《金融与经济》2013 年第 9 期,第 77—80 页。

香港社会工作者总工会等:《社会保障与香港工人》,香港,1986 年,第 16 页。

邢瑞莱:《养老保险关系异地转移几个亟待解决的问题》,《中国劳动》2010 年第 5 期,第 26—27 页。

徐秋花、侯仲华:《养老保险关系转移难点与对策》,《中国社会保障》2008 年第 9 期,第 42—43 页。

薛惠元、王翠琴:《城乡统筹视角下的农民工养老保险制度设计》,《贵州财经学院学报》2008 年第 6 期,第 58—62 页。

杨翠迎:《中国农村社会保障制度研究》,中国农业出版社 2003 年版,第 68 页。

杨风寿:《我国社会保险关系转移和接续问题研究》,《中国人口·资源与环境》2010 年第 1 期,第 50—54 页。

杨娟:《非缴费型养老金研究述评》,《经济学动态》2010 年第 4 期,第 121—125 页。

杨俊:《社会统筹养老保险制度的困境与出路:从分散统筹到全国统筹的转变》,《教学与研究》2013年第12期,第23—30页。

杨文明、韩燕:《我国统筹城乡养老保险制度研究评述》,《天津大学学报(社会科学版)》2013年第5期,第417—421页。

杨宜勇、谭永生:《全国统一社会保险关系接续研究》,《宏观经济研究》2008年第4期,第11—13页。

杨宜勇:《社保制度应实现城乡"联网"》,《中国经济导报》2007年12月18日。

杨宜勇等:《全国统一社保关系转续办法的基本思路》,《宏观经济管理》2008年第8期,第37—39页。

杨云彦:《中国人口迁移的强度测算与规模分析》,《中国社会科学》2003年第6期,第97—107页。

殷志芳:《城乡统筹背景下的农民工养老保险关系转移接续研究——以宿迁市为例》,《中共珠海市委党校珠海市行政学院学报》2013年第5期,第39—43页。

尹庆双、杨英强:《农民工养老保险关系转移接续机制问题探讨》,《农村经济》2007年第12期,第68—70页。

尹庆双、杨英强:《农民工养老保险关系转移接续机制问题探讨》,《农村经济》2007年第12期,第68—70页。

尹蔚民:《全面建成多层次社会保障体系》,《人民日报》2018年1月9日。

应苗红:《西部大都市区社会养老保险城乡统筹模式比较研究》,陕西师范大学硕士学位论文,2012年。

于宁:《基本养老保障替代率水平研究——基于上海的实证分析》,上海人民出版社2007年版,第267页。

袁涛:《城乡基本养老保险制度衔接研究》,中国社会科学院硕士学位论文,2012年。

岳颂东:《辽宁省城镇社会保障制度改革试点周年考察报告》,《武汉大学社会保障研究中心2002年社会保障论坛论文集》,2002年。

岳宗福:《城乡养老保险一体化的制度设计与路径选择》,《山东工商学院学报》2009 年第 3 期,第 63—68 页。

岳宗福:《全国统一基本养老保险关系转续的制度构建——兼论我国基本养老保险关系转续不宜借鉴欧盟经验》,《中国劳动》2009 年第 4 期,第 20—22 页。

张桂蓉:《人口社会学》,武汉大学出版社 2009 年版,第 113 页。

张娜:《城乡统筹背景下的农民工养老保险法律制度探析》,《华北水利水电学院学报(社科版)》2011 年第 6 期,第 125—127 页。

张思峰、曹信邦:《中国国民年金制度设计的基本思路》,《理论探讨》2014 年第 1 期,第 81—84 页。

张园:《城乡一体化社会养老保险发展阶段及实现路径研究》,《西北人口》2013 年第 4 期,第 71—77 页。

章书平、黄健元、刘洋:《基本养老保险关系转移接续困难的对策探究》,《理论与改革》2009 年第 5 期,第 47—49 页。

赵建国、杨燕绥:《中国社会保障体系的整合发展与重构——基于就业方式变革趋势下的分析》,载《第二届中国社会保障论坛文集——建立覆盖城乡社会保障体系》(上册),中国劳动与社会保障出版社 2010 年版。

赵坤:《农民工养老保险转移接续态势与政策效果评估》,《改革》2010 年第 5 期,第 77—84 页。

赵曼、刘鑫宏:《中国农民工养老保险转移的制度安排》,《经济管理》,2009 年第 8 期,第 163—168 页。

赵锡铭:《金保工程建设情况和下一步构想》,《电子政务》2012 年第 2 期,第 131—137 页。

郑秉文、孙守纪、齐传钧:《机关事业单位养老保险制度改革》,载《第三届社会保障论坛文集》,2008 年,第 796 页。

郑秉文:《法国高度碎片化的社保制度及对我国的启示》,《天津社会保险》2008 年第 4 期,第 41—44 页。

郑秉文:《改革开放 30 年中国流动人口社会保障的发展与挑战》,《中国人口科学》2008 年第 5 期,第 2—17 页。

郑秉文:《养老保险关系转续的深远意义与深层思考》,《中国劳动保障报》2009 年 1 月 19 日。

郑秉文:《养老保险全国尚有 17 个省份未实现省级统筹》,人民网,http://theory.people.com.cn/n/2013/0621/c49154-21924331.html,2013 年 6 月 21 日。

郑秉文:《养老保险转续办法带来新挑战与新思考》,《上海证券报》2010 年 1 月 30 日。

郑秉文:《职工养老保险跨区转续意义重大》,《经济日报》2010 年 1 月 14 日。

郑飞北:《"便携性损失"与农民工养老保险的制度创新》,《中国劳动保障报》2008 年 2 月 21 日。

郑功成:《实现全国统筹是基本养老保险制度刻不容缓的既定目标》,《理论前言》2008 年第 18 期,第 12—15 页。

郑功成:《中国社会保障制度改革的新思考》,《山东社会科学》2007 年第 6 期,第 5—10 页。

朱青:《养老金制度的经济分析与运作分析》,人民出版社 2002 年版,第 25 页。

朱嵩松:《城乡统筹视角下的社会养老保险制度研究》,上海交通大学硕士学位论文,2009 年。

二、英文参考文献

Albert, A. and Modigliani, F., 1963, "The 'Life Cycle' Hypothesis of Saving: Aggregate Implications and Tests", *The American Economic Review*, 53(1), pp. 55–84.

Alchian, A. and Harold, D., 1972, "Production, Information Costs, and Economic Organization", *The American Economic Review*, 62(5), pp. 777–795.

Allen, N.J. and John, P.M., 1990, "The Measurement and Antecedents of Affective, Continuance and Normative Commitment to the Organization", *Journal of Occu-*

pational Psychology,63(1),pp. 1−18.

Allen,S.G.,1996,"Pension Incentives and Job Mobility",*Industrial and Labor Relations Review*,49(2),pp. 761−762.

Allen,S.G.,Clark,R.L.and Clark,A.A.,1988,"Why do Pensions Reduce Mobility",NBER Working Paper No. 2509,February.

Allen,S.G.,Robert,L.C.and McDermed,A.A.,1993,"Pension Bonding and Lifetime Jobs",*Journal of Human Resources*,28(3),pp. 463−481.

Alvaro,F.,2008,"The Portability of Pension Rights:General Principals and the Caribbean Case",Special Protection Discussion Paper No. 0825,the World Bank,31.

Andrietti and Vincenzo.,2001,"Portability of Supplementary Pension Rights in the European Union",*International Social Security Review*,54,pp. 59−83.

Andrietti,V.and Hildebrand,V.,2001,"Pension Portability and Labor Mobility in the United States:New Evidence from SIPP Data",Center for Research on Pensions and Welfare Policies Working Paper No. 10,January.

Andrietti, V., 2001, "Portability of Supplementary Pension Rights in the European Union",*International Social Security Review*,54(1),pp. 59−83.

Arthur, R., 1958, "Do We Have a New Industrial Feudalism",*American Economic Review*,48(5),pp. 918−922.

Avato J.,Johannes K.and Rachel S.W.,2010,"Social Security Regimes,Global Estimates,and Good Practices:The Status of Social Protection for International Migrants",*World Development*,38(4),pp. 455−466.

Azariadis, C., 1975, "Implicit Contracts and Underemployment Equilibria", *Journal of Political Economy*,83(6),pp. 1183−1202.

Bardhan,P.and C.Udry,1999,*Development Microeconomics*,Oxford:Oxford University Press,p. 235.

Barr,N.,1998,*The Economics of the Welfare State*,London:Oxford University Press,p. 33.

Barrientos, A. and Lloyd-Sherlock, P., 2003, "Non-contributory Pension

Schemes: A New Model for Social Security in the South?", Paper presented at 4th International Research Conference on Social Security, Antwerp, 5-7 May.

Barrientos, A., 2003, "What is the Impact of Non-Contributory Pensions on Poverty", Estimates from Brazil and South Africa, Manchester, Institute for Development Policy and Management.

Bartel, A.P. and Borjas, G.J., 1977, "Middle-Age Job Mobility: Its Determinants and Consequences", Philadelphia: Temple University.

Becker, G., 1964, *Human Capital: a Theoretical and Empirical Analysis*, New York: Columbia University Press.

Becker, G. and George, S., 1974, "Law Enforcement, Malfeasance, and Compensation of Officers", *Journal of Legal Studies*, 3(1), pp. 1-18.

Bertranou, V. and Solorio, 2004, "TheImpact of Tax-Financed Pensions on Poverty Reduction in Latin America", *International Social Security Review*, 57(4), pp. 3-18.

Bielenski, H., Bosch, G. and Wagner, A., 2002, "Working Time Preferences in SixteenEuropean Countries", Dublin: European Foundation for the Improvement of Living and Working Conditions.

Blake, D. and Orszag, J.M., 1998, "Portability and Preservation of PensionRights in the United Kingdom", http://www.pensions-institute.org/reports/oftport.pdf.

Blank, E., 1999, "Pension Type and Retirement Wealth", *Industrial Relations*, 38, pp. 1-11.

Blinder A.S., 1982, "Private Pensions and Public Pensions: Theory and Fact", NBER Working Paper No. 902, June.

Burkhauser, R.V., 1979, "The Pension Acceptance Decision of Older Workers", *Journal of Human Resources*, 14(1), pp. 63-75.

Castles, F.G., 2005, *The Future of The Welfare State: Crisis Myths and Crisis Realities*, New York: Oxford University Press Inc.

Choate, P., and Linger, J.K., 1986, *The Hi-Flex Society*, New York: Alfred A.

Knopf.

Clark, R. and McDermed, A., 1988, "Pension Wealth and Job Changes: the Effects of Vesting, Probability and Lump-Sum Distributions", *The Gerontological Society of America*, 28(4).

Cornelissen, R., 2010, "Achievements of 50 Years of European Social Security Coordination", In Jorens Yves ed., 50 *Years of Social Security Coordination: Past-Present-Future*, Report of the Conference Celebrating the 50th Anniversary of the European Coordination of Social Security. Luxembourg: Publications Office of the European Union, pp. 55–71.

Cruz, A.T., 2004, "Portability of Benefit Rights in Response to External and Internal Labor Mobility: The Philippine Experience", Paper presented at the International Social Security Association (ISSA), Thirteenth Regional Conference for Asia and the Pacific in Kuwait, March 8 – 10, 2004, http://www. issa. int/pdf/kuwait04/2cruz.pdf.

Cummings, R., 1982, "Social Development and Social Planning: Toward a Social Ecology", *Social Development Issues*, 6, pp. 15–26.

Curme, M. and William, E., 1995, "Pension Coverage and Borrowing Constraints", *Journal of Human Resources*, 30(4), pp. 701–712.

Dorsey, S., 1995, "Pension Portability and Labor Market Efficiency: A Survey of the Literature", *Industrial and Labor Relations Reviews*, 48(2).

Duflo, E., 2000, "Child Health and House Hold Resources in South Africa: Evidence from the Old Age Pension Program", *Child Outcomes in Africa*, 90(2).

EFRP, 2003, "European Institutions for Occupational Retirement Provision: the EFRP Model for Pan-European Pensions", European Federation for Retirement Provision.

Elliott, D., 1993, "Social Work and Social Development: Towards and Integrative Model for Social Work Practice", *International Social Work*, 36, (1), pp. 21–36.

European Union, 2006, "Council Decision of 18 July 2006 on Guidelines for the

Employment Policies of the Member States 2005/544/EC", *Official Journal of the European Union*, The Council of the European Union.

European Commission, 2000, "The Community Provisionson Social Security: Your Rights when Moving within the European Union", Luxembourg: Office for Official Publications of the European Communities, p. 13.

European Commission, 2011, "The Community Provisions on Social Security: Your Rights when Moving within the European Union", Luxembourg: Publications Office of the European Union, p. 30.

Fields, G. and Olivia, M., 1984, *Retirement, Pensions, and Social Security*, Cambridge: MIT Press.

Flanagan, R., 1984, "Implicit Contracts, Explicit Contracts, and Wages", *American Economic Review*, 74(2).

Gillion, C., Turner, J., Bailey, C. and Latulippe, D., 2000, "Social Security Pensions: Development and Reform", Geneva, International Labour Office.

Gorman, M., 2004, "Age andSecurity: How Social Pensions Can Deliver Effective Aid to Poor Older People and Their Families", London, Help Age International.

Gorman, M., 2005, "SecuringOld Age: The Case for 'Social' Pensions in Developing Countries", *Public Finance and Management*, 5(2), pp. 310−330.

Gustman, A. and Thomas, S., 1988, "An Analysis of Pension Benefit Formulas, Pension Wealth and Incentives from Pensions", National Bureau of Economic Research Working Papers, No. 2535.

Gustman, A. and Thomas, S., 1990, "Pension Portability and Labor Mobility: Evidence from the Survey of Income and Program Participation", NBER Working Papers Series No. 3525.

Gustman, A. and Thomas, S., 1993, "Pension Portability and Labor Mobility: Evidence from the SIPP", *Journal of Public Economics*, 50(3), pp. 299−323.

Gustman, A., Mitchell, O. and Steinmeier, T., 1994, "The Role of Pensions in the Labor Market: A Survey of the Literature", *Industrial and Labor Relations Review*, 47

（3），pp. 417-438.

Gustman，A.L.and Olivia，S.M.，1992，"Pensions and Labor Market Activity：Behavior and Data Requirements"，In *Pensions and the Economy*，edited by Zvi Bodieand Alicia Munnell，Philadelphia：Pension Research Council and the University of Pennsylvania Press，pp. 39-87.

Gustman，A.L.and Steinmeier，T.L.，1993，"What people don't Know about Their Pensions and Social Security：An Analysis Using Linked Data from the Health and Retirement Study"，NBER Working Paper No.W7368.

Gustman，A.L.，and Thomas，L.S.，1985，"The Effects of Partial Retirement on Wage Profiles of Older Workers"，*Industrial Relations*，24（2）.

Gustman，A.L.，Olivia，S.M.and Thomas，L.S.，1988，"TheRole of Pensions in the Labor Market：a Survey of the Literature"，*Industrial and Labor Relations Review*，47（3），pp. 417-438.

Hales，C.and Gough，O.，2003，"Employee Evaluations of Company Occupational Pensions：HR Implications"，*Personnel Review*，32（3），pp. 319-340.

Hall，R.and Edward，P.L.，1984，"The Excess Sensitivity of Layoffs and Quits to Demand"，*Journal of Labor Economics*，2（2），pp. 233-257.

Help Age International，2003，"Non-Contributory Pensions and Poverty Prevention：A Comparative Study of Brazil and South Africa"，Manchester，Institute for Development Policy and Management/HelpAge.

Holloway，J.，1981，*Social Policy Harmonization in the European Community*，Farnborough：Gower.

Holzmann，R.and Johannes，K.，2011，"Portability of Pension，Health，and Other Social Benefits：Facts，Concepts，Issues"，Discussion Paper No. 5715，The Institute for the Study of Labor，May，16.

Holzmann，R.，Johannes，K.and Taras，C.，2005，"Portability Regimes of Pension and Health Care Benefits for International Migrants：An Analysis of Issues and Good Practices"，World Bank：Special Protection Discussion Papers NO. 0519，May，p. 7.

ILO, 1993, "International Classification by Status in Employment", International Labour Organisation, Geneva.

ILO, 2012, "Ensuring Social Security Benefits for Ukrainian Migrant Workers: Policy Development and Future Challenges", ILO Decent Work Technical Support Team and Country Office for Central and Eastern Europe.

ILO, 2017, "World Social Protection Report 2017 – 19: Universal Social Protection to Achieve the Sustainable Development Goals", Geneva: International Labour Office, p. 77.

ILO, 2010, "Extending Social Security to All: A Guide through Challenges and Options?", International Labour Organization Publications, Geneva.

Ippolito, R. A., 1987, "The Implicit Pension Contract: Developments and New Directions", *The Journal of Human Resources*, 22(3), pp. 441–467.

Ippolito, R., 1994, "Pensions and Indenture Premia", *Journal of Human Resources*, 29(3), pp. 795–812.

Ippolito, R. A., 1986, *Pensions, Economics and Public Policy*, Pension Research Council, Homewood, Illinois: Dow Jones-Irwin.

Ippolito, R. A., 1990, "Towards Explaining Earlier Retirement after 1970", *Industrial and Labor Relations Review*, 43(5), pp. 556–569.

Ippolito, R. A., 1991, "Encouraging Long-term Tenure: Wage Tilt or Pensions", *Industrial and Labor Relations Review*, 44(3), pp. 520–576.

ISSA, 2005, "Social Security Programs throughout the World: Asia and the Pacific", Geneva, International Social Security Association.

ISSA, 2014, "Handbook on the Extension of Social Security Coverage to Migrant Workers", Geneva: International Social Security Association.

James, E., 2000, "Coverage under Old Age Security Programs and Protection for the Uninsured: What are the Issues", N. C. Lusting (ed.), *Shielding the Poor*, Washington DC: Brookings Institution Press.

Jenkins, M., 1993, "Extending Social Security Protection to Theentire

Population:Problems and Isues", *International Social Security Review*,46(2).

John T.,1993,"Pension Policy for a Mobile Labor Force", Kalamazoo, Mich.:W.E.Upjohn Institute for Employment Research.

John,T.,2003,"Pension Portability-Is this Europe's Future? An Analysis of the United States as a Test Case", The AARP Public Policy Institute, http://www.aarp.org/ppi.

Johnson,J.K.and Williamson,J.B.,2006,"DoUniversal Non-Contributory Old-Age Pensions Make Sense for Rural Areas in Low-Income Countries", *International Social Security Review*,59(4),pp. 47-65.

Johnson,J.K.and Williamson,J.B.,2008,"Universal Non-Contributory Pension Schemes for Low-Income Countries:An Assessment", *Social Protection in an Ageing World*,*International Studies on Social Security*,13,pp. 195-209.

Jovanovic,B.,1979,"Job Matching and the Theory of Turnover", *Journal of Political Economy*,87(5),pp. 972-990.

Kakwani, N. and Subbarao, K.,2005,"Ageing and Poverty in Africa and the Role of Social Pensions", United Nations Development Program Working Paper No. 8,Brasilia:International Poverty Centre.

Kalogeropoulou,K.,2006,"European Governance after Lisbon and Portability of Supplementary Pensions Rights", *Journal of Contemporary European Research*,2(1),pp. 75-91.

Kawinski,M.,2006,"Pension Reforms in the New EU Member States:Reasons and Possible Results", The 39th Social Policy Association Conference, University of Birmingham,18th-20th July.

Klau,F.and Mittelstädt,A.,1986,"Labour Market Flexibility", *OECD Economic Studies*,Spring.

Knox-Vydmanov,C.,2011,"The Price of Income Security in Older Age:Cost of A Universal Pension in 50 Low-and Middle Income Countries",Pension Watch briefings on social protection in older age No. 2,London:HelpAge International.

Kotlikoff, L. J. and Daniel, E. S., 1984, *Pensions in the American Economy*, Chicago: University of Chicago Press, pp. 28-30.

Lazear, E. P. and Robert, L. M., 1988, "Pensions and Turnover", In Zvi Bodie, John B. Shoven, and David A. Wise, eds., *Pensions in the U. S. Economy*, Chicago: University of Chicago. Mimeo, pp. 163-190.

Lazear, E. P., 1979, "Why Is There Mandatory Retirement", *Journal of Political Economy*, 87(6), pp. 1261-1284.

Lazear, E. P., 1990, "Pensions and Deferred Benefits as Strategic Compensation", *Industrial Relations*, 29(2), pp. 263-280.

Lazer, E. P., 1983, *Pensions as Severance Pay, in Bodieand Shoven, Financial Aspects of the U. S. Pension System*, Chicago: University of Chicago Press, pp. 57-89.

Lewis, W. A., 1954, "Economic Development with Unlimited Supplies of Labor", *Manchester School of Economic and Social Studies*, 22(2), pp. 139-191.

Luchak, A. A., Fang T. and Gunderson, M., 2004, "How Has Public Policy Shaped Defined-Benefit Pension Coverage in Canada", *Journal of Labor Research*, 25(3), pp. 469-484.

Luchak, A. A. and Pohler, D., 2010, "Pensions as Psychological Contracts: Implications for Work Outcomes", *Industrial Relations*, 49(1), pp. 61-82.

Luchak, A. A., Pohler, D. M. and Gellatly, I. R., 2008, "The Effects of Organizational Commitment on Retirement Plans under a Defined-Benefit Pension Plan", *Human Resource Management*, 47(3), pp. 581-599.

Luchak, A. A. and Gellatly, I. R., 2001, "What Kind of Commitment does a Final-Earnings Pension Plan Elicit", *Relations Industrielles*, 56(2), pp. 394-418.

Luchak, A. A., Fang, T. and Gunderson M., 2004, "How has Public Policy Shaped Defined-Benefit Pension Coverage in Canada", *Journal of Labor Research*, 25(3).

Madison, B. Q., 1968, *Social Welfare in the Soviet Union*, Stanford University Press, California.

Marcin, K. and Dariusz, S., 2007, "Labour Flexibility and Pension Schemes in the European Union",5th International Research Conference on Social Security,Warsaw,5th-7th March.

Marshall,T. H.,1950,*Citizenship and Social Class*,Cambridge:Cambridge University Press.

McCormick,B.and Hughes,G.,1984,"The Influence of Pensions on Job Mobility",*Journal of Public Economics*,23(1-2),pp. 183-206.

Mealli,F.and Stephen,P.,1996,"Occupational Pensions and Job Mobility in Britain:Esimation of a Random-Effects Competing Risk Model-Effects Competing Risks Model",*Journal of Applied Econometrics*,11(3),pp. 293-320.

Meyer,T.,Paul,B.and Caroline,A.,2013,"Free Movement? The Impact of Legislation,Benefit Generosity and Wages on the Pensions of European Migrants",*Population,Space and Place*,19,pp. 714.

Michell,O.S.,1982,"Fringe Benefit and Labor Mobility",*Journal of Human Resources*,17(2),pp. 286-298.

Mitchell,O.S.,2000,"New Trends in Pension Benefit and Retirement Provisions",Pension Research Council Working Papers 2000-1,February.

Mitchell,O.S.,2000,"New Trends in Pension Benefit and Retirement Provisions",PRC WP 2000-1,February.

Modigliani,F.,1986,"Life Cycle,Individual Thrift,and the Wealth of Nations",*The American Economic Review*,76(3),pp. 297-313.

Munnell,A.,1982,"The Economics of Private Pensions",Washington DC:Brookings Institution.ndtjsj/tjgb/.

Ochia,W.,1997,*The Japanese Family System in Transition:a Sociological Analysis of Family Change in Postwar Japan*,Tokyo:the Simul Press,Inc.,pp. 41.

OECD,2002,"Regulating Private Pension Schemes:Trends and Challenges",Paris:OECD Publishing,Private Pensions Series,No. 4,pp. 208-212.

OECD,2005,"Pension at a Glance:Public Policies across OECD Countries",Paris:Organization for Economic Cooperation and Development.

Oi,W.,1962,"Labor as a Quasi-fixed Factor",*Journal of Political Economy*,70 (6),pp. 538-555.

Omer,S.,1961,"Social Development",*International Social Work*,22(2), pp. 11-26.

Osgood R.K.,1979,"Qualified Pension and Profit-Sharing Plan Vesting:Revolution Not Reform",*Boston University Law Review*,59,pp. 452.

Overbye,E.,2005,"ExtendingSocial Security in Developing Countries:aReview of Three Main Strategies",*International Journal of Social Welfare*,14,pp. 305-314.

Pal,K.,et al.,2005,"Can Low Income Countries Afford Basic Social Protection? First Results of a Modeling Exercise",Discussion Paper No. 13,International Labour Office,Geneva.

Palacios,R.and Sluchynsky,O.,2006,"Social Pensions Part I:Their Role in the Overall Pension System",Social Protection Discussion Paper No. 0601,Washington DC,The World Bank.

Palacios,R.and Whitehouse,E.,2006,"Civil-service Pension Schemes around the World",SP Discussion Paper No. 0602,May.

Pierson,P.,1994,"The New Politics of the Welfare State",paper delivered ant The Tenth International Conference of Europeanists,March,Chicago.

Population Division of United Nations,2013,"Trends in International Migrant Stock:The 2013 Revision-International Migrant Stock at Mid-year by Sex and by Major Area,Region,Country or Area,1990-2013",http://www.un.org/en/development/desa/population/migration/data/estimates2/estimatestotal. shtml, POP/DB/MIG/Stock/Rev. 2013-Table 1.

Population Division of United Nations,2014,"World Urbanization Prospects,the 2014 Revision-Urban Population at Mid-Year by Major Area,Region and Country,1950 - 2050",http://esa. un. org/unpd/wup/CD-ROM/, POP/DB/WUP/Rev. 2014/1/F03.

Population Division of United Nations,2014,"World Urbanization Prospects,the

2014 revision-Rural Population at Mid-Year by Major Area, Region and Country, 1950 – 2050", http://esa. un. org/unpd/wup/CD-ROM/, POP/DB/WUP/Rev. 2014/1/F04.

Population Division of United Nations, 2014, "World Urbanization Prospects, the 2014 revision (highlights)", http://esa. un. org/unpd/wup/Highlights/WUP2014 – Highlights.pdf.

Rabe and Birgitta, 2006, "Occupational Pensions, Wages, and Job Mobility in Germany", ISER Working Paper No. 4, Colchester: University of Essex, http://www.iser.essex.ac.uk/pubs/workpaps.

Rabe and Birgitta, 2006, "Occupational Pensions, Wages, and Job Mobility in Germany", ISER Working Paper 2006 – 4, Colchester: University of Essex, http://www.iser.essex.ac.uk/pubs/workpaps/.

Reynaud, E., 2002, "The Extension of Social Security Coverage: The Approach of the International Labour Office", ESS Paper No. 3, Geneva, ILO Social Policy and Development Branch.

Robert, H., Johannes, K. and Taras, C., 2005, "Portability Regimes of Pension and Health Care Benefits for International Migrants: An Analysis of Issues and Good Practices", Social Protection Discussion Paper Series No. 0519, The World Bank.

Robert, F., 1984, "Implicit Contracts, Explicit Contracts, and Wages", *American Economic Review*, 74(2), pp. 345–349.

Robert, H. and Edward, P.L., 1984, "The Excess Sensitivity of Layoffs and Quits to Demand", *Journal of Labor Economics*, 2(2), pp. 233–257.

Robert, H., Johannes, K. and Taras, C., 2005, "Portability Regimes of Pension and Health Care Benefits for International Migrants: An Analysis of Issues and Good Practices", Social Protection Discussion Paper Series No. 0519, The World Bank.

Roberts, S., 2010, "A Short History of Social Security Coordination", In Jorens Yves ed., 50 *Years of Social Security Coordination: Past-Present-Future*, Report of the Conference Celebrating the 50th Anniversary of the European Coordination of Social

Security.Luxembourg:Publications Office of the European Union,pp. 8−28.

Ross,A. ,1958,"Do We Have a New Industrial Feudalism",*American Economic Review*,48(5),pp. 918−922.

Rubin,B.A.,1995,"Flexible Accumulation,the Decline of Contract,and Social Transformation",*Research in Social Stratification and Mobility*,14,pp. 297−323.

Sahin and Balcer,1979,"Qualifying Service under ERISA Vesting Standards:A Comparative Analysis",*The Journal of Risk and Insurance*,46(3).

Schiller,B.R. and Randall,D.W.,1980,"The Impact of Private Pensions on Firm Attachments",*Review of Economics and Statistics*,61(3),pp. 369−380.

Schmahl, W., 1993, *Harmonization of Pension Schemes in Europe? A Controversial Issue in the Light of Economics*,*Age*,*Work and Social Security*,A.B.Atkinson and M.Rein,St.Martin's Press,pp. 308−340.

Schrager,A.,2009,"The Decline of Defined Benefit Plans and Job Tenure",*Journal of Pension Economic and Finance*,8(3),pp. 259−290.

Staab,D.and Kleiner,B.H.,2005,"Effective Management of Pension Plans",*Management Research News*,28(2),pp. 127−135.

Stephens,J.D.,1995,"The Scandinavian Welfare States:Achievements,Crisis and Prospects",United Nations Research Institute for Social Development,Discussion Papers,No. 67.

Stephens,J.D.,Evelyne,H.and Leonard,R.,1994,"The Welfare State in Hard Times",paper delivered at the Conference on the Politics and Political Economy of Contemporary Capitalism,University of North Carolina,Chapel Hill,September 9−11.

Stock,J.H. and Wise, D.A.,1988,"The Pension Inducement to Retire:An Option Value Analysis",NBER Working Paper No. 2660.

Stuart D.,1995,"Pension Portability and Labor Market Efficiency:A Survey of the Literature",*Industrial and Labor Relations Reviews*,48(2),pp. 276−292.

Stuart,D.and David,M.,1997,"Pensions and Training",*Industrial Relations*,36(1),pp. 81−96.

Thierry, E., et al., 2014, "Defined Benefit Pension Decline: the Consequences for Organizations and Employees", *Employee Relations*, 36(6), pp. 654-673

Titmuss, R.M., 1974, *Social Policy: An Introduction*, New York: Pantheon Books.

Treynor, J.L., 1977, "The Principles of Corporate Pension Finance", *Journal of Finance*, 32(2), pp. 627-638.

Turner, J.A., 1993, "Pension Policy for a Mobile Labour Force", Kalamazoo, Michigan: W.E.Upjohn Institute for Employment Research, 6.

U.S.Department of Labor, Bureau of Labor Statistics, 1964, "Labor Mobility and Private Pension Plans", Bulletin No. 1407.

U.S., Department of Labor, Bureau of Labor Statistics, 1997, "Employee Benefits in Medium and Large Private Establishments", Bulletin 2517, Sep..

UN, 1958, "Multilingual Demographic Dictionary", United Nations: Department of Economic and Social Affairs, Section 80, No. 1.

United Nations, 1971, "Evolution of the United Nations Approach to Planning for Unified Socio-Economic Development and Planning: Some New Horizons", *International Social Development Review*, No. 3, New York: United Nations.

United Nations, 2013, "Department of Economic and Social Affairs, Population Division. International Migration Report 2013", http://www. un. org/en/ development/desa/population/migration/publications/migrationreport/migreport. shtml, 2013: 3.

Verschueren, H., 2009, "Regulation 883/2004 and Invalidity and Old-age Pensions", *European Journal of Social Security*, 11(1-2), pp. 143-162.

Vincenzo, A. and Vincent, H., 2004, "Evaluating Pension Portability Reforms: The Tax Reform Act of 1986 as a Natural Experiment", Working Paper 04-52, Economics Series 20, Departamento de Economía Universidad Carlos III de Madrid.

Walter, O., 1962, "Labor as a Quasi-fixed Factor", *Journal of Political Economy*, 70(6).

Weyman, A.M.P., Meadows, P. and Buckingham, A., 2013, "Extending Working

Life: Audit of Research Relating to the Impact on NHS Employees", NHS Employers, London.

Wilensky, H. and Lebeaux, C. N., 1965, *Industrial Society and Social Welfare*, New York: The Free Press.

Willmore, L., 2003, " Universal Pensions in Mauritius: Lessons for the Rest of US", Paper presented at 4th International Research Conference on Social Security, Antwerp, 5-7 May.

Willmore, L., 2007, " Universal Pensions for Developing Countries", *World Development*, 35(1), pp. 24-51.

Wise, D.A., 1986, *Pensions, Labor, and Individual Behavior*, Chicago: University of Chicago Press.

Zelinsky, W., "The Hypothesis of the Mobility Transition", *Geographical Review*, 61, pp. 219-249.

Zvi, B., 1990, "Pensions as Retirement Income Insurance", *Journal of Economic Literature*, 1, pp. 28-49.

附　　录

生命表函数及其编制过程的简要步骤：

一、生命表函数

（1）x : 年龄, 表示从 x 岁到 $x+1$ 岁的一个年龄区间

（2）l_x : 尚存人数, 表示进入 x 岁这一年龄的初始人数

（3）d_x : 表上死亡人数, 指生命表上 x 岁年龄组的死亡人数

（4）q_x : 死亡概率, 表示存活到 x 岁的人在下一个年龄段死亡的可能性, 完全生命表中为 1 岁间隔

（5）L_x : 平均生存人年数, 表示 x 岁年龄组的人平均存活的时间长度

（6）T_x : 平均生存人年数累积, 表示进入 x 岁这一年龄的初始人数在未来可能存活的时间总长

（7）e_x : 平均预期余命, 表示进入 x 岁这一年龄的初始人数在未来可能存活的平均时间长度

二、生命表编制过程

本研究以 2010 年第六次人口普查中分年龄死亡率为依据, 在对异常年龄别死亡率进行修正以及对死亡率曲线进行平滑处理的基础上编制完全生命表。

（1）计算 1 岁间隔的分年龄死亡率 m_x

$$m_x = \frac{D_x}{P_x}$$

其中 D_x 为 x 岁人口在 x 岁年龄区间的实际死亡人数；P_x 为 x 岁人口的实际平均人口数

（2）计算死亡概率 q_x

根据伐尔（Farlle）死亡概率公式，

$$q_x = \frac{2m_x}{2 + m_x}$$

上式是基于死亡水平在年龄组中的平均分布假设做出的，而婴儿死亡率却随着出生时间的延长迅速降低，因此本研究采用根据实际统计数据直接计算婴儿死亡率。在最高年龄组，定义 $q_x = 1$

（3）确定人口基数 $l_0 = 1000000$

（4）计算表上死亡人数 $d_x = l_x \cdot q_x$

（5）计算尚存人数 $l_{x+1} = l_x - d_x$

（6）计算平均生存人年数 $L_x = \dfrac{l_x + l_{x+1}}{2}$

（7）计算平均生存人年数累积 $T_x = \sum\limits_{x}^{\omega} L_x$，其中 ω 为最高死亡年龄

（8）计算平均预期余命 $e_x = \dfrac{T_x}{l_x}$

农村人口生命表（男性）

x	l_x	q_x	d_x	L_x	T_x	e_x
0	1000000	0.01313874	13139	993431	70019666	70.02
1	986861	0.00298876	2949	985387	69026236	69.95
2	983912	0.00196935	1938	982943	68040849	69.15
3	981974	0.00144053	1415	981267	67057906	68.29
4	980560	0.00109667	1075	980022	66076639	67.39
5	979484	0.00091845	900	979034	65096617	66.46
6	978585	0.00078531	768	978200	64117583	65.52
7	977816	0.00073660	720	977456	63139383	64.57
8	977096	0.00070488	689	976751	62161927	63.62

x	l_x	q_x	d_x	L_x	T_x	e_x
9	976407	0.00060034	586	976114	61185175	62.66
10	975821	0.00059574	581	975530	60209061	61.70
11	975240	0.00055647	543	974968	59233531	60.74
12	974697	0.00052299	510	974442	58258563	59.77
13	974187	0.00052312	510	973932	57284121	58.80
14	973678	0.00058849	573	973391	56310188	57.83
15	973105	0.00070662	688	972761	55336797	56.87
16	972417	0.00083381	811	972011	54364037	55.91
17	971606	0.00102031	991	971110	53392025	54.95
18	970615	0.00122844	1192	970019	52420915	54.01
19	969422	0.00136522	1323	968761	51450896	53.07
20	968099	0.00156130	1511	967343	50482136	52.15
21	966587	0.00149433	1444	965865	49514792	51.23
22	965143	0.00155783	1504	964391	48548927	50.30
23	963640	0.00153508	1479	962900	47584536	49.38
24	962160	0.00160903	1548	961386	46621636	48.46
25	960612	0.00163772	1573	959826	45660250	47.53
26	959039	0.00161666	1550	958264	44700424	46.61
27	957488	0.00168500	1613	956682	43742161	45.68
28	955875	0.00170219	1627	955062	42785479	44.76
29	954248	0.00177302	1692	953402	41830417	43.84
30	952556	0.00189024	1801	951656	40877015	42.91
31	950756	0.00189535	1802	949855	39925359	41.99
32	948954	0.00200104	1899	948004	38975505	41.07
33	947055	0.00199983	1894	946108	38027501	40.15
34	945161	0.00215990	2041	944140	37081393	39.23
35	943119	0.00239094	2255	941992	36137253	38.32
36	940864	0.00240411	2262	939733	35195261	37.41
37	938602	0.00261110	2451	937377	34255528	36.50
38	936152	0.00271688	2543	934880	33318151	35.59
39	933608	0.00287340	2683	932267	32383271	34.69

附　录

续表

x	l_x	q_x	d_x	L_x	T_x	e_x
40	930926	0.00325903	3034	929409	31451004	33.78
41	927892	0.00326181	3027	926378	30521596	32.89
42	924865	0.00348998	3228	923251	29595218	32.00
43	921637	0.00354437	3267	920004	28671966	31.11
44	918371	0.00378712	3478	916632	27751962	30.22
45	914893	0.00423293	3873	912956	26835331	29.33
46	911020	0.00437455	3985	909027	25922375	28.45
47	907035	0.00478660	4342	904864	25013347	27.58
48	902693	0.00506780	4575	900406	24108483	26.71
49	898118	0.00568644	5107	895565	23208078	25.84
50	893011	0.00660383	5897	890063	22312513	24.99
51	887114	0.00653465	5797	884216	21422450	24.15
52	881317	0.00738270	6506	878064	20538235	23.30
53	874811	0.00780630	6829	871396	19660171	22.47
54	867981	0.00888013	7708	864128	18788775	21.65
55	860274	0.00951544	8186	856181	17924647	20.84
56	852088	0.01000904	8529	847824	17068467	20.03
57	843559	0.01143018	9642	838738	16220643	19.23
58	833917	0.01237714	10322	828756	15381905	18.45
59	823596	0.01434601	11815	817688	14553148	17.67
60	811780	0.01729634	14041	804760	13735460	16.92
61	797740	0.01729169	13794	790842	12930700	16.21
62	783945	0.01947372	15266	776312	12139858	15.49
63	768679	0.02032368	15622	760868	11363546	14.78
64	753057	0.02358531	17761	744176	10602678	14.08
65	735295	0.02644127	19442	725574	9858502	13.41
66	715853	0.02721627	19483	706112	9132928	12.76
67	696370	0.03077022	21427	685657	8426816	12.10
68	674943	0.03522204	23773	663057	7741159	11.47
69	651170	0.04084205	26595	637873	7078103	10.87
70	624575	0.04698829	29348	609901	6440230	10.31

x	l_x	q_x	d_x	L_x	T_x	e_x
71	595227	0. 04832242	28763	580846	5830329	9. 80
72	566464	0. 05543769	31403	550763	5249483	9. 27
73	535061	0. 05831007	31199	519461	4698720	8. 78
74	503862	0. 06308498	31786	487969	4179259	8. 29
75	472075	0. 06865029	32408	455871	3691290	7. 82
76	439667	0. 07461031	32804	423265	3235419	7. 36
77	406864	0. 08059558	32791	390468	2812154	6. 91
78	374072	0. 09110718	34081	357032	2421686	6. 47
79	339992	0. 10563897	35916	322033	2064654	6. 07
80	304075	0. 12070790	36704	285723	1742620	5. 73
81	267371	0. 12340568	32995	250873	1456897	5. 45
82	234376	0. 13627651	31940	218406	1206024	5. 15
83	202436	0. 14532278	29419	187727	987618	4. 88
84	173017	0. 15603071	26996	159519	799892	4. 62
85	146021	0. 16627612	24280	133881	640372	4. 39
86	121741	0. 17371722	21149	111167	506491	4. 16
87	100593	0. 18977399	19090	91048	395324	3. 93
88	81503	0. 20427723	16649	73178	304276	3. 73
89	64854	0. 21725319	14090	57809	231097	3. 56
90	50764	0. 23805415	12085	44722	173288	3. 41
91	38679	0. 24415562	9444	33958	128567	3. 32
92	29236	0. 26237350	7671	25400	94609	3. 24
93	21565	0. 27098125	5844	18643	69209	3. 21
94	15721	0. 27268962	4287	13578	50566	3. 22
95	11434	0. 27439799	3138	9865	36988	3. 23
96	8297	0. 27610635	2291	7151	27122	3. 27
97	6006	0. 27781472	1669	5172	19971	3. 33
98	4337	0. 27952309	1212	3731	14799	3. 41
99	3125	0. 28123146	879	2686	11068	3. 54

x	l_x	q_x	d_x	L_x	T_x	e_x
100	2246	1.00000000	2246	8382	8382	3.73

农村人口生命表（女性）

x	l_x	q_x	d_x	L_x	T_x	e_x
0	1000000	0.01901484	19015	990493	73949033	73.95
1	980985	0.00343976	3374	979298	72958540	74.37
2	977611	0.00204358	1998	976612	71979242	73.63
3	975613	0.00142528	1391	974918	71002630	72.78
4	974222	0.00098963	964	973740	70027712	71.88
5	973258	0.00076048	740	972888	69053972	70.95
6	972518	0.00058681	571	972233	68081084	70.00
7	971948	0.00048911	475	971710	67108851	69.05
8	971472	0.00043538	423	971261	66137141	68.08
9	971049	0.00037758	367	970866	65165880	67.11
10	970683	0.00038614	375	970495	64195015	66.13
11	970308	0.00035639	346	970135	63224520	65.16
12	969962	0.00036929	358	969783	62254385	64.18
13	969604	0.00038296	371	969418	61284602	63.21
14	969232	0.00041036	398	969033	60315184	62.23
15	968835	0.00051306	497	968586	59346151	61.26
16	968338	0.00055488	537	968069	58377564	60.29
17	967800	0.00066124	640	967480	57409496	59.32
18	967160	0.00079530	769	966776	56442015	58.36
19	966391	0.00080793	781	966001	55475240	57.40
20	965610	0.00092955	898	965162	54509239	56.45
21	964713	0.00095526	922	964252	53544077	55.50
22	963791	0.00099213	956	963313	52579825	54.56
23	962835	0.00103681	998	962336	51616512	53.61
24	961837	0.00108924	1048	961313	50654176	52.66
25	960789	0.00113747	1093	960243	49692864	51.72

x	l_x	q_x	d_x	L_x	T_x	e_x
26	959696	0. 00108185	1038	959177	48732621	50. 78
27	958658	0. 00113183	1085	958115	47773444	49. 83
28	957573	0. 00110721	1060	957043	46815328	48. 89
29	956513	0. 00117872	1127	955949	45858286	47. 94
30	955385	0. 00123403	1179	954796	44902337	47. 00
31	954206	0. 00120792	1153	953630	43947541	46. 06
32	953054	0. 00125164	1193	952457	42993911	45. 11
33	951861	0. 00120977	1152	951285	42041454	44. 17
34	950709	0. 00129301	1229	950095	41090169	43. 22
35	949480	0. 00142379	1352	948804	40140074	42. 28
36	948128	0. 00135828	1288	947484	39191270	41. 34
37	946840	0. 00147149	1393	946144	38243786	40. 39
38	945447	0. 00151529	1433	944731	37297643	39. 45
39	944014	0. 00169643	1601	943214	36352912	38. 51
40	942413	0. 00187769	1770	941528	35409698	37. 57
41	940643	0. 00183214	1723	939782	34468170	36. 64
42	938920	0. 00202785	1904	937968	33528389	35. 71
43	937016	0. 00207601	1945	936043	32590421	34. 78
44	935071	0. 00227250	2125	934008	31654377	33. 85
45	932946	0. 00256490	2393	931749	30720369	32. 93
46	930553	0. 00270145	2514	929296	29788620	32. 01
47	928039	0. 00292993	2719	926679	28859324	31. 10
48	925320	0. 00317606	2939	923850	27932644	30. 19
49	922381	0. 00362335	3342	920710	27008794	29. 28
50	919039	0. 00418680	3848	917115	26088084	28. 39
51	915191	0. 00415910	3806	913288	25170969	27. 50
52	911385	0. 00476916	4347	909211	24257681	26. 62
53	907038	0. 00511200	4637	904720	23348469	25. 74
54	902401	0. 00575277	5191	899806	22443750	24. 87
55	897210	0. 00626988	5625	894397	21543944	24. 01
56	891585	0. 00649876	5794	888688	20649546	23. 16

x	l_x	q_x	d_x	L_x	T_x	e_x
57	885791	0.00744627	6596	882493	19760859	22.31
58	879195	0.00809502	7117	875636	18878366	21.47
59	872078	0.00936844	8170	867993	18002730	20.64
60	863908	0.01126277	9730	859043	17134737	19.83
61	854178	0.01131848	9668	849344	16275695	19.05
62	844510	0.01273559	10755	839132	15426351	18.27
63	833754	0.01349374	11250	828129	14587219	17.50
64	822504	0.01541558	12679	816164	13759090	16.73
65	809824	0.01712815	13871	802889	12942926	15.98
66	795954	0.01744147	13883	789012	12140037	15.25
67	782071	0.02024056	15830	774156	11351025	14.51
68	766241	0.02327978	17838	757323	10576868	13.80
69	748404	0.02698065	20192	738307	9819546	13.12
70	728211	0.03121683	22732	716845	9081239	12.47
71	705479	0.03233608	22812	694072	8364394	11.86
72	682666	0.03787188	25854	669739	7670321	11.24
73	656812	0.03963478	26033	643796	7000582	10.66
74	630780	0.04339682	27374	617093	6356786	10.08
75	603406	0.04789720	28901	588955	5739693	9.51
76	574505	0.05248472	30153	559428	5150738	8.97
77	544352	0.05676096	30898	528903	4591309	8.43
78	513454	0.06513702	33445	496731	4062407	7.91
79	480009	0.07552330	36252	461883	3565675	7.43
80	443757	0.08800287	39052	424231	3103792	6.99
81	404705	0.09228353	37348	386031	2679561	6.62
82	367358	0.10122939	37187	348764	2293529	6.24
83	330170	0.10894404	35970	312185	1944766	5.89
84	294200	0.11847354	34855	276773	1632580	5.55
85	259345	0.12629102	32753	242969	1355808	5.23
86	226592	0.13543403	30688	211248	1112839	4.91
87	195904	0.14833591	29060	181374	901591	4.60

续表

x	l_x	q_x	d_x	L_x	T_x	e_x
88	166844	0.16267238	27141	153274	720217	4.32
89	139703	0.17637889	24641	127383	566943	4.06
90	115063	0.19964956	22972	103577	439560	3.82
91	92090	0.21696962	19981	82100	335983	3.65
92	72110	0.23000065	16585	63817	253883	3.52
93	55524	0.24310470	13498	48775	190066	3.42
94	42026	0.24544476	10315	36869	141291	3.36
95	31711	0.26271883	8331	27545	104422	3.29
96	23380	0.27656773	6466	20147	76877	3.29
97	16914	0.27759260	4695	14566	56730	3.35
98	12219	0.29149881	3562	10438	42164	3.45
99	8657	0.30384390	2630	7342	31726	3.66
100	6027	1.00000000	6027	24384	24384	4.05

城市人口生命表（男性）

x	l_x	q_x	d_x	L_x	T_x	e_x
0	1000000	0.00854076	8541	995730	74655072	74.66
1	991459	0.00096912	961	990979	73659342	74.29
2	990498	0.00066911	663	990167	72668363	73.37
3	989836	0.00055383	548	989562	71678196	72.41
4	989287	0.00044897	444	989065	70688635	71.45
5	988843	0.00041352	409	988639	69699570	70.49
6	988434	0.00037742	373	988248	68710931	69.51
7	988061	0.00037566	371	987876	67722683	68.54
8	987690	0.00037390	369	987505	66734807	67.57
9	987321	0.00037214	367	987137	65747302	66.59
10	986953	0.00034921	345	986781	64760164	65.62
11	986609	0.00032629	322	986448	63773383	64.64
12	986287	0.00032515	321	986127	62786936	63.66
13	985966	0.00034808	343	985795	61800809	62.68

x	l_x	q_x	d_x	L_x	T_x	e_x
14	985623	0.00035278	348	985449	60815014	61.70
15	985275	0.00035978	354	985098	59829565	60.72
16	984921	0.00036678	361	984740	58844467	59.75
17	984560	0.00037378	368	984376	57859727	58.77
18	984192	0.00038079	375	984004	56875352	57.79
19	983817	0.00042636	419	983607	55891348	56.81
20	983397	0.00054752	538	983128	54907741	55.83
21	982859	0.00057686	567	982575	53924612	54.87
22	982292	0.00067130	659	981962	52942037	53.90
23	981632	0.00071143	698	981283	51960075	52.93
24	980934	0.00074186	728	980570	50978792	51.97
25	980206	0.00078411	769	979822	49998221	51.01
26	979438	0.00072701	712	979082	49018399	50.05
27	978726	0.00078436	768	978342	48039318	49.08
28	977958	0.00081015	792	977562	47060976	48.12
29	977166	0.00086382	844	976744	46083414	47.16
30	976322	0.00091262	891	975876	45106670	46.20
31	975431	0.00096143	938	974962	44130794	45.24
32	974493	0.00104704	1020	973983	43155832	44.29
33	973473	0.00103290	1005	972970	42181849	43.33
34	972467	0.00116530	1133	971900	41208879	42.38
35	971334	0.00129301	1256	970706	40236979	41.42
36	970078	0.00133899	1299	969428	39266273	40.48
37	968779	0.00151525	1468	968045	38296845	39.53
38	967311	0.00161934	1566	966528	37328800	38.59
39	965745	0.00182790	1765	964862	36362272	37.65
40	963979	0.00210668	2031	962964	35397410	36.72
41	961949	0.00198049	1905	960996	34434446	35.80
42	960043	0.00234742	2254	958917	33473450	34.87
43	957790	0.00234348	2245	956668	32514533	33.95
44	955545	0.00252738	2415	954338	31557866	33.03

x	l_x	q_x	d_x	L_x	T_x	e_x
45	953130	0. 00284429	2711	951775	30603528	32. 11
46	950419	0. 00303304	2883	948978	29651754	31. 20
47	947537	0. 00332145	3147	945963	28702776	30. 29
48	944389	0. 00364562	3443	942668	27756813	29. 39
49	940946	0. 00390605	3675	939109	26814145	28. 50
50	937271	0. 00456899	4282	935130	25875036	27. 61
51	932989	0. 00457696	4270	930854	24939906	26. 73
52	928718	0. 00511607	4751	926343	24009052	25. 85
53	923967	0. 00547608	5060	921437	23082710	24. 98
54	918907	0. 00623082	5726	916045	22161272	24. 12
55	913182	0. 00679630	6206	910079	21245228	23. 27
56	906976	0. 00698889	6339	903806	20335149	22. 42
57	900637	0. 00823626	7418	896928	19431343	21. 58
58	893219	0. 00870327	7774	889332	18534415	20. 75
59	885445	0. 00996068	8820	881035	17645083	19. 93
60	876625	0. 01148588	10069	871591	16764048	19. 12
61	866557	0. 01202194	10418	861348	15892457	18. 34
62	856139	0. 01349741	11556	850361	15031109	17. 56
63	844583	0. 01463482	12360	838403	14180748	16. 79
64	832223	0. 01636100	13616	825415	13342345	16. 03
65	818607	0. 01908891	15626	810794	12516930	15. 29
66	802981	0. 02054777	16499	794731	11706137	14. 58
67	786481	0. 02316470	18219	777372	10911406	13. 87
68	768263	0. 02631959	20220	758152	10134034	13. 19
69	748042	0. 02995892	22411	736837	9375882	12. 53
70	725632	0. 03410473	24747	713258	8639045	11. 91
71	700884	0. 03612797	25322	688223	7925787	11. 31
72	675563	0. 04221792	28521	661302	7237564	10. 71
73	647042	0. 04584575	29664	632210	6576261	10. 16
74	617378	0. 04904854	30281	602237	5944052	9. 63
75	587096	0. 05367775	31514	571339	5341815	9. 10

x	l_x	q_x	d_x	L_x	T_x	e_x
76	555582	0.05981414	33232	538966	4770475	8.59
77	522351	0.06368070	33264	505719	4231509	8.10
78	489087	0.07321171	35807	471183	3725790	7.62
79	453280	0.08228177	37297	434632	3254607	7.18
80	415983	0.09370015	38978	396494	2819975	6.78
81	377006	0.09868783	37206	358403	2423481	6.43
82	339800	0.10708617	36388	321606	2065078	6.08
83	303412	0.11676011	35426	285699	1743472	5.75
84	267985	0.12543272	33614	251178	1457774	5.44
85	234371	0.13238823	31028	218857	1206595	5.15
86	203343	0.14146709	28766	188960	987738	4.86
87	174577	0.15508550	27074	161040	798778	4.58
88	147503	0.17102310	25226	134889	637738	4.32
89	122276	0.18241213	22305	111124	502849	4.11
90	99972	0.20549887	20544	89700	391725	3.92
91	79428	0.20755483	16486	71185	302025	3.80
92	62942	0.21805432	13725	56080	230840	3.67
93	49217	0.23348430	11491	43471	174761	3.55
94	37726	0.23806025	8981	33235	131289	3.48
95	28745	0.24784154	7124	25183	98054	3.41
96	21621	0.25762282	5570	18836	72871	3.37
97	16051	0.26740411	4292	13905	54036	3.37
98	11759	0.27718539	3259	10129	40131	3.41
99	8499	0.28696668	2439	7280	30002	3.53
100	6060	1.00000000	6060	22722	22722	3.75

城市人口生命表（女性）

x	l_x	q_x	d_x	L_x	T_x	e_x
0	1000000	0.01058930	10589	994705	78948899	78.95
1	989411	0.00093334	923	988949	77954194	78.79

x	l_x	q_x	d_x	L_x	T_x	e_x
2	988487	0.00058910	582	988196	76965245	77.86
3	987905	0.00050588	500	987655	75977049	76.91
4	987405	0.00035275	348	987231	74989394	75.95
5	987057	0.00029201	288	986913	74002163	74.97
6	986769	0.00026835	265	986636	73015250	73.99
7	986504	0.00023729	234	986387	72028614	73.01
8	986270	0.00021821	215	986162	71042227	72.03
9	986055	0.00019567	193	985958	70056065	71.05
10	985862	0.00022085	218	985753	69070107	70.06
11	985644	0.00018810	185	985551	68084354	69.08
12	985458	0.00020641	203	985357	67098803	68.09
13	985255	0.00020630	203	985153	66113446	67.10
14	985052	0.00017782	175	984964	65128293	66.12
15	984877	0.00018923	186	984783	64143329	65.13
16	984690	0.00017860	176	984602	63158545	64.14
17	984514	0.00020092	198	984415	62173943	63.15
18	984317	0.00022323	220	984207	61189527	62.16
19	984097	0.00022967	226	983984	60205321	61.18
20	983871	0.00026500	261	983740	59221337	60.19
21	983610	0.00026998	266	983477	58237596	59.21
22	983345	0.00033918	334	983178	57254119	58.22
23	983011	0.00032858	323	982850	56270941	57.24
24	982688	0.00038400	377	982499	55288092	56.26
25	982311	0.00036517	359	982131	54305592	55.28
26	981952	0.00037352	367	981769	53323461	54.30
27	981585	0.00040027	393	981389	52341693	53.32
28	981192	0.00042128	413	980986	51360304	52.34
29	980779	0.00042850	420	980569	50379318	51.37
30	980359	0.00048618	477	980120	49398749	50.39
31	979882	0.00050119	491	979636	48418629	49.41
32	979391	0.00055750	546	979118	47438993	48.44

x	l_x	q_x	d_x	L_x	T_x	e_x
33	978845	0.00054161	530	978580	46459875	47.46
34	978315	0.00060250	589	978020	45481295	46.49
35	977725	0.00064587	631	977410	44503275	45.52
36	977094	0.00066022	645	976771	43525865	44.55
37	976449	0.00072671	710	976094	42549094	43.58
38	975739	0.00074094	723	975378	41573000	42.61
39	975016	0.00089264	870	974581	40597622	41.64
40	974146	0.00101673	990	973651	39623041	40.67
41	973155	0.00097992	954	972679	38649391	39.72
42	972202	0.00110926	1078	971663	37676712	38.75
43	971123	0.00123861	1203	970522	36705050	37.80
44	969921	0.00129481	1256	969293	35734528	36.84
45	968665	0.00143685	1392	967969	34765235	35.89
46	967273	0.00153205	1482	966532	33797266	34.94
47	965791	0.00175693	1697	964942	32830735	33.99
48	964094	0.00196654	1896	963146	31865792	33.05
49	962198	0.00222561	2141	961127	30902646	32.12
50	960057	0.00255450	2452	958830	29941519	31.19
51	957604	0.00269579	2581	956313	28982688	30.27
52	955023	0.00300005	2865	953590	28026375	29.35
53	952158	0.00325768	3102	950607	27072785	28.43
54	949056	0.00360251	3419	947346	26122178	27.52
55	945637	0.00392832	3715	943779	25174832	26.62
56	941922	0.00425574	4009	939918	24231052	25.73
57	937913	0.00460557	4320	935754	23291134	24.83
58	933594	0.00516113	4818	931185	22355381	23.95
59	928775	0.00593582	5513	926019	21424196	23.07
60	923262	0.00671101	6196	920164	20498177	22.20
61	917066	0.00723561	6636	913749	19578013	21.35
62	910431	0.00846944	7711	906575	18664264	20.50
63	902720	0.00937375	8462	898489	17757689	19.67

x	l_x	q_x	d_x	L_x	T_x	e_x
64	894258	0.01072979	9595	889461	16859200	18.85
65	884663	0.01194277	10565	879380	15969739	18.05
66	874098	0.01278829	11178	868508	15090359	17.26
67	862919	0.01477693	12751	856544	14221851	16.48
68	850168	0.01691523	14381	842978	13365307	15.72
69	835787	0.01946855	16272	827651	12522329	14.98
70	819516	0.02233553	18304	810364	11694678	14.27
71	801211	0.02347586	18809	791807	10884314	13.58
72	782402	0.02782446	21770	771517	10092507	12.90
73	760632	0.03031020	23055	749105	9320990	12.25
74	737577	0.03279839	24191	725482	8571885	11.62
75	713386	0.03571886	25481	700645	7846403	11.00
76	687905	0.03959504	27238	674286	7145758	10.39
77	660667	0.04344205	28701	646317	6471472	9.80
78	631966	0.05027960	31775	616079	5825155	9.22
79	600191	0.05666193	34008	583187	5209077	8.68
80	566183	0.06535501	37003	547682	4625889	8.17
81	529180	0.07082088	37477	510442	4078207	7.71
82	491703	0.07952772	39104	472151	3567765	7.26
83	452599	0.08718916	39462	432868	3095614	6.84
84	413138	0.09593830	39636	393320	2662745	6.45
85	373502	0.10115470	37781	354611	2269426	6.08
86	335720	0.11146711	37422	317010	1914815	5.70
87	298299	0.12173947	36315	280141	1597805	5.36
88	261984	0.13247131	34705	244631	1317664	5.03
89	227279	0.14851748	33755	210401	1073033	4.72
90	193524	0.16226634	31402	177823	862631	4.46
91	162121	0.17951574	29103	147570	684809	4.22
92	133018	0.19406101	25814	120111	537239	4.04
93	107204	0.21196259	22723	95843	417128	3.89
94	84481	0.22023154	18605	75178	321285	3.80
95	65876	0.22550129	14855	58448	246107	3.74
96	51021	0.23218181	11846	45098	187659	3.68

x	l_x	q_x	d_x	L_x	T_x	e_x
97	39175	0.24229334	9492	34429	142561	3.64
98	29683	0.25878771	7682	25842	108132	3.64
99	22001	0.26892214	5917	19043	82290	3.74
100	16085	1.00000000	16085	63247	63247	3.93

国务院关于建立统一的企业职工
基本养老保险制度的决定

国发〔1997〕26号

各省、自治区、直辖市人民政府,国务院各部委、各直属机构:

近年来,各地区和有关部门按照《国务院关于深化企业职工养老保险制度改革的通知》(国发〔1995〕6号)要求,制定了社会统筹与个人账户相结合的养老保险制度改革方案,建立了职工基本养老保险个人账户,促进了养老保险新机制的形成,保障了离退休人员的基本生活,企业职工养老保险制度改革取得了新的进展。但是,由于这项改革仍处在试点阶段,目前还存在基本养老保险制度不统一、企业负担重、统筹层次低、管理制度不健全等问题,必须按照党中央、国务院确定的目标和原则,进一步加快改革步伐,建立统一的企业职工基本养老保险制度,促进经济与社会健康发展。为此,国务院在总结近几年改革试点经验的基础上作出如下决定:

一、到本世纪末,要基本建立起适应社会主义市场经济体制要求,适用城镇各类企业职工和个体劳动者,资金来源多渠道、保障方式多层次、社会统筹与个人账户相结合、权利与义务相对应、管理服务社会化的养老保险体系。企业职工养老保险要贯彻社会互济与自我保障相结合、公平与效率相结合、行政管理与基金管理分开等原则,保障水平要与我国社会生产力发展水平及各方面的承受能力相适应。

二、各级人民政府要把社会保险事业纳入本地区国民经济与社会发展计划,贯彻基本养老保险只能保障退休人员基本生活的原则,把改革企业职工养老保险制度与建立多层次的社会保障体系紧密结合起来,确保离退休人员基本养老金和失业人员失业救济金的发放,积极推行城市居民最低生活保障制度。为使离退休人员的生活随着经济与社会发展不断得到改善,体现按劳分配原则和地区发展水平及企业经济效益的差异,各地区和有关部门要在国家政策指导下大力发展企业补充养老保险,同时发挥商业保险的补充作用。

三、企业缴纳基本养老保险费(以下简称企业缴费)的比例,一般不得超过企业工资总额的 20%(包括划入个人账户的部分),具体比例由省、自治区、直辖市人民政府确定。少数省、自治区、直辖市因离退休人数较多、养老保险负担过重,确需超过企业工资总额 20%的,应报劳动部、财政部审批。个人缴纳基本养老保险费(以下简称个人缴费)的比例,1997 年不得低于本人缴费工资的 4%,1998 年起每两年提高 1 个百分点,最终达到本人缴费工资的 8%。有条件的地区和工资增长较快的年份,个人缴费比例提高的速度应适当加快。

四、按本人缴费工资 11%的数额为职工建立基本养老保险个人账户,个人缴费全部记入个人账户,其余部分从企业缴费中划入。随着个人缴费比例的提高,企业划入的部分要逐步降至 3%。个人账户储存额,每年参考银行同期存款利率计算利息。个人账户储存额只用于职工养老,不得提前支取。职工调动时,个人账户全部随同转移。职工或退休人员死亡,个人账户中的个人缴费部分可以继承。

五、本决定实施后参加工作的职工,个人缴费年限累计满 15 年的,退休后按月发给基本养老金。基本养老金由基础养老金和个人账户养老金组成。退休时的基础养老金月标准为省、自治区、直辖市或地(市)上年度职工月平均工资的 20%,个人账户养老金月标准为本人账户储存额除以 120。个人缴费年限累计不满 15 年的,退休后不享受基础养老金待遇,其个人账户储存额一次支付给本人。

本决定实施前已经离退休的人员,仍按国家原来的规定发给养老金,同时执行养老金调整办法。各地区和有关部门要按照国家规定进一步完善基本养老金正常调整机制,认真抓好落实。

本决定实施前参加工作、实施后退休且个人缴费和视同缴费年限累计满 15 年的人员,按照新老办法平稳衔接、待遇水平基本平衡等原则,在发给基础养老金和个人账户养老金的基础上再确定过渡性养老金,过渡性养老金从养老保险基金中解决。具体办法,由劳动部会同有关部门制订并指导实施。

六、进一步扩大养老保险的覆盖范围,基本养老保险制度要逐步扩大到城镇所有企业及其职工。城镇个体劳动者也要逐步实行基本养老保险制度,其缴费比例和待遇水平由省、自治区、直辖市人民政府参照本决定精神确定。

七、抓紧制定企业职工养老保险基金管理条例,加强对养老保险基金的管理。基本养老保险基金实行收支两条线管理,要保证专款专用,全部用于职工养老保险,严禁挤占挪用和挥霍浪费。基金结余额,除预留相当于 2 个月的支付费用外,应全部购买国家债券和存入专户,严格禁止投入其他金融和经营性事业。要建立健全社会保险基金监督机构,财政、审计部门要依法加强监督,确保基金的安全。

八、为有利于提高基本养老保险基金的统筹层次和加强宏观调控,要逐步由县级统筹向省或省授权的地区统筹过渡。待全国基本实现省级统筹后,原经国务院批准由有关部门和单位组织统筹的企业,参加所在地区的社会统筹。

九、提高社会保险管理服务的社会化水平,尽快将目前由企业发放养老金改为社会化发放,积极创造条件将离退休人员的管理服务工作逐步由企业转向社会,减轻企业的社会事务负担。各级社会保险机构要进一步加强基础建设,改进和完善服务与管理工作,不断提高工作效率和服务质量,促进养老保险制度的改革。

十、实行企业化管理的事业单位,原则上按照企业养老保险制度执行。

建立统一的企业职工基本养老保险制度是深化社会保险制度改革的重要步骤,关系改革、发展和稳定的全局。各地区和有关部门要予以高度重视,切实加强领导,精心组织实施。劳动部要会同国家体改委等有关部门加强工作指导和监督检查,及时研究解决工作中遇到的问题,确保本决定的贯彻实施。

国务院关于印发完善城镇社会
保障体系试点方案的通知

国发〔2000〕42号

各省、自治区、直辖市人民政府，国务院各部委、各直属机构：

《关于完善城镇社会保障体系的试点方案》（以下简称《试点方案》）已经党中央、国务院批准，现印发给你们，请按照《试点方案》组织试点。现就试点工作的有关问题通知如下：

一、提高认识，加强领导，确保试点工作顺利进行

建立完善的城镇社会保障体系，是关系改革、发展、稳定的一件大事。各地区和有关部门都要充分认识做好试点工作的重大意义，切实加强对试点工作的组织领导，保证试点工作顺利进行。国务院将成立由劳动保障部牵头的国务院完善城镇社会保障体系试点工作小组（以下简称国务院试点工作小组），负责对试点工作的具体协调和指导。试点地区也要成立由政府主要领导负责的试点工作领导小组，具体组织试点工作。

二、严格选定试点市，精心组织实施

国务院确定，只选择辽宁省在全省范围内进行完善城镇社会保障体系试点；其他省、自治区、直辖市自行决定是否进行试点，如决定试点，可确定一个具备条件的市进行试点。各地区确定的试点市名单要报国务院试点工作小组备案。试点市一经确定，要根据《试点方案》尽快拟定具体的工作计划和实施办法，报省级人民政府批准后实施。

三、及时总结试点经验，不断完善有关政策

各试点地区要注意研究试点过程中出现的新情况、新问题并积极探索解决

问题的办法,重要情况要及时向国务院试点工作小组报告。国务院试点工作小组要切实加强对试点工作的跟踪、指导,及时总结试点经验,不断完善有关政策,切实解决工作中遇到的问题。

除辽宁省和其他省(自治区、直辖市)的试点市外,其他地区仍然执行现行的社会保障制度和办法。各地区、各部门要积极采取措施,妥善处理改革、发展、稳定的关系,继续全力做好两个确保工作,积极推进医疗保险制度改革,认真做好各项社会保障工作,确保社会的稳定。

国务院

二〇〇〇年十二月二十五日

关于完善城镇社会保障体系的试点方案

根据党的十四届三中全会、十五大和十五届五中全会关于社会保障体系建设的目标、原则,经报请党中央批准,国务院制定了《关于完善城镇社会保障体系的试点方案》,并决定二〇〇一年在辽宁省及其他省(自治区、直辖市)确定的部分地区进行试点。社会保障体系包括社会保险、社会救济、社会福利、优抚安置和社会互助等项内容,本方案主要从完善社会保障体系的角度出发,涉及城镇职工基本养老、基本医疗、失业等社会保险制度和城市居民最低生活保障制度。

一、完善社会保障体系的目标,原则和主要任务

(一)完善社会保障体系的总目标是:建立独立于企业事业单位之外、资金来源多元化、保障制度规范化、管理服务社会化的社会保障体系。

(二)完善社会保障体系的原则是:由近及远,逐步完善;保持社会保障政策的连续性,改善居民对改革的心理预期;国家统一决策与分级管理相结合,局部利益服从全局利益;社会保障的标准要同国情国力及各方面的承受能力相适应,公平与效率相结合,权利与义务相对应;明确划分社会保障事权,调动各方面的积极性,推动多层次社会保障体系建设。

（三）当前完善社会保障体系的主要任务是：调整和完善城镇企业职工基本养老保险制度；研究制定机关事业单位职工养老保险办法；加快建立城镇职工基本医疗保险制度；推动国有企业下岗职工基本生活保障向失业保险并轨；加强和完善城市居民最低生活保障制度；实现社会保障管理和服务的社会化；加强社会保障资金的筹集和管理；加快社会保障立法步伐。

二、调整和完善城镇企业职工基本养老保险制度

（一）坚持社会统筹与个人账户相结合的基本养老保险制度，基本养老保险费由企业和职工共同负担。

（二）企业依法缴纳基本养老保险费，缴费比例一般为企业工资总额的百分之二十左右，目前高于百分之二十的地区，可暂维持不变。企业缴费部分不再划入个人账户，全部纳入社会统筹基金，并以省（自治区、直辖市）为单位进行调剂。

（三）职工依法缴纳基本养老保险费，缴费比例为本人缴费工资的百分之八，并全部计入个人账户。个人账户规模由本人缴费工资的百分之十一调整为百分之八。个人账户储存额的多少，取决于个人缴费额和个人账户基金收益，并由社会保险经办机构定期公布。个人账户基金只用于职工养老，不得提前支取。职工跨统筹范围流动时，个人账户随同转移。职工或退休人员死亡，个人账户可以继承。

（四）社会统筹基金与个人账户基金实行分别管理。社会统筹基金不能占用个人账户基金。个人账户基金由省级社会保险经办机构统一管理，按国家规定存入银行，全部用于购买国债，以实现保值增值，运营收益率要高于银行同期存款利率。

（五）基本养老金由基础养老金和个人账户养老金组成。职工达到法定退休年龄且个人缴费满十五年的，基础养老金月标准为省（自治区、直辖市）或市（地）上年度职工月平均工资的百分之二十，以后缴费每满一年增加一定比例的基础养老金，总体水平控制在百分之三十左右；个人缴费不满十五年的，不发给基础养老金，个人账户全部储存额一次支付本人。基础养老金由社会统筹基

金支付;个人账户养老金由个人账户基金支付,月发放标准根据本人账户储存额除以一百二十。个人账户基金用完后,由社会统筹基金支付。已经离退休的人员,仍按国家原来的规定发给养老金;一九九七年统一全国企业职工基本养老保险制度前参加工作的人员,其退休后在发给基础养老金和个人账户养老金的基础上,再发给过渡性养老金。

(六)基本养老金领取者死亡后,其遗属按国家有关规定领取丧葬补助金,丧葬补助金由基本养老保险社会统筹基金支付。

(七)基本养老金水平的调整,由劳动保障部和财政部参照城市居民生活费用价格指数和在职职工工资增长情况,提出方案报国务院审定后统一组织实施。

(八)未参加过基本养老保险统筹,且已经没有生产经营能力、无力缴纳养老保险费的城镇集体企业,不再纳入养老保险统筹范围,其已退休职工本人由民政部门按企业所在地城市居民最低生活保障标准按月发放生活费。

(九)自由职业人员、城镇个体工商户应参加基本养老保险,具体办法由各省(自治区、直辖市)人民政府规定。

(十)有条件的企业可为职工建立企业年金,并实行市场化运营和管理。企业年金实行基金完全积累,采用个人账户方式进行管理,费用由企业和职工个人缴纳,企业缴费在工资总额百分之四以内的部分,可从成本中列支。同时,鼓励开展个人储蓄性养老保险。

三、改革机关事业单位职工养老保险办法

(一)公务员(含参照国家公务员制度管理的事业单位工作人员,下同)的现行养老保险制度仍维持不变。

(二)全部由财政供款的事业单位,仍维持现行养老保险制度;已改制为企业的,执行城镇企业职工基本养老保险制度,并保持已退休人员基本养老金水平不变;由财政部分供款事业单位的养老保险办法,在调查研究和试点的基础上另行制定。

(三)公务员转入企业工作的,执行企业职工的基本养老保险制度;企业职工调入机关的,执行机关的基本养老保险制度。其养老保险关系的衔接以及退

休时待遇计发的办法,另行研究制定。

(四)已经进行机关事业单位养老保险制度改革试点的地区,要继续完善和规范。

四、积极推进城镇职工医疗保险制度改革

(一)进一步落实《国务院关于建立城镇职工基本医疗保险制度的决定》。全面推进城镇职工基本医疗保险改革,加快组织实施步伐。尚未启动的地区要尽快启动,已经启动实施的地区,要进一步完善和深化配套改革,加强基础管理。

(二)基本医疗保险费由用人单位和职工双方共同负担。用人单位缴费一般为职工工资总额的百分之六左右,个人缴费占本人工资的百分之二左右。具体缴费比例,由各省(自治区、直辖市)根据当地情况自行规定。原来医疗费用水平比较高的地区,单位缴费可以高一些,但要注意控制;原来医疗费用水平比较低的地区,不能盲目攀比。

(三)基本医疗保险基金实行社会统筹和个人账户相结合。个人缴费全部计入个人账户,用人单位缴费的百分之三十左右划入个人账户,其余部分用于建立统筹基金。个人账户主要用于小病或门诊费用,统筹基金主要用于大病或住院费用。少数单位缴费比例较低、划一部分资金进入个人账户有困难的地区,可以暂不划入,先用于建立统筹基金。

(四)逐步建立多层次的医疗保障体系。要贯彻落实国家公务员医疗补助办法;实行职工大额医疗费用补助办法,妥善解决基本医疗保险最高支付限额以上的医疗费用;建立社会医疗救助制度。有条件的企业可以为职工建立补充医疗保险,提取额在工资总额百分之四以内的从成本中列支。

(五)按照国务院的要求,各有关部门要转变职能,加强配合,同步推进医疗保险制度、医疗机构和药品流通体制三项改革,实现"用比较低廉的费用提供比较优质的医疗服务"的改革目标。要打破地区和行业垄断,促进医院之间、药厂、药店和药房之间、医务人员之间的竞争;对营利和非营利医疗机构要实行不同的财政、税收和价格政策,促进医疗机构之间公平竞争;医院药品收入要实行收支两条线管理办法,逐步将医院药房改为药品零售企业,独立核算,照章纳税。

要严格实行生产经营许可证制度,大力整顿和规范药品流通秩序,通过实行药品集中招标采购等办法,从源头上治理医药购销中的不正之风。

现在医疗保险及相应的改革已在大多数城市推开,要进一步完善,尤其是试点的省市更应如此,其他尚未推开的城市应按国务院的要求尽快推开。

五、推动国有企业下岗职工基本生活保障向失业保险并轨

(一)全面贯彻落实《失业保险条例》,依法扩大覆盖面,将城镇企业事业单位及其职工纳入失业保险范围,强化基金收支管理,加强基础管理工作,切实保障失业人员基本生活,促进再就业。

(二)从二○○一年一月一日起,国有企业原则上不再建立新的再就业服务中心,企业新的减员原则上不再进入再就业服务中心,由企业依法与其解除劳动关系,凡所在单位参加了失业保险并依法足额缴费的,按规定享受失业保险待遇。各地区要区分不同企业情况,实行分类指导,用三年左右时间有步骤地完成向失业保险并轨。

(三)已经进入再就业服务中心的下岗职工,其基本生活保障和再就业协议的内容保持不变。协议期满仍未实现再就业的下岗职工,要按规定解除劳动关系,并依法享受失业保险或城市居民最低生活保障待遇。

(四)有困难的企业要本着劳动关系和债权债务关系分开处理的原则,妥善处理好经济补偿、拖欠职工工资和集资款等债权债务问题。具体办法由各省(自治区、直辖市)人民政府结合本地实际制定。

(五)对距法定退休年龄不足五年或工龄已满三十年、实现再就业有困难的下岗职工,可以实行企业内部退养,由企业发给基本生活费,并按规定继续为其缴纳社会保险费,达到退休年龄时正式办理退休手续。

(六)下岗职工原租住的公有住房,可按当地房改政策购买。

(七)从二○○一年起,各级财政原来安排用于下岗职工基本生活保障的预算资金,规模不减少,但要调整使用方向,除用于下岗职工基本生活保障外,主要用于补充失业保险基金和城市居民最低生活保障资金的不足。为鼓励下岗职工提前出再就业服务中心、解除劳动关系、促进再就业,允许地方对下岗职工基本

生活保障资金灵活运用。具体办法由省级人民政府制定。

六、加强和完善城市居民最低生活保障制度

（一）认真贯彻《城市居民最低生活保障条例》，将符合条件的城镇贫困人口纳入最低生活保障范围，并做好与其他社会保障制度的衔接工作。

（二）城市居民最低生活保障标准，由市、县人民政府按照当地维持城市居民基本生活所必需的费用确定，既要保证城市贫困居民的基本生存条件，又要有利于鼓励就业。

（三）城市居民最低生活保障所需资金，由地方各级人民政府列入财政预算，专户管理，专款专用。中央和省级财政对财政困难地区和老工业基地给予补助。

（四）对企业改组改制和产业结构调整过程中出现的特殊困难人群，特别是中央、省属企业和城镇集体企业在职职工、下岗职工、退休人员，以及下岗职工基本生活保障向失业保险并轨过程中的下岗、失业人员，按规定计算其应得待遇后，家庭人均收入仍然低于当地城市居民最低生活保障标准的，享受最低生活保障待遇。

（五）严格进行家庭收入调查。要准确调查核实保障对象家庭经济状况和实际生活水平，规范申请、评审和资金发放的程序，做到公开、公平、公正。具体办法由各省、自治区、直辖市人民政府制定。

（六）最低生活保障对象自谋职业的，工商、税务机关要按国家规定给予政策支持和税收优惠。

（七）大力发展慈善机构、服务于贫困家庭的基金会等非营利机构。非营利机构用于公益事业的支出，可按税法有关规定在缴纳企业所得税前扣除；企业和个人向慈善机构、基金会符非营利机构的公益、救济性捐赠，可全额在税前扣除。鼓励社会各界向贫困家庭提供法律援助、基本医疗服务，为贫困学生提供助学金。

七、加强社会保障资金的筹集和管理

（一）全面落实《社会保险费征缴暂行条例》的各项规定，实行社会保险费全额征缴，加强社会保险费的征收管理，提高征缴率。凡是参加社会保险的单位都

必须依法按时足额缴纳社会保险费;对拒缴、瞒报少缴的要依法处理;对欠缴社会保险费的,要采取各种措施,加大追缴力度。社会保险费征收机构由各省、自治区、直辖市人民政府确定,可以由税务机构征收,也可以由社会保险经办机构征收。

(二)调整财政支出结构,逐步增加社会保障支出。各级财政必须进一步深化财政支出管理改革,严格实施部门预算,加大调整财政支出结构的力度,转化企业亏损补贴,压缩部分事业性支出,逐步将社会保障支出占财政支出的比重提高到百分之十五至百分之二十。今后,预算超收的财力,除了保证法定支出外,主要用于补充社会保障资金。

(三)各项社会保险统筹基金要纳入财政专户,实行收支两条线管理,严禁截留、挤占、挪用。

(四)社会保障经办机构要依法接受参保登记和缴费申报,稽核缴费基数,建立职工及离退休人员数据库,管理养老、医疗保险个人账户及失业保险个人缴费记录,按规定审核、发放社会保险待遇,提供查询服务等。社会保险费征收机构要依法加强征收管理,做到应收尽收。实行税务机构征收的地区,社会保险经办机构要做好与税务机构在缴费申报、记录等方面的衔接。

(五)加强社会保障行政监督和社会监督。要建立由政府部门、用人单位、职工代表和专家等组成的社会保障监督委员会,依法对社会保障政策执行和基金管理情况进行监督。有关部门要切实履行监督职能,对玩忽职守、徇私舞弊和贪污、挪用、扣压、拖欠社会保障资金等行为依法予以查处。

八、推动社会保障管理和服务的社会化

(一)自本方案实施之日起办理退休手续的人员、登记为失业的人员以及破产、兼并企业的退休人员,其档案及日常管理服务工作要从原用人单位转到职工户口所在地或常年居住地的街道统一管理。

(二)从企业剥离出来的社会保障事务性工作,除了社会保险经办机构承接一部分外,主要由街道和社区服务组织承担。街道办事处要设立或确定负责社会保障事务的机构。经济较发达、社会化程度较高、社区管理工作较为规范的地

区,要积极探索已退休人员从单位转到社区管理的途径和办法,力争在二〇〇二年底以前完成移交;其余地区也应创造条件,在二〇〇三年底之前基本完成上述工作。

(三)社会保险经办机构应做好退休人员、失业人员社会保险关系的管理、接续和转移工作。社会保险金由社会保险经办机构委托银行、邮局等社会服务机构发放;退休人员死亡后按国家规定支付的丧葬补助金,由社会保险经办机构发放。城市居民最低生活保障资金,由市、区民政部门委托和组织街道、居委会审核和发放。

(四)各地要充分利用现有资源、场所,加强社区基础设施建设和老年卫生、文化、福利设施和活动场所建设,建立健全服务网络,强化社区功能,同时按照社会化、产业化和市场化的原则,引导社会力量为社会保障对象提供生活照料、医疗保健、文化教育和法律服务。

(五)民政部门要加强街道、居民委员会组织建设,组织和指导社区服务,推动社区建设;社会保险经办机构要拓展服务范围,为参加社会保险人员提供相应服务;就业服务机构要加强社区就业的指导和职务;卫生部门要大力发展社区卫生组织,为退休人员提供方便、及时的医疗服务;文化体育部门要组织退休人员开展文化健身活动,丰富退休人员精神文化生活;地方财政部门要帮助社区组织解决工作经费。

(六)建立覆盖全国的社会保障信息服务网络。社会保障资金的缴纳、记录、核算、支付以及查询服务等,都要纳入计算机管理系统,并逐步实现全国联网。劳动保障、民政、财政、税务部门要根据各自的职能,尽快开发、研制社会保障管理和服务软件,建立健全网络传输和查询系统。社会保障计算机网络建设要全国统筹规划、统一安排,做到软件统一、硬件设备配置要求统一、网络之间接口标准统一、数据传递方式统一,力争在二〇〇三年底前全国社会保障计算机网络系统全面投入运行。各地要成立由政府主要领导牵头,有关职能部门参加的社会保障信息网络建设领导小组,在统一规划下,协调各部门的工作,加快社会保障信息网络建设。

国务院关于完善企业职工基本
养老保险制度的决定

国发〔2005〕38 号

各省、自治区、直辖市人民政府,国务院各部委、各直属机构:

近年来,各地区和有关部门按照党中央、国务院关于完善企业职工基本养老保险制度的部署和要求,以确保企业离退休人员基本养老金按时足额发放为中心,努力扩大基本养老保险覆盖范围,切实加强基本养老保险基金征缴,积极推进企业退休人员社会化管理服务,各项工作取得明显成效,为促进改革、发展和维护社会稳定发挥了重要作用。但是,随着人口老龄化、就业方式多样化和城市化的发展,现行企业职工基本养老保险制度还存在个人账户没有做实、计发办法不尽合理、覆盖范围不够广泛等不适应的问题,需要加以改革和完善。为此,在充分调查研究和总结东北三省完善城镇社会保障体系试点经验的基础上,国务院对完善企业职工基本养老保险制度作出如下决定:

一、完善企业职工基本养老保险制度的指导思想和主要任务。以邓小平理论和"三个代表"重要思想为指导,认真贯彻党的十六大和十六届三中、四中、五中全会精神,按照落实科学发展观和构建社会主义和谐社会的要求,统筹考虑当前和长远的关系,坚持覆盖广泛、水平适当、结构合理、基金平衡的原则,完善政策,健全机制,加强管理,建立起适合我国国情,实现可持续发展的基本养老保险制度。主要任务是:确保基本养老金按时足额发放,保障离退休人员基本生活;逐步做实个人账户,完善社会统筹与个人账户相结合的基本制度;统一城镇个体工商户和灵活就业人员参保缴费政策,扩大覆盖范围;改革基本养老金计发办法,建立参保缴费的激励约束机制;根据经济发展水平和各方面承受能力,合理确定基本养老金水平;建立多层次养老保险体系,划清中央与地方、政府与企业及个人的责任;加强基本养老保险基金征缴和监管,完善多渠道筹资机制;进一步做好退休人员社会化管理工作,提高服务水平。

二、确保基本养老金按时足额发放。要继续把确保企业离退休人员基本养老金按时足额发放作为首要任务,进一步完善各项政策和工作机制,确保离退休人员基本养老金按时足额发放,不得发生新的基本养老金拖欠,切实保障离退休人员的合法权益。对过去拖欠的基本养老金,各地要根据《中共中央办公厅国务院办公厅关于进一步做好补发拖欠基本养老金和企业调整工资工作的通知》要求,认真加以解决。

三、扩大基本养老保险覆盖范围。城镇各类企业职工、个体工商户和灵活就业人员都要参加企业职工基本养老保险。当前及今后一个时期,要以非公有制企业、城镇个体工商户和灵活就业人员参保工作为重点,扩大基本养老保险覆盖范围。要进一步落实国家有关社会保险补贴政策,帮助就业困难人员参保缴费。城镇个体工商户和灵活就业人员参加基本养老保险的缴费基数为当地上年度在岗职工平均工资,缴费比例为20%,其中8%记入个人账户,退休后按企业职工基本养老金计发办法计发基本养老金。

四、逐步做实个人账户。做实个人账户,积累基本养老保险基金,是应对人口老龄化的重要举措,也是实现企业职工基本养老保险制度可持续发展的重要保证。要继续抓好东北三省做实个人账户试点工作,抓紧研究制订其他地区扩大做实个人账户试点的具体方案,报国务院批准后实施。国家制订个人账户基金管理和投资运营办法,实现保值增值。

五、加强基本养老保险基金征缴与监管。要全面落实《社会保险费征缴暂行条例》的各项规定,严格执行社会保险登记和缴费申报制度,强化社会保险稽核和劳动保障监察执法工作,努力提高征缴率。凡是参加企业职工基本养老保险的单位和个人,都必须按时足额缴纳基本养老保险费;对拒缴、瞒报少缴基本养老保险费的,要依法处理;对欠缴基本养老保险费的,要采取各种措施,加大追缴力度,确保基本养老保险基金应收尽收。各地要按照建立公共财政的要求,积极调整财政支出结构,加大对社会保障的资金投入。

基本养老保险基金要纳入财政专户,实行收支两条线管理,严禁挤占挪用。要制定和完善社会保险基金监督管理的法律法规,实现依法监督。各省、自治区、直辖市人民政府要完善工作机制,保证基金监管制度的顺利实施。要继续发挥审计监督、社会监督和舆论监督的作用,共同维护基金安全。

六、改革基本养老金计发办法。为与做实个人账户相衔接,从 2006 年 1 月 1 日起,个人账户的规模统一由本人缴费工资的 11% 调整为 8%,全部由个人缴费形成,单位缴费不再划入个人账户。同时,进一步完善鼓励职工参保缴费的激励约束机制,相应调整基本养老金计发办法。

国发[1997]26 号文件实施后参加工作、缴费年限(含视同缴费年限,下同)累计满 15 年的人员,退休后按月发给基本养老金。基本养老金由基础养老金和个人账户养老金组成。退休时的基础养老金月标准以当地上年度在岗职工月平均工资和本人指数化月平均缴费工资的平均值为基数,缴费每满 1 年发给 1%。个人账户养老金月标准为个人账户储存额除以计发月数,计发月数根据职工退休时城镇人口平均预期寿命、本人退休年龄、利息等因素确定。

国发[1997]26 号文件实施前参加工作,本决定实施后退休且缴费年限累计满 15 年的人员,在发给基础养老金和个人账户养老金的基础上,再发给过渡性养老金。各省、自治区、直辖市人民政府要按照待遇水平合理衔接、新老政策平稳过渡的原则,在认真测算的基础上,制订具体的过渡办法,并报劳动保障部、财政部备案。

本决定实施后到达退休年龄但缴费年限累计不满 15 年的人员,不发给基础养老金;个人账户储存额一次性支付给本人,终止基本养老保险关系。

本决定实施前已经离退休的人员,仍按国家原来的规定发给基本养老金,同时执行基本养老金调整办法。

七、建立基本养老金正常调整机制。根据职工工资和物价变动等情况,国务院适时调整企业退休人员基本养老金水平,调整幅度为省、自治区、直辖市当地企业在岗职工平均工资年增长率的一定比例。各地根据本地实际情况提出具体调整方案,报劳动保障部、财政部审批后实施。

八、加快提高统筹层次。进一步加强省级基金预算管理,明确省、市、县各级人民政府的责任,建立健全省级基金调剂制度,加大基金调剂力度。在完善市级统筹的基础上,尽快提高统筹层次,实现省级统筹,为构建全国统一的劳动力市场和促进人员合理流动创造条件。

九、发展企业年金。为建立多层次的养老保险体系,增强企业的人才竞争能力,更好地保障企业职工退休后的生活,具备条件的企业可为职工建立企业年金。企业年金基金实行完全积累,采取市场化的方式进行管理和运营。要切实做好企业年金基金监管工作,实现规范运作,切实维护企业和职工的利益。

十、做好退休人员社会化管理服务工作。要按照建立独立于企业事业单位之外社会保障体系的要求,继续做好企业退休人员社会化管理工作。要加强街道、社区劳动保障工作平台建设,加快公共老年服务设施和服务网络建设,条件具备的地方,可开展老年护理服务,兴建退休人员公寓,为退休人员提供更多更好的服务,不断提高退休人员的生活质量。

十一、不断提高社会保险管理服务水平。要高度重视社会保险经办能力建设,加快社会保障信息服务网络建设步伐,建立高效运转的经办管理服务体系,把社会保险的政策落到实处。各级社会保险经办机构要完善管理制度,制定技术标准,规范业务流程,实现规范化、信息化和专业化管理。同时,要加强人员培训,提高政治和业务素质,不断提高工作效率和服务质量。

完善企业职工基本养老保险制度是构建社会主义和谐社会的重要内容,事关改革发展稳定的大局。各地区和有关部门要高度重视,加强领导,精心组织实施,研究制订具体的实施意见和办法,并报劳动保障部备案。劳动保障部要会同有关部门加强指导和监督检查,及时研究解决工作中遇到的问题,确保本决定的贯彻实施。

本决定自发布之日起实施,已有规定与本决定不一致的,按本决定执行。

国务院关于建立统一的城乡居民
基本养老保险制度的意见

国发〔2014〕8 号

各省、自治区、直辖市人民政府,国务院各部委、各直属机构:

按照党的十八大精神和十八届三中全会关于整合城乡居民基本养老保险制度的要求,依据《中华人民共和国社会保险法》有关规定,在总结新型农村社会养老保险(以下简称新农保)和城镇居民社会养老保险(以下简称城居保)试点经验的基础上,国务院决定,将新农保和城居保两项制度合并实施,在全国范围内建立统一的城乡居民基本养老保险(以下简称城乡居民养老保险)制度。现提出以下意见:

一、指导思想

高举中国特色社会主义伟大旗帜,以邓小平理论、"三个代表"重要思想、科学发展观为指导,贯彻落实党中央和国务院的各项决策部署,按照全覆盖、保基本、有弹性、可持续的方针,以增强公平性、适应流动性、保证可持续性为重点,全面推进和不断完善覆盖全体城乡居民的基本养老保险制度,充分发挥社会保险对保障人民基本生活、调节社会收入分配、促进城乡经济社会协调发展的重要作用。

二、任务目标

坚持和完善社会统筹与个人账户相结合的制度模式,巩固和拓宽个人缴费、集体补助、政府补贴相结合的资金筹集渠道,完善基础养老金和个人账户养老金相结合的待遇支付政策,强化长缴多得、多缴多得等制度的激励机制,建立基础养老金正常调整机制,健全服务网络,提高管理水平,为参保居民提供方便快捷的服务。"十二五"末,在全国基本实现新农保和城居保制度合并实施,并与职工基本养老保险制度相衔接。2020年前,全面建成公平、统一、规范的城乡居民养老保险制度,与社会救助、社会福利等其他社会保障政策相配套,充分发挥家庭养老等传统保障方式的积极作用,更好保障参保城乡居民的老年基本生活。

三、参保范围

年满16周岁(不含在校学生),非国家机关和事业单位工作人员及不属于职工基本养老保险制度覆盖范围的城乡居民,可以在户籍地参加城乡居民养老保险。

四、基金筹集

城乡居民养老保险基金由个人缴费、集体补助、政府补贴构成。

(一)个人缴费

参加城乡居民养老保险的人员应当按规定缴纳养老保险费。缴费标准目前设为每年100元、200元、300元、400元、500元、600元、700元、800元、900元、1000元、1500元、2000元12个档次,省(区、市)人民政府可以根据实际情况增设缴费档次,最高缴费档次标准原则上不超过当地灵活就业人员参加职工基本养老保险的年缴费额,并报人力资源社会保障部备案。人力资源社会保障部会同财政部依据城乡居民收入增长等情况适时调整缴费档次标准。参保人自主选择档次缴费,多缴多得。

(二)集体补助

有条件的村集体经济组织应当对参保人缴费给予补助,补助标准由村民委员会召开村民会议民主确定,鼓励有条件的社区将集体补助纳入社区公益事业资金筹集范围。鼓励其他社会经济组织、公益慈善组织、个人为参保人缴费提供资助。补助、资助金额不超过当地设定的最高缴费档次标准。

(三)政府补贴

政府对符合领取城乡居民养老保险待遇条件的参保人全额支付基础养老金,其中,中央财政对中西部地区按中央确定的基础养老金标准给予全额补助,对东部地区给予50%的补助。

地方人民政府应当对参保人缴费给予补贴,对选择最低档次标准缴费的,补贴标准不低于每人每年30元;对选择较高档次标准缴费的,适当增加补贴金额;对选择500元及以上档次标准缴费的,补贴标准不低于每人每年60元,具体标准和办法由省(区、市)人民政府确定。对重度残疾人等缴费困难群体,地方人民政府为其代缴部分或全部最低标准的养老保险费。

五、建立个人账户

国家为每个参保人员建立终身记录的养老保险个人账户,个人缴费、地方人民政府对参保人的缴费补贴、集体补助及其他社会经济组织、公益慈善组织、个人对参保人的缴费资助,全部记入个人账户。个人账户储存额按国家规定计息。

六、养老保险待遇及调整

城乡居民养老保险待遇由基础养老金和个人账户养老金构成,支付终身。

(一)基础养老金。中央确定基础养老金最低标准,建立基础养老金最低标准正常调整机制,根据经济发展和物价变动等情况,适时调整全国基础养老金最低标准。地方人民政府可以根据实际情况适当提高基础养老金标准;对长期缴费的,可适当加发基础养老金,提高和加发部分的资金由地方人民政府支出,具体办法由省(区、市)人民政府规定,并报人力资源社会保障部备案。

(二)个人账户养老金。个人账户养老金的月计发标准,目前为个人账户全部储存额除以139(与现行职工基本养老保险个人账户养老金计发系数相同)。参保人死亡,个人账户资金余额可以依法继承。

七、养老保险待遇领取条件

参加城乡居民养老保险的个人,年满60周岁、累计缴费满15年,且未领取国家规定的基本养老保障待遇的,可以按月领取城乡居民养老保险待遇。新农保或城居保制度实施时已年满60周岁,在本意见印发之日前未领取国家规定的基本养老保障待遇的,不用缴费,自本意见实施之月起,可以按月领取城乡居民养老保险基础养老金;距规定领取年龄不足15年的,应逐年缴费,也允许补缴,累计缴费不超过 15 年;距规定领取年龄超过 15 年的,应按年缴费,累计缴费不少于 15 年。

城乡居民养老保险待遇领取人员死亡的,从次月起停止支付其养老金。有条件的地方人民政府可以结合本地实际探索建立丧葬补助金制度。社会保险经办机构应每年对城乡居民养老保险待遇领取人员进行核对;村(居)民委员会要协助社会保险经办机构开展工作,在行政村(社区)范围内对参保人待遇领取资格进行公示,并与职工基本养老保险待遇等领取记录进行比对,确保不重、不漏、不错。

八、转移接续与制度衔接

参加城乡居民养老保险的人员,在缴费期间户籍迁移、需要跨地区转移城乡居民养老保险关系的,可在迁入地申请转移养老保险关系,一次性转移个人账户全部储存额,并按迁入地规定继续参保缴费,缴费年限累计计算;已经按规定领取城乡居民养老保险待遇的,无论户籍是否迁移,其养老保险关系不转移。城乡居民养老保险制度与职工基本养老保险、优抚安置、城乡居民最低生活保障、农村五保供养等社会保障制度以及农村部分计划生育家庭奖励扶助制度的衔接,按有关规定执行。

九、基金管理和运营

将新农保基金和城居保基金合并为城乡居民养老保险基金,完善城乡居民养老保险基金财务会计制度和各项业务管理规章制度。城乡居民养老保险基金纳入社会保障基金财政专户,实行收支两条线管理,单独记账、独立核算,任何地区、部门、单位和个人均不得挤占挪用、虚报冒领。各地要在整合城乡居民养老保险制度的基础上,逐步推进城乡居民养老保险基金省级管理。

城乡居民养老保险基金按照国家统一规定投资运营,实现保值增值。

十、基金监督

各级人力资源社会保障部门要会同有关部门认真履行监管职责,建立健全内控制度和基金稽核监督制度,对基金的筹集、上解、划拨、发放、存储、管理等进行监控和检查,并按规定披露信息,接受社会监督。财政部门、审计部门按各自职责,对基金的收支、管理和投资运营情况实施监督。对虚报冒领、挤占挪用、贪污浪费等违纪违法行为,有关部门按国家有关法律法规严肃处理。要积极探索有村(居)民代表参加的社会监督的有效方式,做到基金公开透明,制度在阳光下运行。

十一、经办管理服务与信息化建设

省(区、市)人民政府要切实加强城乡居民养老保险经办能力建设,结合本地实际,科学整合现有公共服务资源和社会保险经办管理资源,充实加强基层经办力量,做到精确管理、便捷服务。要注重运用现代管理方式和政府购买服务方式,降低行政成本,提高工作效率。要加强城乡居民养老保险工作人员专业培训,不断提高公共服务水平。社会保险经办机构要认真记录参保人缴费和领取待遇情况,建立参保档案,按规定妥善保存。地方人民政府要为经办机构提供必要的工作场地、设施设备、经费保障。城乡居民养老保险工作经费纳入同级财政预算,不得从城乡居民养老保险基金中开支。基层财政确有困难的地区,省市级财政可给予适当补助。

各地要在现有新农保和城居保业务管理系统基础上,整合形成省级集中的城乡居民养老保险信息管理系统,纳入"金保工程"建设,并与其他公民信息管理系统实现信息资源共享;要将信息网络向基层延伸,实现省、市、县、乡镇(街道)、社区实时联网,有条件的地区可延伸到行政村;要大力推行全国统一的社会保障卡,方便参保人持卡缴费、领取待遇和查询本人参保信息。

十二、加强组织领导和政策宣传

地方各级人民政府要充分认识建立城乡居民养老保险制度的重要性,将其列入当地经济社会发展规划和年度目标管理考核体系,切实加强组织领导;要优化财政支出结构,加大财政投入,为城乡居民养老保险制度建设提供必要的财力保障。各级人力资源社会保障部门要切实履行主管部门职责,会同有关部门做好城乡居民养老保险工作的统筹规划和政策制定、统一管理、综合协调、监督检查等工作。

各地区和有关部门要认真做好城乡居民养老保险政策宣传工作,全面准确地宣传解读政策,正确把握舆论导向,注重运用通俗易懂的语言和群众易于接受的方式,深入基层开展宣传活动,引导城乡居民踊跃参保、持续缴费、增加积累,保障参保人的合法权益。

各省(区、市)人民政府要根据本意见,结合本地区实际情况,制定具体实施办法,并报人力资源社会保障部备案。

本意见自印发之日起实施,已有规定与本意见不一致的,按本意见执行。

国务院关于机关事业单位工作人员
养老保险制度改革的决定

国发〔2015〕2 号

各省、自治区、直辖市人民政府，国务院各部委、各直属机构：

按照党的十八大和十八届三中、四中全会精神，根据《中华人民共和国社会保险法》等相关规定，为统筹城乡社会保障体系建设，建立更加公平、可持续的养老保险制度，国务院决定改革机关事业单位工作人员养老保险制度。

一、改革的目标和基本原则。以邓小平理论、"三个代表"重要思想、科学发展观为指导，深入贯彻党的十八大、十八届三中、四中全会精神和党中央、国务院决策部署，坚持全覆盖、保基本、多层次、可持续方针，以增强公平性、适应流动性、保证可持续性为重点，改革现行机关事业单位工作人员退休保障制度，逐步建立独立于机关事业单位之外、资金来源多渠道、保障方式多层次、管理服务社会化的养老保险体系。改革应遵循以下基本原则：

（一）公平与效率相结合。既体现国民收入再分配更加注重公平的要求，又体现工作人员之间贡献大小差别，建立待遇与缴费挂钩机制，多缴多得、长缴多得，提高单位和职工参保缴费的积极性。

（二）权利与义务相对应。机关事业单位工作人员要按照国家规定切实履行缴费义务，享受相应的养老保险待遇，形成责任共担、统筹互济的养老保险筹资和分配机制。

（三）保障水平与经济发展水平相适应。立足社会主义初级阶段基本国情，合理确定基本养老保险筹资和待遇水平，切实保障退休人员基本生活，促进基本养老保险制度可持续发展。

（四）改革前与改革后待遇水平相衔接。立足增量改革，实现平稳过渡。对改革前已退休人员，保持现有待遇并参加今后的待遇调整；对改革后参加工作的人员，通过建立新机制，实现待遇的合理衔接；对改革前参加工作、改革后退休的人员,通过实行过渡性措施,保持待遇水平不降低。

(五)解决突出矛盾与保证可持续发展相促进。统筹规划、合理安排、量力而行,准确把握改革的节奏和力度,先行解决城镇职工基本养老保险制度不统一的突出矛盾,再结合养老保险顶层设计,坚持精算平衡,逐步完善相关制度和政策。

二、改革的范围。本决定适用于按照公务员法管理的单位、参照公务员法管理的机关(单位)、事业单位及其编制内的工作人员。

三、实行社会统筹与个人账户相结合的基本养老保险制度。基本养老保险费由单位和个人共同负担。单位缴纳基本养老保险费(以下简称单位缴费)的比例为本单位工资总额的20%,个人缴纳基本养老保险费(以下简称个人缴费)的比例为本人缴费工资的8%,由单位代扣。按本人缴费工资8%的数额建立基本养老保险个人账户,全部由个人缴费形成。个人工资超过当地上年度在岗职工平均工资300%以上的部分,不计入个人缴费工资基数;低于当地上年度在岗职工平均工资60%的,按当地在岗职工平均工资的60%计算个人缴费工资基数。

个人账户储存额只用于工作人员养老,不得提前支取,每年按照国家统一公布的记账利率计算利息,免征利息税。参保人员死亡的,个人账户余额可以依法继承。

四、改革基本养老金计发办法。本决定实施后参加工作、个人缴费年限累计满15年的人员,退休后按月发给基本养老金。基本养老金由基础养老金和个人账户养老金组成。退休时的基础养老金月标准以当地上年度在岗职工月平均工资和本人指数化月平均缴费工资的平均值为基数,缴费每满1年发给1%。个人账户养老金月标准为个人账户储存额除以计发月数,计发月数根据本人退休时城镇人口平均预期寿命、本人退休年龄、利息等因素确定(详见附件)。

本决定实施前参加工作、实施后退休且缴费年限(含视同缴费年限,下同)累计满15年的人员,按照合理衔接、平稳过渡的原则,在发给基础养老金和个人账户养老金的基础上,再依据视同缴费年限长短发给过渡性养老金。具体办法由人力资源社会保障部会同有关部门制定并指导实施。

本决定实施后达到退休年龄但个人缴费年限累计不满 15 年的人员，其基本养老保险关系处理和基本养老金计发比照《实施〈中华人民共和国社会保险法〉若干规定》（人力资源社会保障部令第 13 号）执行。

本决定实施前已经退休的人员，继续按照国家规定的原待遇标准发放基本养老金，同时执行基本养老金调整办法。

机关事业单位离休人员仍按照国家统一规定发给离休费，并调整相关待遇。

五、建立基本养老金正常调整机制。根据职工工资增长和物价变动等情况，统筹安排机关事业单位和企业退休人员的基本养老金调整，逐步建立兼顾各类人员的养老保险待遇正常调整机制，分享经济社会发展成果，保障退休人员基本生活。

六、加强基金管理和监督。建立健全基本养老保险基金省级统筹；暂不具备条件的，可先实行省级基金调剂制度，明确各级人民政府征收、管理和支付的责任。机关事业单位基本养老保险基金单独建账，与企业职工基本养老保险基金分别管理使用。基金实行严格的预算管理，纳入社会保障基金财政专户，实行收支两条线管理，专款专用。依法加强基金监管，确保基金安全。

七、做好养老保险关系转移接续工作。参保人员在同一统筹范围内的机关事业单位之间流动，只转移养老保险关系，不转移基金。参保人员跨统筹范围流动或在机关事业单位与企业之间流动，在转移养老保险关系的同时，基本养老保险个人账户储存额随同转移，并以本人改革后各年度实际缴费工资为基数，按 12% 的总和转移基金，参保缴费不足 1 年的，按实际缴费月数计算转移基金。转移后基本养老保险缴费年限（含视同缴费年限）、个人账户储存额累计计算。

八、建立职业年金制度。机关事业单位在参加基本养老保险的基础上，应当为其工作人员建立职业年金。单位按本单位工资总额的 8% 缴费，个人按本人缴费工资的 4% 缴费。工作人员退休后，按月领取职业年金待遇。职业年金的具体办法由人力资源社会保障部、财政部制定。

九、建立健全确保养老金发放的筹资机制。机关事业单位及其工作人员应按规定及时足额缴纳养老保险费。各级社会保险征缴机构应切实加强基金征缴，做到应收尽收。各级政府应积极调整和优化财政支出结构，加大社会保障资金投入,确保基本养老金按时足额发放,同时为建立职业年金制度提供相应的经费保障,确保机关事业单位养老保险制度改革平稳推进。

十、逐步实行社会化管理服务。提高机关事业单位社会保险社会化管理服务水平,普遍发放全国统一的社会保障卡,实行基本养老金社会化发放。加强街道、社区人力资源社会保障工作平台建设,加快老年服务设施和服务网络建设,为退休人员提供方便快捷的服务。

十一、提高社会保险经办管理水平。各地要根据机关事业单位工作人员养老保险制度改革的实际需要,加强社会保险经办机构能力建设,适当充实工作人员,提供必要的经费和服务设施。人力资源社会保障部负责在京中央国家机关及所属事业单位基本养老保险的管理工作,同时集中受托管理其职业年金基金。中央国家机关所属京外单位的基本养老保险实行属地化管理。社会保险经办机构应做好机关事业单位养老保险参保登记、缴费申报、关系转移、待遇核定和支付等工作。要按照国家统一制定的业务经办流程和信息管理系统建设要求,建立健全管理制度,由省级统一集中管理数据资源,实现规范化、信息化和专业化管理,不断提高工作效率和服务质量。

十二、加强组织领导。改革机关事业单位工作人员养老保险制度,直接关系广大机关事业单位工作人员的切身利益,是一项涉及面广、政策性强的工作。各地区、各部门要充分认识改革工作的重大意义,切实加强领导,精心组织实施,向机关事业单位工作人员和社会各界准确解读改革的目标和政策,正确引导舆论,确保此项改革顺利进行。各地区、各部门要按照本决定制定具体的实施意见和办法,报人力资源社会保障部、财政部备案后实施。人力资源社会保障部要会同有关部门制定贯彻本决定的实施意见,加强对改革工作的协调和指导,及时研究解决改革中遇到的问题,确保本决定的贯彻实施。

本决定自 2014 年 10 月 1 日起实施,已有规定与本决定不一致的,按照本决定执行。

国务院

2015 年 1 月 3 日

国务院办公厅关于转发人力资源社会保障部财政部
城镇企业职工基本养老保险关系转移接续暂行办法的通知

国办发〔2009〕66号

各省、自治区、直辖市人民政府，国务院各部委、各直属机构：

人力资源社会保障部、财政部《城镇企业职工基本养老保险关系转移接续暂行办法》已经国务院同意，现转发给你们，请结合实际，认真贯彻执行。

国务院办公厅

二〇〇九年十二月二十八日

城镇企业职工基本养老保险关系转移接续暂行办法
人力资源社会保障部　财政部

第一条　为切实保障参加城镇企业职工基本养老保险人员（以下简称参保人员）的合法权益，促进人力资源合理配置和有序流动，保证参保人员跨省、自治区、直辖市（以下简称跨省）流动并在城镇就业时基本养老保险关系的顺畅转移接续，制定本办法。

第二条　本办法适用于参加城镇企业职工基本养老保险的所有人员，包括农民工。已经按国家规定领取基本养老保险待遇的人员，不再转移基本养老保险关系。

第三条　参保人员跨省流动就业的，由原参保所在地社会保险经办机构（以下简称社保经办机构）开具参保缴费凭证，其基本养老保险关系应随同转移到新参保地。参保人员达到基本养老保险待遇领取条件的，其在各地的参保缴费年限合并计算，个人账户储存额（含本息，下同）累计计算；未达到待遇领取年龄前，不得终止基本养老保险关系并办理退保手续；其中出国定居和到香港、澳门、台湾地区定居的，按国家有关规定执行。

第四条　参保人员跨省流动就业转移基本养老保险关系时,按下列方法计算转移资金:

(一)个人账户储存额:1998年1月1日之前按个人缴费累计本息计算转移,1998年1月1日后按计入个人账户的全部储存额计算转移。

(二)统筹基金(单位缴费):以本人1998年1月1日后各年度实际缴费工资为基数,按12%的总和转移,参保缴费不足1年的,按实际缴费月数计算转移。

第五条　参保人员跨省流动就业,其基本养老保险关系转移接续按下列规定办理:

(一)参保人员返回户籍所在地(指省、自治区、直辖市,下同)就业参保的,户籍所在地的相关社保经办机构应为其及时办理转移接续手续。

(二)参保人员未返回户籍所在地就业参保的,由新参保地的社保经办机构为其及时办理转移接续手续。但对男性年满50周岁和女性年满40周岁的,应在原参保地继续保留基本养老保险关系,同时在新参保地建立临时基本养老保险缴费账户,记录单位和个人全部缴费。参保人员再次跨省流动就业或在新参保地达到待遇领取条件时,将临时基本养老保险缴费账户中的全部缴费本息,转移归集到原参保地或待遇领取地。

(三)参保人员经县级以上党委组织部门、人力资源社会保障行政部门批准调动,且与调入单位建立劳动关系并缴纳基本养老保险费的,不受以上年龄规定限制,应在调入地及时办理基本养老保险关系转移接续手续。

第六条　跨省流动就业的参保人员达到待遇领取条件时,按下列规定确定其待遇领取地:

(一)基本养老保险关系在户籍所在地的,由户籍所在地负责办理待遇领取手续,享受基本养老保险待遇。

(二)基本养老保险关系不在户籍所在地,而在其基本养老保险关系所在地累计缴费年限满10年的,在该地办理待遇领取手续,享受当地基本养老保险待遇。

(三)基本养老保险关系不在户籍所在地,且在其基本养老保险关系所在地累计缴费年限不满10年的,将其基本养老保险关系转回上一个缴费年限满10

年的原参保地办理待遇领取手续,享受基本养老保险待遇。

(四)基本养老保险关系不在户籍所在地,且在每个参保地的累计缴费年限均不满10年的,将其基本养老保险关系及相应资金归集到户籍所在地,由户籍所在地按规定办理待遇领取手续,享受基本养老保险待遇。

第七条 参保人员转移接续基本养老保险关系后,符合待遇领取条件的,按照《国务院关于完善企业职工基本养老保险制度的决定》(国发〔2005〕38号)的规定,以本人各年度缴费工资、缴费年限和待遇领取地对应的各年度在岗职工平均工资计算其基本养老金。

第八条 参保人员跨省流动就业的,按下列程序办理基本养老保险关系转移接续手续:

(一)参保人员在新就业地按规定建立基本养老保险关系和缴费后,由用人单位或参保人员向新参保地社保经办机构提出基本养老保险关系转移接续的书面申请。

(二)新参保地社保经办机构在15个工作日内,审核转移接续申请,对符合本办法规定条件的,向参保人员原基本养老保险关系所在地的社保经办机构发出同意接收函,并提供相关信息;对不符合转移接续条件的,向申请单位或参保人员作出书面说明。

(三)原基本养老保险关系所在地社保经办机构在接到同意接收函的15个工作日内,办理好转移接续的各项手续。

(四)新参保地社保经办机构在收到参保人员原基本养老保险关系所在地社保经办机构转移的基本养老保险关系和资金后,应在15个工作日内办结有关手续,并将确认情况及时通知用人单位或参保人员。

第九条 农民工中断就业或返乡没有继续缴费的,由原参保地社保经办机构保留其基本养老保险关系,保存其全部参保缴费记录及个人账户,个人账户储存额继续按规定计息。农民工返回城镇就业并继续参保缴费的,无论其回到原参保地就业还是到其他城镇就业,均按前述规定累计计算其缴费年限,合并计算其个人账户储存额,符合待遇领取条件的,与城镇职工同样享受基本养老保险待遇;农民工不再返回城镇就业的,其在城镇参保缴费记录及个人账户全部有效,并根据农民工的实际情况,或在其达到规定领取条件时享受城镇职工基本养老保险待遇,或转入新型农村社会养老保险。

农民工在城镇参加企业职工基本养老保险与在农村参加新型农村社会养老保险的衔接政策,另行研究制定。

第十条　建立全国县级以上社保经办机构联系方式信息库,并向社会公布,方便参保人员查询参保缴费情况,办理基本养老保险关系转移接续手续。加快建立全国统一的基本养老保险参保缴费信息查询服务系统,发行全国通用的社会保障卡,为参保人员查询参保缴费信息提供便捷有效的技术服务。

第十一条　各地已制定的跨省基本养老保险关系转移接续相关政策与本办法规定不符的,以本办法规定为准。在省、自治区、直辖市内的基本养老保险关系转移接续办法,由各省级人民政府参照本办法制定,并报人力资源社会保障部备案。

第十二条　本办法所称缴费年限,除另有特殊规定外,均包括视同缴费年限。

第十三条　本办法从 2010 年 1 月 1 日起施行。

关于印发城镇企业职工基本养老保险关系转移
接续若干具体问题意见的通知

人社部发〔2010〕70 号

各省、自治区、直辖市人力资源社会保障厅(局),新疆生产建设兵团劳动保障局:

《国务院办公厅转发人力资源社会保障部财政部城镇企业职工基本养老保险关系转移接续暂行办法的通知》(国办发〔2009〕66 号,以下简称《暂行办法》)下发以来,各地高度重视,认真组织实施,工作取得明显成效,总体形势平稳趋好。但在实施工作中还存在进展不平衡、对国家政策和经办规程理解不一致、信息化建设滞后等问题。为进一步做好相关工作,我们研究制定了《关于城镇企业职工基本养老保险关系转移接续若干具体问题的意见》,现印发给你们,请遵照执行,并抓紧做好以下工作:

一、尽快制定基本养老保险关系转移接续的实施办法。各地要结合完善省级统筹工作,按照《暂行办法》的统一要求,对本地区自行出台的养老保险关系转移接续政策进行清理规范,在今年底前制定出台城镇企业职工基本养老保险关系转移接续实施办法,并经人力资源社会保障部养老保险司、社保中心审核后,再上报省(自治区、直辖市)人民政府批准实施。各地正式下发的实施办法要及时报人力资源社会保障部备案。

二、调整规范农民工参加养老保险政策。各地要结合《暂行办法》的贯彻落实,采取可行措施,将在城镇企业就业并建立劳动关系的农民工,按照国家统一规定纳入城镇企业职工基本养老保险制度。在《暂行办法》实施前已自行出台农民工参加养老保险办法的地区,要抓紧调整相关政策,实现与城镇企业职工基本养老保险政策的统一规范,切实做好农民工参加城镇企业职工养老保险工作。

三、做好信息系统建设和应用工作。各地要按照《关于贯彻落实国务院办公厅转发城镇企业职工基本养老保险关系转移接续暂行办法的通知》(人社部发〔2009〕187号）和《关于开展城镇企业职工基本养老保险关系转移接续系统建设和应用工作的通知》（人社部函〔2010〕124号）的要求，抓紧统一规范业务经办程序，加快与部级异地转移系统的接入步伐，力争2010年底前三分之一以上地市入网接入服务，2011年底前全部地市（包括所属区县）入网接入服务，实现电子化转移业务模式，努力提高转移接续经办工作效率，为参保人员提供便捷的服务。

四、进一步做好经办管理工作。各地要严格执行国家政策及有关业务经办规定，为应对2011年元旦、春节期间可能出现的转移接续养老保险关系的高峰期，提前做好充分准备。要确保全国转移接续工作的统一和规范，不得随意调整和更改经办规程中的程序和表格；要简化、优化业务流程，提高工作效率，落实好办理时限；要通过国内各新闻媒体、互联网、热线电话、现场解答等多种形式，为参保人员提供咨询服务。各级社保经办机构要安排专人值守，确保向社会公布的联系渠道畅通。遇有单位地址、经办科室、电话号码等信息发生变更或需要补充的，要及时报告人力资源社会保障部社保中心，保持向社会公布信息的完整和准确。

二〇一〇年九月二十六日

关于城镇企业职工基本养老保险关系
转移接续若干具体问题的意见

一、关于统筹基金（单位缴费）

参保人员跨省流动就业转移统筹基金时，属于临时基本养老保险缴费账户的，单位缴费比例超过12%的，按实际缴费比例计算转移金额；低于12%的，按12%计算转移金额。

以个人身份参加城镇企业职工基本养老保险的参保人员，在跨省流动就业转移统筹基金时，除记入个人账户的部分外，缴费比例高于或低于12%的，均按12%的标准计算转移金额。转移时为临时基本养老保险缴费账户的，缴费比例高于 12% 的,按实际缴费比例计算转移金额;低于 12% 的,按 12% 计算转移金额。

参保人员跨省流动就业转移的统筹基金不计利息。

二、关于个人账户记账利息

参保人员跨省流动就业转移个人账户储存额时,当地 1998 年 1 月 1 日之前已建立个人账户的,从本人建账之日起计算个人账户利息;之后建立个人账户的,统一从 1998 年 1 月 1 日计算个人账户利息(含放大或调整到规定账户规模调整额的利息)。转出地计算利息的截止时点为办理关系转移手续的上年末(指自然年度,下同),当年的缴费(含当年补缴历年欠费)和上年末累计个人账户储存额应在当年产生的利息,由转入地一并计算。

转移个人账户储存额时,转出地上年记账利率未公布的,按再上一年记账利率计算利息。

三、关于个人账户记账额

参保人员跨省流动就业转移个人账户储存额时,个人账户记账额与按规定计算的资金转移额不一致的,1998 年 1 月 1 日之前已建立个人账户的,转出地和转入地均保留原个人账户记录;1998 年 1 月 1 日至 2005 年 12 月 31 日期间,个人账户记账比例高于 11% 的部分不计算为转移资金,个人账户记录不予调整,低于 11% 的,转出地按 11% 计算转移资金,并相应调整个人账户记录;2006 年 1 月 1 日之后个人账户记账比例高于 8% 的部分不转移,个人账户记录不予调整,低于 8% 的,转出地按 8% 计算转移资金,并相应调整个人账户记录。个人账户记录按规定调整后,参保人员又发生跨省流动的,不再作调整。

四、关于临时基本养老保险缴费账户

参保人员在 2010 年 1 月 1 日之前在非户籍所在地(以省为单位,下同)就业参保、2010 年 1 月 1 日之后男性年满 50 周岁和女性年满 40 周岁的,参保人员在中断缴费期间男性年满 50 周岁和女性年满 40 周岁的,参保地不得将其基本养老保险关系调整为临时基本养老保险缴费账户。

男性年满 50 周岁和女性年满 40 周岁的人员,首次参保地为非户籍所在地的,参保地应为其建立临时基本养老保险缴费账户。

参保人员在建立临时基本养老保险缴费账户期间达到待遇领取条件时,原保留基本养老保险关系所在地负责将其临时基本养老保险缴费账户进行归集归并。其中,只有临时基本养老保险缴费账户的,由户籍所在地负责归集归并,并在办理转入手续的同时进行参保信息登记。

五、关于户籍所在地

参保人员在建立临时基本养老保险缴费账户期间迁入户籍的,从迁入的次月起将其临时基本养老保险缴费账户调整为基本养老保险关系。

参保人员达到待遇领取条件、尚未办理待遇领取手续期间,户籍发生变动的,在确定户籍所在地时,以其达到待遇领取条件的年龄时点为准。

六、关于参保缴费年限

在确定参保人员待遇领取地时,一地(省、自治区、直辖市为单位,下同)的累计缴费年限应包括在本地的实际缴费年限和计算在本地的视同缴费年限。其中,曾经在机关事业单位和企业工作的视同缴费年限,计算在首次建立基本养老保险关系所在地,只有临时基本养老保险缴费账户的,计算在户籍所在地;曾经在部队服役的军龄,按国家规定安置就业的,计算为本人退出现役后首次就业参保所在地的视同缴费年限,按国家规定不安置就业的(不包括自主择业的军队干部),计算为本人达到待遇领取条件时户籍所在地的视同缴费年限。

参保人员曾发生多次符合《暂行办法》第五条第(三)款规定的组织人事调动,在确定待遇领取地时,应将其累计缴费年限(含视同缴费年限)计算在最后调入地的参保缴费年限中。

七、关于待遇领取地

参保人员在《暂行办法》实施前已办理过基本养老保险关系转移的,实施后没有再跨省流动就业转移基本养老保险关系,在达到待遇领取条件时,其当前基本养老保险关系所在地为待遇领取地;实施后又再次跨省流动就业转移基本养老保险关系,在达到待遇领取条件时,按《暂行办法》规定确定待遇领取地。

八、关于缴费工资指数

参保人员跨省流动就业转移基本养老保险关系时,转入地对转出地记录的缴费基数不进行"封顶保底"计算和调整。参保人员达到待遇领取条件时,待遇领取地在计算该参保人员在其他地区参保缴费时段的缴费工资指数时上不封顶,下不保底。

九、关于欠费补缴

参保人员(含建立临时基本养老保险缴费账户的人员)跨省流动就业申请开具参保缴费凭证时,转出地社会保险经办机构对有欠费记录的应履行告知义务,在参保人员补缴欠费或明确放弃补缴欠费后,再开具参保缴费凭证。参保人员本人明确放弃补缴个人欠费的,需本人书面签字确认,单位欠费仍由转出地社会保险费征缴机构负责清理。

十、关于多重养老保险关系

参保人员在两地以上同时存续基本养老保险关系或重复缴纳基本养老保险费的,应按照"先转后清"的原则,由转入地社会保险经办机构负责按规定清理。

十一、关于预缴养老保险费

参保人员在跨省流动就业转移基本养老保险关系时,曾办理一次性预缴养老保险费的,先按规定比例计算转移金额;余额部分由转出地暂时保留封存,待本人达到待遇领取条件时再按有关规定处理。

十二、关于遗留问题

参保人员在《暂行办法》实施前跨省流动就业未按国家规定办理基本养老

保险关系转移接续手续,已达到待遇领取条件且没有领取基本养老保险待遇的,应比照《暂行办法》的规定确定待遇领取地,并补办基本养老保险关系转续手续。待遇领取地应按规定将本地和异地的缴费年限(含视同缴费年限)合并计算,并核发基本养老保险待遇。

参保人员在《暂行办法》实施前已办理了基本养老保险关系转移接续手续,且已达到待遇领取条件,由当前基本养老保险关系所在地负责按规定将本地和异地缴费年限(含视同缴费年限)合并计算,并办理基本养老保险待遇核发手续。

人力资源社会保障部 财政部
关于印发《城乡养老保险制度衔接暂行办法》的通知

人社部发〔2014〕17 号

各省、自治区、直辖市人民政府,新疆生产建设兵团:

经国务院同意,现将《城乡养老保险制度衔接暂行办法》印发给你们,请认真贯彻执行。

实现城乡养老保险制度衔接,是贯彻落实党的十八届三中全会精神和社会保险法规定,进一步完善养老保险制度的重要内容。做好城乡养老保险制度衔接工作,有利于促进劳动力的合理流动,保障广大城乡参保人员的权益,对于健全和完善城乡统筹的社会保障体系具有重要意义。各地区要高度重视,加强组织领导,明确职责分工,密切协同配合,研究制定具体实施办法,深入开展政策宣传解释和培训,全力做好经办服务,抓好信息系统建设,确保城乡养老保险制度衔接工作平稳实施。

人力资源社会保障部 财政部

2014 年 2 月 24 日

城乡养老保险制度衔接暂行办法

第一条 为了解决城乡养老保险制度衔接问题,维护参保人员的养老保险权益,依据《中华人民共和国社会保险法》和《实施〈中华人民共和国社会保险法〉若干规定》(人力资源和社会保障部令第 13 号)的规定,制定本办法。

第二条 本办法适用于参加城镇职工基本养老保险(以下简称城镇职工养老保险)、城乡居民基本养老保险(以下简称城乡居民养老保险)两种制度需要办理衔接手续的人员。已经按照国家规定领取养老保险待遇的人员,不再办理城乡养老保险制度衔接手续。

第三条　参加城镇职工养老保险和城乡居民养老保险人员,达到城镇职工养老保险法定退休年龄后,城镇职工养老保险缴费年限满 15 年(含延长缴费至 15 年)的,可以申请从城乡居民养老保险转入城镇职工养老保险,按照城镇职工养老保险办法计发相应待遇;城镇职工养老保险缴费年限不足 15 年的,可以申请从城镇职工养老保险转入城乡居民养老保险,待达到城乡居民养老保险规定的领取条件时,按照城乡居民养老保险办法计发相应待遇。

第四条　参保人员需办理城镇职工养老保险和城乡居民养老保险制度衔接手续的,先按城镇职工养老保险有关规定确定待遇领取地,并将城镇职工养老保险的养老保险关系归集至待遇领取地,再办理制度衔接手续。

参保人员申请办理制度衔接手续时,从城乡居民养老保险转入城镇职工养老保险的,在城镇职工养老保险待遇领取地提出申请办理;从城镇职工养老保险转入城乡居民养老保险的,在转入城乡居民养老保险待遇领取地提出申请办理。

第五条　参保人员从城乡居民养老保险转入城镇职工养老保险的,城乡居民养老保险个人账户全部储存额并入城镇职工养老保险个人账户,城乡居民养老保险缴费年限不合并计算或折算为城镇职工养老保险缴费年限。

第六条　参保人员从城镇职工养老保险转入城乡居民养老保险的,城镇职工养老保险个人账户全部储存额并入城乡居民养老保险个人账户,参加城镇职工养老保险的缴费年限合并计算为城乡居民养老保险的缴费年限。

第七条　参保人员若在同一年度内同时参加城镇职工养老保险和城乡居民养老保险的,其重复缴费时段(按月计算,下同)只计算城镇职工养老保险缴费年限,并将城乡居民养老保险重复缴费时段相应个人缴费和集体补助退还本人。

第八条　参保人员不得同时领取城镇职工养老保险和城乡居民养老保险待遇。对于同时领取城镇职工养老保险和城乡居民养老保险待遇的,终止并解除城乡居民养老保险关系,除政府补贴外的个人账户余额退还本人,已领取的城乡居民养老保险基础养老金应予以退还;本人不予退还的,由社会保险经办机构负责从城乡居民养老保险个人账户余额或者城镇职工养老保险基本养老金中抵扣。

第九条 参保人员办理城乡养老保险制度衔接手续时,按下列程序办理:

(一)由参保人员本人向待遇领取地社会保险经办机构提出养老保险制度衔接的书面申请。

(二)待遇领取地社会保险经办机构受理并审核参保人员书面申请,对符合本办法规定条件的,在 15 个工作日内,向参保人员原城镇职工养老保险、城乡居民养老保险关系所在地社会保险经办机构发出联系函,并提供相关信息;对不符合本办法规定条件的,向申请人作出说明。

(三)参保人员原城镇职工养老保险、城乡居民养老保险关系所在地社会保险经办机构在接到联系函的 15 个工作日内,完成制度衔接的参保缴费信息传递和基金划转手续。

(四)待遇领取地社会保险经办机构收到参保人员原城镇职工养老保险、城乡居民养老保险关系所在地社会保险经办机构转移的资金后,应在 15 个工作日内办结有关手续,并将情况及时通知申请人。

第十条 健全完善全国县级以上社会保险经办机构联系方式信息库,并向社会公布,方便参保人员办理城乡养老保险制度衔接手续。建立全国统一的基本养老保险参保缴费信息查询服务系统,进一步完善全国社会保险关系转移系统,加快普及全国通用的社会保障卡,为参保人员查询参保缴费信息、办理城乡养老保险制度衔接提供便捷有效的技术服务。

第十一条 本办法从 2014 年 7 月 1 日起施行。各地已出台政策与本办法不符的,以本办法规定为准。

人力资源社会保障部关于城镇企业职工基本养老保险关系转移接续若干问题的通知

人社部规〔2016〕5 号

各省、自治区、直辖市及新疆生产建设兵团人力资源社会保障厅(局)：

国务院办公厅转发的人力资源社会保障部、财政部《城镇企业职工基本养老保险关系转移接续暂行办法》(国办发〔2009〕66 号,以下简称《暂行办法》)实施以来,跨省流动就业人员的养老保险关系转移接续工作总体运行平稳,较好地保障了参保人员的养老保险权益。但在实施过程中,也出现了一些新情况和新问题,导致部分参保人员养老保险关系转移接续存在困难。为进一步做好城镇企业职工养老保险关系转移接续工作,现就有关问题通知如下：

一、关于视同缴费年限计算的问题。参保人员待遇领取地按照《暂行办法》第六条和第十二条执行,即,基本养老保险关系在户籍所在地的,由户籍所在地负责办理待遇领取手续；基本养老保险关系不在户籍所在地,而在其基本养老保险关系所在地累计缴费年限满 10 年的,在该地办理待遇领取手续；基本养老保险关系不在户籍所在地,且在其基本养老保险关系所在地累计缴费年限不满 10 年的,将其基本养老保险关系转回上一个缴费年限满 10 年的原参保地办理待遇领取手续；基本养老保险关系不在户籍所在地,且在每个参保地的累计缴费年限均不满 10 年的,将其基本养老保险关系及相应资金归集到户籍所在地,由户籍所在地按规定办理待遇领取手续。缴费年限,除另有特殊规定外,均包括视同缴费年限。

一地(以省、自治区、直辖市为单位)的累计缴费年限包括在本地的实际缴费年限和计算在本地的视同缴费年限。其中,曾经在机关事业单位和企业工作的视同缴费年限,计算为当时工作地的视同缴费年限；在多地有视同缴费年限的,分别计算为各地的视同缴费年限。

二、关于缴费信息历史遗留问题的处理。由于各地政策或建立个人账户时间不一致等客观原因,参保人员在跨省转移接续养老保险关系时,转出地无法按月提供1998年1月1日之前缴费信息或者提供的1998年1月1日之前缴费信息无法在转入地计发待遇的,转入地应根据转出地提供的缴费时间记录,结合档案记载将相应年度计为视同缴费年限。

三、关于临时基本养老保险缴费账户的管理。参保人员在建立临时基本养老保险缴费账户地按照社会保险法规定,缴纳建立临时基本养老保险缴费账户前应缴未缴的养老保险费的,其临时基本养老保险缴费账户性质不予改变,转移接续养老保险关系时按照临时基本养老保险缴费账户的规定全额转移。

参保人员在建立临时基本养老保险缴费账户期间再次跨省流动就业的,封存原临时基本养老保险缴费账户,待达到待遇领取条件时,由待遇领取地社会保险经办机构统一归集原临时养老保险关系。

四、关于一次性缴纳养老保险费的转移。跨省流动就业人员转移接续养老保险关系时,对于符合国家规定一次性缴纳养老保险费超过3年(含)的,转出地应向转入地提供人民法院、审计部门、实施劳动保障监察的行政部门或劳动争议仲裁委员会出具的具有法律效力证明一次性缴费期间存在劳动关系的相应文书。

五、关于重复领取基本养老金的处理。《暂行办法》实施之后重复领取基本养老金的参保人员,由本人与社会保险经办机构协商确定保留其中一个养老保险关系并继续领取待遇,其他的养老保险关系应予以清理,个人账户剩余部分一次性退还本人。

六、关于退役军人养老保险关系转移接续。军人退役基本养老保险关系转移至安置地后,安置地应为其办理登记手续并接续养老保险关系,退役养老保险补助年限计算为安置地的实际参保缴费年限。

退役军人跨省流动就业的,其在1998年1月1日至2005年12月31日间的退役养老保险补助,转出地应按11%计算转移资金,并相应调整个人账户记录,所需资金从统筹基金中列支。

七、关于城镇企业成建制跨省转移养老保险关系的处理。城镇企业成建制跨省转移,按照《暂行办法》的规定转移接续养老保险关系。在省级政府主导下的规模以上企业成建制转移,可根据两省协商,妥善转移接续养老保险关系。

八、关于户籍所在地社会保险经办机构归集责任。跨省流动就业人员未在户籍地参保,但按国家规定达到待遇领取条件时待遇领取地为户籍地的,户籍地社会保险经办机构应为参保人员办理登记手续并办理养老保险关系转移接续手续,将各地的养老保险关系归集至户籍地,并核发相应的养老保险待遇。

九、本通知从印发之日起执行。人力资源社会保障部《关于贯彻落实国务院办公厅转发城镇企业职工基本养老保险关系转移接续暂行办法的通知》(人社部发〔2009〕187号)、《关于印发城镇企业职工基本养老保险关系转移接续若干具体问题意见的通知》(人社部发〔2010〕70号)、《人力资源社会保障部办公厅关于职工基本养老保险关系转移接续有关问题的函》(人社厅函〔2013〕250号)与本通知不一致的,以本通知为准。参保人员已经按照原有规定办理退休手续的,不再予以调整。

人力资源社会保障部

2016 年 11 月 28 日

国务院办公厅关于印发机关事业单位
职业年金办法的通知

国办发〔2015〕18 号

各省、自治区、直辖市人民政府,国务院各部委、各直属机构:

《机关事业单位职业年金办法》已经国务院同意,现印发给你们,请认真贯彻执行。

国务院办公厅

2015 年 3 月 27 日

机关事业单位职业年金办法

第一条 为建立多层次养老保险体系,保障机关事业单位工作人员退休后的生活水平,促进人力资源合理流动,根据《国务院关于机关事业单位工作人员养老保险制度改革的决定》(国发〔2015〕2 号)等相关规定,制定本办法。

第二条 本办法所称职业年金,是指机关事业单位及其工作人员在参加机关事业单位基本养老保险的基础上,建立的补充养老保险制度。

第三条 本办法适用的单位和工作人员范围与参加机关事业单位基本养老保险的范围一致。

第四条 职业年金所需费用由单位和工作人员个人共同承担。单位缴纳职业年金费用的比例为本单位工资总额的 8%,个人缴费比例为本人缴费工资的 4%,由单位代扣。单位和个人缴费基数与机关事业单位工作人员基本养老保险缴费基数一致。

根据经济社会发展状况,国家适时调整单位和个人职业年金缴费的比例。

第五条 职业年金基金由下列各项组成:

(一)单位缴费;

（二）个人缴费；

（三）职业年金基金投资运营收益；

（四）国家规定的其他收入。

第六条　职业年金基金采用个人账户方式管理。个人缴费实行实账积累。对财政全额供款的单位，单位缴费根据单位提供的信息采取记账方式，每年按照国家统一公布的记账利率计算利息，工作人员退休前，本人职业年金账户的累计储存额由同级财政拨付资金记实；对非财政全额供款的单位，单位缴费实行实账积累。实账积累形成的职业年金基金，实行市场化投资运营，按实际收益计息。

职业年金基金投资管理应当遵循谨慎、分散风险的原则，保证职业年金基金的安全性、收益性和流动性。职业年金基金的具体投资管理办法由人力资源社会保障部、财政部会同有关部门另行制定。

第七条　单位缴费按照个人缴费基数的8%计入本人职业年金个人账户；个人缴费直接计入本人职业年金个人账户。

职业年金基金投资运营收益，按规定计入职业年金个人账户。

第八条　工作人员变动工作单位时，职业年金个人账户资金可以随同转移。工作人员升学、参军、失业期间或新就业单位没有实行职业年金或企业年金制度的，其职业年金个人账户由原管理机构继续管理运营。新就业单位已建立职业年金或企业年金制度的，原职业年金个人账户资金随同转移。

第九条　符合下列条件之一的可以领取职业年金：

（一）工作人员在达到国家规定的退休条件并依法办理退休手续后，由本人选择按月领取职业年金待遇的方式。可一次性用于购买商业养老保险产品，依据保险契约领取待遇并享受相应的继承权；可选择按照本人退休时对应的计发月数计发职业年金月待遇标准，发完为止，同时职业年金个人账户余额享有继承权。本人选择任一领取方式后不再更改。

（二）出国（境）定居人员的职业年金个人账户资金，可根据本人要求一次性支付给本人。

（三）工作人员在职期间死亡的，其职业年金个人账户余额可以继承。

未达到上述职业年金领取条件之一的，不得从个人账户中提前提取资金。

第十条　职业年金有关税收政策,按照国家有关法律法规和政策的相关规定执行。

第十一条　职业年金的经办管理工作,由各级社会保险经办机构负责。

第十二条　职业年金基金应当委托具有资格的投资运营机构作为投资管理人,负责职业年金基金的投资运营;应当选择具有资格的商业银行作为托管人,负责托管职业年金基金。委托关系确定后,应当签订书面合同。

第十三条　职业年金基金必须与投资管理人和托管人的自有资产或其他资产分开管理,保证职业年金财产独立性,不得挪作其他用途。

第十四条　县级以上各级人民政府人力资源社会保障行政部门、财政部门负责对本办法的执行情况进行监督检查。对违反本办法规定的,由人力资源社会保障行政部门和财政部门予以警告,责令改正。

第十五条　因执行本办法发生争议的,工作人员可按照国家有关法律、法规提请仲裁或者申诉。

第十六条　本办法自 2014 年 10 月 1 日起实施。已有规定与本办法不一致的,按照本办法执行。

第十七条　本办法由人力资源社会保障部、财政部负责解释。

责任编辑:陈　登

封面设计:林芝玉

图书在版编目(CIP)数据

社会养老保险关系转续机制研究/刘昌平,殷宝明 著. —北京:人民出版社,
　2020.2

ISBN 978－7－01－021669－0

Ⅰ.①社…　Ⅱ.①刘… ②殷…　Ⅲ.①养老保险制度-研究-中国

Ⅳ.①F842.67

中国版本图书馆 CIP 数据核字(2020)第 002807 号

社会养老保险关系转续机制研究

SHEHUI YANGLAO BAOXIAN GUANXI ZHUANXU JIZHI YANJIU

刘昌平　殷宝明　著

人民出版社 出版发行

(100706　北京市东城区隆福寺街99号)

中煤(北京)印务有限公司印刷　新华书店经销

2020 年 2 月第 1 版　2020 年 2 月北京第 1 次印刷

开本:710 毫米×1000 毫米 1/16　印张:21.5

字数:330 千字

ISBN 978－7－01－021669－0　定价:65.00 元

邮购地址 100706　北京市东城区隆福寺街 99 号

人民东方图书销售中心　电话 (010)65250042　65289539